통감절요

通鑑節要

김정화 역주

4

충북대학교 출판부

통감절요 4

목 차

통감절요 41권

당기(唐記) 현종황제(玄宗皇帝) 하(下)

병자(丙子) 24년(서기 736년)

장수규(張守珪)가 평로토격사(平盧討擊使) 안록산(安祿山)을 시켜 해(奚)와 거란(契丹)의 배반한 자들을 토벌하게 했다. 안록산은 용맹함을 믿고 경솔하게 진격하다가 오랑캐에게 패배 당했다. 여름 4월에 장수규가 안록산의 참형을 주청했다.

안록산은 형벌을 당하게 되자 큰소리로 "대부께서는 해와 거란을 멸망하고자 하지 않으십니까? 어찌하여 저를 죽인단 말입니까?"라고 외쳤다. 장수규가 그의 날래고 용맹함을 아까워해 그를 살려주려고 했다. 마침내 다시 묶어 경사로 보냈다.

장구령(張九齡)이 "옛날에 사마양저(司馬穰苴)는 장가(莊賈)를 주살했고[1], 손무는 궁빈(宮嬪)을 참수했습니다.[2] 만약 장수규의 군령이 시행되었다면, 안록산은 마땅히 죽음을 면하지 못했을 것입니다"라고 비판했다. 황제는 그의 재능을 아까워 해 칙령을 내려 파면하고, 평민의 신분으로 군대를 거느리게 했다.

장구령이 간곡하게 "안록산은 군률을 어겨서 군사를 잃었습니다. 법으로는 죽이지 않을 수 없습니다. 신이 그의 모습을 보건대 모반할 상이 있습니다. 죽이지 않으면 반드시 후환이 될 것입니다"라며 막았다. 황제는 "경은 왕이보(王夷甫)가 석륵(石勒)을 알아보았다고 해서, 충량한 자를 왜곡해 해치지 말라"[3]고 말했다. 끝내 안록산을 사면했다.

○ 가을 8월 임자(壬子)일 천추절(千秋節)에 여러 신하들이 모두 보경(寶鏡)을 바쳤다. 장구령은 "거울로 자기를 비춰보면 모습과 얼굴을 볼 수 있고, 다른 사람으로 자신을 비춰보면 길흉을 알 수 있습니다"라고 하면서, 전 왕조의

---

1) 사마양저(司馬穰苴)는 전완(田完)의 후손이다. 안영(晏嬰)이 사마양저를 제나라 경공(景公)에게 천거하니, 불러서 장군으로 삼았다. 장가(莊賈)에게 군대를 감독하게 했는데, 출병하기로 약속하고서 기일보다 늦게 왔다. 군법에 기일에 늦은 자는 참수(斬首)하게 되어있어, 결국 장가를 참수하고 3군에 두루 보여주었다. 군사들이 다리를 떨었다. 이에 진격해서 옛 땅을 회복했다.

2) 손무(孫武)는 제(齊)나라 사람이다. 병법으로 오왕 합려(闔閭)를 알현했다. 합려가 궁녀를 내어서 두 부대로 만들고 총애하는 궁녀 2명을 대장으로 삼아 병법훈련을 시험했다. 손무가 3번 명령하고 5번 반복하고 북을 쳤는데, 궁인들이 웃었다. 이에 대장을 참수(斬首)해서 모두에게 보여주었다.

3) 이보(夷甫)는 진나라 왕연(王衍)의 자(字)이다. 석륵(石勒)은 상당(上黨)의 흉노이다. 왕연이 그를 보니 모반할 상(相)이 있었다. 그를 가두려고 했지만, 석륵은 이미 떠난 후였다. 뒤에 과연 모반해 양국(襄國)을 점거했고, 후조(後趙)라고 참칭(僭稱)했다. 결국 화가 진(晉)나라에 미쳤다.

흥하고 망한 근본원인을 저술한 책 5권을 만들었다. 그 책을 『천추금감록(千秋金鑑錄)』이라 하고, 책을 올렸다. 황제가 글을 내려 아름답다고 칭찬했다.

○ 삭방절도사(朔方節度使) 우선객(牛仙客)은 예전에 하서(河西)지방에 있었다. 용도를 절약하고 직무를 부지런히 해 창고가 충실해지고, 기물과 무기가 정밀해지고 예리해졌다. 황제가 듣고 가상히 여겨 그를 상서로 삼고자 했다.

장구령이 "불가합니다. 상서는 옛날의 납언(納言)입니다. 당나라가 일어난 이래로 발탁되었는데, 오직 옛 재상 및 중외의 관직에서 재능을 시험받고[4] 덕망이 있는 자라야 비로소 상서가 되었습니다. 우선객은 하(河), 황(湟)의 하급관리[5]인데, 지금 갑자기[6] 청직이나 요직[7]에 둔다면 조정에 수치가 될까 두렵습니다"라고 말했다.

황제가 다시 "그렇다면 단지 실봉(實封)[8]을 내리는 것은 어떻겠는가?" 하니, 장구령은 "불가합니다. 관작을 봉하는 것은 공이 있는 자를 권면하는 것입니다. 변방의 장수가 창고를 충실하게 하고, 기물과 무기를 정비하는 것은 곧 일상의 직무일 뿐입니다. 공이 될 만하지 않습니다. 폐하께서

---

4) 揚歷 양력 : 발탁하여 그의 재능을 시험해 봄, 기왕의 사실을 널리 알림
5) 使典 사전 : 별가(別駕). 칙사(勅使)가 주(州)를 순행할 때 수행하는 벼슬. 다른 수레에 타고 가기 때문에 이름
6) 驟 취 : 몰아갈, 달릴, 갑자기
7) 淸要 청요 : 청직과 요직
8) 實封 실봉 : 공신과 귀척에게 주는 식읍의 호수(戶數)

그의 근면함을 상 주시려면 금과 비단을 내리시면 될 것입니다. 땅을 떼어 그를 봉해주는 것은 마땅하지 않다고 생각됩니다"라고 대답했다.

황제가 묵묵히 말이 없었다. 이임보(李林甫)가 상에게 "우선객은 재상의 재목입니다. 상서로 임명한다고 무슨 어려움이 있겠습니까"라고 아뢰었다. 11월에 우선객에게 농서현공(隴西縣公)의 작위를 하사하고, 실봉 3백 호를 주었다.

○ 처음에 황제가 이임보를 재상으로 삼고자 해 중서령 장구령에게 물었는데, 장구령은 "재상의 직책은 국가의 안위가 달려 있습니다. 폐하께서 이임보를 재상으로 삼으신다면, 다른 날 종묘사직의 근심거리가 될까 간절히 걱정됩니다"라고 대답했으나, 황제가 따르지 않았다. 이때 장구령은 문학으로 상에게 중용되었다. 이임보는 비록 한스러워 했으나, 그래도 뜻을 굽혀[9] 장구령을 섬겼다. 시중 배요경(裴耀卿)이 장구령과 친하니 이임보가 함께 그를 미워했다.

이때 황제가 재위한지 오래되자, 점점 마음대로 사치하고 욕심을 부렸고, 정사에 태만해졌다. 장구령이 일을 만나면 힘써서 작고 큰 일을 모두 막았다. 이임보가 교묘히 상의 뜻을 살피고는 날마다 장구령을 헐뜯을 바[10]를 생각했다. 밤낮으로 상에게 장구령을 헐뜯으니, 황제가 점점 장구령을 멀리 했다. 이리하여 배요경과 장구령을 모두 정사에서 파

9) 曲意 곡의 : 뜻을 굽히다

10) 中傷 중상 : 사실무근의 말을 해 남의 명예를 손상시킴

면시켰다. 이임보에게 중서령을 겸하게 하고, 우선객을 공부상서 동중서문하삼품으로 삼았다.

○ 황제가 즉위한 이래 등용한 재상 중에 요숭(姚崇)은 소통을 숭상했고, 송경(宋璟)은 법치를 숭상했다. 장가정(張嘉貞)은 관리의 치적을, 장설(張說)은 문학을 숭상했다. 이원굉(李元紘)과 두섬(杜暹)은 검소함을, 한휴(韓休)와 장구령은 정직함을 숭상했다. 이것이 각각 그들의 장점이었다.

○ 장구령이 벌을 받으니, 이로부터 조정의 선비들이 모두 자기 몸을 용납받고 지위를 보전해 다시는 직언하는 이가 없었다. 이임보가 임금의 귀와 눈을 가리고 막아, 스스로 대권을 오로지하고자 했다.

간관을 불러 "지금 명철한 군주가 위에 계시니, 여러 신하들이 그를 따르는 데도 겨를이 없다. 어찌 많은 말을 할 필요가 있겠는가. 제군들은 의장대의 말[11]을 보지 못했는가. 3품의 사료를 먹이더라도 한 번 울면 곧 쫓겨간다. 그것을 후회한들 어찌 하겠는가"라고 확실하게 말했다.

보궐(補闕) 두진(杜璡)이 일찍이 글을 올려 일을 아뢰었다가 다음 날 하규(下邽)의 현령으로 쫓겨났다. 이로부터 간쟁하는 길이 끊어졌다.

○ 이임보는 성을 쌓듯이 만사에 주의하고, 속마음을 터놓지 않았으며[12], 침착하고 치밀해 사람들이 그의 틈을 엿

---

11) 立仗馬 입장마 : 황제의 마구간 말인데, 의장용이다

보지 못했다. 달콤한 말로 사람들을 유인하고, 은밀하게 남을 헐뜯기를 좋아했으나 말과 안색에는 드러내지 않았다. 상에게 후하게 총애를 받는 자와 처음에는 친하게 관계를 맺었다가 그의 세력과 지위가 점점 자신에게 가까워지면 그때마다 계책을 써서 제거했다. 노회한 자와 크게 교활한 자[13]라도 그의 술수를 피할 수 있는 자가 없었다.

정축(丁丑) 25년(737년)

양회(楊洄)가 또 태자 이영(李瑛)과 악왕(鄂王) 이요(李瑤), 광왕(光王) 이거(李琚)가 은밀히 반역을 계획한다고 모함했다. 황제가 재상들을 불러 그 일을 의논하게 했다. 이임보는 "이는 폐하의 집안일입니다. 신 등이 마땅히 관여할 바가 아닙니다"라고 말했다. 황제가 곧 뜻을 결정했다. 이영과 이요, 이거를 폐해 서인으로 삼고, 성동역(城東驛)에서 사사했다.

○ 가을 7월에 대리소경(大理少卿) 서교(徐嶠)가 "금년에 천하에서 사형수를 단죄한 것이 겨우 58명입니다. 대리옥(大理獄)의 뜰은 예로부터 서로 전해오기를 '살기(殺氣)가 너무 세서 새와 참새가 깃들지 않는다'고 했습니다. 지금 까치가 대리옥 원의 나무에 둥지를 지었습니다"고 아뢰었

12) 城府 성부 : 서울, 도읍. 남을 경계해 성을 쌓듯이 만사에 주의해 속마음을 터놓지 않음

13) 老奸巨猾 노간거활 : 노회함과 크게 교활함

다. 이리하여 백관들이 거의 형벌을 그만두게 되었다고 해 표문을 올려 하례했다. 상이 재상들에게 공을 돌렸다. 이임보에게 진국공(晉國公)의 작위를 하사하고, 우선객에게 빈국공(豳國公)의 작위를 하사했다.

무인(戊寅) 26년(738년)

태자 이영이 죽으니 이임보가 자주 상에게 수왕(壽王) 모(瑁)를 태자로 세울 것을 권했다. 상은 충왕(忠王) 여(璵)가 나이가 많고, 또 인자하고 효성스럽고, 공손하고 근면하며, 학문을 좋아하므로 마음에 그를 세우고 싶었으나 미루고[14] 1년이 넘도록 결정하지 못했다. 상이 스스로 생각하기를, 나이는 점점 많아지고 세 아들이 같은 날 죽었으며, 후계자를 아직 정하지 못해 항상 실의해[15] 즐겁지 않았다. 이 때문에 수면과 식사가 줄었다.

고력사가 틈을 타서 그 이유를 묻자, 상이 "너는 우리 집의 늙은 종인데, 어찌 나의 뜻을 헤아릴 수 없단 말이냐"고 말했다. 고력사는 "마땅히 태자[16]를 아직 정하지 못했기 때문이 아닙니까?"고 물었다. 상이 "그렇다"고 하니, 고력사가 "장자를 추대해 세운다면 누가 감히 더 간쟁하겠습니까?"라고 대답했다. 상의 뜻이 마침내 결정되었다. 6월에 여(璵)를 태자로 삼았다.

---

14) 猶豫 유예 : 망설임, 결정을 미룸

15) 忽忽 홀홀 : 사물을 돌아보지 아니함. 실의한 모양

16) 郎君 낭군 : 태자

기묘(己卯) 27년(739년)

8월에 공자(孔子)를 추대해 시호하기를 문선왕(文宣王)이라 하고, (공자의 신위를) 남향으로 앉히고, 왕의 의복을 입혔다. 제자들에게 모두 공(公) 후(侯) 백(伯)을 추증[17]했다.

경진(庚辰) 28년(740년)

2월에 장구령이 죽었다. 상이 비록 장구령이 뜻을 거역했다며[18] 쫓아냈으나, 끝내 그 사람됨을 아끼고 소중히 여겨 재상들이 선비를 천거할 때마다 번번이 "풍채와 도량[19]이 장구령과 같은가?"라고 물었다.

○ 이 해에 장안과 낙양의 쌀 열 말의 가치가 돈(錢) 2백이 못 되고, 비단 한 필의 값도 또한 이와 같았다. 천하가 부유해지고 편안해지니, 길을 가는 자가 비록 1만 리 길이라도 한 치의 무기도 지니지 않았다.

신사(辛巳) 29년(741년)

평로병마사(平盧兵馬使) 안록산은 사람됨이 마음이 바르지 못하고, 교묘하게 아첨을 잘 했으며[20], 사람을 잘 섬겨서 많은 사람들이 그를 칭찬했다. 이로 말미암아 상이 더욱

17) 追贈 추증 : 관위 작위를 추사(追賜)하다
18) 忤旨 오지 : 임금의 뜻을 거역하다
19) 風度 풍도 : 풍채와 도량
20) 傾巧 경교 : 마음이 바르지 못하며 교묘하게 아첨을 잘함

어질다고 여겼다. 8월에 안록산을 영주도독(營州都督)으로 삼았다.

임오(壬午) 천보(天寶) 원년(742년)

정월에 평로를 나누어 따로 절도를 만들고, 안록산을 절도사로 삼았다. 이때 천하에 임금의 교화가 미친 주가 3백31개이고, 기미주(羈縻州)[21]가 8백 개였다. 10명의 절도사(節度使) 와 경략사(經略使)를 두어 변방을 수비하게 했다. 안서(安西) 북정(北庭) 하서(河西) 하동(河東) 범양(范陽) 평로(平盧) 농우(隴右) 검남(劒南) 영남(嶺南)이었다.

또 장락경략(長樂經略)이 있었는데, 복주(福州)를 관할하게 하고, 동래수착(東萊守捉)은 내주(萊州)를 관할하게 하고, 동모수착(東牟守捉)은 등주(登州)를 관할하게 했다. 번진의 병사가 49만명, 말이 8만여 필이었다.

개원(開元) 이전에는 매년 변방을 지키는 병사들에게 공급하는 옷과 양식의 비용이 20만에 불과했는데, 천보(天寶) 연간 이후에는 변방의 장수들이 아뢰어서 병력을 늘렸고, 점점 많아져서 매년 들어가는 옷감이 1천20만 필이고, 양식이 1백9십만 곡이었다. 공사의 수고 경비로 백성들이 곤궁해지고 고통스러워했다.

---

21) 羈縻 기미 : 주(註) 태종이 돌궐(突厥)과 만이(蠻夷)를 평정했는데, (이들이) 점점 안으로 들어와 살게 되었다. 그 부락을 주현으로 나누고, 큰 것은 도독부라 하고 기미(羈縻)라 불렀다. 도독부의 주는 8백56개소

○ 3월에 장안령(長安令) 위견(韋堅)을 섬군태수(陝郡太守)로 삼아, 강회조용전운사(江淮租庸轉運使)를 맡게 했다. 전에 우문융(宇文融)이 실패하고 난 뒤 이익을 말하는 자가 차츰 줄어들었는데, 양신긍(楊愼矜)이 황제의 총애를 얻게 되자, 위견과 왕홍(王鉷)의 무리들이 다투어 황제에게 이익에 관한 일을 올렸다. 백관들 중에 권력을 다투는 자들이 차츰차츰 따로 관원을 두어 그것을 맡게 하니, 옛 관원들은 자리만 채우고 있을 뿐이었다.

위견이 관직을 수행하는데 잘 감당하고 민첩하다[22]고 칭찬 받았다. 상이 그에게 강회의 조세를 운반하는 일을 감독하게 했는데, 해마다 거만(巨萬)이 늘어나니, 상이 그가 능력이 있다 여기고, 발탁해 그를 임용했다. 왕홍 또한 조부(租賦)를 잘 다스린다 해 호부원외랑 겸 시어사를 삼았다.

○ 이임보가 재상이 되자, 재능 명망 공적이 자신보다 낫거나, 상에게서 후하게 대우 받아서 권세와 지위가 자신에게 압력이 될 자는 반드시 백가지 방법으로 제거했다. 문학하는 선비들은 더욱 꺼려서, 겉으로는 그들과 잘 지내면서 감언으로 꾀어[23] 은밀히 그들을 함정에 빠뜨렸다. 세상 사람들이 이르기를 "이임보는 입에 꿀이 있고, 배에는 칼이 있다"고 했다.

---

22) 幹敏 간민 : 간(幹) 줄기, 재능, 견딜, 일을 감당해냄. 민(敏) 민첩할
23) 啗 담 : 이익을 주어 꾐, 먹일

계미(癸未) 2년(743년)

봄 정월에 안록산이 조정에 들어오자, 상이 총애하고 대우함이 매우 두터워 수시로 알현했다.

○ 이임보가 이부상서를 맡고는 날마다 정부에 있으면서도 선발하는 일은 시랑 송요(宋遙)와 묘진경(苗晉卿)에게 다 맡겼다. 어사중승 장의(張倚)가 상에게 새로 총애를 얻으니, 송요와 묘진경이 그에게 붙고자 했다.

이때 선발되어 모인 자가 만으로 헤아려졌는데, 순위에 든 자가 64명이었다. (장의의 아들) 장석(張奭)이 수석을 하니, 여론이 물 끓듯 했다. 안록산이 들어와 상에게 말하자, 상이 순위에 든 사람들을 다 불러 면전에서 시험했는데, 장석이 손으로 시험지를 잡고서 종일토록 한 글자도 완성하지 못했다. 당시 사람들이 그를 일러 지필을 잡고 시는 짓지 못한 자[曳白][24]라고 했다.

갑신(甲申) 3년(744년)

봄 정월에 년(年)을 고쳐 재(載)라 했다.[25]

○ 3월에 안록산에게 범양절도사를 겸하게 했다. 예부상서 석건후(席建侯)가 하북출척사(河北黜陟使)가 되어 안록산이 공정하며 강직하다고 칭찬하자, 이임보와 배관(裴寬)

24) 曳白 예백 : 지필을 손에 쥐고 시를 짓지 못함

25) 주(註) 요 순 때 년(年)을 재(載)라고 했던 것을 따라한 것이다.

이 모두 임금의 뜻에 맞추어, 그의 좋은 점을 칭찬했다. 이 두 사람은 모두 상에게 신임을 받고 있었으므로, 이로 말미암아 안록산의 총애가 더욱 확고해지고 흔들리지 않았다.

○ 처음에 무혜비(武惠妃)가 죽자, 황제가 그녀를 그리워해 슬픔이 그치지 않았다. 후궁 수천 명 중에 마음에 드는 이가 없었다. 어떤 자가 "수왕(壽王)의 비(妃) 양(楊)씨의 아름다움은 세상에 둘이 없을 정도로 뛰어납니다"[26] 라고 했다. 상이 그녀를 보고는 좋아했다.

마침내 수왕의 비에게 자신의 뜻으로 스스로 여관(女官)이 되겠다고 청하게 하고, 태진(太眞)이라 이름 했다. 다시 수왕을 위해 좌위낭장 위소훈(韋昭訓)의 딸에게 장가들게 하고는, 은밀히 태진을 궁중으로 들여왔다. 태진은 살결과 자태가 풍만하고 요염하며[27], 음률에 밝고, 성품이 기민하고 영특해[28], 상의 뜻을 잘 받들고 영합했다. 1년이 못되어 총애와 대우가 혜비와 같았다. 궁중에서 낭자(娘子)라 불렀고, 의례를 갖추어주는 것[29]이 모두 황후와 같았다.

○ 황제가 조용히 고력사에게 "짐이 장안을 나가지 않은 지가 거의 10년인데, 천하에는 일이 없다. 짐이 높은 자리에 있으면서 일은 하지 않고 모든 정사를 이임보에게 맡기

---

26) 絶世無雙 절세무쌍 : 세상에 둘이 없을 정도로 뛰어남
27) 肌態豊艶 기태풍염 : 살결과 자태가 풍만하고 요염함
28) 警穎 경영 : 경(警) 총민할, 민첩할. 영(穎) 뾰쪽한 물건의 끝, 빼어날
29) 儀體 의체 : 의례의 실행

고자 한다. 어떠한가?"라고 물었다.

고력사는 "천자가 천하를 순시하는 것은 옛 제도입니다. 그러나 천하의 대권은 남에게 빌려줄 수 없습니다. 그의 위세가 이루어지고 나면, 누가 감히 다시 그에게 이러쿵저러쿵 하겠습니까?"[30]라고 대답하니, 황제가 좋아하지 않았다. 고력사가 이로부터 감히 천하의 일을 깊이 말하지 못했다.

을유(乙酉) 4년(745년)

이임보가 자신에게 붙지 않은 자들을 제거하고자 감옥을 다스릴 옥리를 구했다. 소경(蕭炅)이 길온(吉溫)을 천거하자, 이임보가 그를 얻고 매우 기뻐했다. 또 나희석(羅希奭)이 옥리가 되어 매우 가혹하게 하자, 이임보가 그를 데려다가 시어사로 승진시켰다. 두 사람이 모두 이임보가 하고자 하는 바를 따라, 없는 죄를 꾸며서[31] 옥사(獄事)를 만들어 내니 스스로 벗어날 수 있는 자가 없었다. 당시 사람들이 그들을 일러 '나희석의 칼과 길온의 포승'[32]이라 했다.

황제가 호부시랑 왕홍(王鉷)을 호구색역사(戶口色役使)[33]로 삼았다. 왕홍은 가렴주구하려고 마음먹고 호적을 조사해 변방을 지키는 6년을 제외하고는 그 조(租) 용(庸)을 모두

30) 者 자 : 놈, 사람, 곳, 어조를 강하게 하기 위해 쓰는 조사

31) 鍛鍊 단련 : 쇠붙이를 달구어 두드림, 없는 죄를 교묘하게 꾸며냄, 몸과 마음을 닦음

32) 羅鉗吉網 나겸길망 : 나희석과 길온은 없는 죄를 교묘히 꾸며서 가혹한 형벌로 옥사(獄事)를 만듦

33) 戶口色役使 호구색역사 : 호구의 잡세를 거두는 관리

징수했다. 한꺼번에 30년 간의 조(租) 용(庸)을 징수 당한 자가 있었으나 하소연할 곳이 없었다. 황제가 재위한지 오래되자, 용도가 날로 사치스러워졌으며, 후궁들에게 상을 내리는 것에 절제가 없었다. 수(數)를 세려 하지 않고 좌고방(左藏庫)과 우고방(右藏庫)[34]에서 가져다 썼다.

왕홍이 상의 뜻을 알아서 해마다 조공의 정액 외에 돈과 비단 백억만을 내고(內庫)에 비축하고, 궁중의 잔치와 상 내리는 일에 쓰도록 바치면서 "이는 모두 조(租) 용(庸) 조(調)에서 나온 것이 아닙니다. (국가의) 경비와 상관없습니다"라고 말했다. 상은 왕홍에게 능력이 나라를 부유하게 할 수 있다고 해 더욱 그를 두터이 대우했다. 왕홍은 백성들을 착취해 (황제에게) 아첨했다. 중외가 한탄하고 원망했다.

병술(丙戌) 5년(746년)

왕충사(王忠嗣)를 하서농우절도사(河西隴右節度使)로 삼고, 삭방하동절도사(朔方河東節度使)를 겸하게 했다. 왕충사가 4개의 부절을 잡고 만리 땅을 제어하니 천하의 강한 군대와 중요한 진(鎭)이 모두 그의 손안에 있었다. 토번(吐蕃)과 청해(靑海), 적석(積石)에서 싸워 모두 크게 승리하고,

---

34) 左右藏 좌우장 : 좌우의 고방(庫房). 고대 국고(國庫)로 좌측에 있는 것을 좌장(左藏), 우측에 있는 것을 우장(右藏)이라고 한다. 진(晉)에는 좌우장고령(左右藏庫令)이 있어 소부(少府)에 속했다. 북제(北齊), 수(隋)에서는 태부시(太府寺)에 속했다. 당대에는 좌장에서 전백(錢帛), 잡채(雜彩), 천하의 부조(賦調)를 관장했고, 우장에서는 금옥(金玉), 주보(珠寶), 동철(銅鐵), 골각(骨角), 치모(齒毛), 채화(彩畵) 등을 관장했다

또 토곡혼(吐谷渾)을 묵리군(墨離軍)에서 토벌해 그 전부를 포로로 잡고 돌아왔다.

정해(丁亥) 6년(747년)

범양 · 평로절도사 안록산에게 어사대부를 겸하게 했나. 안록산은 몸에 살이 쪄서 배가 늘어져 무릎을 덮을 정도였는데, 일찍이 스스로 체중이 3백 근이나 된다고 말했다. 겉으로는 어리석으며[35], 곧은 것같이 했으나, 속으로는 실로 교활하고 약았다.[36]

황제의 앞에 있으면서 민첩하게 응대했고, 해학을 섞었다. 황제가 일찍이 그의 배를 가리키며 "이 오랑캐의 뱃속에는 무엇이 있어서 그것이 이리 큰가?" 농담하니, "더 다른 것은 없고, 단지 충성심[37]만이 있을 뿐입니다"라고 대답했다. 황제가 기뻐했다.

안록산이 궁중을 출입할 수 있게 되자, 귀비의 아들이 되기를 청했다. 황제가 귀비와 함께 앉아 있었는데, 안록산이 귀비에게 먼저 절했다. 황제가 무슨 까닭이냐고 묻자, "호인들은 어머니에게 먼저 절하고, 아버지에게 뒤에 절합니다"라고 대답했다. 황제가 기뻐했다.

○ 12월에 백관에게 명령해 천하에서 해마다 바쳐오는

---

35) 癡 치 : 어리석을, 미련할, 미치광이

36) 黠 힐 : 약을, 간교할

37) 赤心 적심 : 진심, 성심, 과일 등의 빨간 속

공물을 상서성에서 열람해 보게 했다. 조금 있다가 모두 수레에 실어 이임보의 집에 내렸다. 황제가 혹 가다 조회를 하지 않으면, 백관들이 모두 이임보의 집 문에 모이니 어사대와 상서성이 텅 비었다. 진희열(陳希烈)이 비록 관부에 앉아 있었으나, 한 사람도 들어와 알현하는 자가 없었다.

○ 당(唐)이 일어난 이래 변방의 장수는 모두 충성심이 강한 이름난 신하로 등용했다. 오랫동안 임무를 맡기지 않았고, 먼 지역을 다스리게 하지 않았으며[38], 다른 곳을 겸해 통솔하지 못하게 했다. 공명이 드러난 자는 자주 들어와 재상이 되게 했다. 오랑캐 출신 장수는 재능과 지략이 아사나사이(阿史那社爾)와 계필하력(契苾何力)과 같더라도 여전히 대장의 임무를 오로지 하지 못하게 했고, 모두 대신을 사(使)로 삼아 그들을 제재하게 했다.

개원 연간에 이르자 천자가 사방의 오랑캐를 병탄할 뜻이 있었다. (그래서) 변방의 장수가 된 자들을 10여 년간 바꾸지 않았다. 처음으로 오랫동안 임무를 맡게 된 것이다. (또) 황자, 즉 경왕(慶王)과 충왕(忠王) 등 여러 왕과 재상, 즉 소숭과 우선객이 처음으로 먼 지역을 맡게 되었다. (또) 합가운(蓋嘉運)과 왕충사가 여러 도를 오로지 다스리니, 처음으로 다른 곳을 겸해 통솔하게 되었다.

이임보는 변방의 장수들이 조정에 들어와 재상이 되는 길을 막고자, '오랑캐 인들은 글을 알지 못한다'고 했다. 이

---

38) 遙領 요령 : 먼 곳을 다스리다

에 아뢰기를 "문신이 장군이 되면 화살과 돌 맞는 것을 겁냅니다. 출신이 한미한 호인(胡人)을 등용하는 것이 낫습니다. 호인들은 용맹하고 과감하며 전투에 익숙합니다. 한미한 족속은 고립되어 패거리가 없습니다. 폐하께서 진실로 두루 그들의 마음에 은혜를 미치게 하신다면, 저들은 반드시 조정을 위해 죽음을 다 할 수 있을 것입니다"고 했다. 상이 그 말에 기뻐해 비로소 안록산을 등용했다.

이에 이르러 여러 도의 절도사에 호인들을 모두 등용하고, 정예병이 모두 북쪽 변방을 지키니, 천하의 형세가 편중되었다. 끝내 안록산으로 하여금 천하를 전복하게 했으니, 이는 모두 이임보에게서 나온 정책이었다. 오로지 은총을 독차지 하고 지위를 견고히 하려는 계략 때문이었다.

무자(戊子) 7년(748년)

탁지낭중 겸 시어사 양교(楊釗)가 상의 마음을 잘 살펴서 사랑하고 미워하는 바에 영합했다. 가렴주구로 빨리 승진해 한 해 동안에 15여 사(使)[39]를 맡았다.

기축(己丑) 8년(749년)

봄 2월에 백관들을 데리고 좌고방[左藏庫]을 돌아보고는 비단을 차등 있게 내렸다. 이때에 주현이 풍족해 창고에 곡식과 비단이 쌓여 있었는데, 자못 만으로 헤아려졌다. 상은

39) 使 사 : 조정에서 파견되어 지방의 사무를 맡아보는 벼슬

국가의 용도가 풍족하게 넘쳤으므로[40] 금과 비단 보기를 썩은 흙[41]같이 여겼다. 귀척과 총애하는 가문에 내리는 상이 한도 끝도 없었다.

○ 이보다 전에 절충부에 목결(木契)과 동어(銅魚)[42]가 모두 있었다. 조정에서 징발하려면 칙서와 목결 동어를 도독과 군의 관부에 내렸다. 도독과 군의 관부가 대조해[43] 모두 부합한 연후에야 병력을 보냈다. 모병한 확기(彍騎)를 두고부터 부병이 날로 무너졌다.[44] 죽은 자와 도망한 자를 유사가 다시 점검하고도 보충하지 못했고[45], 낙타[46]와 말, 소 병기와 마른 식량[47]이 소모되고 흩어져서 다 없어졌다.

부병으로 들어와 숙위하는 자를 일러 시관(侍官)이라 했는데, 이는 천자를 위해 모시고 호위함을 말하는 것이었다. 그 후에 본위(本衛)에서 많이 사람을 데려다가 노예처럼 부리니, 장안 사람들이 그것을 부끄럽게 여겨 서로 치욕[48]으로 여기는 지경에까지 이르렀다. 변방을 지키는 자들도 변

---

40) 豊衍 풍연 : 풍족하여 넘침, 풍족하여 남음
41) 糞壤 분양 : 더러운 땅, 썩은 흙
42) 木契銅魚 목결동어 : 병부의 부절
43) 參驗 참험 : 참고로 조사함
44) 墮壞 휴(타)괴 : 무너뜨림, 무너짐
45) 點補 점보 : 점검하고 보충함
46) 橐駝 탁타 : 낙타
47) 糗糧 구량 : 구(糗) 마른 양식, 볶은 밥, 말린 밥
48) 詬病 후병 : 주(註) 구병(詬病)은 치욕(恥辱)과 같다.

방의 장수에게 고통스럽게 부림을 당하는 일이 많았다. 그들이 죽으면 재산을 몰수하게 되니, (그것을) 이롭게 여겼다. 이로 말미암아 모집에 응해 부병이 된 자들은 모두 도망쳐 숨었다. 이때에 교대할 병력이 없었다.

5월에 이임보가 절충부에 오르내리는 부절[銅魚]과 칙서를 밈추세 하니, 이후로 부병은 단지 장교만 있을 뿐이었고, 절기(折騎) 과의(果毅)[49] 또한 여러 해가 지나도 승진하지 못했다. 사대부들 또한 그러한 일을 맡는 것을 부끄럽게 여겼다. 확기의 제도도 천보 연간 이후 차츰 쇠퇴하고 폐지되어 모집에 응하는 자가 모두 시정의 등짐장수들과 무뢰한 청년들이었다. 훈련을 받은 적이 없었다.

이때 천하가 태평한지 오래되었으므로, 많은 의견을 말하는 자들이 "중원의 병력을 없애야 할 것"이라고 말했다. 이리하여 민간에서 병기를 가지고 있는 것을 금했고, 젊은 사람이 무관이 되면, 부형들이 배척하고 사람 축에 끼워주지 않았다.[50] 용맹한 장수와 정예병들이 모두 서북쪽 변방에 모이니, 중원에는 무력의 대비가 없었다.

경인(庚寅) 9년(750년)

5월에 안록산에게 동평군왕(東平郡王)의 작위를 내렸다. 당나라 장수가 왕에 봉해진 것이 이로부터 시작되었다.

양교(楊釗)가 도참에 '금도(金刀)'라는 단어가 있다 해 이

49) 折騎 果毅 절기 과의 : 군관명칭

50) 不齒 불치 : 사람 축에 들지 못함, 멀리 쫓아버리고 종신토록 등용 안함

름을 고칠 것을 청하자, 황제가 국충(國忠)이라는 이름을 내렸다.

신묘(辛卯) 10년(751년)

봄 정월에 상이 유사에게 명해 안록산을 위해 친인방(親仁坊)에 집을 짓게 했다. 칙령을 내려 "지극히 장대하고 화려하게 하고, 재물과 힘을 아끼지 말라"고 했다. 집이 완성되자, 각종 휘장[51]과 그릇들로 집안을 꽉 채워[52] 주었는데, 비록 궁중에서 황제가 입고 사용하는 물건이라도 거의 이만 못했다.

안록산의 생일에 상과 귀비가 의복과 보기(寶器), 술과 안주를 많이 내렸다. 3일 뒤 안록산을 궁중으로 불러 들어오게 해 귀비가 수놓은 비단으로 큰 포대기[53]를 만들어 안록산을 싸고서 채색 수레에 태워 궁인들에게 그것을 마주 들게 했다.[54]

상이 후궁들이 떠들며 웃는 소리를 듣고는 그 이유를 묻자, 좌우에서 귀비가 (탄생) 3일이 되었기 때문에 안록산 아이를 씻긴다고 대답했다. 상이 직접 가서 그것을 보고는, 기뻐하며 귀비에게 세아금은전(洗兒金銀錢)을 내리고, 다시 안록산에게도 후하게 하사하고는 다 즐거워하면서 끝났다.

---

51) 幄帟 악역 : 휘장

52) 牣 인 : 가득할, 더할

53) 襁褓 강보 : 어린 아이를 싸는 큰 포대기

54) 舁 여 : 마주 들. 예(羿)는 오자(誤字)

이후로 안록산이 후궁[55]에 출입하는 것을 금하지 않았다. 혹은 양귀비와 함께 밥을 먹고, 혹은 밤새도록[56] 나오지 않아 자못 추악한 소문이 바깥에 있었으나, 황제는 또한 의심하지 않았다.

○ 안록산이 세 곳의 진(鎭)의 절도사를 겸병해 맡고서, 상벌이 자신에게서 나오니 날로 더욱 교만해지고 방자해졌다. 자신이 지난번에 태자에게 절하지 않았는데, 황제의 춘추가 높은 것을 보고 자못 속으로 두려워했다. 또 무력대비가 무너지고 해이해진 것을 보고는 중원을 경시하는 마음이 생겼다.

임진(壬辰) 11년(752년)

3월에 이부를 고쳐 문부(文部)로, 형부를 헌부(憲部)로 고쳤다.

○ 11월에 이임보가 죽었다. 상은 말년에 스스로 태평함을 믿고서 천하에 다시는 우려할 만한 일이 없다고 생각했다. 마침내 궁중에 깊이 있으면서 오로지 음악과 여색으로 스스로를 즐기고, 정사를 다 이임보에게 맡겼다.

이임보는 (상의) 좌우에게 아첨하고 섬기면서, 상의 뜻에 영합해 그 총애를 견고히 했다. 언로를 막고 끊었으며, 상

55) 宮掖 궁액 : 대궐, 궁궐, 액(掖) 궁문 좌우의 소문

56) 宵 소 : 밤

의 총명함을 가려 그의 간사한 짓을 성사시켰다. 현명한 자와 능력 있는 자를 질투하고, 자기보다 나은 자를 배척하고 눌러서 자신의 지위를 보전했다.

자주 큰 옥사를 일으켜 귀한 신하들을 죽이고 쫓아내서, 그 권세를 확장했다. 황태자부터 아랫사람까지 그를 두려워해 바로 서지를 못했다. 재상의 지위에 있었던 19년 간 천하의 난을 길렀는데도 황제는 그것을 깨닫지 못했다.

○ 양국충을 우상국으로 삼았다. 양국충은 사람됨이 변명을 잘 하고[57], 경솔하고 조급하며, 위엄이나 엄숙한 몸가짐이 없었다. 재상이 되고 나서 천하를 자신의 임무로 삼아 중요한 일을 결재함에 과감하고 주저하지 않았다. 조정에 있으면서 성이 나면 소매를 걷고 팔뚝을 걷어 붙였으며[58], 공경 이하를 턱으로 지시하고 기세로 부렸다.[59] 떨고 두려워하지 않는 자가 없었다.

시어사로부터 재상에 이르기까지 무릇 40여 개의 사(使)를 맡았다. 어사대와 상서성의 관원 중에 재능과 행실이 있고, 당시에 이름이 있으면서 자신에게 기용되지 않은 자들은 모두 내쫓았다.

혹자가 섬군(陝郡)의 진사 장단(張彖)에게 양국충을 알현할 것을 권하면서, "그를 만나면 부귀를 곧 도모할 수 있을

57) 强辯 강변 : 잘 변명함

58) 攘袂扼腕 양메액완 : 양메(攘袂) 소매를 걷어 부치고 불끈 일어남. 액완(扼腕) 성이 나거나 분해서 팔을 걷어 부침

59) 頤指氣使 이지기사 : 턱으로 가르치고 기세로 부림

것"이라고 했다. 장단은 "그대들은 양국충을 태산같이 의지하나, 나는 빙산으로 여길 뿐이다. 만약 밝은 해가 나오면 그대들이 믿는 바를 잃지 않을 수 있겠는가"라고 대답하고, 숭산(嵩山)에 은거했다.

계사(癸巳) 12년(753년)

안록산은 이임보의 교활함이 자신보다 심했으므로 그를 두려워하고 복종했었다. 양국충이 재상이 되자, 안록산은 그를 멸시했다.[60] 이로 말미암아 틈이 생겼다. 양국충은 자주 안록산이 모반하려는 형상이 있다고 말했으나, 상이 듣지 않았다. 양국충은 농우절도사(隴右節度使) 가서한(哥舒翰)이 안록산과 마음이 맞지 않으므로, 그와 깊이 결탁해서 함께 안록산을 배척하고자 했다. 아뢰어서 가서한으로 하서절도사를 겸하게 했다.

이때에 중국이 강성해 (장안의) 안원문(安遠門)으로부터 서쪽으로 당나라 국경 끝까지가 무려 1만2천 리였다. 여염집들이 서로 이어지고, 뽕나무와 삼이 들을 덮어서 가렸다.[61] 천하에 부유한 곳을 일컬을 때 농우만한 곳이 없었다. 가서한이 매번 사신을 보내 들어와 아뢰게 할 때마다 (사신이) 항상 흰 낙타를 타고 하루에 5백 리를 달리곤 했다.

60) 蔑如 멸여 : 멸시하는 모양, 없어질, 멸망할

61) 翳 예 : 어조사, 가릴, 숨을

갑오(甲午) 13년(754년)

정월에 안록산이 조정에 들어왔다. 이때 양국충은 안록산이 반드시 모반할 것이라고 아뢰었다. 또 "폐하께서 시험삼아 그를 부르소서. 반드시 오지 않을 것입니다"라고 아뢰었다. 상이 사람을 시켜 부르니, 안록산이 명을 듣고 즉시 왔다. 상이 이로 말미암아 안록산을 더욱 친애하고 신임하니, 양국충의 말이 (귀에) 들릴 리가 없었다. 태자 또한 안록산이 반드시 모반할 것을 알고는 상에게 아뢰었으나 황제가 듣지 않았다.

○ 시어사 이복(李宓)이 7만의 군대를 거느리고 남조(南詔)를 공격하다가 전군이 모두 패해 죽었다. 양국충이 그 패전을 숨기고 고쳐서 승전의 첩문[62]을 아뢰고, 중원의 군대를 더욱 징발해 남조를 토벌케 하니, 전후로 전사한 자가 거의 20만 명이었으나 사람들이 감히 말하는 자가 없었다.

황제가 일찍이 고력사에게 "짐은 이제 늙었다. 조정의 일은 재상에게 맡기고, 변방의 일은 제장들에게 맡긴다면, 무릇 더 무엇을 근심하겠는가?"라고 말했다. 고력사가 "신이 들으니 운남에서 여러 번 군대를 잃었으며, 또 변방의 장수들이 병력을 너무 많이 보유하고 있습니다. 폐하께서는 (이를) 어떻게 제재하려 하십니까. 신은 하루아침에 화가 일어나면 다시는 구원할 수 없을까 두렵습니다. 어찌 근심이 없다고 하십니까"라고 대답했다. 황제가 "경은 말하지 말라.

62) 捷文 첩문 : 첩서(捷書). 전승의 보고서, 싸움에 이기는 것을 보고하는 글

짐이 천천히 그것을 생각해보겠다"고 말했다.

을미(乙未) 14년(755년)

2월에 안록산이 주청해 오랑캐 장수[63] 32인으로 한족 장수를 대신하겠다고 했다. 황제가 명령해 곧바로 계획을 세우게 하고[64], 증명서[65]를 주었다. 위현소(韋見素)가 양국충에게 "안록산이 오랫동안 다른 뜻이 있었는데, 지금 또 이러한 청을 하니 그가 모반할 것이 분명합니다"라고 말했다. 다음 날 위현소가 들어가 알현하자, 황제가 맞이하고는 "경 등은 안록산을 의심하는 마음이 있는가?"라고 물었다. 위현소는 그 기회를 이용해 지극히 간언하기를 "안록산의 모반은 이미 흔적이 있습니다. 청하는 바를 허락해서는 안 됩니다"라고 했다. 황제가 좋아하지 않고, 끝내 안록산의 청을 따랐다.

○ 안록산이 3도[66]를 자기 마음대로 다스리면서, 은밀히 다른 뜻을 품은 지 거의 10년이 되었으나, 황제의 대우가 후했으므로 황제가 죽기를 기다린 연후에 난을 일으키고자 했다. 마침 양국충이 안록산과 서로 사이가 나빠 자주 안록산이 장차 모반할 것이라고 말했으나 황제가 듣지 않았다.

63) 蕃將 번장 : 오랑캐의 장수
64) 進畫 진획 : 계획을 세워서 올리다
65) 告身 고신 : 당대 임관(任官)의 사령장
66) 三道 삼도 : 하동(河東) 범양(范陽) 평로(平盧)

양국충은 일로 자주 그를 격동시켜 그가 빨리 모반하게 해서 황제에게 신임을 얻고자 했다. 안록산이 이로 말미암아 급히 모반할 것을 결의했다.

마침 주사관(奏事官)이 경사로부터 돌아오자, 안록산이 거짓으로 칙서를 만들고는 여러 장수들을 다 불러 그것을 보이며 "밀지(密旨)가 있다. 안나에게 병력을 거느리고 조정에 들어와 양국충을 토벌하라고 했다. 제군들은 마땅히 즉시 종군(從軍)하라"고 했다. 군의 많은 사람들이 놀라[67] 서로 돌아보고는 감히 다른 말을 하지 못했다.

○ 11월 갑자일에 안록산이 자신이 거느린 15만의 병력을 징발해 범양(范陽)에서 반기를 들고 병력을 이끌고 남쪽으로 갔다.[68] 이때 천하가 오랫동안 태평해 백성들이 여러

---

67) 愕然 악연 : 놀랄, 몹시 놀라는 모양

68) 안사(安史)의 난(亂) : 현종(玄宗) 천보(天寶) 14년(755), 범양 평로 하동(范陽 平盧 河東)의 3진(鎭)을 관할하고 있던 절도사 안록산(安祿山)이 반란을 일으켰다. 안록산은 돌궐계 소수민족 출신으로 소수민족의 언어와 풍습에 익숙해 당 왕조에서 변방의 무장으로 성장할 수 있었다. 천보 연간 안록산은 현종과 양귀비의 총애를 받아 3진의 절도사가 되어 15만의 군대를 통솔하는 막강한 세력이었다. 양국충을 토벌한다는 명분을 내걸고 범양(현재 북경北京)에서 군대를 일으켜 당 왕조에 반기를 들었다. 안록산은 756년 낙양에서 황제를 칭[稱帝]한 후 국호를 연(燕)이라 하고 장안을 공격했다. 현종은 사천으로 피난했으며, 태자 이형(李亨)이 북상하면서 영무(현재 감숙성 靈武) 지역에서 황제에 즉위했다. 숙종 지덕(至德) 2년(757), 안록산이 그의 아들 안경서(安慶緖)에게 살해되고, 장안과 낙양이 수복되었는데, 759년 안록산의 부장(部將) 사사명(史思明)이 안경서를 살해하고 연(燕)의 황제가 되었다. 761년에는 사사명이 그의 아들 사조의(史朝義)에게 살해되었다. 이러한 상황에서 당(唐)의 장군 이회선(李懷仙)이 반군을 공격해 사조의가 자결했다. 그리하여 8년 간 지속된 혼란은 763년 마침내 종결되었지만, 이후 당 왕조는 번진을 중심으로 지방의 절도사들이 난립하는 형세가 되었다.

대 동안 무기와 갑옷[69]을 알지 못했는데, 갑자기 범양에서 군대가 들고 일어났다는 말을 듣고는 원근이 떨고 놀랐다.

하북은 모두 안록산이 통솔하는 지역이라, 지나는 곳의 주현이 모두 멀리서 보기만 하고도 와해되었다. 수령들이 혹은 성문을 열고 나와 맞이했고, 혹은 성을 버리고 도망가 숨었다.[70] 혹은 안록산에게 사로잡히거나 죽임을 당했다. 감히 그를 대항할 자가 없었다.

○ 황제가 안록산이 이미 모반했다는 소식을 듣고는 곧 봉상청(奉常淸)에게 역마를 타고 낙양에 가서 병력을 모집하게 했다. 열흘 만에 6만여 명을 얻어 황하의 다리를 끊고 지킬 대비를 했다.

안록산이 고성(藁城)에 이르니 상산태수(常山太守) 안고경(顔杲卿)이 힘으로 대항할 수 없으므로 장사 원리겸(袁履謙)과 가서 그를 맞이했다. 안록산이 안고경에게 금으로 된 인장과 자색의 관복[71]을 하사하고, 자제들을 인질로 삼고는 안고경에게 그대로 상산을 지키게 했다.

안고경이 돌아오는 도중에 그 옷을 가리키며 원리겸에게 "어찌 이런 것을 입겠는가?"하니, 원리겸이 그 뜻을 깨닫고, 마침내 은밀히 안고경과 함께 군대를 일으켜 안록산 토벌을 모의했다.

---

69) 兵革 병혁 : 무기와 갑주, 전쟁

70) 竄匿 찬익 : 찬(竄) 도망갈. 익(匿) 숨을

71) 金紫 금자 : 금으로 만든 인장과 자주빛의 인끈. 즉 고관의 인장과 인끈. 자(紫) 자색의 관복

○ 병자일에 곽자의(郭子儀)를 삭방절도대사로 삼았다. 내부(內府)의 돈과 비단을 내어 경사에서 병력을 모집하니, 11만 명이 열흘 만에 모였는데, 모두 시정의 청년들이었다.

○ 처음에 평원태수 안진경(顔眞卿)은 안록산이 장차 모반할 것이라는 것을 알고는 장마를 이용해 성을 완전히 보수하고 참호를 깊이 팠다.[72] 정장(丁壯)을 헤아리고 창고를 충실하게 했다. 안록산은 그가 서생이라 쉽게 대했다.

안록산은 모반하게 되자, 안진경에게 관문서를 보내 평원과 박평(博平)의 7천 병력으로 황하의 나루를 막게 했다. 안진경이 평원사병 이평(李平)을 보내 샛길로 가서[73] (황제에게) 이 사실을 아뢰게 했다.

황제가 처음에 안록산이 모반해 하북의 군현들이 모두 소문을 듣고 항복했다[74]는 소식을 듣고 "24개의 군(郡) 중에 일찍이 한 명의 의사(義士)도 없는가?"라고 한탄했다. 이평이 이르자, 황제가 크게 기뻐하며 "짐은 안진경이 어떤 모습인지 알지 못하지만, 마침내 이런 일을 할 수 있구나"라고 말했다.

안진경이 친한 문객에게 은밀히 역적에게 현상금을 내건 문서[75]를 품고 여러 군(郡)에 가게 했다. 이로 말미암아 여러 군(郡)에서 호응하는 자가 많았다. 안진경은 안고경의

72) 浚濠 준호 : 참호를 깊이 파다

73) 間道 간도 : 샛길

74) 風靡 풍미 : 바람에 풀이 나붓끼듯 저절로 쏠려 따름

75) 購賊牒 구적첩 : 역적에게 현상금을 붙인다는 문서

종제이다.

○ 안록산이 형양(滎陽)을 함락했다. 봉상청이 모집한 병사는 모두 백도(白徒)[76]로 훈련을 거치지 않았다. 무뢰(武牢)에 주둔해 적을 막았는데, 적은 철기병으로 유린했다. 관군이 대패했고, 정유일에 안록산이 낙양을 함락시켰다.

○ 이때에 조정에서 징병했는데, 여러 도에서 모두 오지 않으니 관중 지방이 흉흉하고 두려워[77]했다. 마침 안록산이 황제를 칭할 것을 도모해 낙양에 머무르고는 진군하지 않았으므로 조정에서 그를 대비할 수가 있었고, 병력 또한 점점 모였다.

○ 안진경이 용사를 불러 모집하니, 열흘 만에 1만여 명에 이르렀다. 거병해 효유하고 안록산을 토벌하자고 말하면서 계속 눈물을 흘리니, 군사들이 모두 감격해서 분발했다.

○ 가서한을 병마부원수로 삼아 8만의 군대를 거느리고 동관에 주둔하게 했다.

○ 안고경이 군대를 일으키려 해 최안석(崔安石) 등에게 명해 여러 군(郡)을 돌면서 말하게 했다. "대군이 이미 정형(井陘)으로 내려왔다. 머지않아[78] 마땅히 와서 먼저 하북

76) 白徒 백도 : 훈련받지 않은 군사, 갑옷 입지 않은 군사, 일에 미숙한 사람
77) 恟懼 흉구 : 인심이 어수선하고 두려워함
78) 朝夕 조석 : 아침과 저녁, 날마다, 항상

의 여러 군(郡)을 평정할 것이다. 먼저 오는 자는 상을 주고, 뒤에 오는 자는 죽이겠다"고 했다.

이리하여 하북 지역의 여러 군(郡)이 (안고경의 주창主唱에) 호응했다.[79] 무릇 17개의 군(郡)이 모두 조정에 귀의하니 군대가 도합 20여만명이었다. 안록산에게 붙은 곳은 오직 범양 노룡(盧龍) 밀운(密雲) 어양 급(汲) 업(鄴) 등 6개의 군(郡)뿐이었다.

---

79) 響應 향응 : 지른 소리에 울리는 소리가 따라 일어나듯이 남의 주창에 따라 다른 사람이 그와 같은 행동을 마주 취함

원 문

卷之四十一

唐紀

玄宗皇帝 下

丙子二十四年
張守珪，使平盧討擊使安祿山討奚契丹叛者，祿山恃勇 輕進，為虜所敗。夏 四月，守珪奏請斬之。祿山臨刑，呼曰:「大夫不欲滅奚契丹邪? 柰何殺祿山?」守珪亦惜其驍勇，欲活之。乃更執送京師。張九齡批曰:「昔，穰苴誅莊賈，孫武斬宮嬪，守珪軍令若行，祿山不宜免死!」上惜其才，敕令免官，以白衣將領。九齡固爭曰:「祿山失律喪師，於法，不可不誅。且臣觀其貌，有反相。不殺，必為後患。」上曰:「卿勿以夷甫識石勒，枉害忠良。」竟赦之。

○秋 八月 壬子， 千秋節。群臣皆獻寶鏡。張九齡以為:「以鏡自照，見形容。以人自照，見吉凶。」乃述前世興廢之源，為書五卷，謂之千秋金鑑録。上之，上賜書，褒美。

○朔方節度使牛仙客，前在河西，能節用度 勤職業 倉庫充實 器械精利。上聞而嘉之，欲加尚書。張九齡曰：「不可。尚書古之納言。唐興以来，惟舊相及揚歷中外，有德望者，乃為之。仙客本河湟使典，今驟居清要，恐羞朝廷。」上曰：「然則但加實封，可乎?」對曰：「不可。封爵，所以勸有功也。邊將實倉庫，修器械 乃常務耳。不足為功。陛下賞其勤，賜之金帛，可也。裂土封之，恐非其宜。」上黙然。李林甫言於上曰：「仙客宰相才也。何有於尚書!」十一月 賜仙客爵隴西縣公，食實封三百户。

○初 上欲以李林甫為相，問於中書令張九齡。九齡對曰：「宰相繫國安危。陛下相林甫，切恐異日為廟社之憂。」上不從。時，九齡方以文學 為上所重。林甫雖恨，猶曲意事之。侍中裵耀卿 與九齡善，林甫幷疾之。是時，上在位歲久，漸肆奢慾，怠於政事。而九齡遇事， 無細大， 皆力争之。林甫巧伺上意，日思所以中傷之。日夜，短九齡於上，上寖踈之。於是，耀卿 九齡，並罷政事。以林甫兼中書令，牛仙客為工部意尚書 同中書門下三品。

○上卽位以来，所用之相，姚崇尚通，宋璟尚法，張嘉貞尚吏，張說尚文，李元紘 杜暹尚儉，韓休 張九齡尚直，各其所長也。

○九齡既得罪，自是朝廷之士皆容身保位，無復直言。李林甫欲蔽塞人主視聽，自專大權，明召諫官，謂曰：「今明主在上，群臣將順之不暇，烏用多言? 諸君不見立仗馬乎?

食三品料，一鳴輒斥去，悔之何及?」補闕杜璡嘗上書言事。明日黜為下邽令。自是諫爭路絕矣。

◯林甫城府深密，人莫窺其際。好以甘言啗人，而陰中傷之，不露辭色。凡為上所厚者，始則親結之，及勢位稍逼，輒以計去之。雖老奸巨猾，無能逃其術者。

丁丑二十五年

楊洄又譖太子瑛。鄂王瑤　光王琚潛構異謀。上召宰相謀之。李林甫對曰:「此陛下家事，非臣等所宜豫。」上意乃決。廢瑛，瑤 琚為庶人，賜死城東驛。

◯秋　七月，大理少卿徐嶠奏:「今歲，天下斷死刑　五十八人。大理獄院由来相傳，殺氣大盛，鳥雀不棲，今有鵲巢其樹。」於是百官以幾致刑措，上表稱賀。上歸功宰輔，賜李林甫爵晉國公，牛仙客豳國公。

戊寅二十六年

太子瑛既死，李林甫數勸上立壽王瑁。上以忠王璵年長，且仁孝恭謹，又好學，意欲立之，猶豫歲餘不決。自念春秋寖高，三子同日誅死，繼嗣未定，常忽忽不樂，寢膳為之減。高力士乘間請其故。上曰:「汝我家老奴，豈不能揣我意?」力士曰:「得非以郎君未定邪?」上曰:「然。」對曰:「但推長而立，誰敢復爭?」上意遂定。六月　立璵為太子。

己卯二十七年
八月，追謚孔子為文宣公。南向坐，被王者之服，追贈弟子皆爲公侯伯。

庚辰二十八年
二月，張九齡卒。上雖以九齡忤旨 逐之，然 終愛重其人。每宰相薦士，輒問曰:「風度得如九齡不?」

○是歲，西京東都米斛直錢不滿二百，絹匹亦如之。海內富安，行者雖萬里，不持寸兵。

辛巳二十九年
平盧兵馬使安祿山，傾巧善事人，人多譽之。由是上益以為賢。八月，以祿山為營州都督。

壬午天寶元年
正月， 分平盧 別為節度。以安祿山為節度使。是時，天下聲教所被之州 三百三十一，羈縻之州 八百。置十節度 經略使，以備邊。曰安西，曰北庭，曰河西 河東 范陽 平盧 隴右 劒南 嶺南。又有長樂 經略，福州領之，東萊守捉 萊州領之，東牟守捉 登州領之。凡鎮兵四十九萬人，馬八萬餘匹。開元之前，歲供邊兵衣糧費不過二十萬，天寶之後，邊將奏 益兵寖多。每歲，用衣千二十萬匹，糧百九十萬斛。公私勞費，民始困苦矣。

○三月， 以長安令韋堅為陝郡太守，領江淮租庸轉運使。

初，宇文融既敗，言利者稍息。及楊愼矜得幸，於是韋堅 王鉷之徒 競以利進。百司有事權者 稍稍別置使，以領之，舊官充位而已。堅為吏，以幹敏稱，上使之，督江淮租運，歲增巨萬。上以為能，故擢任之。王鉷亦以善治租賦 為户部員外郎 兼侍御史。

◯李林甫為相，凡才望功業 出己右，及為上所厚，勢位將逼己者，必百計去之。尤忌文學之士，或陽與之善，啗以甘言，而陰陷之。世謂李林甫口有蜜 腹有劒。

癸未二年
春 正月，安祿山入朝。上寵待甚厚，謁見無時。

◯李林甫領吏部尚書。日在政府，選事悉委侍郎宋遙 苗晉卿。御史中丞張倚 新得幸於上，遙 晉卿欲附之。時選人集者 以萬計，入等者六十四人。倚子奭為之首，羣議沸騰。祿山入言於上，上悉召入等人，面試之。奭手持試紙，終日不成一字。時人謂之曳白。

甲申三載
春 正月，改年曰載

◯三月，以安祿山兼范陽節度使 禮部尙書 席建侯，為河北黜陟使，稱祿山公直。李林甫 裵寬，皆順旨 稱其美。三人皆上所信任。由是祿山之寵 益固不搖矣。

◯初 武惠妃薨，上悼念不已。後宮數千 無當意者。或言:

「壽王妃楊氏之美，絶世無雙。」上見而悅之。乃令妃　自以其意 乞為女官，號為太眞。更為壽王 娶左衛郎將韋昭訓女。潛內太眞宮中。太眞肌態豐艷，曉音律，性警潁，善承迎上意。不期歲，寵遇如惠妃。宮中號曰，娘子。凡儀體皆如皇后。

○上從容謂高力士曰:「朕不出長安 近十年。天下無事，朕欲高居無為，悉以政事　委林甫，何如?」對曰:「天子巡守古之制也。且天下大柄　不可假人。彼威勢既成，誰敢復議之者。」上不悅。力士自是 不敢深言天下事矣。

乙酉四載。

李林甫欲除不附己者，求治獄吏。蕭炅薦 吉温 林甫得之甚喜。又有羅希奭 為吏深刻，林甫引之 遷侍御史。二人皆隨林甫所欲，鍛鍊成獄，無能自脫者。時人謂之，羅鉗吉網。上以戶部郎中王鉷　為户口色役使，鉷志在聚斂，按籍，戍邊六歲之外，悉徵其租庸。有併徵三十年者，民無所訴。上在位久，用度日侈，後宮賞賜無節，不欲數於左右藏　　取之。鉷深知上指，歲貢額外，錢帛百億萬　貯於內庫，以供宮中宴賜。曰:「此皆不出於租庸調，無預經費。」上以鉷為能富國，益厚遇之。鉷務為割剥，以求媚。中外嗟怨。

丙戌五載

以王忠嗣為河西　隴右節度使　兼知朔方　河東節度使。忠嗣仗四節，控制萬里。天下勁兵重鎮皆在掌握。與吐蕃戰於青海積石，皆大捷。又討吐谷渾於墨離軍，虜其全部而歸。

丁亥六載。

以范陽 平盧節度使安祿山兼御史大夫。祿山體充肥，腹垂過膝，嘗自稱重三百斤。外若癡直，內實狡黠。在上前 應對敏給，雜以詼諧。上嘗戲指其腹曰:「此胡腹中，何所有，其大乃爾?」對曰:「更無餘物，止有赤心耳。」上悅。祿山得出入禁中，因請為貴妃兒。上與貴妃共坐，祿山先拜貴妃，上問何故，對曰:「胡人，先母而後父。」上悅。

○十二月，命百官 閱視天下歲貢物於尚書省。既而 悉以車載，賜李林甫家。上或時不視朝，百司悉集林甫第門，臺省為空。陳希烈雖坐府，無一人入謁者。

○自唐興以來，邊帥皆用忠厚名臣，不久任，不遙領，不兼統。功名著者 往往入為宰相。其四夷之將 雖才略 如阿史那杜爾 契苾何力，猶不專大將之任，皆以大臣為使，以制之。及開元中，天子有吞四夷之志，為邊將者十餘年不易，始久任矣。皇子則慶忠諸王，宰相則蕭嵩 牛仙客 始遙領矣。蓋嘉運 王忠嗣專制數道，始兼統矣。李林甫欲杜邊帥入相之路，以胡人不知書，乃奏言:「文臣為將 怯當矢石，不若用寒族胡人。胡人則勇決習戰，寒族則孤立無黨。陛下誠以恩洽其心，彼必能為朝廷盡死。」上悅其言，始用安祿山。至是諸道節度使 盡用胡人，精兵咸戍北邊，天下之勢偏重。卒使祿山傾覆天下，皆出於林甫專寵固位之謀也。

戊子七載

度支郎中兼侍御史楊釗善窺上意, 所愛惡而迎之, 以聚歛驟遷,歳中 領十五餘使。

己丑八載

春 二月, 引百官, 觀左藏, 賜帛有差。是時 州縣殷富, 倉庫積粟帛動以萬計。上以國用豐衍, 故視金帛如糞壤, 賞賜貴寵之家, 無有限極。

◯先是 折衝府皆有木契銅魚, 朝廷徵發 下敕書契魚, 都督郡府參驗, 皆合, 然後遣之。自募置彍騎, 府兵日益墮壞, 死及逃亡者, 有司不復點補。其橐駞 馬牛 器械 糗糧 耗散略盡。府兵入宿衛者謂之侍官, 言其為天子侍衛也。其後, 本衛多以假人, 役使如奴隷。長安人羞之 至以相詬病。其戍邊者又多為邊將苦使, 利其死而沒其財。由是 應為府兵者 皆逃匿。至是無兵可交。五月, 李林甫奏停折衝府上下魚書。是後府兵徒有官吏而已。其折騎 果毅 又歷年不遷, 士大夫亦恥為之。其彍騎之法 天寶以後 稍已變廢, 應募者皆市井負販 無賴子弟, 未嘗習兵。時承平日久, 議者多謂: 「中國兵可銷。」於是 民間挾兵器者有禁, 子弟為武官, 父兄擯而不齒。猛將精兵 皆聚於西北邊, 中國無武備矣。

庚寅九載

五月, 賜安綠山爵東平郡王。唐將帥封王, 自此始。楊釗以圖讖有金刀, 請更名, 上賜名國忠。

辛卯十載
春 正月，上命有司，為安綠山 起第於親仁坊。敕令，但窮壯麗 不限財力。既成，具幄帟器皿，充物其中，雖禁中服御之物，殆不及也。綠山生日 上及貴妃 賜衣服 寶器 酒饌，甚厚。後三日，召綠山入禁中，貴妃以錦繡 為大襁褓，裹綠山，使宮人，以綵輿舁之。上聞後宮喧笑，問其故，左右:「以貴妃三日， 洗綠山兒。」對，上自往觀之，喜。賜貴妃洗兒金銀錢，復厚賜綠山，盡歡而罷。自是，綠山出入宮掖不禁，或與貴妃共食，或通宵不出，頗有醜聲聞於外，上亦不疑也。

○綠山既兼領三鎮，賞刑己出，日益驕恣。自以曩時 不拜太子，見上春秋高，頗內懼。又見武備墮弛，有輕中國之心。

壬辰十一載
三月，改吏部為文部，刑部為憲部。

○十一月，李林甫薨。上晚年，自恃承平，以為天下無復可憂，遂深居禁中，專以聲色自娛，悉委政事於林甫。林甫媚事左右，迎合上意，以固其寵。杜絕言路，掩蔽聰明，以成其姦。妬賢嫉能，排抑勝己，以保其位。屢起大獄，誅逐貴臣，以張其勢。自皇太子以下，畏之側足。凡在相位十九年，養成天下之亂，而上不之悟也。

○以楊國忠為右相國。忠為人彊而輕躁，無威儀。既為相，以天下為己任，裁決幾務，果敢不疑。居朝廷，攘袂扼腕，公卿以下，頤指氣使，莫不震慴。自侍御史至為相，凡領四十餘使。臺省官　有才行時名，不為己用者，皆出之。或勸陝郡進士張彖謁國忠曰:「見之，富貴立可圖。」彖曰:「君輩倚楊右相，如泰山。吾以為氷山耳。若皎日既出，君輩得無失所恃乎。」遂隱居嵩山。

癸巳十二載

安祿山以林甫狡猾踰己，故畏服之。及楊國忠為相，祿山視之蔑如也，由是有隙。國忠屢言，祿山有反狀，上不聽。國忠以隴右節度使哥舒翰與祿山不協，欲厚結翰，與共排祿山，奏以翰兼河西節度使。是時，中國盛强，自安遠門　西盡唐境，凡萬二千里，閭閻相望，桑麻翳野。天下稱富庶者無如隴右。翰每遣使入奏，常乘白橐駞，日馳五百里。

甲午十三載

正月，安祿山入朝。是時，楊國忠言:「祿山必反。」且曰:「陛下試召之，必不来。」上使召之，祿山聞命卽至。上由是益親信祿山，國忠之言，不能入矣。太子亦知祿山必反，言於上，上不聽。

○侍御史李宓將兵七萬，擊南詔，全軍皆沒。楊國忠隱其敗，更以捷聞，益發中國兵討之，前後死者，幾二十萬，人無敢言者。上嘗謂高力士曰:「朕今老矣。朝事付之宰相，邊事付之諸將，夫復何憂?」力士對曰:「臣聞雲南數喪師，又邊將擁兵大盛。陛下將何以制之。臣恐一旦禍發，不可復救，何謂無憂也。」上曰:「卿勿言。朕徐思之。」

乙未十四載

二月，安綠山奏請 以蕃將三十二人，代漢將。上命立進畫給告身。韋見素謂楊國忠曰:「綠山久有異志，今又有此請，其反明矣。」明日 見素入見，上迎謂曰:「卿等有疑綠山之意邪?」見素因極言:「綠山反已有迹，所請不可許。」上不悅，竟從其請。

◯安綠山專制三道，陰蓄異志，殆將十年。以上待之厚，欲俟上晏駕，然後作亂。會楊國忠與綠山不相悅，屢言綠山且反，上不聽。國忠數以事激之，欲其速反，以取信於上。綠山由是 決意遽反。會有奏事官 自京師還。綠山詐為敕書，悉召諸將，示之曰:「有密旨。令綠山將兵入朝，討楊國忠。諸君! 宜卽從軍。」衆愕然相顧，莫敢異言。

◯十一月 甲子，綠山發所部十五萬衆，反於范陽，引兵而南。時海內久承平，百姓累世不識兵革，猝聞范陽兵起，遠近震駭。河北皆綠山統內，所過州縣望風瓦解，守令或開門出迎，或棄城竄匿，或為所擒戮，無敢拒之者。

◯上聞綠山已反。乃使封常清乘驛，詣東京募兵。旬日得六萬餘人。乃斷河橋，為守禦之備。綠山至藁城，常山太守顏杲卿力不能拒，與長史袁履謙往迎之。綠山輒賜杲卿金紫，質其子弟，使仍守常山。杲卿歸途中指其衣，謂履謙曰:「何為著此?」履謙悟其意，乃陰與杲卿　謀起兵，討祿山。

◯丙子，以郭子儀為朔方節度大使，出內府錢帛，於京師募兵，十一萬　旬日而集，皆市井子弟也。

◯初　平原太守顏眞卿知祿山且反，因霖雨，完城浚濠，料丁壯，實倉廩。祿山以其書生，易之。及祿山反，牒眞卿以平原　博平兵七千人，防河津。眞卿遣平原司兵李平，間道奏之。上始聞祿山反，河北郡縣皆風靡。歎曰:「二十四郡曾無一人義士邪?」及平至，大喜曰:「朕不識顏眞卿作何狀，乃能如是。」眞卿使親客密懷購賊牒，詣諸郡。由是諸郡多應者。眞卿　杲卿之從弟也。

◯安祿山陷滎陽。封常清所募兵皆白徒，未經訓練。屯武牢以拒賊，賊以鐵騎蹂之，官軍大敗。丁酉，祿山陷東京。

◯是時，朝廷徵兵，諸道皆未至，關中恟懼。會祿山方謀稱帝，留東京不進，故朝廷得為之備，兵亦稍集。

◯顏眞卿召募勇士，旬日至萬餘人。諭以舉兵討安祿山，繼以涕泣，士皆感憤。

◯以哥舒翰為兵馬副元帥，將兵八萬軍于潼關。

◯顏杲卿將起兵，命崔安石等徇諸郡　云:「大軍已下井陘，朝夕當至。先平河北諸郡，先至者賞，後至者誅。」於是河北諸郡響應，凡十七郡皆歸朝廷，兵合二十餘萬。其附祿山者　唯范陽　盧龍　密雲　漁陽　汲　鄴　六郡而已。

통감절요 42권

당기(唐紀) 숙종황제(肅宗皇帝)

재위 7년, 수(壽) 52

병신(丙申) 15년(서기 756년)

정월에 안록산(安祿山)이 스스로 대연황제(大燕皇帝)라 칭하고, 연호를 성무(聖武)로 고쳤다.

○ 안고경(安杲卿)이 군대를 일으킨지 겨우 8일이어서 수비가 완전하지 못했다. 사사명(史思明)과 채희덕(蔡希德)이 병사를 이끌고 모두 성 아래에 이르렀다. 안고경이 왕승업(王承業)에게 위급함을 알리니, 왕승업이 그 공을 뺏고 싶어서, 성이 함락되는 것을 이롭게 여겼다. 끝내 병사를 잡고 구해주지 않았다.

안고경이 밤낮으로 적을 막아 싸우니, 양식과 화살이 다 떨어져서 성이 함락되었다. 적이 병사를 풀어 1만여 명을 죽이고, 안고경 원이겸(袁履謙) 등을 잡아 낙양으로 보냈다.

안록산이 죄를 세며 말하기를 "너는 범양(范陽) 호조(戶曹)였는데, 내가 아뢰어 판관이 되었고, 몇 년 되지 않아 승진해 태수에 이르렀다. 너를 저버리지 않았는데 어찌 배반했는가?" 하니, 안고경이 눈을 부릅뜨고 꾸짖었다.

"너는 본래 영주에서 양을 치던 오랑캐였는데, 천자께서 너를 발탁해 삼도절도사를 삼았으니, 은혜와 은총이 견줄 바가 없었다. (천자께서) 너를 저버리지 않았는데 어찌 배반했는가?

나는 대대로 당나라의 신하여서 녹과 지위는 모두 당의 것이었다. 비록 너에게 주청되었어도 어찌 너를 따라 배반하겠는가. 내가 나라를 위해 도적을 토벌했다. 너를 죽이지 못하는 것이 한인데, 어찌 배반하겠는가? 누린내 나는 갈(羯)족 개놈아, 어찌 나를 빨리 죽이지 않느냐?"

안록산이 대노해 원리겸 등과 함께 중교(中橋)의 기둥에 묶어 살점을 도려냈다.[1] 안고경과 원리겸은 죽을 때까지 꾸짖으면서 입을 다물지 않았다.

○ 황제가 곽자의(郭子儀)에게 명해 진군해 동경(東京)을 빼앗으라고 했다. 훌륭한 장수 한 명을 선발해 병사를 나누어주고, 먼저 정형(井陘)으로 나가서 하북(河北)을 평정하게 했다. 곽자의가 이광필(李光弼)을 천거해 하동절도사(河東

---

1) 剮(咼) 과 : 살을 발라낼, 뼈에 붙은 살을 발라냄

節度使)로 삼고, 삭방의 병사 1만 명을 나누어 주었다.

2월 이광필이 상산(常山)에 이르니 상산병사들이 안사의(安思義)를 잡아 나와 항복했다. 사사명(史思明)이 세력을 잃고 후퇴해 구문(九門)으로 들어가니 이때 상산 9현 중 7개가 관군에 붙고, 오직 구문과 고성(藁城)이 적에게 점거되었다.

○ 이보다 먼저 초군태수(譙郡太守) 양만석(楊萬石)이 군을 가지고 안록산에게 항복하고, 진원령(眞源令) 장순(張巡)을 핍박해 그를 장사(長史)로 삼아 서쪽으로 가서 적을 맞이하게 했다.

장순이 진원(眞源)에 이르자 관리와 백성을 이끌고 현원황제(玄元皇帝)의 사당에서 곡을 하고 거병해 적을 토벌하려 하니, 관리와 백성 중 기꺼이 따르는 자가 수천 명이었다. 장순이 정예병 1천 명을 선발해 옹구(雍丘)에 이르러 가분(賈賁)과 합세했다. 영호조(令狐潮)가 적의 정예병을 이끌고 옹구를 공격하니, 가분이 나가서 싸우다 패배해 죽었다. 장순이 힘을 다해 적을 물리쳤다. 이렇게 되자 가분의 무리를 함께 거느렸다.

마침내 1천 명에게 성을 오르게 하고, 자신은 1천 명을 이끌고 여러 부대로 나누어 문을 열고 돌격했다. 장순이 사졸보다 먼저 몸소 적진으로 돌격하니 사람과 말이 피해서 흩어지고[2] 적이 마침내 물러났다. 다음날 다시 와서 성을

2) 辟易 벽역 : 두려워해 물러남

공격했는데, 돌 쇠뇌[3] 백대를 설치해 성을 둘러싸니 망루와 성위의 담[4]이 다 무너졌다.

장순이 성 위에 목책을 세우고 적을 막았는데, 적이 개미때처럼[5] 떼지어 올라왔다. 장순이 짚을 묶고 기름을 부어 불을 붙여 던지니 적이 올라오지 못했다. 때로 적의 틈을 엿보아 출병해 그들을 공격하고, 혹은 밤에 밧줄에 매달려 내려가서[6] 적의 진영을 공격[7]했다.

그리하여 60여일 동안 크고 작게 3백여 차례 싸웠는데, 갑옷을 입고 밥을 먹었으며, 상처를 싸매고 다시 싸우니, 적이 마침내 패해 달아났다. 장순이 승세를 타고 그들을 추격해 오랑캐병사 2천 명을 잡아서 돌아왔다. 군대의 명성이 크게 떨쳤다.

○ 5월 영호조가 다시 군대를 이끌고 옹구를 공격했다. 영호조와 장순은 구면이었다. 성 아래에서 서로 평소와 같이 노고를 위로했다. 영호조가 장순에게 "천하의 일이 끝났다. 족하가 위태로운 성을 견고히 수비하는 것은 누구를 위하고자 함인가?"라고 설득했다. 장순이 "족하는 평소에 충의를 자부[8]했는데, 금일 거병에는 충의가 어디에 있는가?"

3) 礮 포 : 돌 쇠뇌

4) 堞(堞) 첩 : 성가퀴, 성 위의 낮으막하게 쌓은 담, 여장(女墻)

5) 蟻附 의부 : 개미 떼처럼 떼지어 달라붙음

6) 縋 추 : 매어 달

7) 斫 작 : 칠, 찍을

8) 自許 자허 : 자부(自負)

라고 묻으니, 영호조가 부끄러워하며 물러났다.

○ 곽자의와 이광필이 상산에 돌아오니, 사사명이 흩어진 병사 수만을 수습해 그 뒤를 따라갔다. 곽자의가 항양(恒陽)에 이르렀는데, 사사명이 뒤를 따라왔다. 곽자의가 깊이 해자를 파고 망루를 높게 쌓아서 그를 대비했다. 적이 오면 수비하고, 가면 그들을 추격했다. 낮에는 병력을 과시하고[9] 밤에는 그 군영을 공격하니 적이 쉴 수가 없었다.

며칠 있다가 곽자의와 이광필이 의논해 "적이 피로하니 출전할 수 있다"고 하고, 가산(嘉山)에서 싸워 그를 크게 격파하고, 수급 4만을 베고 1천여 명을 포로로 잡았다. 사사명이 말에서 떨어져 박릉(博陵)으로 도망갔는데, 이광필이 나가서 그를 포위했다. 군대의 명성이 크게 떨쳐졌다.

이에 하북의 10여 개 군이 모두 적의 수장을 베고 항복하니, 어양(漁陽)의 길이 다시 끊어졌다. 적의 장수 중 집이 어양에 있는 자들의 마음이 흔들리지 않는 자가 없었다. 안록산이 크게 두려워해 낙양을 버리고 범양으로 달아나 돌아갈 것을 의논했다.

마침 '최건우(崔乾祐)가 섬주(陝州)에 있는데, 군대가 4천 명을 넘지 않고 모두 파리하고[10] 약해서 대비가 없다'고 고하는 자가 있었다. 황제가 사자를 보내 가서한(哥舒翰)을 재촉해 진군해 섬주와 낙주를 수복하게 했다. 가서한이 부

---

9) 耀 요 : 빛날, 빛낼
10) 羸 리 : 파리할, 고달플, 약할

득이 가게 되자, 가슴을 치며 통곡했다. 병사를 이끌고 관문을 나갔는데, 최건우의 군대를 영보(靈寶)의 서원(西原)에서 만났다. 가서한이 대패했다. 함성소리가 천지에 진동했다. 적이 승세를 타고 포위를 좁히니[11], 뒤에 온 군대[後軍] 또한 무너졌다.

하북군이 멀리서 보고 또한 무너지니, 순식간에 양안이 모두 비었다. 가서한이 오직 휘하 1백여 기와 함께 동관(潼關)으로 들어갔는데, 최건우가 동관을 공격해 함락시켰다. 번장(蕃長) 화발귀인(火拔歸仁)이 가서한을 사로잡아 적에게 항복하니, 안록산이 가서한을 사공 동평장사로 삼았다.

○ 황제가 두려워해 재상을 불러 그 일을 상의하자, 양국충(楊國忠)이 촉(蜀)으로 파천할 계획을 먼저 앞에 나서서 주장했다. 상이 그렇게 해야겠다고 여겼다. 을미(乙未)일에 연추문(延秋門)을 나가서 함양에 이르렀다. 해가 중천이었는데도 황제가 아직 밥을 먹지 못했다. 양국충이 스스로 시장에서 사다가 호떡을 바치니 이에 백성들이 다투어 매조미 쌀밥[12]을 올렸다.

노부(老父) 곽종근(郭從謹)이 있었는데, 황제께 진언했다.

"안록산이 나쁜 마음을 감추고 있었음[13]은 참으로 하루아침의 일이 아닙니다. 또한 궐 밖에 그 음모를 고하는 자

11) 蹙 축 : 줄, 축소함, 오므릴, 척, 줄어 들
12) 糲飯 여반 : 매조미 쌀밥, 궂은 쌀밥, 현미밥
13) 包藏 포장 : 싸서 감추다

가 있어도, 폐하는 왕왕 그를 죽여 그 간사함과 반역을 펼 수 있게 하셔서, 폐하께서 파천[14]하기에 이르렀습니다.

선왕은 충량한 자를 맞이해 물어서 힘써 총명을 넓혔는데, 대체로 이 때문이었습니다. 신이 아직도 기억하길 송경(宋璟)이 재상이었을 때에는 자주 직언을 올렸고, 천하가 그 덕에 편안했습니다. 근래[15] 이래로 조정에 있는 신하들이 말하는 것을 꺼리고[16] 오직 아첨해 용납되기를 바랐습니다.

이 때문에 궐문 밖을 폐하가 모두 알지 못하셨으니, 초야의 신은 반드시 오늘이 있을 줄 안지 오래입니다. 단지 구중이 엄하고 깊으니[17] 작은[18] 마음이나마 상달해 일이 이에 이르게 되지 않게 할 길이 없었습니다. 신이 어찌 폐하의 얼굴을 뵙고 하소연 할 수 있었겠습니까?"

황제가 말하길 "이는 짐이 명석하지 못해서이니, 후회한들 별 수가 없다"라고 하고 달래서 돌려보냈다.

○ 마외역(馬嵬驛)에 이르렀는데, 장사들이 굶주리고 피로해 모두 분노했다. 진현례(陳玄禮)는 화가 양국충 때문이라고 여기고 그를 죽이려고 했다. 마침 토번(吐蕃)의 사자 20여 명이 양국충의 말을 가로막고 양식이 없다고 하소연

---

14) 播越 파월 : 방랑함. 파천(播遷), 임금이 도성을 떠나 딴 곳으로 피난함
15) 頃 경 : 근래, 요즈음
16) 諱 휘 : 꺼리다, 싫어하다, 기피하다, 피하다
17) 邃 수 : 깊숙할
18) 區區 구구 : 조그만 모양, 득의한 모양

했다. 양국충이 미처 대답도 하지 않았는데, 군사가 "양국충이 오랑캐와 반란을 모의했다"고 외쳤다. 좇아가서 그를 죽이고 창 끝에 그 머리를 매달았다.

황제가 지팡이를 짚고 신을 신고 역문을 나와 군사들을 위로하며 대오를 수습하게 했으나, 군사들이 응하지 않았다. 황제가 고력사에게 물으니 진현례가 "양국충이 모반했으니, 귀비를 마땅히 받들[19] 수 없습니다. 원컨대 폐하께서는 은혜를 끊고 법을 바로 세우소서"라고 대답했다.

황제가 "귀비는 항상 깊은 궁궐에 있었는데, 어찌 양국충의 모반 계획을 알았겠는가" 하니, 고력사가 "귀비는 진실로 죄가 없습니다. 그러나 장수들이 양국충을 죽였는데, 귀비가 폐하의 곁에 있으니, 어찌 스스로 편하겠습니까? 원컨대 폐하께서는 살펴 생각하소서. 장수들이 편안해지면 폐하가 편안해집니다"라고 대답했다.

황제가 곧 고력사에게 명해 귀비를 불당에서 목매어 죽이게 하고, 시체를 수레에 싣고 가서 역 뜰에 두고, 진현례 등을 불러 들어와 보게 했다. 비로소 대오를 정돈해 행군할 계책을 세웠다.

○ 황제가 마외를 출발하려는데, 부로(父老)가 모두 길을 막고 남을 것을 강하게 권유하며 청했다. "궁궐은 폐하의 집이고 능침은 폐하의 분묘인데, 지금 이를 버리고 어디로 가고자 하십니까"라고 했다. 황제가 이 때문에 고삐를 잡고

---

19) 供奉 공봉 : 공손하게 받들다

오랫동안 있다가 마침내 태자에게 명해 뒤에 남아서 부로를 위로하라고 했다.

그러자 부로들은 "지존께서는 이미 남으려고 하지 않으셨지만, 원컨대 우리들은 젊은이들을 데리고 전하를 따라서 동쪽으로 가서 적을 쳐부수고 장안을 수복하고자 합니다. 만약 전하와 지존께서 모두 촉에 들어간다면, 중원의 백성에게 누구를 그들의 주인이라 하겠습니까?"라고 말했다.

잠시 후 모인 자가 수천 명에 이르렀다. 태자는 불가하다고 하며 "지존께서 험란을 무릅쓰고 멀리 가시니, 내가 어찌 차마 아침저녁으로 좌우를 떠나겠는가? 또 나는 아직 인사도 하지 않았으니, 마땅히 들어가 지존께 아뢰어 다시 갈지 머물지 사뢰겠다"[20]고 했다. 그리고는 눈물을 흘리며 말을 돌려[21] 서쪽으로 가고자 했다.

건녕왕(建寧王) 담(倓)과 이보국(李輔國)이 말굴레[22]를 잡고 간언했다.

"역적오랑캐가 대궐을 범하고 사해가 무너졌는데, 인정을 따르지 않는다면 어떻게 부흥을 하겠습니까. 지금 전하가 지존을 따라 촉에 들어갔는데, 만약 적병이 잔도(棧道)[23]를 불 태워 끊으면 중원의 땅은 팔짱을 끼고 아무 일도 하지 않고[24] 적에게 주는 것입니다.

---

20) 稟 품 : 줄, 받을, 사뢸, 여쭐

21) 拔 발 : 주(註) 회야(回也)

22) 鞚 공 : 말 굴레

23) 棧道 잔도 : 산골짜기에 높이 건너질러 놓은 다리

서북의 변방을 지키는 병사를 수습하고, 곽자의와 이광필을 하북에서 불러 그들과 더불어 힘을 합쳐 동쪽으로 가서 역적을 토벌해 장안과 낙양[兩京]을 쳐서 회복하는 것이 낫습니다. 사해를 평정해 지존을 맞이한다면, 어찌 큰 효가 아니겠습니까. 반드시 겨울이면 따뜻하게 해드리고 여름이면 시원하게 해 드리는 작은 효도[25]로서, 어찌 아녀자의 사랑을 하셔야 합니까?"

광평왕(廣平王) 숙(俶)도 또한 태자에게 남을 것을 권했다. 부로가 태자의 말[馬]을 막아서 나아갈 수가 없었다.

황제가 고삐를 쥐고 태자를 기다린지 오래되어도 이르지 않으니, 사람을 시켜 알아보게 했다. 돌아와 상황을 보고하니, 황제는 "하늘의 뜻이다" 하고는, 곧 후군 2천 명과 비룡구[26]의 말을 나누어 주고 태자를 따르도록 명령했다. 또 장수에게 "태자는 어질고 효성스러워서, 종묘를 받들만하다. 너희들은 그를 잘 보좌하라"고 말했다.

또 태자에게는 "서북의 여러 오랑캐는 내가 그들을 어루만지고 평소에 후하게 했으니, 네가 반드시 그들을 쓸 수 있을 것이다"라고 말했다. 태자는 남쪽을 향해 울부짖을 뿐이었다. 또 태자에게 전위할 뜻을 밝혔다. 태자가 받지 않았다. 숙과 담은 모두 태자의 아들이다.

---

24) 拱手 공수 : 팔짱을 끼고 하는 일이 없다

25) 溫凊 온청 : 부모를 봉양하는 것, 겨울이면 따뜻하게 해드리고 여름이면 시원하게 해 드리는 것

26) 飛龍廐 비룡구 : 황제의 마구간

○ 안록산은 뜻하지 않게 황제가 급히 서쪽으로 파천하자, 사자를 보내 최건우의 병사를 멈추어 동관에 머물게 하고, 10일 만에 손효철(孫孝哲)을 보내 군대를 거느리고 장안에 들어가게 했다. 적의 형세가 크게 강성해졌다. 적장은 모두 거칠고 날쌨다.

(그러나) 원대한 계획이 없어 장안을 점령하고 나자 스스로 바라던 일이 성취되었다[27]고 여겼다. 밤낮으로 늘어지게 술을 마시고 오로지 음악과 여색과 보물 챙기는 것을 일삼고, 서쪽으로 더 가려는 뜻이 없었다. 고로 황제가 편안하게 촉으로 행차해 들어갈 수 있었고, 태자가 북쪽으로 갈 때 또한 추격 당할 염려가 없었다.

태자가 평량(平凉)에 이른지 며칠 만에 삭방유후(朔方留後) 두홍점(杜鴻漸)이 태자를 평량 북쪽 경계에서 맞이했다. 그는 태자에게 "삭방은 천하의 강한 군대가 있는 곳입니다. 지금 토번(吐蕃)이 화친을 청하고, 회흘(回紇)이 신하가 되어 복속했으며[28], 사방의 군현이 대체로 견고하게 지키고 적을 막으면서, 부홍을 기다리고 있습니다. 전하께서는 지금 영무(靈武)에서 군대를 정돈하시고 말을 타고 멀리까지 가서 사방에 격문을 돌려 충의로운 선비를 거두면 역적을 족히 도륙할[29] 만하지 않겠습니까?"라고 설득했다.

---

27) 得志 득지 : 득의, 바라던 일이 성취됨, 뜻대로 되어 만족함, 마음에 듦, 뜻을 얻은 바가 있음

28) 內附 내부 : 들어와 복속함, 속국이 됨

29) 屠 도 : 잡을,' 짐승을 잡다, 무찌르다, 찢어죽이다

가을 7월에 태자가 영무에 이르렀다. 배면(裴冕)과 두홍점 등이 태자에게 장계[30]를 올려 마외역의 명령에 따라 황제에 즉위할 것을 청하니, 태자가 허락하지 않았다. 배면 등이 "장사들은 모두 관중사람이라, 밤낮으로 돌아갈 것을 생각하지만, 어렵고 험한 길[31]을 넘어 전하를 따라 멀리 사막의 험준한 요새를 건너온 것은 작은 공을 세우기를 원해서입니다. 만약 하루아침에 떠나서 흩어진다면, 다시 모을 수 없습니다. 원컨대 폐하께서 억지로라도 많은 사람의 마음에 따라 사직을 위한 계책을 세우소서"라고 설득했다.

장계를 다섯 번 올리자 태자가 마침내 허락했다. 이날 숙종이 영무에서 즉위했다. 현종을 높여 상황천제(上皇天帝)라 하고, 천하에 사면령을 내렸다. 연호를 지덕(至德)으로 고쳤다.

「본기(本紀)」에서 논평[32]했다.

"예종은 그 아들의 공으로 재위했으나 (재위 기간이) 길지 않아 참으로 말할 만 한 것이 없다. 아! 여자가 사람에게 재앙을 끼친 것이 심하다. 고조로부터 중종에 이르기까지 수십 년간에 두 번 여자의 재앙을 만나 당(唐)왕조가 이미 끊어졌다가 다시 이어졌다. 중종은 그 몸소 (재앙을) 면하지 못했고, 위씨는 마침내 멸족을 당했다.

---

30) 牋 전 : 장계, 편지

31) 崎嶇 기구 : 산길이 험한 모양, 괴로운 모양, 처세하기 어려운 모양

32) 贊 찬 : 논평, 도울, 고할, 알림, 문체의 하나, 인물을 칭송하고 논평하는 일

현종은 몸소 그 난을 평정해 모범이 될 만했으나, 또 여자 때문에 망했다. 당시에 온 힘을 기울여 정사에 힘써서 개원의 시기에 거의 태평에 이르렀었다. 얼마나[33] 성대했던가? 사치한 마음이 한번 발동하게 되자 천하의 욕심을 다하고, 즐거운 것을 부족하듯이 했다.

지극한 사랑에 빠져 경계해야 할 바를 잊은 탓에 자신은 달아나고[34] 나라를 잃는 지경에 이르렀으나 후회하지 않았다. 그 처음과 끝의 다름을 살펴보니, 성품과 습성이 서로 달라[35] 이와 같이 됐다. 가히 경계하지 않을 수 없다"

○ 이때 변방에서 정예병을 모두 선발해 적을 토벌하는데 보내니, 오직 노약자들이 남아 변방을 지켰다. 문무관이 3천 명을 넘지 않았고, 잡초와 묵은 땅을 헤치고[36] 조정을 세웠는데, 제도가 처음 만들어져서[37] 무인들이 교만했다. 대장 관숭사(管崇嗣)는 조정[38]에서 천자[闕][39]를 등지고 앉아 태연자약하게 웃으며 말했다. 감찰어사 이면(李勉)이 탄핵해야 한다고 아뢰고, 그를 유사에게 넘겼다. 황제가 특별

---

33) 何其 하기 : 앞의 문장을 받아서 '어찌하여 그렇게'

34) 竄 찬 : 숨을, 달아날, 내칠, 죽일

35) 性習之相遠 성습지상원 : 『논어(論語)』 「양화편」 '사람의 성품(性品)은 원래 선량하나 습관으로(익히는데서) 서로 달라진다'를 인용한 문장이다

36) 披草萊 피초래 : 피(披) 헤칠. 초(草) 풀, 잡초. 래(萊) 경작하지 않은 묵은 땅

37) 草創 초창 : 일의 시작, 사업의 시작

38) 朝堂 조당 : 조정(朝廷)

39) 闕 궐: 대궐, '조당에서 궐(闕)을 등지고 앉아서' 이므로, 의미상 궐[闕下]을 천자[闕下]라고 해석

히 그를 용서하고 감탄하면서 "내게 이면(李勉)이 있어서 조정이 비로소 높아지는구나"라고 말했다.

○ 초에 경조(京兆)사람 이비(李泌)가 어리나 재능과 명민함으로 알려지자 되자, 현종이 태자와 평민40)으로 교류하게 했다. 태자가 항상 그를 선생이라고 불렀다. 후에 예양에 은거했는데, 황제가 마외 북쪽으로 행차할 때 사자를 보내 그를 불러서 영무에서 알현케 했다.

황제가 크게 기뻐하며 외출할 때 고삐를 나란히 하고, 잘 때에는 긴 평상41)을 마련해 마주하면서, 태자시절과 같이 했다. 일의 크고 작음 없이 모두 그에게 자문하고, 말하면 따르지 않는 것이 없었다. 장수와 재상의 승진과 좌천 또한 그와 함께 의논했다.

황제가 이비를 우상으로 삼고자 했으나, 이비가 간곡히 사양하면서 "폐하께서 빈우(賓友)로써 대하는 것이 재상보다 귀한데, 어찌 반드시 뜻을 굽히게끔 하십니까?"라고 말했다. 황제가 이에 그쳤다.

○ 경진(庚辰)일에 상황(上皇)이 성도에 이르렀다. 따르는 관리와 천자의 친위군[六軍]으로 도착한 자가 1천3백명 뿐이었다.

○ 영호조가 장순을 옹구에서 포위했는데, 서로 지킨 것

---

40) 布衣 포의 : 평민

41) 榻 탑 : 길고 좁게 만든 평상

이 40여일이어서 조정의 소식이 통하지 않았다. 영호조는 현종이 이미 촉으로 행차했다는 소식을 듣고 다시 글로 장순을 불렀다. 대장 6명의 관직이 모두 개부 특진(開府 特進)이었는데, 장순에게 "병력으로는 대적할 수도 없고, 또 황제의 존망도 알 수 없습니다. 적에게 항복하는 것이 낫습니다"라고 했다.

장순이 겉으로는 허락하고는, 다음날 관아에 천자의 초상을 설치하고 장수를 거느리고 배알했다. 사람들이 모두 눈물을 흘렸다. 장순이 여섯 장군을 앞에 끌어다가 대의로써 책망하고 참수했다. 병사들의 마음이 더욱 권면되었다.

성중에 화살이 다하자 장순은 볏짚을 묶어 1천여 명의 사람[모양]을 만들고, 검은 옷을 입혀서 밤에 성 아래로 내려뜨렸다. 영호조의 병사들이 다투어 화살을 쏘았다. 한참 있다가 그제서야 그것이 짚으로 만든 사람이라는 것을 알았다. 수십만의 화살을 얻었다.

그 후에 다시 밤에 사람을 내려 보내니, 적이 웃고 대비하지 않았다. 결사대 5백 명으로 영호조의 군영을 치니 영호조의 군대가 크게 혼란스러워져서 보루를 불태우고 달아났다. 달아난 자들을 십여리를 추격했다.

영호조가 창피해서 병사들을 증원해 그를 포위했다. 장순이 낭장 뇌만춘(雷萬春)으로 하여금 성위에서 영호조와 서로 말을 묻고 대화하게 했다. 말이 끝나지 않았는데, 적의 궁수가 화살을 쏘았다. 얼굴에 6발을 맞았는데 움직이지 않자, 영호조가 나무로 된 사람인지 의심했다. 사자를 보내 사실을 염탐하고는 크게 놀랐다.

멀리서 장순에게 "뇌장군을 보니 바야흐로 족하 군의 군령을 알겠다. 그러나 천도는 어찌 할 것인가?"라고 물었다. 장순이 "그대가 인륜을 모르는데, 어찌 천도를 알겠는가?"라고 꾸짖었다. 얼마 있다가 출전해 적장 14명을 잡고 1백여 명의 수급을 벴다. 적이 밤에 달아났다. 병사를 거두고 진류(陣留)로 들어가서 감히 다시 나오지 못했다.

○ 곽자의 등이 병사 5만을 거느리고 하북에서 영무에 도착했다. 영무군의 위세가 비로소 커졌다. 사람들에게 부흥의 희망이 생겼다.

○ 북해태수 하란진명(賀蘭進明)이 녹사참군 제오기(第五琦)를 보내 촉에 들어가 일을 아뢰게 했다. 제오기가 상황에게 "지금 전쟁에는 재부가 시급합니다. 재부는 강회(江淮)에서 많이 생산됩니다. 바라건대 신에게 하나의 직을 내려 주신다면, 군의 쓰임에 부족함이 없도록 하겠습니다"라고 진언했다. 상황이 기뻐하며 즉시 제오기를 감찰어사 강회조용사로 삼았다.

○ 영무의 사자가 촉에 이르니, 상황이 기뻐하며 "나의 자식이 하늘의 뜻에 따르고 인심을 따르니, 내가 다시 무엇을 근심하리오"라고 말했다. 이에 "지금부터 제칙(制勅)을 고쳐 고(誥)[42]라 하고, 표문과 상소문에 태상황이라 칭하라. 천하 군국(軍國)의 중요한 일은 모두 먼저 황제에게 추진할

42) 誥 고 : 위에서 아래에 고시하거나 유시함. 아랫사람에게 명령을 내리는 것

것인가, 그만둘 것인가를 결정하게 하고, 그리고 나서 짐에게 아뢰어 알게 하라. 장안[上京]의 수복을 기다려서 짐은 다시는 정사에 간여하지 않을 것이다"라는 명을 내렸다. 위견소(韋見素) 방관(房琯) 최환(崔渙)에게 명해 나라를 전위하는 보옥[傳國寶玉]과 칙서를 받들고, 영무에 가서 전위하도록 했다.

○ 초에 상황이 매번 포연(酺宴)[43]을 베풀 때, 먼저 태상아악(太常雅樂)의 악대를 2부로 나누어 당상에는 좌부악대[左部]를, 당하에는 입부악대[立部]를 두었다. 계속해서 현악기와 타악기(鼓吹)로 호악(胡樂), 교방(敎坊)과 부현(府縣)의 산악(散樂)을 연주하고, 창우 광대의 잡희(雜戲)가 이어졌다.

또 산 모양으로 꾸민 배[山車]와 육선(陸船)에 악기를 실어오게 하고, 또 궁인을 내어 예상우의(霓裳羽衣)를 추게 하고, 또 춤추는 말[舞馬] 1백 필을 가르쳐서 잔을 물고[44] 축수를 올리게 했다. 또 무소와 코끼리를 입장시켜 혹은 절하고 혹은 춤추게 했다.

안록산이 (이를) 보고 즐거워했었다. 장안을 얻고 나자 명령을 내려 악공을 찾아서 잡아오고, 악기와 무용수의 옷을 실어오게 하고, 춤추는 말, 무소, 코끼리를 몰아서 장안

43) 酺宴 포연 : 국가의 경사를 축하하기 위해 신민(臣民)이 모여 술을 마시며 즐김. 국가에서 백성들에게 주식(酒食)을 하사

44) 啣 함 : 머금을

에 이르게 했다.

온공(溫公)이 말했다.

"성인은 도덕을 화려함으로 하고, 인의를 즐거움으로 한다. 그런고로 비록 띠로 인 지붕, 흙으로 된 계단, 더러운 옷, 변변치 못한 음식이라도 그 누추함을 부끄러워하지 않았다. 다만 봉양이 과해서 백성을 수고롭게 하고, 재물을 낭비할까 두려워했다.

명황(明皇)[45]은 태평세월을 믿고, 후환을 생각하지 않았다. 귀와 눈의 즐거움을 다하고, 소리와 기예의 재주를 다했다. 스스로 제왕의 부귀가 모두 나를 따르지 못하게 한다고 해서, (자기) 이전 사람들이 미칠 수 없게 하고, 이후 사람들이 넘지 못하게 하려고 했다. 다만 스스로 즐겼을 뿐만 아니라 또한 다른 사람들에게도 그것을 과시했으니, 어찌 큰 도둑이 자기 옆에 있으면서 엿보는 마음이 생겼음을 알았겠는가?

마침내 천자[46]가 피난가고[47], 백성들이 도탄에 빠지게 되었다. 여기에서 군주가 화려함을 숭상해 사람들에게 보인다면, (그것이) 큰 도둑을 부르는 것이라는 것을 충분히 알만하다"

45) 明皇 명황 : 당 현종.

46) 鑾輿 난여 : 천자가 타는 수레

47) 播越 파월 : 유랑함

○ 안록산이 응벽지(凝碧池)에서 군신들에게 잔치를 베풀었다. 연주가 무르익고 사람들이 즐거워 할 때, 이원의 자제들이 왕왕 한숨을 쉬고 흐느껴 우니[48], 적이 모두 칼날을 드러내고 곁눈질[49]했다. 악공 뇌해청(雷海淸)이 비분을 이기지 못해 악기를 땅에 던지고 서쪽을 향해 통곡하니, 안록산이 노해 그를 시마전(試馬殿) 앞에서 묶어 사지를 찢어 죽였다.

○ 안록산이 지난번에 백성들이 난리를 틈타 창고의 물건을 많이 도둑질했다는 말을 들었다. 장안을 얻고 나자 크게 수색하도록 명령했다. 3일 간에 개인의 재물도 아울러 모두 빼앗았다. 또 부현에 명령해 조사하게 하면서, 작은[50] 물건까지도 다 조사하지 않음이 없었다. 관련시켜 끌어다가 조사하고 잡아들이니, 가지와 덩굴[51]처럼 얽혀든 자가 끝이 없었다. 민간이 소요해지고, 더욱 당(唐) 황실을 생각했다.

황제가 마외를 떠나 북쪽으로 갈 때, 민간에서 서로 전하기를, 태자가 북쪽으로 가서 병사를 거두어 와서 장안을 빼앗을 것이라고 했다. 장안 사람들이 주야로 그것을 바랐다. 혹은 서로 놀라면서 말하기를 '태자의 대군이 이르렀는가?' 하고, 곧 모두 달아나니 시장과 마을이 비곤 했다.

---

48) 欷歔 희허 : 희(欷) 탄식할. 허(歔) 흐느낄
49) 睨 예 : 곁눈질할, 쏘아볼, 노려볼
50) 銖兩 수량 : 무게가 얼마 안 나가는 저울 눈. 즉 수(銖)와 양(兩). 근소, 약간
51) 枝蔓 지만 : 가지와 덩굴

적은 북쪽에 먼지가 일어나는 것을 보면, 번번이 놀라 달아나려고 했다. 경기의 호걸들이 종종 적의 관리를 죽이고, 멀리서 관군에 호응했다. (잡아서) 죽이면 다시 일어나서 서로 이어지고 끊임이 없으니, 적이 제어할 수 없었다. 처음에는 경기(京畿) 부주(鄜州) 방주(坊州)에서 기주(岐州) 농주(隴州)에 이르기까지 모두 그들에게 붙었다.

이때가 되자, (그 전에는) 서문 밖이 거의 적의 보루였는데, 적의 병력이 미치는 곳은 남으로는 무관(武關)을 넘지 못하고, 북으로는 운양(雲陽)을 지나지 않았다. 서로는 무공(武功)을 지나지 않았다.

강회(江淮)지방에서 주청하고 공물을 바치러 촉과 영무로 가는 사람들이 모두 양양(襄陽)에서 상진(上津)의 길을 취해 부풍(扶風)에 이르렀는데, 도로에 막힘이 없었다. 모두 설경선(薛景仙)의 공이다.

○ 9월에 광평왕 숙(廣平王 俶)을 천하병마원수(天下兵馬元帥)로 삼아 여러 장군이 모두 이에 속하게 했다.

황제가 이비와 함께 나가서 행군할 때 군사들이 그들을 가리키며 "황색 옷 입은 사람이 황제[聖王]이고, 흰 옷 입은 사람이 산인(山人)이다"라고 몰래 말했다. 황제가 이 말을 듣고 이비에게 알리면서 "어려울 때에는 감히 서로 관직으로 굽힐 수 없으니, 자주색 옷을 입어서 사람들의 의심을 끊으시오"라고 말했다. 이비가 부득이하게 그것을 받아서 입고 들어가 사례했다.

황제가 웃으며 "이미 이와 같이 입었으니, 어찌 명칭이 없을 수 있겠는가?" 하고는, 품속에서 조칙을 내어 이비를 시모군국 원수부행군장사(侍謨軍國 元帥府行軍長史)로 삼았다. 이비가 간곡히 사양하자, 황제가 말하기를 "짐이 감히 돕는 신하로 하려는 것이 아니고, 어려운 일을 다스리려 할 뿐이오. 도적이 평정되기를 기다려 높은 뜻을 행하시오" 하니 이비가 이를 받아들였다.

○ 황제가 평소에 방관(房琯)의 이름을 듣고, 마음을 비우고 그를 대우했다. 방관이 황제를 알현하고 시국의 일을 말하는데, 말과 감정이 비분강개했다. 황제가 그 때문에 얼굴표정을 고쳤다. 이로부터 군국의 일이 모두 방관에게서 계획되었다. 방관 또한 천하를 자신의 소임이라 여겨 아는 것을 하지 않는 일이 없었다. 오로지 뜻대로[52] 결정하니, 여러 장수들이 아무 일도 안하고 그를 피했다.

○ 10월에 황제가 팽원(彭原)에 이르자, 제오기가 상을 알현하고 "소금전매법[榷鹽法]을 만들어서 비용을 넉넉히 하십시오"라고 청했다.

○ 방관은 빈객을 좋아하고, 담론을 좋아했다. 이름 있는 선비를 데려다 발탁했는데, (발탁된 자들이) 가볍고 비루하고 용렬한 세속인이었다. 사람들이 많이 그것을 원망했다.

북해태수 하란진명이 임금이 머무는 임시 관청인 행재소에 와서 상에게 "진(晉)나라는 왕연(王衍)을 등용해 삼공으

---

52) 胸臆 흉억 : 가슴, 마음, 자기의 소원

로 삼았는데, 들뜨고 허황된 것을 숭상해 중원이 혼란한 지경에 이르렀습니다. 지금 방관이 현실에 맞지 않게[53] 큰소리 치고, 헛된 이름을 내세워 끌어다가 쓰는 바는 모두 허황된 무리이니, 참으로 왕연에 비견됩니다"라고 말했다. 황제가 이 때문에 그를 멀리 했다.

○ 방관이 상소해 스스로 병사를 거느리고 양경(兩京=장안 낙양)을 회복하겠다고 청하니, 황제가 이를 허락했다. 방관이 군사임무를 모두 이읍(李揖)과 유질(劉秩)에게 위임했다. 두 사람은 모두 서생으로 병무[54]에 익숙하지 않았다. 방관이 사람들에게 "적의 장사[55]가 비록 많으나, 어찌 우리 유질을 상대할 수 있겠는가?"고 말했다.

방관의 군대가 적장 안수충(安守忠)을 함양(咸陽) 진도사(陳濤斜)에서 만났다. 방관이 옛 법을 모방해 수레를 이용한 전술을 썼다. 소가 끄는 수레(牛車) 2천승으로 기병과 보병을 그 사이에 두었다. 적이 바람을 타고 북치고 고함을 지르니, 소가 모두 놀랐다. 적이 불을 지르니, 사람 가축이 크게 혼란스러워졌다. 관군 사망자가 4만여 명이고 생존자는 수천명뿐이었다.

---

53) 迂闊 우활 : 사정에 어둡고 실정에 적합하지 아니함

54) 軍旅 군려 : 군대

55) 曳落河 예락하 : 호인(胡人)의 말, 화어(華語)로는 장사(將士)

정유(丁酉) 지덕(至德) 2년(757년)

정월. 안록산이 군대를 일으킨 이래로부터 눈이 점점 흐려지더니, 이때가 되자 더 이상 물건을 보지 못하게 되었고, 성질이 더욱 조급하고 포악해졌다. 엄장(嚴莊)이 안경서(安慶緒)와 모의해 밤에 환관 이저아(李猪兒)를 보냈다. (이저아가) 칼을 잡고 곧바로 장막 안으로 들어가 안록산의 배를 찌르니, 피 몇 말을 흘리고 마침내 죽었다. 안경서가 곧 황제로 즉위했다.

○ 황제가 이비(李泌)에게 "지금 곽자의(郭子儀)와 이광필(李光弼)은 이미 재상이 되었다. 만약 이들이 양경을 수복하고 해내를 평정한다면, 상줄 만한 벼슬이 없다. 어찌 해야겠는가?"라고 물었다. 이비가 대답했다.

"옛날에는 능력 있는 자를 임용해 관직을 주었고, 공 있는 자에게 보답으로 작위를 주었습니다. 한 위(漢 魏) 이래로 비록 군현으로 백성을 다스렸으나, 공이 있으면 봉작과 함께 토지[茅土][56]를 주어 자손에게 전하게 했습니다. 주 수(周 隋)에 이르기까지 모두 그러했습니다.

당(唐) 초에는 관동을 얻지 못했기 때문에 봉작은 모두 허명만 주었습니다. 식읍으로 준 것은 실제가구 수[實封] 대신 비단과 포를 줄 뿐이었습니다. 정관 연간에 태종께서

56) 茅土 모토 : 봉역(封域)을 뜻함, 임금에게 받는 영지, 한대(漢代)의 임금이 제후에게 분봉할 때, 5행설(五行說)에 의해 그 방면의 색, 즉 동(東)은 청(青), 서(西)는 백(白), 남(南)은 적(赤), 북(北)은 흑(黑), 중앙(中央)은 황(黃)의 흙을 백모(白茅)에 싸서 하사한 것

옛 제도를 회복하고자 하셨으나, 대신들의 의론이 같지 않아 그쳤습니다. 이 때문에 공이 있는 자에게는 관직을 많이 상으로 주었습니다.

무릇 공이 있는 자에게 관직으로 상을 주는 것은 두가지 해가 있습니다. 재능 있는 자가 아니면 일을 그르치고, 권력이 커지면 제어하기 어렵다는 점입니다. 예전에 안록산에게 1백 리의 땅을 주었다면, 그것을 아까워해 자손에게 전하고 모반하지 않았을 것입니다.

지금의 계책으로는 천하가 평정되고 난 후를 기다려서 작위와 토지를 공신들에게 상으로 나누어 주는 것이 낫습니다. 그런 즉 비록 대국이라도 2~3백 리에 지나지 않으니 지금의 작은 군에 비할 수 있습니다. 어찌 제어하기 어렵겠습니까?"

황제가 "좋다" 고 했다.

○ 안경서가 사사명(史思明)을 범양절도사로 삼았다. 이에 앞서 안록산이 양경을 얻고 나서 진기한 보화를 모두 범양으로 보냈다. 사사명이 강한 군대를 가지고 풍부한 물자에 근거해 더욱 교만하고 멋대로 행동했다. 점점 안경서의 명령을 따르지 않았으나, 안경서가 제재하지 못했다.

○ 상황은 장구령의 선견지명을 생각해서 그를 위해 눈물을 흘리고, 중사를 보내 곡강에 가서 제사 지내게 하고, 그 집안을 후하게 돌보게 했다.

○ 곽자의를 천하병마부원수로 삼았다.

○ 이 때 조정의 창고에 저축한 것이 없어서, 조정에서 오로지 관작을 가지고 공이 있는 자에게 상을 주었다. 여러 장수들이 출정할 때, 모두 이름이 빈 임명장[告身]을 지급했다. 위로 개부 특진 열경 대장군으로부터 아래로 중랑 낭장에 이르기까지 일을 맡고 나면 이름을 적는 것을 허락했다. 후에 또 신첩(信諜)으로 사람들에게 관작를 주는 것을 허용해, 이성으로 왕이 되는 자도 있었다.

여러 군대는 다만 직임을 가지고 서로 통솔하고, 관직과 작위의 높고 낮음을 더는 따지지 않았다. 청거(淸渠)에서 패하자 다시 관작을 주어 흩어진 병사를 거두어들였다.

이로 말미암아 관직과 작위는 가볍게 여겨지고, 재물은 중요하게 여겨져서 대장군의 고신 한 통을 겨우 한번 취할 정도의 술과 바꿀 수 있었다. 모집에 응해 군에 들어온 사람은 모두가 금 인장[金印]과 자주 빛 의관과 인수[紫綬][57]를 걸쳤고, 조정 신하들의 어린 하인에 이르기까지 금인(金印)과 자수(紫綬)을 걸치고 대관이라 칭하며 미천한 일을 맡았다. 명기(名器)[58]의 남발이 이에 이르러 극에 달했다.

○ 윤자기(尹子奇)가 병력을 더해 수양성(睢陽城)을 포위하니, 더욱 위급해졌다. 장순이 성안에서 밤중에 북을 울리

---

57) 紫綬 자수 : 자주 빛 의관과 인수

58) 名器 명기 : 서열을 나타내는 작위(爵位)와 거복(車服)

고 대오를 엄히 정비해 성을 나가 공격할 것같이 하니, 적이 이 소리를 듣고 새벽이 될 때까지 경계하고 대비했다. 날이 밝자 장순이 곧 군사들을 자게하고 북소리를 그쳤다. 적이 비루(飛樓)[59]로 성 안을 엿보았으나 보이는 것이 없어서 마침내 갑옷을 벗고 쉬었다.

장순이 장군 남제운(南霽雲)과 낭장 뇌만춘(雷萬春) 등 장수 10여 명과 각각 50기를 거느리고 성문을 열고 돌격해 곧장 적의 진영에 들이닥쳐 윤자기의 부대에 이르렀다. 적의 진영 안이 크게 혼란스러워졌다. 적장 50여 명을 목 베고, 사졸 5천여 명을 죽였다.

장순이 윤자기를 쏘아 죽이고자 했으나 그의 얼굴을 알지 못했다. 마침내 쑥대를 깎아서 화살을 만들어 쏘니, 화살을 맞은 적병이 기뻐하며 장순의 화살이 다 떨어졌다고 생각하고는 달려가 윤자기에게 알렸다. 장순이 비로소 그 얼굴을 알아내고는 남제운으로 하여금 활을 쏘게 해 그의 왼쪽 눈을 잃게 했다. 거의 사로잡을 뻔했다. 윤자기가 마침내 군대를 거두어 돌아갔다.

○ 9월에 원수 광평왕 숙(俶)이 삭방 등의 군대와 회흘, 서역의 병력을 거느리고 곽자의 등과 함께 서경을 수복했다.

○ 겨울 10월에 윤자기가 오랫동안 수양성을 포위하니,

---

59) 飛樓 비루 : 높은 누각, 망루가 있는 전차

성안에 식량이 다 떨어졌다. 성을 버리고 동쪽으로 달아나자는 논의가 있었다. 장순과 허원(許遠)이 상의해 "수양성은 강회(江淮)지방의 보루[保障][60]이다. 만약 이곳을 버리고 떠나면, 적은 반드시 승승장구할 것이다. 이는 강회를 잃는 것이니, 굳게 지키면서 기다리는 것이 낫다"고 했다.

처음에는 사졸들과 함께 차와 종이를 먹고, 다하고 나자 마침내 말을 잡아먹고, 말이 다하자, 그물로 참새를 잡고, 구멍을 파서 쥐를 잡아먹었다. 참새와 쥐가 떨어진 뒤에는 장순이 애첩을 죽여서 군사들을 먹였고, 허원 또한 그의 종을 죽여서 먹은 다음, 성 안의 부녀자들을 찾아내어 죽여서 먹었다. 다하고 나자 이어서 남자 중에 늙고 약한 자를 잡아먹으니, 사람들이 반드시 죽게 될 것을 알았지만, 배반하는 자가 없었다. 남은 자가 겨우 4백 명이었다.

계축일(癸丑日)에 적이 성에 올라가보니, 장병들이 병들어서 더 이상 싸우지 못했다. 장순이 서쪽을 향해 절하고 "신은 힘이 다해 성을 온전히 지킬 수 없습니다. 살아서 이미 폐하께 보답하지 못했으니, 죽어서 마땅히 악귀[厲鬼][61]가 되어 적을 죽이겠습니다"라고 말했다.

성이 마침내 함락되니 장순이 허원과 함께 사로잡혀서 남제운, 뇌만춘 등 36명과 아울러 목이 베어졌다. 허원은 산채로 낙양으로 보내졌다.

---

60) 保障 보장 : 성채, 보루, 세금을 경감해 백성을 보호하는 정치, 보호해 위해가 없도록 함

61) 厲鬼 여귀 : 못된 돌림병을 퍼뜨리는 귀신, 악귀

장순이 처음 수양성을 지킬 때 병졸이 거의 1만 명이었고, 성 안에 사는 사람 또한 수만 명이었다. 장순이 이들을 한번 보고 이름을 물으면, 그 뒤에 알지 못하는 자가 없었다. 전후로 크고 작은 전투가 4백여 차례였는데, 적병을 죽인 것이 12만 명이었다.

장순은 병사를 훈련시킬 때 옛 병법에 따라 전투나 진치는 법을 가르치지 않고, 원래의 장수로 하여금 각자 자기 뜻대로 가르치게 했다. 그 이유를 묻자 장순이 대답했다.

"지금 오랑캐와 싸우는데, 구름처럼 모이고 새처럼 흩어져서, 변화가 일정하지 않다. 몇 걸음 사이에도 형세가 같았다 다르고, 중요한 시기에 갑자기 대응해야 함이 호흡하는 순간에 달려있는데, 그때마다 대장에게 물으면, 서로 미치지 못한다. 이는 병법의 변화를 아는 자가 아니다.

때문에 나는 병사들로 하여금 장수의 뜻을 알게 하고, 장수들로 하여금 병사들의 마음을 알게 해서, 그들을 투입해서 보낼 때 팔이 손가락을 부리는 것과 같게 하려 한다. 병사들과 장수가 서로 익숙해지면 사람이 스스로 전투를 할 것이니, 역시 좋지 않겠는가?"

장순은 군대를 일으킨 이래로 병기와 갑옷을 모두 적에게서 빼앗아서 사용했고, 스스로 만들지 않았다. 매번 싸울 때마다 장병들이 후퇴하고 흩어지면, 장순이 전쟁터에 서서 장병들에게 "나는 이곳을 떠나지 않을 것이니, 너희들은 나를 위해 돌아와서 결전하라"고 이르니, 장병들이 돌아가 결사적으로 싸우지 않는 자가 없어서 끝내 적을 격파했다.

장순은 또 정성을 다해 사람들을 대우하고, 의심하거나

숨기는 바가 없었다. 적을 대함에 임기응변이나 기묘한 계책을 내는데 끝이 없었다. 호령이 분명하고 상벌이 신뢰가 있고, 병사들과 달고 씀, 춥고 더운 고통을 함께 했다. 그러므로 아랫사람들이 다투어 죽을힘을 다했다.

○ 하남절도사 장호(河南節度使 張鎬)가 수양성의 포위가 급박하다는 말을 듣고 행군 속도를 배로 해 급히 전진했는데, 장호가 수양성에 이르자, 성이 함락된 지 3일이었다.

○ 10월에 광평왕 숙이 회흘의 섭호(葉護), 곽자의 등과 함께 동경(東京)을 수복하니, 안경서가 하북으로 도망갔다. 정묘일(丁卯日)에 상이 서경(西京)으로 들어갔다.

○ 11월, 광평왕 숙과 곽자의가 동경에서 오니, 황제가 그들을 위로하면서 "나의 집과 나라를 경들이 다시 만들었다"고 했다.

○ 12월에 상황이 함양에 이르니, 황제가 법가를 갖추어 망현궁에서 맞이했다. 상황이 그날 흥경궁으로 가서 마침내 거기에 거처했다. 황제가 표문으로 여러 번 황제의 자리에서 벗어나 동궁으로 돌아갈 것을 청했으나 상황이 허락하지 않았다.

○ 안경서가 사사명의 강함을 시기해 그를 치려고 하니, 사사명이 마침내 거느리고 있던 13주를 들어서 와서 항복했다. 그리하여 창주 영주 안주 심주 덕주 체주 등은 모두 항복했고, 상주는 아직 항복하지 않았으나, 하북지방이 대

체로 당나라 차지가 되었다.

무술(戊戌) 건원(乾元) 원년(758년)
봄 2월에 다시 재(載)를 년(年)으로 고쳤다.

○ 여름 5월. 장호가 "사사명은 흉악하고 음험해 난리를 핑계로 지위를 훔쳤습니다. 힘이 강해지면 사람들이 귀부하고, 세력을 빼앗기면 사람들이 흩어집니다. 저자는 비록 사람의 얼굴을 하고 있지만, 마음은 짐승과 같습니다. 덕으로 품기 어려우니 원컨대 위세와 권력을 빌려주지 마십시오"라고 상언했다.

○ 이광필은 사사명이 끝내는 반역해 난을 일으킬 것이라고 해 은밀히 그의 죄를 다스리고자[62] 하니, 사사명이 다시 모반했다.

○ 8월에 삭방절도사 곽자의와 회서(淮西)의 노경(魯炅) 등 7명의 절도사에게 명해 보병과 기병 20만 명을 거느리고 안경서를 토벌하게 했다. 또 하동(河東)의 이광필(李光弼)과 택로(澤潞)의 왕사례(王思禮) 두 절도사에게 명해 거느린 부대의 병사들을 거느리고 그들을 돕게 했다.

○ 상이 곽자의, 이광필이 모두 원훈(元勳)으로서, 서로 통솔하고 소속하게 하기 어렵다고 여겼기 때문에 원수를

62) 圖 도 : 죄를 다스리다, 도모하다

두지 않았다. 다만 환관 개부의동삼사(開府儀同三司) 어조은(魚朝恩)을 관군용선위처치사(觀軍容宣慰處置使)로 삼았다. 관군용의 이름이 이때부터 시작되었다.

○ 겨울 10월에 곽자의 등이 위주(衛州)에서 안경서를 크게 격파하고, 추격해서 업에 이르러 그를 포위했다. 안경서가 군색하고 급하게 되자, 사사명에게 구원을 요청하고 또 제위를 양여할 것을 청했다. 사사명이 범양의 병사 13만을 일으켜 업을 구원하고자 했으나 멀리서 바라보고 감히 진군하지 못했다. 부양에 주둔해 멀리서 안경서를 성원했다.

○ 12월에 평로절도사(平盧節度使) 왕현지(王玄志)가 죽었다. 황제가 중사를 보내서 장수와 병사들을 위무하게 하고, 또 가서 군중에서 세우고자 하는 자를 살펴서 깃발과 부절을 주게 했다. 고려사람[高麗人] 이회옥(李懷玉)이 비장(裨將)이었는데, 왕현지의 아들을 죽이고 후희일(侯希逸)을 평로군사(平盧軍使)로 추대했다. 조정이 그래서 후희일을 절도부사(節度副使)로 삼았다. 절도사가 군사 때문에 폐립된 것이 이때부터 시작되었다.

온공(溫公)이 말했다.

“무릇 백성은 태어나면서부터 욕심이 있어 군주가 없으면 어지러워진다. 이 때문에 성인이 예를 만들어서 그들을 다스렸다. 천자 제후로부터 경 대부 서인에 이르기까지 높고 낮음에 구분이 있고, 크고 작음에 차례가 있어서, 줄기와 가지[63]가 서로 유지하는 것처럼, 팔과 손가락이 서로를 부리는 것과 같이 했다.

이 때문에 백성이 그 윗사람을 섬기고 복종하고, 아랫사람은 바라서는 안 될 그 자리를 넘겨다보는 일이 없게 된다. 『주역』에 "위는 하늘이고 아래는 못인 것이 이괘(履卦)이다"라고 했고, 상(象)에 "군자는 상하를 구분해서 백성의 뜻을 안정시킨다"고 한 것은 이것을 말한 것이다.

무릇 군주가 그 신민을 가질 수 있는 까닭은 8가지 권력[64]이 자신에게 있기 때문이다. 만약 그것을 버린다면 피차의 세력이 균등해질 것이니, 어찌 그 아랫사람을 부릴 수 있겠는가?

숙종은 당 중기의 쇠퇴함을 만나 다행히 나라를 회복했으니, 마땅히 상하의 예를 바로 하고, 사방을 기강으로 다스렸어야 했다. 구차하게 한 때의 무사안일을 취하고, 영구적인 우환을 생각하지 않았다. 숙종이 장수에게 명령해 지방정부[65]를 통솔하게 하는 것은 국가의 큰 일인데, 일개 사자에게 위임해 병졸들의 뜻에 따르게 하고, 능력 있고 어리석은 것을 묻지 않고, 오직 그들이 함께 하고자 하는 자를 제수하게 했다.

이 뒤로부터 습관이 쌓여서 (그 제도가) 일상이 되었다. 군신들은 좇아 지키는 것을 마땅한 계책으로 여긴다. 그것

---

63) 綱條 강조 : 벼리와 가지

64) 八柄 팔병 : 작 록 폐 치 생 살 여 탈(爵 祿 廢 置 生 殺(誅) 與 奪)

65) 藩維 번유 : 한 지방을 진정하고 왕실을 수호하는 제후의 나라, 또는 지방정부

을 일러 구차하게 당장 편한 것만을 찾는다[姑息][66]고 말한다.

이리하여 편대의 비장[偏裨][67]과 사졸에 이르기까지 주장(主將)을 죽이거나 내쫓아도 또한 그 죄를 다스리지 않고, 그에게 지위와 임무를 주었다. 그런 즉 작록폐치(爵祿廢置)와 생살여탈(生殺與奪)이 모두 위에서 나오지 않고 아래에서 나오게 되니, 혼란이 생겨나는 것이 어찌 끝이 있겠는가?

또 무릇 국가를 가진 자는 선한 자를 상주고 악한 자를 벌주었기 때문에, 선한 일을 하는 자는 권면 받고, 악한 일을 하는 자는 징벌 당했다. 저들이 남의 아랫사람이 되어서 그 윗사람을 죽이거나 쫓아내었으니, 악함이 어느 것보다 크다.

그런데 저들로 하여금 천자로부터 하사받은 깃발을 지니고[68], 병권[69]을 장악하고, 한 방면의 수장이 되게 했으니, 이는 그들을 상준 것이다. 상을 주어 악한 것을 권하니, 악이 어찌 이르지 않겠는가?

『서경』에서 '너의 계획[70]을 원대하게 하라'고 했고, 『시경』에서 '계획이 원대하지 않으면 큰 간언을 쓰라'고

---

66) 姑息 고식 : 구차하게 당장 편한 것만을 찾음
67) 偏裨 편비 : 편비(偏裨)=편장(偏將)=부장(副長). 대장을 돕는 한 방면의 장수
68) 擁旄 옹모 : 천자로부터 하사받은 절모(節旄)를 지님
69) 兵鉞 병월 : 장수가 병권을 잡음
70) 猷 유 : 유(猷)=유(猶). 꾀할, 꾀, 계획

했다. 공자께서 말씀하기를 '사람에게 원대한 생각이 없으면, 반드시 가까운 근심이 있다'고 했다. 천하의 정치를 하면서 오로지 당장의 편한 것만을 일삼으니, 먼 우환을 헤아려낼 수 있겠는가?

이 때문에 아랫사람이 된 자는 항상 흘겨보고[71], 그 윗사람을 엿봐서, 만약 틈을 얻으면 공격해 멸족시키고, 윗사람 된 자는 항상 두려워 떨고[72], 아랫사람을 무서워해서, 만약 틈을 얻으면 엄습해서 도륙했다.

먼저 나서서 자기 뜻을 펼 것을 다투어 힘쓰므로 서로 보호하고 길러주고 함께 이롭고 오래 보존할 계책이 있을 리가 없다. 이와 같으면 천하의 평안함을 구한들 얻을 수 있겠는가? 그 재앙을 가져오는 실마리[73]를 쫓아보면 이것에서 비롯된 것이다.

대개 옛날에 군대를 다스릴 때는 반드시 예를 기본으로 했다. 때문에 진(晉) 문공(文公)이 성복(城濮)의 전투에서 그 군대의 젊은이와 늙은이 사이에 예의가 있음을 보고, 그들을 쓸 수 있음을 알았다. 지금 당(唐)은 군대를 다스리면서 예를 돌아보지 않아 사졸로 하여금 부장을 능멸하게 하고, 부장이 장수를 능멸하게 했다. 그런 즉 장수가 천자를 능멸하는 것은 자연스러운 형세이다.

이로 말미암아 화란(禍亂)이 계속해서 일어나고 전쟁이

---

71) 盻盻 혜혜 : 흘겨보다, 돌아보다

72) 惴惴 췌췌 : 근심하고 두려워하는 모양

73) 厲階 려계 : 재앙을 가져오는 실마리, 화단(禍端)

그치지 않았다. 백성들이 도탄에 빠져도 말하고 하소연할[74]곳이 없게 된 지가 무릇 2백여 년이었다. 그런 뒤에 대송(大宋)이 천명을 받았다. 태조께서 비로소 군법을 만들고 계급을 서로 받들게 하고, 조금이라고 위반하고 범하는 자가 있으면, 모두 참수했다[伏斧質].

이 때문에 상하에 차례가 있고 명령이 행해지고 금한 것이 그쳐졌으며, 조정에 오지 않는 자를 사방에 정벌하므로 모두 복종할 생각을 했다. 천하가 안정되고 백성들이 번성해 지금에 이르렀으니, 모두 군을 예로 다스렸기 때문이다. 어찌 자손에게 남겨줄[75] 원대한 계책이 아니겠는가?"

기해(己亥) 2년(759년)

2월에 곽자의(郭子儀) 등 아홉 절도사가 업성(鄴城)을 포위했다. 여러 군대에 이미 통솔할 장수가 없어서 성이 오랫동안 함락되지 않았고, 상하가 해체되었다. 사사명이 대군을 이끌고 곧바로 성 아래에 이르렀다. 관군과 더불어서 날짜를 정해서[76] 결전했다.

아직 진을 치지 못했는데, 큰 바람이 홀연히 일어나 모래가 날리고, 나무가 뽑히고, 천지가 낮인데도 어두워서 지척도 서로 구별하지 못했다. 양 군대가 크게 놀라 관군은 무너져서 남쪽으로 가고, 적군은 무너져서 북쪽으로 갔다. 곽

---

74) 控訴 공소 : 공(控) 고할, 소(訴) 하소연할
75) 詒謨 이모 : 자손을 위해 좋은 계략을 남김
76) 刻日 각일 : 기일을 정하다

자의가 삭방군(朔方軍)에게 하양교(河陽橋)를 끊고 동경을 지키게 했다.

전마 1만 필 가운데 오직 3천 필만 남았으며, 갑옷과 병기는 10만 개였는데, 버려서 거의 다 없어졌다. 동경의 백성들이 산과 골짜기로 달아났다. 여러 절도사가 각각 본진으로 달아나 돌아갔는데, 10일 만에[77] 비로소 평정되었다.

○ 사사명이 안경서와 서로 알리지 않고, 다만 날마다 군중에서 군사들을 먹였다. 안경서가 할 바를 알지 못해서, 이에 표문을 올려 사사명에게 신하를 칭하고, 3백 기병을 거느리고 사사명의 군영에 갔는데, 사사명이 그를 죽였다. 안경서가 먼저 소유하고 있던 주현과 병사가 모두 사사명에게 돌아갔다. 사사명이 드디어 스스로 대연황제(大燕皇帝)라고 칭했다.

○ 4월 태자첨사(太子詹事) 이보국(李輔國)은 상이 영무에 있을 때부터 판원수행군마사마사(判元帥行軍馬司馬事)로, 전장에서는 장막[帷幄]에서 모시며 숙직하고 왕의 명령을 알렸다. 경사에 돌아와서는 금병(禁兵)을 오로지 장악했다. 항상 내택(內宅)에 있었는데, 황제의 명령과 칙서는 반드시 이보국의 서명을 거친 연후에 시행되었다.

○ 어조은(魚朝恩)이 곽자의를 미워해 그 패배를 구실삼

---

77) 方 방 : 바야흐로, 때를 당해서

아 상에게 그를 헐뜯었다. 가을 7월에 상이 곽자의를 불러 경사에 돌아오게 하고, 이광필(李光弼)에게 삭방절도사를 대신하게 했다. 이광필은 군을 엄정(嚴整)하게 다스렸다. 처음 호령 한번으로 사졸과 성벽, 보루, 정기와 기상[78]이 모두 바뀌었다. 이 때 삭방의 장수와 병사들은 곽자의의 관대함을 좋아하고 이광필의 엄함을 꺼려 했다.

○ 겨울 10월에 사사명이 병사를 이끌고 하양(河陽)을 공격했다. 사사명에게는 좋은 말 1천여 필이 있었는데, 매일 물가[79]에 내보내서 씻기고, 물가를 쉬지 않고 돌게 해서 많음을 과시했다.

이광필이 군중의 암말[80]을 찾게 해 5백필을 얻었다. 그 망아지를 성내에 묶어두고, 사사명의 말이 물가에 이르는 것을 기다렸다가 암말을 다 내보내니 말이 울음[81]이 그치지 않자, 사사명의 말이 다 떠서 강을 건너오니, 일시에 말을 몰아 성으로 들여왔다.

사사명이 노해 하청(河淸)에 군사를 주둔시키고 이광필의 양도(糧道)를 끊고자 했다. 이광필의 군대가 야수도(野水渡)를 건너서 그것에 대비했다. 사사명이 다시 하양을 공격했다. 이광필의 여러 장수가 죽도록 그들과 싸웠다. 적들이

---

78) 精彩 정채 : 광휘, 빛, 발랄한 기상
79) 渚 저 : 물가, 사주(砂洲 모래섬)
80) 牝馬 빈마 : 암말
81) 嘶 시 : 말 울, 목이 쉴

크게 무너지고, 사사명이 달아났다.

경자(庚子) 상원(上元) 원년(760년)
4월 사사명이 동경에 들어왔다.

○ 경조윤(京兆尹) 유안(劉晏)을 호부시랑 충탁지주전염철등사(戶部侍郎 充度支鑄錢塩鐵等使)로 삼았다. 유안이 재리(財利)를 잘 다스렸기 때문에 그를 쓴 것이다.

○ 상황이 홍경궁을 아껴서 스스로 혼자 돌아와 거기에 거주했다. 상황이 자주 장경루에 행차하니, 지나가는 부로들이 왕왕 보고는 절을 올리고 만세를 불렀다.

이보국이 황제에게 "상황이 홍경궁에 기거하면서 날마다 외인과 더불어서 통하며, 진현례(陳玄禮) 고력사(高力士)는 폐하에게 불리한 일을 꾀합니다. 또 홍경궁은 여염집과 서로 섞여 있고 담장[82]이 낮아서[83] 드러나니, 지존이 마땅히 거처할 곳이 못됩니다. 대내에 깊고 엄숙한 곳에 받들어 모셔서 기거하시게 하면, 저 곳과 무엇이 다르겠습니까? 또 소인들이 임금의 듣는 귀를 현혹[84]시키는 것을 두절시킬 수 있습니다"라고 상언했다. 황제가 허락하지 않았다.

이보국이 또 황제의 친위대 장사들에게 머리를 조아리고 소리내어 부르짖으며, 상황이 서내(西內)로 가실 것을 요청

---

82) 垣墉 원용 : 원(垣) 낮은 담. 용(墉) 담, 보루
83) 淺 천 : 얕을, 엷을
84) 熒惑 형혹 : 현혹할, 미혹할

하게 했다. 황제가 울면서 응답하지 않았다. 마침 황제가 몸이 아팠다.[85]

가을 7월, 이보국이 상의 말을 사칭하고 상황을 맞이해서 서내로 가게 하고, 감로전에 기거하게 했다. 머물러서 시위하는 병사는 겨우 절름발이[86]와 늙은이 수십 명이었다. 고력사는 무주(巫州)로 유배보내고, 진현례는 벼슬자리에서 억지로[87] 물러나도록[88] 했다.

상황이 마음이 불편해 야채[茹]와 반찬[葷菜], 곡식을 먹지 않아서 점점 병이 생겼다. 황제가 처음에는 그래도 문안했는데, 얼마 있다 황제 또한 병이 생겨 다만 사람을 보내 문안[89]했다. 그 뒤에 황제가 조금 후회해서 이보국을 미워해 그를 죽이려고 했지만, 그가 병권을 장악했기 때문에 두려워하며 끝내 망설이고 결정하지 못했다.

신축(辛丑) 2년 (761년)

어떤 사람이 "낙양에 있는 장수와 병졸들[洛中將士]은 모두 연(燕)지역 사람이다. 오래 지키자니 돌아가고 싶은 생각이 생겨 위아래로 마음이 이반되었으니, 급하게 그들을 공격하면 깨트릴 수 있다"고 말했다. 어조은은 믿을 만하다

---

85) 不豫 불예 : 몸이 편치 않음

86) 尪 왕 : 절름발이 곱사등이

87) 勒 륵 : 굴레, 재갈, 억지로 하다

88) 致仕 치사 : 늙어서 벼슬을 사양함

89) 起居 기거 : 행동거지, 생활, 문안, 임금의 언행을 기록한 관직

고 여겼기 때문에 여러번 황제에게 말했다. 황제가 명령해 이광필 등을 동경으로 진군시켰다.

이광필은 "적의 예봉이 아직 날카로우니, 가볍게 진군해서는 안됩니다"라고 진언했다. 삭방절도사 복고회은(僕固懷恩)은 용맹하고 강팍하며, 휘하의 병사는 모두 번족과 한족[蕃 漢]의 강한 병졸인데, 또한 어조은에 귀부했다. 말하기를 낙양을 빼앗을 수 있다고 했다.

이로 말미암아 중사가 서로 이어서 광필에게 출사할 것을 독촉했다. 이광필이 부득이 복고회은과 병사를 거느리고 낙양을 공격했다. 사사명이 병사를 이끌고 그들을 덮쳐서 관군이 크게 패했다. 하양과 회주(懷州)가 모두 적에게 함락되었다.

○ 사사명은 시기심이 많고 잔인해 죽이는 것을 좋아했다. 부하가 조금이라도 뜻에 맞지 않으면, 일족을 죽이기까지 했다. 사람들이 스스로 보전하지 못해 그의 부장 낙열(駱悅)이 사사명을 목졸라 죽였다. 사조의(思朝義)가 곧 황제에 즉위했다.

○ 처음에 이보국이 장후(張后)와 함께 모의해 상황을 서내(西內)로 옮겼다. 이날은 단오인데, 산인(山人) 이당(李唐)이 상을 알현했다. 상이 어린 딸은 안고 있었는데, 이당에게 "짐이 아이를 그리워했다. 경은 기이하게[90]생각하지 말

90) 怪 괴 : =괴(怪) 의심할, 진기한, 기이한

라"고 말했다. 이당은 "태상황이 폐하를 보고 싶어하는 것 또한 폐하가 공주를 생각하는 것과 같습니다"라고 말했다. 상이 눈물을 줄줄 흘리며[91] 울었다. 그러나 장후(張后)를 두려워 해 감히 서내로 상황(上皇)을 찾아가지 못했다.

임인(壬寅) 보응(報應) 원년(762년)

등경산(鄧景山)을 하동절도사로 삼았다. 장수와 병사들이 난리를 일으켜 등경산을 살해했다. 상이 등경산이 위무를 잘못해서 난리에 이른 것이라고 해 다시 연유를 캐묻지[92] 않았다. 사자를 보내서 위무하고 깨우쳐서 그들을 안정 시켰다. 여러 장수들이 청해 도지병마사(都知兵馬使) 신운경(辛雲景)이 절도사가 되었다. 건묘월(建卯月)[93]에 신운경이 하동절도사가 되었다.

○ 이 해에 강주(絳州)의 돌장(突將) 왕원진(王元振)이 비축이 충분하지 않다고 해 행영도통(行營都統) 이국정(李國貞)을 죽였다. 진서북정행영병(鎭西北庭行營兵) 또한 절도사 여비원례(荔非元禮)를 죽이고, 비장 백효덕(白孝德)을 추천해 절도사로 삼았다. 그로 인해서 조정이 모두 그들을 받아들였다.

---

91) 泫然 현연 : 눈물 흘릴, 눈물이 철철 흘러내리는 모양

92) 推究 추구 : 근본을 캐어 들어가며 연구함

93) 建卯月 건묘월 : 하나라 역(夏曆) 2월. 11월이 정월이니 건묘월은 12월이 된다

○ 강주의 여러 군대가 협박하고 노략질하는 것을 그치지 않았다. 곽자의가 분양왕(分陽王)이 되어 삭방, 하중 등 군의 부원수를 맡았다.

○ 갑인일(甲寅日)에 상황이 신룡전에서 붕어했다. 수(壽) 78.

황제가 점점 병이 심해져서 내전에서 발상했다. 슬퍼하고 그리워 해 질병이 더욱 더 극심했다. 이에 태자에게 명해 태자를 감국으로 삼았다.

○ 처음에 장후(張后)와 이보국이 서로 표리(表裏)를 이루어 권력을 장악하고 마음대로 휘둘렀다. 만년에는 다시 서로 틈이 있어 이보국을 죽이고, 태자를 폐위시키고자 했다. 내사생사(內射生使) 정원진(程元振)이 이보국과 모의해 장후를 별전으로 옮기고, 조금 있다가 그를 죽였다. 정묘일(丁卯日)에 황제가 붕어하고 대종이 즉위했다.

○ 초에 이국정(李國貞)이 엄중하게 군사를 다스렸다. 삭방의 장수와 병사들이 좋아하지 않고, 모두 곽자의를 생각했기 때문에 왕원진(王元振)이 그로 인해 난리를 일으켰다. 곽자의가 군에 이르자 왕원진이 스스로 공이 있다고 생각했다.

곽자의가 "너는 적과 경계에 있으면서, 주장(主將)을 죽였다. 만약 적이 이 틈을 탄다면 강주는 없다. 나는 재상인데, 어찌 한 병사의 사적인 공을 받겠는가?"라고 말했다.

7월에 왕원진과 그와 같이 모의한 40인을 거두어서 모두 죽였다. 신운경이 그것을 듣고, 또한 사건의 연유를 조사해 등경산을 죽인 자 수십 인을 죽였다. 그로 인해서 하동의 여러 진이 대체로 모두 법을 받들게 되었다.

○ 8월 곽자의가 하동에서부터 조정에 들어왔다. 이때 정원진이 권력을 잡고 있었는데, 곽자의의 공이 높고 임무가 중요함을 시기해 여러 번 상에게 그를 참소했다. 곽자의가 스스로 불안해 표문으로 부원수절도사의 해직을 청했다. 황제가 위로했다. 곽자의가 마침내 경사에 머물게 되었다.

○ 황제가 동궁에 있을 때 이보국이 전횡해 마음이 더욱 불편했다. 제위를 잇게 되었지만, 이보국이 장후를 죽인 공이 있으므로 드러내놓고 그를 죽일 수는 없었다.

10월 임술일(壬戌日) 밤에 도둑이 이보국의 집에 들어가 이보국의 머리와 한쪽 팔을 훔쳐갔다. 칙서를 내려 유사에게 도둑을 체포하게 하고, 중사를 보내서 그 집을 위문[94]했다. 나무를 깎아서 머리를 만들어 그의 장례를 치렀다.

○ 9월 황제가 중사 유청담(劉淸潭)을 회흘에 사신으로 보내 옛날의 우호를 닦았다. 또 병사를 징발해 사조의(史朝義)를 토벌했다. 이보다 먼저 숙종이 복고회은의 딸을 (회흘의) 극한에게 시집보냈다. 극한이 복고회은과 서로 만날 것을 청했다. 복고회은이 이때 양주(涼州)에 있었는데, 상의 명으로 그를 만나보러 가게 되었다. 복고회은이 "당가(唐

---

94) *存問* 존문 : 위문함, 안부를 물음

家)의 은혜와 신뢰를 저버릴 수 있는가?"고 말했다. 극한이 기뻐하고, 사신을 보내 표문을 올려 당나라를 도와 사조의를 토벌하겠다고 청했다.

○ 옹왕(雍王) 이괄(李适)을 천하병마원수로 삼았다. 제도절도사(諸道節度使)와 회흘이 섬주(陝州)에서 만나 사조의 토벌을 위해 진격했다. 상이 곽자의를 이괄의 부장으로 삼고자 했는데, 정원진과 어조은이 반대해서 그쳤다. 복고회은을 동평장사로 임명해 제군절도사행영을 통솔하게 하고 이괄의 부장으로 삼았다.

○ 무술에 제군이 섬주를 출발했다. 복고회은이 회흘과 함께 선봉이 되었다. 이광필(李光弼)과 이포옥(李抱玉) 등이 여러 길로 진격했다. 임신일(壬申日)에 관군이 낙양의 북쪽 밖에 이르렀는데, 적의 군대가 수만으로, 목책을 세워 스스로 방비했다.

관군이 갑자기 그들을 공격하니 적들이 크게 패했다. 사조의가 경기(輕騎) 수백을 거느라고 동쪽으로 달아났다. 복고회은이 진격해 동경을 빼앗았다. 그의 아들 창(瑒)으로 하여금 승세를 타서 사조의를 추격하게 했다. 여러 번 싸워서 모두 이겼다.

○ 회흘이 동경에 들어가서 살인과 약탈을 자행하니, 불이 수십일간 꺼지지 않았다. 11월에 노포(露布)[95]가 경사에

---

95) 露布 노포 : 승리를 알리는 깃발. 누구나 볼 수 있게 비단에 써서 장대에 걸

이르렀다.

○ 곽자의는 복고회은이 하삭(河朔)을 평정한 큰 공이 있다며 부원수 직을 그에게 양보할 것을 청했다. 기해일에 복고회은이 하북부원수가 되었다.

은 포고문

원 문

卷之四十二

唐紀

肅宗皇帝 在位七年，壽五十二

丙申十五載

正月，祿山自稱大燕皇帝，改元聖武。

◯顏杲卿起兵 纔八日，守備未完。史思明 蔡希德，引兵皆至城下。杲卿告急於王承業，承業欲竊其功，利於城陷，遂擁兵不救。杲卿晝夜拒戰，糧盡矢竭，城陷。賊縱兵 殺萬餘人，執杲卿及袁履謙等，送洛陽。祿山數之曰:「汝自范陽戶曹，我奏汝為判官，不數年 起至太守，何負於汝 而反耶?」杲卿瞋目罵曰:「汝本營州牧羊羯奴，天子擢汝為三道節度使，恩幸無比，何負於汝,而反? 我世為唐臣，祿位皆唐有，雖為汝所奏，豈從汝反耶? 我為國討賊，恨不斬汝，何為反也，臊羯狗! 何不速殺我?」祿山大怒，幷袁履謙等 縛於中橋之柱，而(咼)剮之。杲卿 履謙比死罵不虛口。

○上命郭子儀 進取東京，選良將一人，分兵先出井陘，定河北。子儀薦李光弼為河東節度使，分朔方兵萬人與之。二月 光弼至常山，常山兵執安思義出降。史思明失勢，退入九門。時常山九縣七附官軍，惟九門 藁城為賊所據。

○先是，譙郡太守楊萬石 以郡降安綠山，逼眞源令張巡，使為長史，西迎賊。巡至眞源 帥吏民 哭於玄元皇帝廟，起兵討賊，吏民樂從者 數千人。巡選精兵千人 至雍丘，與賈賁合。令狐潮引賊精兵 攻雍丘，賁出戰敗死。張巡力戰却賊，因兼領賁衆。乃使千人乘城，自帥千人，分數隊，開門突出。巡身先士卒，直衝賊陳，人馬辟易，賊遂退。明日復進攻城，設百礮環城，樓(堞)堞皆盡。巡於城上 立木栅以拒之，賊蟻附而登。巡束蒿灌脂，焚而投之，賊不得上。時伺賊隙，出兵擊之，或夜縋斫營。積六十餘日，大小三百餘戰。帶甲而食，裹瘡復戰，賊遂敗走。巡乘勝追之，獲胡兵二千人而還，軍聲大振。

○五月，令狐潮復引兵 攻雍丘。潮與張巡有舊，於城下 相勞苦如平生。潮因說巡曰:「天下事去矣。足下堅守危城，欲誰爲乎?」巡曰:「足下平生 以忠義自許。今日之擧 忠義何在?」潮慚而退。

○郭子儀 李光弼還常山。史思明收散卒數萬 踵其後。子儀至恒陽，思明隨至。子儀深溝高壘以待之，賊来則守，去則追之，晝則耀兵，夜斫其營，賊不得休息。數日，子儀 光弼 議曰:「賊倦矣，可以出戰。」戰于嘉山，大破之，斬首四萬級，捕虜千餘人。思明墜馬，奔于博陵，光弼就圍之，軍聲大振。於是，河北十餘郡 皆殺賊守將 而降，漁陽路再絕。賊將士家在漁陽者，無不搖心。祿山大懼，議棄洛陽，走歸范陽。會 有告:「崔乾祐在陝，兵不滿四千，皆羸弱無備。」上遣使趣哥舒翰 進兵復陝 洛。翰不得已，撫膺慟哭，引兵出關，遇崔乾祐之軍於靈寶西原。翰大敗，囂聲振天地。賊乘勝蹙之，後軍亦潰。河北軍望之，亦潰。瞬息間兩岸皆空。翰獨與麾下百餘騎 入關，乾祐進攻潼關 克之。蕃將火拔歸仁執翰 降賊。祿山以翰為司空 同平章事。

◯上懼召宰相謀之。楊國忠首唱幸蜀之策，上然之。乙未出延秋門 至咸陽。日向中 上猶未食。國忠自市胡餅以獻。於是 民事獻糲飯。有老父郭從謹 進言曰:「祿山包藏禍心固非一日。亦有詣闕 告其謀者，陛下往往誅之，使得逞其姦逆，致陛下播越。是以 先王務延訪忠良 以廣聰明，蓋為此也。臣猶記 宋璟為相，數進直言，天下賴以安平。自頃以来，在廷之臣 以言為諱，惟阿諛取容。是以 闕門之外陛下皆不得知。草野之臣 必知有今日 久矣。但九重嚴邃，區區之心 無路上達事不至此。臣何由得睹陛下之面 而訴之乎?」上曰:「此 朕之不明。悔無所及。」慰諭而遣之。

◯至馬嵬驛。將士飢疲，皆憤怒。陳玄禮以禍由楊國忠，欲誅之。會吐蕃使者二十餘人 遮國忠馬，訴以無食。國忠未及對，軍士呼曰:「國忠與胡虜謀反!」追殺之，以槍揭其首。上杖屨，出驛門，慰勞軍士，令收隊。軍士不應。上使高力士 問之。玄禮對曰:「國忠謀反，貴妃不宜供奉。願陛下割恩政法!」上曰:「貴妃常居深宮, 安知國忠反謀?」高力士曰:「貴妃誠無罪, 然將士已殺國忠, 而貴妃在陛下左右, 豈敢自安? 願陛下審思之。將士安, 則陛下安矣。」上乃命力士, 引貴妃於佛堂, 縊殺之。輿屍寘驛庭, 召玄禮等入視之。於是 始整部伍 為行計。

◯上將發馬嵬。父老皆遮道請留曰:「宮闕陛下家居, 陵寢陛下墳墓, 今捨此欲何之。」上為之 按轡 久之。乃命太子於後　宣慰父老。父老因曰:「至尊旣不肯留, 某等願帥子弟, 從殿下東破賊, 取長安。若殿下與至尊　皆入蜀, 使中原百姓 誰為之主?」須臾 聚至數千人。太子不可 曰:「至尊遠冒險阻, 吾豈忍朝夕離左右?　且吾尚未面辭, 當還白至尊, 更稟進止。」涕泣 跋馬欲西。建寧王倓與李輔國 執鞚諫 曰:「逆胡犯闕 四海分崩, 不因人情 何以興復。今殿下從至尊入蜀, 若賊兵燒絕棧道,　則中原之地　拱手授賊矣。不如收西北守邊之兵 召郭 李於河北。與之併力, 東討逆賊, 克復二京, 削平四海, 以迎至尊, 豈非孝之大者乎? 何必區區温情(淸)　為兒女之戀乎?」廣平王俶　亦勸太子留。父老共擁太子, 馬不得行。上総轡待太子, 久不至。使人偵之。還白狀。上曰:「天也。」乃命, 分後軍二千人 及飛龍廐馬, 從太子。且諭將士曰:「太子仁孝 可奉宗廟。汝曹善輔佐之。」又諭太子曰:「西北諸胡 吾撫之素厚, 汝必得其用。」太子南面號泣而已。又宣旨欲傳位太子。太子不受。俶 倓 皆太子之子也。

◯安祿山不意上遽西幸。遣使, 止崔乾祐兵, 留潼關。凡十日，乃遣孫孝哲 將兵入長安。於是 賊勢大熾。然賊將皆麁猛，無遠略。既克長安，自以為得志，日夜縱酒，專以聲色寶賄為事，無復西出之意。故上得安行入蜀。太子北行 亦無追迫之患。

○太子至平涼。數日 朔方留後杜鴻漸 迎太子於平涼北境，說太子曰:「朔方 天下勁兵處也。今吐蕃請和，回紇內附，四方郡縣 大抵堅守拒賊，以俟興復。殿下今理兵靈武，按轡長驅，移徽四方，收攬忠義， 則逆賊不足屠也!」秋七月太子至靈武。裴冕 杜鴻漸等上太子牋，請遵馬嵬之命 卽皇帝位。太子不許。冕等言曰:「將士皆關中人，日夜思歸。所以崎嶇從殿下，遠涉沙塞者，冀尺寸之功。若一朝離散，不可復集。願陛下勉徇衆心，為社稷計。」牋五上，太子乃許之。是日肅宗卽位於靈武，尊玄宗曰上皇天帝，赦天下，改元至德。

本紀贊曰: 　　睿宗因其子之功，而在位不久，固無可稱者。嗚呼!女子之禍 於人者 甚矣。自高祖 至於中宗 數十年間，再罹女禍，唐祚既絕而復續。中宗不免其身，韋氏遂以滅族。玄宗親平其亂，可以鑒矣， 而又敗以女子。方其勵精政事，開元之際 幾致太平，何其盛也! 及侈心一動，窮天下之欲，不足為其樂，而溺其所甚愛，忘其所可戒，至於竄身失國 而不悔。考其始終之異，性習之相遠也，至於如此。可不慎哉!

○時塞上精兵 皆選入討賊，惟餘老弱守邊，文武官不滿三十人。披草萊，立朝廷。制度草創，武人驕慢。大將管崇嗣在朝堂 背闕而坐，言笑自若。監察御史李勉，奏彈之，繫於有司。上特原之，歎曰：「吾有李勉，朝廷始尊。」

○初 京兆李泌幼以才敏 著聞。玄宗使與太子 為布衣交。太子常謂之先生。後隱居穎陽。上自馬嵬北行，遣使召之，謁見於靈武。上大喜。出則聯轡，寢則對榻，如為太子時。事無大小，皆咨之，言無不從。至於進退將相，亦與之議。上欲以泌為右相，泌固辭曰：「陛下待以賓友　則貴於宰相矣。何必屈其志?」上乃止。

○庚辰 上皇至成都。從官及六軍至者 千三百人而已。

○令狐潮圍張巡於雍丘。相守四十餘日，朝廷聲問，不通。潮聞玄宗已幸蜀。復以書招巡。有大將六人，官皆開府 特進，白巡：「以兵勢不敵，且上存亡不可知，不如降賊。」巡陽許諾，明日堂上設天子畫像，帥將士朝之，人人皆泣。巡引六將於前，責以大義斬之，士心益勸。城中矢盡，巡縛藁為人千餘，被以黑衣，夜縋城下。潮兵爭射之，久乃知其藁人。得矢數十萬。其後復夜縋人，賊笑不設備。乃以死士五百，斫潮營，潮軍大亂，焚壘而遯。追奔十餘里。潮慚，益兵圍之。巡使郎將雷萬春 於城上 與潮相問，語未絕，賊弩射之。面中六矢，而不動。潮疑其木人，使諜問之，乃大驚。遙謂巡曰：「向見雷將軍，方知足下軍令矣。然其如天道何?」巡謂之曰：「君未識人倫，焉知天道?」未幾，出戰擒賊將十四人，斬首百餘級。賊乃夜遯，收兵入陳留，不敢復出。

◯郭子儀等將兵五萬，自河北 至靈武。靈武軍威始盛。人有興復之望矣。

◯北海太守賀蘭進明 遣錄事參軍第五琦，入蜀奏事。琦言於上皇以為:「方今用兵 財賦為急。財賦所產 江淮居多。乞假臣一職，可使軍無乏用。」上皇悅，卽以琦為監察御史江淮租庸使。

◯靈武使者至蜀。上皇喜曰:「吾兒應天順人，吾復何憂!」乃制:「自今改制 敕為誥，表疏 稱太上皇。四海軍國重事皆先取皇帝進止，仍奏朕知。俟克復上京，朕不復與事。」仍命韋見素 房琯 崔渙 奉傳國寶玉冊，詣靈武 傳位。

◯初 上皇每酺宴，先設太常雅樂 坐部 立部，繼以鼓吹 胡樂 教坊 府縣散樂 雜戲。又以山車 陸船 載樂器徃来。又出宮人，舞霓裳羽衣，又教舞馬百匹，啣盃上壽。又引犀象入場，或拜或舞。安祿山見而悅之。既克長安，命搜捕樂工，運載樂器舞衣，驅舞馬犀象 詣洛陽。

温公曰:「聖人以道德為麗，仁義為樂。故雖茅茨土階，惡衣菲食，不恥其陋。唯恐奉養之過 以勞民費財。明皇恃其承平，不思後患，殫耳目之玩，窮聲技之巧。自謂帝王富貴 皆不我如，欲使前莫能及 後無以踰。非徒娛己 亦以誇人，豈知大盜在旁 已有窺窬之心，卒使鑾輿播越，生民塗炭! 乃知 人君崇華靡 以示人 適足為大盜之招也。」

祿山宴其羣臣於凝碧池，盛奏衆樂。梨園子弟　往往欷歔泣下。賊皆露刃睨之。樂工雷海清　不勝悲憤，擲樂器於地，西向慟哭。祿山怒，縛於試馬殿前　支解之。

○祿山聞嚮日百姓乘亂，多盜庫物。既得長安，命大索三日，幷其私財　盡掠之。又令府縣推按，銖兩之物　無不窮治。連引搜捕，枝蔓無窮。民間騷然　益思唐室。自上離馬嵬北行，民間相傳　太子北收兵　来取長安。長安民日夜望之。或時相驚曰:「太子大軍至矣。」則皆走，　市里為空。賊望見北方塵起，輒驚欲走。京畿豪傑　往往殺賊官吏，遙應官軍，誅而復起，相繼不絕，賊不能制。其始　自京畿鄜坊　至于岐隴，皆附之。至是西門之外　率為敵壘。賊兵力所及者　南不出武關，北不過雲陽，西不出武功。江淮奏請貢獻，之蜀　之靈武者，皆自襄陽　取上津路，抵扶風，道路無壅。皆薛景仙之功也。

○九月，以廣平王俶　為天下兵馬元帥，諸將　皆以屬焉。

○上與李泌出行軍，軍士指之，竊言曰:「衣黃者　聖人也，衣白者　山人也。」上聞之，以告泌曰:「艱難之際，不敢相屈以官。且衣紫袍，以絕群疑。」泌不得已受之，服之，入謝。上笑曰:「既服此，豈可無名稱?」出懷中敕，以泌為侍謀軍國元帥府　行軍長史。泌固辭。上曰:「朕非敢相臣，以濟艱難耳。俟賊平　任行高志。」泌乃受之。

○上素聞房琯名，虛心待之。琯見上 言時事，辭情慷慨，上為之改容。由是 軍國事 多謀於琯。琯亦以天下為己任，知無不為，專決於胷臆，諸將拱手 避之。

○十月，上至彭原，第五琦見上，請作摧鹽法 用以饒。

○房琯喜賓客，好談論，多引拔知名之士，而輕鄙庸俗，人多怨之。北海太守賀蘭進明 詣行在，言於上曰:「用王衍為三公，祖尙浮虛，致中原板蕩。今房琯專為迂闊大言，以立虛名，所引用 皆浮華之黨，眞王衍之比也。」上由是 疎之。

○琯上疏，請自將兵復兩京，上許之。琯悉以戎務，委李揖劉秩，二人皆書生不閑軍旅。琯謂人曰:「賊曳落河雖多，安能敵我劉秩!」琯軍遇賊將安守忠 於咸陽之陳濤斜。琯效古法，用車戰以牛車二千乘，馬步夾之。賊順風鼓譟，牛皆震駭，賊縱火焚之。人畜大亂，官軍死者 四萬餘人，存者數千而已。

丁酉至德二載

正月，安祿山自起兵以来，目漸昏。至是，不復睹物，性益躁暴。嚴莊與安慶緖謀 夜遣閹豎李豬兒 執刀 直入帳中，斫祿山腹腸。流血數斗，遂死。慶緖尋卽帝位。

○上謂李泌曰:「今郭子儀 李光弼已為宰相。若克兩京，平海內，則無官以賞之，柰何?」對曰:「古者，官以任能，爵以酬功。漢 魏以来 雖以郡縣治民，然有功則錫以茅土，傳之子孫。至于周 隋 皆然。唐初 未得關東，故封爵皆設虛名，其食實封者，給繒布而已。貞觀中 太宗欲復古制，大臣議論不同 而止。由是 賞功者多以官。夫以官賞功，有二害。非才則廢事，權重則難制。曏使 祿山有百里之國 則亦惜之，以傳子孫，不反矣。為今之計，俟天下既平，莫若疏爵土，以賞功臣 則雖大國， 不過二三百里，可比今之小郡。豈難制哉!」上曰:「善。」

○安慶緖以史思明為范陽節度使。先是，安祿山得兩京，珍貨悉輸范陽。思明擁彊兵 據富資，益驕橫。寖不用慶緖之命，慶緖不能制。

○上皇思張九齡先見，為之流涕。遣中使，至曲江祭之，厚恤其家。

○以郭子儀 為天下兵馬副元帥。

○是時，府庫無蓄積。朝廷專以官爵賞功。諸將出征 皆給空名告身。自開府 特 進 列 卿 大將軍，下至中郎 郎將，聽臨事 注名。其後，又聽以信牒 授人官爵 有至異姓王者。諸軍 但以職任，相統攝，不復計官爵高下。及清渠之敗，復以官爵 收散卒。由是，官爵輕而貨重，大將軍告身一通，纔易一醉。凡應募入軍者 一切衣金紫。至於朝士僮僕 衣金紫，稱大官，而執賤役者。名器之濫 至是而極焉。

○尹子奇益兵，圍睢陽，益急。張巡於城中 夜鳴鼓 嚴隊，若將出擊者，賊聞之，達旦儆備。既明，巡乃寢兵絕鼓，賊

以飛樓 瞰城中，無所見。遂解甲休息。巡與將軍南霽雲 郎將雷萬春等十餘將，各將五十騎，開門突出，直衝賊營，至子奇麾下。營中大亂。斬賊將五十餘人，殺士卒五千餘人。巡欲射子奇 而不識，乃剡蒿爲矢，中者喜，謂巡矢盡，走白子奇。乃得其狀，使霽雲射之，喪其左目，幾獲之。子奇乃收軍 退還。

◯九月，元帥廣平王俶，將朔方等軍 及回紇西域之衆，與郭子儀等 克復西京。

◯冬 十月，尹子奇久圍睢陽，城中食盡。議棄城東走。張巡 許遠謀以為:「睢陽 江淮之保障。若棄之去，賊必乘勝長驅。是無江淮也。不如堅守 以待之。」始與士卒 同食茶紙，既盡，遂食馬，馬盡，羅雀掘鼠，雀鼠既盡，巡出愛妾，殺以食士。遠亦殺其奴然後，括城中婦人，食之，既盡，繼以男老弱。人知必死，莫有叛者。所餘纔四百人。癸丑 賊登城，將士病，不能戰。巡向西再拜曰:「臣力竭矣，不能全城。生既無以報陛下，死當為厲鬼，以殺賊城。」遂陷。巡 遠俱被執，幷南霽雲 雷萬春等 三十六人 皆斬之。生致許遠於洛陽。巡 初 守睢陽時 卒僅萬人，城中居人 亦且數萬。巡一見問姓名，其後無不識者。前後大小戰 凡四百餘，殺賊卒十二萬人。巡行兵，不依古法教戰陳，令本將各以其意教之。人或問其故，巡曰:「今與胡虜戰，雲合鳥散，變態不常，數步之間，勢有同異。臨機應猝，在於呼吸之間，而動詢大將，事不相及。非知兵之變者也。故吾使兵識將意，將識士情，投之而往，如手之使指，兵將相習，人自為戰，不亦可乎?」自興兵，器械甲仗，皆取之於敵，未嘗自修。每戰，將士或退散，巡立於戰所，謂將士曰:「我不離此，汝為我還決之。」將士莫敢不還死戰，卒破敵。又推誠待人，無所疑隱。臨敵應變，出奇無窮。號令明，賞罰信，與衆共甘苦寒暑，故下爭致死力。

○河南節度使張鎬，聞睢陽圍急，倍道亟進，比鎬至睢陽，城已陷三日。

○十月，廣平王俶，與回紇葉護 郭子儀等 克復東京，安慶緒奔河北。丁卯 上入西京。

○十一月，廣平王俶 郭子儀来自東京。上勞之曰:「吾之家國，由卿再造!」

○十二月，上皇至咸陽。上備法駕，迎於望賢宮。上皇卽日幸興慶宮，遂居之。上表，累請避位 還東宮。上皇不許。

○安慶緒忌史思明之强，欲圖之。思明遂以所部十三州 来降。滄 瀛 安 深 德 棣等州 皆降。雖相州未下，河北率為唐有矣。

戊戌乾元元年
春 二月，復以載為年。

○夏 五月，張鎬上言:「思明凶險，因亂竊位。力彊 則衆附，勢奪則人離。彼雖人面，心如野獸，難以德懷，願勿假以威權。」

○李光弼以思明終當敗亂，陰使圖之，思明得叛。

○八月，命朔方節度郭子儀 淮西 魯炅等七節度使，將步騎二十萬 討安慶緒。又命河東李光弼 澤潞王思禮二節度，將所部兵助之。

○上以子儀 光弼 皆元勳，難相統屬，故不置元帥，但以宦官開府儀同三司魚朝恩 為觀軍容 宣慰處置使。觀軍容之名，自此始。

○冬 十月，子儀等大破安慶緒於衛州，追至鄴，圍之。慶緒窘，急求救於史思明。且請以位讓之。思明發范陽兵十三萬，欲救鄴，觀望未敢進，軍于滏陽，遙為慶緒聲勢。

○十二月，平盧節度使王玄志薨。上遣中使 往撫慰將士。且就察軍中所欲立者，授以旌節。高麗人李懷玉為裨將，殺玄志之子，推侯希逸為平盧軍使。朝廷因以希逸為節度副使。節度使由軍士廢立，自此始。

> 温公曰：「夫民生有欲，無主則亂。是故，聖人制禮以治之。自天子諸侯 至於卿大夫庶人，尊卑有分，大小有倫。若綱條之相維，臂指之相使。是以，民服事其上，而下無覬覦。其在周易：「上天下澤，履，象曰：『君子以辯上下，定民志。』」此之謂也。凡人君所以能有其臣民者，以八柄存乎己也。苟或捨之 則彼此之勢均，何以使其下哉。肅宗遭唐中衰，幸而復國，是宜正上下之禮，以綱紀四方，而偷取一時之安，不思永久之患。彼

命將帥，統藩維，國之大事也。乃委一介之使，徇行伍之情，無問賢不肖，維其所欲與者 則授之。自是之後，積習為常，君臣循守，以為得策。謂之姑息。乃至偏裨士卒，殺逐主帥，亦不治其罪，因以其位任授之。然則爵祿廢置，殺生予奪，皆不出於上，而出於下。亂之生也，庸有極乎? 且夫有國家者，賞善而誅惡，故為善者勸，為惡者懲。彼為人下，而殺逐其上，惡孰大焉? 乃使之擁旄秉鉞，師長一方，是賞之也。賞以勸惡，惡其何所不至乎? 書云:「遠乃猷。」詩云:「猷之未遠，是用大諫。」孔子曰:「人無遠慮，必有近憂。」為天下之政，而專事姑息，其憂患，可勝校乎。由是為下者，常眄眄焉伺其上，苟得間則攻而族之。為上者，常惴惴焉畏其下，苟得間則掩而屠之。爭務先發， 以逞其志，非有相保養 為俱利 久存之計也。如是 而求天下之安，其可得乎? 迹其厲階，肇於此矣。蓋古者治軍，必本於禮。故晉文公 城濮之戰，見其師少長有禮，知其可用。今唐治軍 而不顧禮，使士卒得以陵偏裨，偏裨得以陵將帥， 則將帥之陵天子，自然之勢也。由是，禍亂繼起，兵革不息，民墜塗炭，無所控訴，凡二百餘年。然後，大宋受命，太祖始制軍法，使以階級相承，有小違犯，咸伏斧質。是以，上下有叙，令行禁止，四征不庭，無思不服。宇內乂安，兆民允殖，以乞于今。皆由治軍以禮故也。豈非詒謀之遠哉!」

己亥二年

二月,　郭子儀等九節度,圍鄴城。諸軍旣無統帥,城久不下,上下解體。思明引大軍,直抵城下。官軍與之刻日決戰,未及布陳,大風忽起,吹沙拔木,天地晝晦,咫尺不相辯。兩軍大驚,官軍潰而南,賊潰而北。子儀以朔方軍　斷河陽橋,保東京。戰馬萬匹,惟存三千,甲仗十萬,遺棄殆盡。東京士民 奔竄山谷,諸節度各潰歸本鎮,旬日方定。

○史思明不與慶緖相聞,但　日於軍中,饗士。慶緖不知所為,乃上表稱臣於思明,以三百騎,詣思明營,思明殺之。慶緖先所有州縣及兵,皆歸於思明。思明遂自稱大燕皇帝。

○四月,太子詹事李輔國,自上在靈武,判元帥行軍馬司馬事,侍直帷幄,宣傳詔命。及還京師,專掌禁兵,常居內宅。制敕必經輔國押署然後,施行。

○魚朝恩惡郭子儀,因其敗,短之於上。秋七月　上召子儀還京師,以李光弼代為朔方節度使。光弼治軍嚴整。始至號令一施,士卒　壁壘　旌旗,精彩　皆變。是時,朔方將士樂子儀之寬,憚光弼之嚴。

○冬　十月,史思明引兵攻河陽。思明有良馬千餘匹,每日出於河渚　浴之,循環不休,以示多。光弼命索軍中牝馬　得五百匹,縶其駒於城內,俟思明馬至水際,盡出之,馬嘶不已。思明馬悉浮渡河,一時驅之入城。思明怒,屯兵於河清,欲絕光弼糧道。光弼軍于野水渡,以備之。思明復攻河陽,光弼諸將致死擊之,賊衆大潰,思明乃遯。

庚子上元元年
四月，史思明入東京。

○以京兆尹劉晏 為戶部侍郎，充度支 鑄錢 鹽鐵等使。晏善治財利，故用之。

○上皇愛興慶宮，自蜀歸，卽居之。上皇多御長慶樓，父老過者，往往瞻拜呼萬歲。李輔國言於上曰：「上皇居興慶宮，日與外人交通。陳玄禮 高力士謀 不利於陛下。且興慶宮與閭閻相參，垣墉淺露，非至尊所宜居。大內深嚴，奉迎居之 與彼何殊。又得杜絕小人熒惑聖聽。」上不聽。輔國又令六軍將士，號泣叩頭，請迎上皇如西內。上泣不應。會上不豫。秋 七月，輔國矯稱上語，迎上皇如西內，居甘露殿。所留侍衛兵纔尪老數十人。高力士流巫州，陳玄禮勒致仕。上皇不懌，因不茹葷，辟穀， 寖以成疾。上初猶往問安，既而上亦有疾，但遣人起居。其後上稍悔悟，惡輔國欲誅之，畏其握兵，竟猶豫不能決。

辛丑二年
或言：「洛中將士皆燕人，久戍 思歸，上下離心，急擊之，可破也。」魚朝恩以為信然，屢言於上，上敕李光弼等進取東京。光弼奏稱：「賊鋒尙銳， 未可輕進。」朔方節度使僕固懷恩勇而愎，麾下皆蕃漢勁卒，亦附朝恩言東都可取。由是中使相繼，督光弼出師，光弼不得已與懷恩將兵攻洛陽。思明引兵薄之，官軍大敗。河陽 懷州皆沒於賊。

◯史思明猜忍好殺，群下小不如意，動至族誅，人不自保。其部將駱悅縊殺之，朝義卽帝位。

◯初 李輔國與張后同謀，遷上皇於西內。是日端午，山人李唐見上，上方抱幼女，謂唐曰：「朕念之，卿勿恠也。」對曰：「太上皇思見陛下，計亦如陛下之念公主也。」上泫然泣下，然畏張后，尚不敢詣西內。

壬寅寶應元年
以鄧景山為河東節度使。將士作亂殺景山。上以景山撫御失，所以致亂，不復推究。遣使慰諭以安之，諸將請以都知兵馬使辛雲京為節度使。建卯月 以雲京為河東節度使。

◯是歲，絳州突將王元振以儲積不充，殺行營都統李國貞。鎮西北庭行營兵 亦殺節度使荔非元禮，推裨將白孝德為節度使。朝廷皆因而授之。

◯絳州諸軍剽掠不已。以郭子儀 為汾陽王 知朔方河中等軍副元帥。

◯甲寅，上皇崩于神龍殿。年七十八。上以寢疾，發哀於內殿。哀慕疾轉劇，乃命太子監國。

◯初 張后與李輔國相表裏，專權用事。晚年更有隙，欲殺輔國，廢太子。內射生使程元振與輔國謀遷張后於別殿，尋殺之。丁卯 上崩。代宗卽位。

◯初 李國貞治軍嚴，朔方將士不樂，皆思郭子儀故。王元振因之作亂。子儀至軍，元振自以為功。子儀曰:「汝臨賊境，輒害主將。若賊乘其釁，無絳州矣。吾為宰相，豈受一卒之私耶!」七月 收元振及其同謀四十人，皆殺之。辛雲京聞之，亦推案殺鄧景山者數十人誅之。由是河東諸鎮率皆奉法。

○八月，郭子儀自河東入朝。時程元振用事，忌子儀功高任重，數譖之於上。子儀不自安，表請解副元帥節度使。上慰撫之，子儀遂留京師。

○上在東宮，以李輔國專橫，心甚不平。及嗣位，以輔國有殺張后之功，不欲顯誅之。十月 壬戌 夜盜入其第，竊輔國之首及一臂而去，勑有司捕盜，遣中使存問其家，為刻木首葬之。

○九月，上遣中使劉清潭 使于回紇，修舊好。且徵兵，討史朝義。先是 肅宗以僕固懷恩女，妻可汗，可汗請與懷恩相見。懷恩時在凉州，上令往見之。懷恩為言唐家恩信，不可負。可汗悅，遣使上表，請助國 討朝義。

○以雍王适為天下兵馬元帥。會諸道節度使及回紇於陜州，進討朝義。上欲以郭子儀為适副，程元振 魚朝恩沮之而止。加僕固懷恩同平章事，領諸軍節度行營以副适。

○戊辰， 諸軍發陜州。僕固懷恩與回紇為前鋒，與李光弼 李抱玉等 數道並進。壬申， 官軍至洛陽北郊，賊衆數萬，立柵自固。官軍驟擊之，賊衆大敗。朝義將輕騎數百東走。

懷恩進克東京，使其子瑒乘勝逐朝義，累戰皆捷。

○回紇入東京，肆行殺掠，火累旬不滅。十一月　露布至京師。

○郭子儀　以懷恩有平朔大功，請以副元帥，讓之。己亥　以懷恩為河北副元帥。

통감절요 43권

당기(唐紀)

대종 예문효무황제(代宗 睿文孝武皇帝)[1]

재위 17년, 수(壽) 53

계묘(癸卯) 광덕(光德) 원년(서기 763년)

복고창(僕固瑒) 등이 사조의(史朝義)를 추격해 막주(莫州)에서 따라잡고 포위했다. 사조의가 여러번 나와 싸웠으나 모두 패하자, 정예기병 5천을 선발해 북문으로부터 포위를 뚫고 나왔다. 이회선(李懷仙)이 병사를 보내 추격해 따라잡았다. 끝까지 몰리자 사조의는 숲에서 목을 매어 죽었다.

1) 주(註) 대종 (代宗)은 난(亂)을 평정하고 지키고 이루어서[守成] 중간수준[中材]의 왕이 될 만 했다. 그러나 번진이 발호해 아랫사람이 윗사람을 능멸하고 교체했고, 난의 경로[階]를 키우고 만들었다. 당(唐)의 기강이 크게 무너지고 다시 회복할 수 없게 된 것은 숙종과 대종이 그렇게 한 것이다

이회선이 그 머리를 가져다가 바쳤다. 복고회은이 여러 군과 함께 모두 돌아왔다.

○ 윤월(閏月)에 사조의의 항복한 장수 설숭(薛嵩)을 상주 위주 형주 낙주 패주 자주(相州 衛州 邢州 洺州 貝州 磁州) 6주의 절도사(節度使)로, 전승사(田承嗣)를 위주 박주 덕주 창주 영주(魏州 博州 德州 滄州 瀛州) 5주의 도방어사(都防禦使)로 삼았다. 이회선은 그대로 옛 지역인 유주 노룡(幽州 盧龍)절도사로 했다.

이때 하북의 여러 주가 모두 항복했는데, 복고회은(僕固懷恩)은 적이 평정되자 총애가 쇠할 것을 두려워 했다. 설숭과 이현신(李寶臣)을 남겨 하북을 나누어 다스리겠다고 주청해 자신에게 도움[2]이 되는 동료로 만들었다. 조정 또한 전쟁을 싫어하고 무사함을 바랐기 때문에 그들을 제수했다.

6월에 예부시랑(禮部侍郞) 양관(楊綰)이 상소했다.

"옛날에 선비를 뽑을 때에는 반드시 행실로 뽑았는데, 근세에는 오로지 문사(文辭)만을 섬깁니다. 수(隋) 양제(煬帝) 때 처음으로 진사과(進士科)를 설치하고, 오직 책문(策文)을 시험했습니다. 고종(高宗) 때에 와서 고공원외랑(考功員外郞) 유사립(劉思立)이 아뢰어 처음으로 진사과에 잡문(雜文)을 더하고, 명경과(明經科)에는 첩괄(帖括)[3]을 보태었습

---

2) 黨援 당원 : 도움이 되는 동료

3) 帖括 첩괄 : 당(唐)대 첩경(帖經, 당대의 과거시험 방법, 암기법)의 응시자가

니다.

이로부터 폐단이 쌓이고 바뀌어 풍속을 이루니, 조정의 공경(公卿)은 이것으로 대우하고, 집안의 어른들은 이것으로 자손들을 훈육했습니다. 그 명경이라고 하는 것은 첩괄을 암송해 요행을 바라는 것이고, 또 주현의 추천을 받아 시험에 응시하는 사람[擧人][4]들도 모두 문서[牒]를 내고 스스로 응시하게끔 합니다. 이와 같으면 어찌 그들을 순박한 것으로 돌아가게 하고, 청렴과 겸양(廉讓)을 숭상하게 할 수 있겠습니까?

청컨대 현령으로 하여금 효성과 청렴함을 살펴서, 마을에 행실이 드러난 자와 배워서 경술을 아는 자를 뽑아 주(州)에 천거하게 하고, (주에서는) 자사(刺史)가 살피고 시험해, 상서성(省)에 올리도록 해주십시오. (상서성에서는) 임의로 각각 2경(二經)을 구술하게 하고, 조정에서는 유학을 공부한 선비를 선발해 경의(經義) 20조와 시무책 3가지 방도[道]를 묻게 하십시오.

성적이 가장 우수한 자[5]는 즉시 관직에 제수하고, 중간인 자는 출사(出仕)[6]할 수 있게 하고, 성적이 낮은 자는 그만

많아 시험관이 난어귀(難語句)를 출제하므로, 응시자가 난어귀만 뽑아 기억하기 좋게 만든 것, 경서에서 몇 글자를 인용해 문제를 출세하면, 그 경서의 글을 총괄해 답안을 작성하는 시험 유형

4) 擧人 거인 : 지방에서 추천을 받아 경도(京都)로 가서 과거에 응시하는 사람. 향시(鄕試)에 급제하고 다시 회시(會試: 중앙정부의 관리등용시험)을 보는 사람. 명 청(明 淸)대에는 향시와 회시에 합격한 사람을 지칭한다.

5) 上第 상제 : 높은 차례, 윗 순서, 높은 성적

두고 돌아가게 하십시오. 또 임금이 친히 보는 시험[道擧][7]은 또한 나라를 다스리는 데에 도움을 바랄 수 없으니, 명경 진사와 함께 아울러 멈추게 하십시오"

혹자가 말하기를 "명경 진사는 행한지 이미 오래 되어 급히 고칠 수 없습니다"라고 했다. 일이 비록 시행되지 않았으나, 식견 있는 사람들은 그것을 옳다고 여겼다.

○ 7월에 토번(吐蕃)이 대진관(大震關)에 들어와 하서(河西)와 농우(隴右)의 땅을 모두 차지했다.

○ 하동절도사 신운경(辛雲京)이 복고회은과 틈이 생겨 복고회은이 모반하려 한다고 처음 아뢰니, 상이 은혜로운 말로 쓴 조서[8]로 그들을 화해시켰다. 복고회은은 전쟁이 일어난 이래 있는 곳에서 힘껏 싸웠다고 여겼다. 한 가문에서 나라 일[王事]로 죽은 이가 46명이었고, 딸을 먼 땅으로 시집보내고, 회흘을 설득하고 회유했으며, 두 경사(京師)를 다시 수복하고, 하남 하북을 평정해서 공을 견줄 자가 없다고 생각했다.

그런데 다른 사람에게 모함을 당하니, 분하고 원통함이 자못 심했다. 글을 올려 스스로 시비곡직의 심판을 원했

---

6) 出身 출신 : 관직에 등용됨, 벼슬함, 출사(出仕)

7) 道擧 도거 : 임금이 친히 시험 함. 주(註) 당(唐)은 제도로 해마다 관리를 선발했는데, 정규적인 선발 외에 천자가 조서를 내려 선발하는 것을 제거도(制擧道)라 했고, 묻고 싶은 것을 친히 책문했다

8) 優詔 우조 : 우악(優渥)한 조서. 우악(優渥) 은혜가 두터운

다.[9] 말이 심히 간절하고 지극했다. 황제가 사자를 보내 그를 위로하고 달래주기에 이르렀다.

○ 토번(吐蕃)이 처음에 들어와 노략질 할 때 변방의 장수들이 급박함을 고했으나, 정원진(程元振)이 모두 이를 아뢰지 않았다. 겨울 10월 신미일에 봉천(奉天) 무공(武功)이 함락되니, 경사(京師)가 떨고 놀랐다. 조서를 내려 옹왕(雍王) 이괄(李适)을 관내원수로 하고, 곽자의를 부원수로 임명해 나아가 함양(咸陽)에 진을 치고 방어하게 했다.

곽자의가 한직으로 밀려난[10] 날이 오래되어 부대[11]가 이반하고 흩어졌는데, 이때에 이르러 불러 모아 20기병을 얻었다. 함양에 이르니 토번이 토곡혼(吐谷渾), 당항(党項), 저(氐), 강(羌)의 20여만 명을 거느리고 수십 리에 가득 차 있었다.[12]

곽자의가 판관(判官) 왕연창(王延昌)에게 들어가 아뢰어서 병사를 증원해 줄 것을 청하게 했으나, 정원진이 그것을 저지해[13] 끝내 알현하지 못했다. 상이 군대를 정돈하고[治] 있는데, 토번이 이미 편교(便橋)를 건너자 창졸간이어서 어

---

9) 訟 송 : 송사할, 시비곡직의 재판을 원함, 다스려 바로 잡음

10) 閑廢 한폐 : 한가한 벼슬자리로 밀려남

11) 部曲 부곡 : 항오(行伍), 부오(部伍). 부(部) 거느릴, 통솔할, 관할함 주(註): 장군이 거느린 군에는 모두 부곡이 있다. 대장군영은 5부(部)가 있는데, 부에 교위(校尉)가 한 사람, 부에는 곡(曲)이 있고, 곡에는 군후(軍候) 한 사람이 있다.

12) 彌漫 미만 : 널리 가득함, 그득 참, 못에 물이 가득함

13) 遏 알 : 막을, 그칠, 저지할

찌할 바를 몰랐다. 병자일에 섬주(陝州)로 파천했다.

무인일에 토번이 장안에 들어가 관청의 창고 저자 마을을 노략질하고, 집들을 불태우니, 장안이 스산해지고[14] 모두 비었다.

○ 곽자의가 30기를 이끌고 어숙천(御宿川)에서 산을 따라 동쪽으로 갔다. 왕연창에게 이르기를 "육군(六軍)의 장수 병사 중에 도망치고 궤멸된 자들이 상주(商州)에 많이 있으니, 지금 속히 가서 그들을 거두라"고 했다. 상주에 이를 무렵, 가면서 수습한 병사가 도합 4천 명이어서, 군세가 점점 커졌다. 곽자의가 울면서 장수와 병사들에게 함께 나라의 치욕을 씻고 장안을 빼앗자고 회유하니, 모두 감격하고 분발해 군령[15]을 따랐다.

곽자의가 장손(張孫)과 전서(全緖)에게 2백기를 거느리고 남전(藍田)으로 나가 오랑캐의 세력을 관찰하게 했다. 전서가 한공퇴(韓公堆)에 이르러 낮에는 북을 치며 깃발을 벌려놓고, 밤에는 불을 많이 피워 이것으로 토번을 주저하도록 했다.

백성들도 그들을 속이며 말하기를 "곽자의가 상주로부터 수를 알 수 없는 대군을 거느리고 온다"고 했다. 오랑캐가 그렇다고 생각해 모든 무리가 달아났다. 조서를 내려 곽자의를 서경유수(西京留守)로 임명했다.

---

14) 蕭然 소연 : 바쁜 모양, 분주한 모양, 쓸쓸한 모양

15) 約束 약속 : 묶음, 언약해 정함, 법령으로 단속함

○ 정원진이 권력을 오로지하고 스스로 제멋대로 하니, 사람들이 그를 두려워하는 것이 이보국(李輔國)보다 심했다. 정원진은 여러 장수 중에 큰 공이 있는 자들을 모두 시기하고 질투해 그들을 해치고자 했다. 토번이 들어와 노략실할 때 정원진이 제 때 아뢰지 않아 황제가 허겁지겁 어쩔 줄 모르다가[狼狽]16) 몽진함에 이르렀다.

황제가 사자를 보내 여러 도에서 병사를 징발하게 했는데, 이광필(李光弼) 등은 모두 정원진이 궁중에 있는 것을 꺼려 해 오는 자가 없었다. 중외가 모두 이를 갈았으나, 감히 말하는 자가 없었다.

태상박사(太常博士) 유항(柳伉)이 상소했다.

"견융(犬戎)이 관(關)을 침범하고, 농(隴)을 건넜는데, 칼날에 피를 묻히지도 않고 경사에 들어왔습니다. 궁궐17)을 빼앗고, 선조들의 무덤을 불사르는데도 무사가 한명도 오지 않았으니 이는 장수가 폐하를 배반한 것입니다.

10월 초하루18)부터 여러 도의 병사를 불렀는데, 40일이 다 되어도 단 한척의 수레도 관(關)에 들어오지 않았으니, 이는 사방이 폐하를 배반한 것입니다. 내외가 폐하를 떠나고 배반했는데, 금일의 형세는 안전한 것입니까, 위험한 것입니까?

만약 위험하다고 생각하신다면, 어찌 베개만 높이 베고

---

16) 狼狽 낭패 : 허겁지겁해 어쩔 줄 모름, 넘어짐, 실패함

17) 宮闈 궁위 : 대궐의 중문

18) 朔 삭 : 초하루

있으면서, 천하를 위해 죄인을 토벌하지 않으십니까? 반드시 종묘사직을 보존하고자 하신다면, 오직 정원진의 목을 베고, 말을 달려 천하에 알리십시오. 환관을 모두 내보내 여러 주에 예속시키고, 금병(禁兵)[19]을 대신에게 맡기십시오.[20]

연후에 존칭을 깎고 조서를 내려 허물을 끌어내 말씀하시기를 '만약 천하가 짐에게 스스로 새로워지고 허물을 고칠 것을 허락한다면, 마땅히 병사를 모집해 서쪽으로 향해 조정으로 갈 것이요, 만약 짐이 잘못을 고칠[21] 수 없다고 한다면, 제왕은 대기(大器)인데, 감히 성현의 도에 훼방놓겠는가[妨]? 천하가 가는 바를 따르겠다'고 하십시오.

이와 같이 했는데도 병사들이 오지 않고, 사람들이 감복하지 않고, 천하가 복종하지 않는다면, 신은 청컨대 집안 전체[22]가 마디로 베어져서[寸斬] 폐하께 사죄하겠습니다"

황제가 일찍이 정원진이 보호한 공이 있다 해서, 11월에 정원진의 관작을 감하고 고향으로 돌아가게 했다.

○ 12월 갑오일에 황제가 장안에 이르렀다. 곽자의가 성안의 백관 및 제군을 거느리고 산수(滻水)의 동쪽에서 맞이했다. 땅에 엎드려 대죄하니, 황제가 그의 수고를 위로하며

---

19) 神策兵 신책병 : 금병(禁兵)
20) 付 부 : 주다, 청하다, 붙이다
21) 悛 전 : 고치다, 깨닫다
22) 闔門 합문 : 집안 전체, 문을 닫음

"경을 일찍 등용하지 못했기 때문에 여기에 이르렀다"고 말했다.

갑진(甲辰) 3년[23](764년)

복고회은(僕固懷恩)이 반란을 일으켰다. 상이 곽자의(郭子儀)에게 "복고회은 부자는 짐에게 부담[24]된 바가 실로 심하다. 듣기에 삭방(朔方)의 장수와 사졸들이 경을 생각함이 가뭄에 비를 바라는 것과 같다 하니, 공이 짐을 위해 하동을 진무하면 분상(汾上)의 군사가 반드시 변란을 일으키지 않을 것이다"라고 말했다.

그리고 곽자의를 관내하동부원수 하중절도사(關內河東副元帥 河中節度使)로 삼았다. 복고회은의 장수와 사졸이 그 것을 듣고 모두 "우리들이 복고회은을 따라 의롭지 않은 일을 했으니, 무슨 면목으로 분양왕(汾陽王)을 뵙겠는가?"라고 말했다.

복고창(僕固瑒)이 유차(楡次)를 포위했는데, 10여 일 동안 함락시키지 못했다. 그 장수 백옥 초휘(白玉 焦暉)가 병사를 이끌고 복고창을 공격해 그를 죽였다. 복고회은이 그 소식을 듣고 휘하의 3백 명과 강을 건너 북쪽으로 달아났다.

곽자의가 복고창의 머리를 수레에 실어 관(關)에 이르니 군신들이 들어와 하례를 올렸다. 황제가 서글퍼하고[25] 기뻐

---

23) 갑진(甲辰) 3년은 광덕 2년. 광덕 연간은 2년까지만 있다
24) 負 부 : 등에 짐을 지다, 빚지다, 책임을 떠맡다, 부담, 은혜(약속)를 저버릴
25) 慘然 참연 : 애처롭게 여기다, 비참하다

하지 않으며 "짐의 신의가 사람들에게 미치지 않아, 공 있는 신하가 뒤집히기[26]에 이르렀으니, 깊이 부끄럽게 여긴다. 또 무엇을 축하하겠는가?"라고 말했다.

명령을 내려 복고회은의 어머니를 연(輦)[27]에 태워 장안에 오게 하고, 주는 것과 대우가 매우 후했는데, 한달여 만에 수명이 다하니, 예로서 장례 지내주었다. 공신들이 모두 감탄했다.

곽자의가 분주로 가자, 복고회은의 군대 수만이 모두 귀의했다. 모두 북을 치며 춤을 추고 눈물을 흘리면서, 곽자의가 온 것을 기뻐하고 그가 늦은 것을 슬퍼했다.

○ 상이 섬주(陝州)로 파천(播遷)했을 때 이광필(李光弼)이 끝내 지체하고[28] 오지 않으니, 황제가 마침내 서로 싫어해 틈이 생길[29]까 걱정했다. 그 어머니가 하중(河中)에 있었는데, 여러번 중사를 보내 안부를 물었다. 토번이 물러가자 이광필을 동도유수(東都留守)에 제수, 그 거취를 살폈다.

이광필이 강회(江淮)에 가서 식량 운반을 핑계로 군대를 이끌고 서주(徐州)로 돌아갔다. 황제가 그 어머니를 맞이해 장안으로 오게 해 후하게 해주었고, 그 아우 이광진(李光進)에게 금병(禁兵)을 관장케 하고 더욱 후하게 대우했다.

---

26) 顚越 전월 : 전(顚) 머리, 이마, 넘어질, 뒤집힐. 월(越) 달아날, 천자가 파월(播越)할

27) 輦 련 : 천자가 타는 수레

28) 遷延 천연 : 물러감, 어슬렁거려 거닐음, 일을 더디게 해 지체함

29) 嫌隙 혐극 : 서로 싫어서 생기는 틈

○ 반란을 겪은[30] 이래로 변수(汴水)가 막혀[31] 조운(漕運)하는 자들이 장강 한수(長江 漢水)로부터 양 양(梁 洋)에 오려면, 길이 험해 고생하고 비용이 허비되었다. 3월에 태사빈객(太子賓客) 유안(劉晏)을 하남강회이동전운사(河南江淮以東轉運使)로 삼았다.

이때 전쟁의 뒤여서 안팎으로 식량을 구하기 어려웠고 관중(關中)의 쌀 1말에 1천 전이었다. 백성들이 이삭을 훑어서[32] 금군(禁軍)에 공급했다. 궁궐의 부엌에는 두 계절[33] 지낼 비축이 없었다.

유안이 이에 변수를 깊이 파서 트고[34], 원재(元載)에게 글을 보내 조운의 이로움과 병폐를 자세히 진술하니, 중외가 서로 따랐다. 이때부터 매 해 쌀 수십만 석을 운반해 관중에 공급했다. 당나라 때에 조운에 능한 자를 말하자면, 유안을 으뜸으로 든다. 뒤에 한 자들은 모두 그 법도를 따랐다.

○ 5월에 복고회은이 영무(靈武)에 와서 흩어져서 도망간 자들을 수습해 모으니, 그 군대가 다시 떨쳤다.

○ 7월에 천하에 청묘전(靑苗錢)[35]을 징수해 백관들의 봉

---

30) 喪亂 상란 : 상사(喪事)와 화란(禍亂)
31) 湮廢 인폐 : 인(湮) 막힐. 폐(廢) 폐할
32) 挼穗 뇌수 : 뇌(挼) 주무를. 수(穗) 이삭
33) 兼時 겸시 : 시(時)는 계절을 말함, 두 계절
34) 疏浚 소준 : 소(疏) 막힌 것을 트다. 준(浚) 깊을, 칠(준설), 깊게 팜

록을 주었다.

○ 이광필이 군을 엄중하게 다스렸다. 지휘 호령에 여러 장수들이 감히 올려다보지 못했다. 계책을 정한 뒤에 싸우니, 적은 수로 많은 적을 제압할 수 있어서, 곽자의와 이름을 나란히 했다.

서주(徐州)에 있으면서 병력을 믿고 입조하지 않으니, 여러 장수 전신공(田神功) 등이 다시 명령을 받거나[36] 두려워하지 않았다. 이광필이 부끄러워하고 한스러워하다가 병이 생겨서 죽었다.

○ 8월에 곽자의가 하중으로부터 입조했다. 마침 경원(涇原)에서 아뢰기를 '복고회은이 회흘 토번의 10만 군사를 이끌고 쳐들어오려고 한다'고 하니, 경사가 떨고 두려워 했다. 곽자의에게 조서를 내려 장수들을 거느리고 봉천(奉天)으로 출정하게 했다.

황제가 불러서 방략을 물으니, "복고회은은 할 수 있는 것이 없습니다"라고 대답했다. 황제가 "무슨 까닭인가?" 물으니, "복고회은은 용맹하나 은혜가 적어 군사들이 마음으로 따르지 않습니다. 쳐들어올 수 있었던 것은 고향을 그리워하는 군사들 때문이었을 뿐입니다. 복고회은은 본래 신의 부장(副將)으로 그 휘하는 모두 신의 부하[部曲=行伍]입니

---

35) 靑苗錢 청묘전 : 모가 새파랄 때 징수함

36) 禀 품 : 상관의 명령을 받을 =품(稟)

다. 반드시 차마 칼날을 서로 겨누지 못할 것이니, 이것으로 그가 할 수 있는 것이 없음을 알 수 있습니다"라고 대답했다.

10월에 복고회은이 회흘 토번과 함께 진격해 봉천을 위협하니, 경사의 경계가 엄해졌나. 여러 장수들이 싸우기를 청했으나, 곽자의가 허락하지 않았다. 그는 "오랑캐는 우리 땅에 깊이 들어왔으니, 빨리 싸우는 것을 이롭게 여긴다. 우리가 성을 견고히 하고 그들을 기다리면, 저들은 우리가 겁을 낸다고 여기고, 반드시 경계하지 않을 것이니, 그러면 격파할 수 있다. 만약 급히 싸웠는데, 불리하면 군사들의 마음이 떠날 것이다. 감히 싸우자고 말하는 자는 참수하겠다"고 했다.

곽자의가 밤에 건릉(乾陵)의 남쪽으로 나가서 진을 쳤는데, 날이 밝기 전에 오랑캐의 군대가 크게 이르렀다. 오랑캐는 처음에는 곽자의에게 대비가 없다고 여겨 그를 습격하고자 했는데, 갑자기 대군이 나타나자 경악했다. 마침내 경수(涇水)를 건너서 달아났다.

을사(乙巳) 영태(永泰) 원년(765년)

이포진(李抱眞)을 택로절도부사(澤潞節度副使)로 삼았다. 이포진은 산동에 변란이 있고, 상당(上黨)은 군사 요충지이지만, 전쟁의 뒤여서 땅이 척박하고 백성은 곤궁하므로, 군을 구휼할 수[37] 없다고 여겼다. 이에 백성들을 호적에 올려서 3명의 장정 중 1명을 뽑아 그 조세와 요역을 면해주고 활과 화살을 지급해, 그로 하여금 농한기에 활쏘기를 연습하게 하고, 연말에 모두 검열[都試][38]했다.

그들에게 상벌을 실시한지 3년이 되자 정예병 3만을 얻었다. 창고에서 공급받아 쓴 것이 아니라서 부고(府庫)가 충실해졌다. 마침내 세력을 갖고 산동을 위세당당하게 내려다 봤다.[39] 이때부터 천하에서 택로의 보병이 여러 도(道) 중 최고라고 칭송했다.

○ 토번이 사신을 보내 화친하기를 청하니, 원재(元載) 두홍점(杜鴻漸)에게 조서를 내려 흥당사(興唐寺)에서 맹약을 맺게 했다. 상이 곽자의에게 "토번이 맹약을 청하는데 어떠한가?"고 물으니, "토번은 우리가 생각지도 못하는 것[40]을 이롭게 여깁니다. 만약 생각지도 않았는데, (침략해) 온다면 나라를 지킬 수 없을 것입니다"라고 대답했다. 이에 하중의 병사를 서로 계속해서 보내서 봉천을 지키게 했다. 또 병사를 보내서 경원(涇原)을 순시하면서 그들을 살펴보게 했다.

○ 이때 성덕(成德)절도사 이현신(李寶臣)과 위박(魏博)절도사 전승사(田承嗣), 상위(相魏)절도사 설숭(薛嵩), 노룡(盧龍)절도사 이회선(李懷仙)이 안록산(安祿山)과 사사명(史思

---

37) 贍 섬 : 도울, 넉넉할, 구휼할

38) 都試 도시 : 주(註) 무비(武備) 연습한 것을 시험하고 총검열하다

39) 雄視 웅시 : 세력이 있어 위세 당당하게 남을 내려다 봄

40) 不虞 불우 : 주(註) 이(利)는 행(幸)이고, 우(虞)는 도(度)이다. 불우(不虞)는 불의(不意)를 말한다. 생각하지도 못하고 헤아리지도 못하는 것

明)의 잔당을 모아 각각 강한 병사 수만을 가졌다. 군대를 훈련시키고 성을 수리하고, 스스로 문무 장수와 관리를 임명하고, (정부에) 공물과 부세를 공납하지 않았다.

조정에서는 오로지 구차하게 당장 편한 것[姑息]만을 일삼아서 더 제어할 수 없었다. 비록 이름은 번신(藩臣)이었으나, 외국의 내속[羈縻][41]일 뿐이었다.

○ 9월에 복고회은이 회흘 토번 토곡혼 당항 노자(回紇 吐藩 吐谷渾 党項 奴剌)의 수십만 군대를 회유해 함께 쳐들어왔다. 복고회은이 또 삭방의 군대로 그들을 잇게 했다. 곽자의가 여러 도의 절도사들로 하여금 각각 출병해, 그 요충지를 잡게 하니[42], 황제가 그를 따랐다.

복고회은이 중도에 갑자기 병에 걸려 돌아가다가 명사(鳴沙)에서 죽으니, 범지성(范志誠)이 그 군사를 맡았다.

○ 복고회은이 항거한지 3년에 두 번 오랑캐를 이끌고 침략해 나라의 큰 걱정이 되었는데, 황제가 오히려 그를 숨겨주고 전후의 제칙(制勅)에 일찍이 그가 반란한 것을 말하지 않았다. 그가 죽은 것을 듣자, 측은해 하며 말하기를 "복고회은이 모반한 것이 아니고, 좌우에게 잘못되었을 뿐이다"고 말했다.

---

41) 羈縻 기미 : 맴, 매임. 전(轉)하여 외국의 내속(內屬). 기(羈) 말의 굴레 맬. 미(縻) 고삐 얽어맬

42) 扼 액 : 눌러서 꼼짝 못하게 함

○ 병인일(丙寅日)에 회흘과 토번이 병력을 합해 경양(涇陽)을 포위했다. 곽자의가 여러 장수들에게 명을 내려 삼엄하게 수비만 하고 싸우지 말라고 했다.

이때 회흘과 토번은 복고회은이 죽었다는 소식을 듣고 수장자리를 다투고 서로 화목하지 못해 진영을 나누고 있었다. 곽자의가 그것을 알았다. 회흘이 성의 서쪽에 있었는데, 곽자의가 아장(牙將) 이광찬(李光瓚) 등을 시켜 가서 그들을 설득해 그들과 함께 토번을 공격하고자 했다. 회흘이 믿지 않고 "곽공이 정말 이곳에 있는가? 네가 나를 속이는 것일 뿐이다. 만약 과연 이곳에 있다면 만나 볼 수 있는가?"라고 물었다.

이광찬이 돌아와서 보고하니, 곽자의는 "지금 병력이 적어 대적할 수 없으니[43], 힘으로는 이기기 어렵다. 옛날에 우리가 회흘과 심히 굳건히 맹약했으니[44], 내가 솔선해서[45] 가서 그들을 설득하는 것이 낫다. 싸우지 않고 항복시킬 수 있을 것이다"라고 말했다.

마침내 몇 기와 성문을 열고 나갔다. 사람을 시켜 전령에게 "영공(令公)이 오신다"고 고함치게 했다. 회흘이 크게 놀랐다. 그들의 태사(太師) 약갈라(藥葛羅)는 극한(可汗:회흘 왕)의 아우였는데, 활을 잡고 화살을 메겨서 진영 앞에서 있었다. 곽자의가 투구와 갑옷을 벗고 창을 내던지며 앞

---

43) 衆寡不敵 중과부적 : 병력이 적어 적과 대적하지 못함

44) 契約 계약 : 맹약을 맺다

45) 挺身 정신 : 솔선함

으로 나갔다. 회흘의 여러 추장들이 서로 돌아보며 "맞다"고 말했다.

모두 말에서 내려 늘어서서 절하니, 곽자의 또한 말에서 내렸다. 앞으로 가서 약갈라의 손을 잡고 꾸짖었다.

"너희 회흘은 당(唐)에 큰 공이 있어 당(唐)이 너희에게 보답한 것 또한 적지 않았는데, 어찌 맹약을 저버리고 우리 땅에 깊이 들어와서 경기지방[畿縣]을 침범하고 괴롭히는가? 전날의 공을 버리고 원한을 맺으며, 은덕을 져버리고 모반한 신하를 도우니, 얼마나 어리석은가!

또한 복고회은은 임금을 배반하고 어미를 버렸으니, 너희 나라에 무슨 이익이 있겠는가? 지금 나는 솔선해 와서 너희가 나를 붙잡아서 죽일 수 있게 허용했지만, 나를 죽이면 우리 장수와 병사들이 반드시 죽을 힘을 다해 너희와 싸울 것이다"

약갈라는 "복고회은이 우리를 속여서, 천극한(天可汗:당나라 황제)은 이미 승하[46]하셨으며, 영공(令公:곽자의) 또한 사망[47]했다고 말했습니다. 중국에 주인이 없으니 우리는 이 때문에 감히 그와 함께 온 것입니다. 지금 천극한이 수도[上都]에 계시는 것을 알았고, 영공이 여기에서 다시 병사를 총괄하시며, 복고회은 또한 하늘에게 죽임을 당했으니, 우리가 어찌 감히 영공과 싸우려 하겠습니까?"라고 말했다.

---

46) 晏駕 안가 : 안(晏) 해가 저물다. 가(駕) 천자가 타는 수레. 전(轉)하여 천자의 사망

47) 捐舘 연관 : 정승 재상이 죽는 것

곽자의가 이에 그를 설득하기를 "토번은 무도해 우리나라가 혼란한 틈을 타서 외삼촌과 생질[舅甥]의 혈연관계를 돌아보지 않고, 우리 변방을 씹어 삼키고, 우리 경기지방[畿甸]을 분탕질했다. 그들이 노략질한 재물이 너무 많아서 수레에 다 실을 수 없을 것이다. 이것은 하늘이 너희에게 준 것이니 이것을 잃어서는 안된다"고 말했다.

약갈라는 "제가 복고회은에게 잘못 인도되어 공을 져버린 것이 진실로 심하니, 지금 청컨대 공을 위해 힘을 다해 토번을 공격해 잘못을 사죄하겠습니다"라고 말했다.

회흘의 보고 있던 자들의 좌우가 양 날개처럼 되어서 점점 앞으로 다가오니, 곽자의의 휘하 또한 앞으로 나갔다. 곽자의가 손을 내저어서 물리치고는 술을 가져다가 추장들과 함께 마셨다.

곽자의가 그들에게 비단[絹] 3천 필을 보내고, 마침내 그들과 맹약을 맺고 돌아왔다. 토번이 그것을 듣고 밤에 병사를 이끌고 달아나니, 약갈라가 군대를 거느리고 토번을 추격했다.

곽자의가 백원광(白元光)에게 정예 기병을 이끌고 그들과 함께 가게 했다. 영대(靈臺) 서쪽 들판에서 싸워 토번을 크게 격파했다. 토번의 살해된 자가 1만 명을 헤아렸다.

○ 처음에 숙종이 내시 어조은(魚朝恩)에게 신책군사를 맡게 하고, 그 군을 모두 금중(禁中)에 귀속하게 했으나 여전히 북군과 나란히[48] 할 수 없었다. 이때에 이르러 어조은이 신책군을 이끌고 상을 따라 원중(苑中)에 주둔하니 그

세력이 점점 강성해져서, 나누어 좌, 우 상(廂)[49]을 만들었는데, 북군의 위에 있게 되었다.[50]

병오(丙午) 대력(大曆) 원년(766년)

곽자의가 하중(河中)의 군량이 항상 부족하다고 여겨 스스로 1백 무(畝)를 경작하고, 장교들은 이것을 가지고 차등을 두었다. 이에 모든 사졸들이 권하지 않았는데도 경작하니, 이 해에 하중의 들에는 빈[51] 땅이 없었고, 군에는 식량이 남았다.

경술(庚戌) 5년(770년)

정월에 관군용선위처치사(觀軍容宣慰處置使) 어조은이 금병(禁兵)을 단독으로 맡았다. 총애와 신임이 비할 데가 없었고, 권세가 조야를 기울게 했다. 상이 원재(元載)에게 계획[方略]을 세우게 해서 그를 잡아다 목졸라 죽이게 했다.

○ 원재가 어조은을 죽이고 나자, 상의 총애와 신임이 더욱 두터워졌다. 원재가 마침내 뜻과 기세가 교만해지고 방자해져서 매번 여러 사람들 가운데서 큰소리 쳤다. 스스로 문무재략이 있어 고금에 따를 자가 없다고 했다. 권력을 농

---

48) 齒 치 : 이, 어금니, 나이, 나란히 설

49) 廂 상 : 당 송(唐 宋)시대 제주(諸州)의 진병(鎭兵)

50) 주(註) 그 후에 환관이 군사를 맡았고 마침내 당을 망하게 했다

51) 曠 광 : 빌 공(空), 밝을, 클

락하고 지혜를 부려서 정치가 뇌물로 이루어지고, 위를 범하고 한도 없이 사치했다.

계축(癸丑) 8년(773년)

9월에 진주(晉州)의 남자 순모(郇模)가 삼끈으로 머리를 땋고[52], 대나무 광주리[竹筐]와 갈대 돗자리[葦席]를 들고, 동시(東市)에서 곡(哭)을 했다. 어떤 사람이 그 이유를 묻자 "30글자를 바치기를 원합니다. 한 글자는 한 가지 일이 되니, 만약 말에 취할 것이 없으면, 돗자리에 시체를 싸서[53] 광주리 안에 담아[54] 들판에 버려주십시오"라고 대답했다.

경조(京兆)가 아뢰니, 황제가 그를 불러서 만나고 새 옷을 내리고 객성에 머물게 했다. 그 말에 '단(團)'은 여러 주의 단련사(團練使)의 폐지를 청한 것이고, '감(監)'은 여러 주의 감군사(監軍使) 폐지를 청하는 것이었다.

정사(丁巳) 12년(777년)

3월에 중서시랑 동평장사(中書侍郎 同平章事) 원재가 전횡하므로 자진(自盡)하게 했다. 유사(有司)에게 원재의 가산을 적몰(籍沒)하게 했다. 후추(胡椒)가 8백 석에 이르렀고, 다른 물건도 비슷했다.

---

52) 辮髮 변발 : 땋은 머리
53) 裹 과 : 싸다, 보자기 같은 것으로 싸다
54) 貯 저 : 쌓을, 넣을, 둘

○ 4월에 양관(楊綰)을 중서시랑으로 삼고, 상곤(常衮)을 문하시랑병동평장사(門下侍郎並同平章事)로 삼았다. 양관은 성품이 청렴 소탈하고 검소해 제칙이 내려진 날에 조야가 서로 축하했다.

곽자의는 막 손님들과 잔치를 벌이다가 그 소식을 듣고 좌중 음악의 5분의 4를 줄였다. 경조윤 여간(黎幹)은 마부와 하인[騶僕]이 매우 많았는데, 그날로 줄여서 10기만 남겨 두었으며, 중승(中丞) 최관(崔寬)은 집이 크고 화려했는데, 재빨리 허물었다.

황제가 바야흐로 양관에게 의지해 그로 하여금 폐정을 다스리고 바꾸려고[55]했다. 마침 양관이 병이 들어 7월에 죽었다. 황제가 심히 애통해하며 군신들에게 "하늘은 짐이 태평을 이루는 것을 원하지 않는가? 어찌 양관을 빨리 빼앗아 가는가!"라고 했다.

○ 평로절도사(平盧節度使) 이정기(李正己)가 병사 10만을 가지고 동방(東方)에 웅거(雄據)하니, 이웃 번진(藩鎭)이 모두 그를 두려워했다.

이때 전승사 이보신 양숭의(梁崇義)가 서로 더불어 굳게 뿌리를 박고 서리서리 얽혀 있었다.[56] 비록 조정을 섬기고 받들었으나, 그 법령을 따르지는 않았으며, 관작(官爵)과 갑병(甲兵), 조부(租賦), 형살(刑殺)을 모두 마음대로 했다. 상

55) 釐革 이혁 : 리(釐) 다스릴. 혁(革) 바꿀

56) 根據蟠結 근거반결 : 굳게 뿌리박고 서리서리 얽힘

이 너그럽고 인자해 한결같이 그들이 하는 대로 따라주었다. 비록 중국 안에 있고 이름은 번신(藩臣)이라고 하나 실제로는 오랑캐나 외국과 같았다.

무오(戊午) 13년(778년)

황제가 강서판관(江西判官) 이비(李泌)를 불러 들어와 알현하게 했다. 상곤이 황제에게 "폐하께서 오랫동안 이비를 쓰고자 하셨는데, 옛날 한(漢) 선제(宣帝)는 사람을 등용해 공경(公卿)으로 삼고자 하면, 반드시 먼저 사람을 다스리는 것을 시험했습니다. 청컨대 우선 자사로 삼아 그로 하여금 민간의 이해와 병폐를 두루 알게 하시고, 정치를 잘하는가[57]를 기다려서 그를 등용하십시오"라고 상언했다.

기미(己未) 14년(779년)

5월에 황제가 붕어하고, 덕종(德宗)이 즉위했다. 상중에 있으면서[58] 자못 예법을 따랐다.

○ 최우보(崔祐甫)를 문하시랑 동평장사로 삼았다.

○ 처음에 지덕(至德) 연간 이후 천하가 전쟁을 해 여러 장수들이 논공행상을 다투었기 때문에 관작이 남발되지 않을 수 없었다. 상곤이 재상이 되자 그 폐단을 개혁하고 싶

57) 報政 보정 : 정치를 잘함

58) 諒陰 양음 : 임금이 상주(喪主), 임금이 선제(先帝)의 거상(居喪) 중에 있음

어 요행을 막고 사방에서 주청하는 것을 일절 들어주지 않았다. 그러나 뚜렷하게 구별[59]하는 바가 없어 현명한 사람과 어리석은 사람이 함께 적체되었다.

최우보가 그를 대신하자, 당시의 명망 있는 사람[時望]들을 거두고자 했다. 추천하고 데려다 발탁하는 것에 쉬는 날이 없으니, 재상이 된지 2백 일이 되지 않아 관직에 제수된 자가 8백 명이었다. 전후로 서로 바로잡아 보려고[矯] 했으나 끝내 그 적임자를 얻지 못했다.

황제가 일찍이 최우보에게 "어떤 사람이 경이 등용한 사람 대부분이 친척이나 친구 관계[60]라고 비방하던데, 어떠한가?"라고 물었다. "신이 폐하를 위해 백관을 선발하면서, 감히 상세히 알고 신중하지 않을 수 없습니다. 만약 평소에 알지[61] 못한다면, 어찌 그 재능과 행실을 알아서 그를 등용하겠습니까?"라고 대답했다. 황제가 옳다고 했다.

온공(溫公)이 말했다.

"신이 듣기에 사람을 등용하는 것은 친하고 가까운가, 새롭고 오래되었는가의 차이로 하는 것이 아니다. 오직 현명한가 어리석은가를 살펴야 한다. 그 사람이 반드시 현명하지 않은데, 가까운 사이라고 해서 그를 뽑는다면, 참으로 공정한 것이 아니다. 만약 현명한데 가까운 사이라고 해서

59) 甄別 견별 : 뚜렷하게 나눔
60) 涉 섭 : 관계할, 건널
61) 諳 암 : 기억하다. 알다. 암기하다

그를 버린다면, 또한 공정한 것이 아니다.

무릇 천하의 능력 있는 자를 오로지 한 사람이 다 알 수 있는 것이 아니다. 만약 평소에 알고 그 재행에 익숙한 자를 기다려서 그를 등용한다면, 빠뜨리고 잃는 자[62]가 또한 많을 것이다.

옛날에 재상이 된 자들은 그렇지 않았다. 여러 사람에게 천거하게 해 공정하게 뽑았다. 여러 사람이 현명하다고 하면 자신은 비록 그 상세한 것을 알지 못해도, 잠시 동안 그를 등용해 그가 공이 없는 것을 기다린 연후에 그를 물리쳤고, 공이 있으면 승진시켰다. 천거한 자에게는 적임자이면 상을 주고, 적임자가 아니면 벌주었다.

물리치거나 승진 시키거나, 상을 주거나 벌을 주는 것은 모두 여러 사람이 함께 옳게 여기는 바이고, 자신은 털끝만큼의 사사로움도 그 사이에 두지 않았다. 진실로 옳은 마음을 밀어서 그것을 행한다면, 어찌 현명한 자를 잃고 관직이 비는 것이 걱정할만한 일이겠는가?"

택주(澤州)자사 이안(李鷃)이 경운도(慶雲圖)를 올리니, 조서를 내려 말하길 "짐은 사계절이 조화롭고 해마다 풍년이 드는 것을 상서로움으로 여기고, 능력 있는 자가 관직에 나와서 충성을 다 바치는 것을 상서로움으로 여긴다. 경사스런 구름, 신령한 풀, 진기한 금수, 괴이한 초목이 사람에

---

62) 遺 유 : 잃다, 버리다

게 무슨 도움이 되겠는가. 천하에 널리 알려 지금부터 이런 것이 있어도 바치지 말라"고 했다.

○ 내장택사(內莊宅使)가 "여러 주에서 바친 조세[63] 1만4천여 곡(斛)이 있습니다"고 아뢰니, 상이 소재지에 나누어 주고 군의 비축에 충당하라고 명했다. 이보다 먼저 여러 나라에서 훈련받은 코끼리를 자주 헌납했는데, 모두 42마리였다. 상이 "코끼리는 기르는데[64] 비용이 들고, 동물의 본성을 어기는 것이니, 그것을 어찌 쓰겠는가"라고 말했다.

형산의 남쪽에 풀어주고 표범과 쌈닭, 사냥개 등도 다 풀어주라고 명령했다. 또 궁녀 수백 명을 내보내니 이에 중외가 모두 기뻐했다. 치청(淄靑)의 군사들이 무기를 내던지기까지 하면서 서로 돌아보면서, "명철한 군주가 나왔으니, 우리 무리가 그래도 반란하겠는가"라고 말했다.

○ 이보다 먼저 유안(劉晏)과 한황(韓滉)이 천하의 재물과 부세를 나누어 담당했다. 유안은 하남 산서 산남 강회 영남(河南 山西 山南 江淮 嶺南)을 담당하고, 한황은 관내 하동 검남(關內 河東 劍南)을 담당했다. 이때부터 비로소 유안이 모두 담당했다. 황제가 평소 한황의 가렴주구[65]가 심하다는 것을 들었기 때문에, 그 이권을 그만두게 하고 진주자사(晉州刺史)로 내보냈다.

---

63) 官租 관조 : 관가에 바치는 조세

64) 豢養 환양 : 기르다

65) 掊克 부극 : 무리하게 백성에게 거둠, 세금으로 지나치게 백성을 갈취함

지덕(至德) 초에 제오기(第五琦)가 소금을 전매해 군용을 도왔는데, 유안이 그를 대신하자 법이 더욱 정밀해졌다. 첫해에 들어온 돈이 60만 민(緡)[66]이었고, 말년에 들어온 것은 열배를 넘었으나, 사람들이 싫어하거나 고통스러워하지 않았다. 대력(大曆) 말에 1년 부세로 징수해 들어온 돈이 총 1천2백만 민(緡)이었다. 소금으로 얻은 이익이 그 태반을 차지했다.

소금을 배로 운반했는데[67], 품삯이 들었다. 강회부터 위교(渭橋)까지 대략 1만 곡에 품삯이 7천 민(緡)이었다. 회수(淮水) 이북부터 열을 지어 순원(巡院)을 두고 능력 있는 관리를 택해 그것을 관장하게 하니, 주현을 번거롭게 하지 않아도 일이 잘 되었다.[68]

○ 이정기가 황제의 위세와 명성을 두려워해 표문을 올려 돈 30만 민(緡)을 헌납하겠다고 했다. 황제가 그것을 받고자 했으나 기만당할까 두렵고, 물리치자니 구실이 없었다. 최우보가 "사자를 보내 치청의 장병을 위로하고, 이정기가 바친 돈을 그들에게 하사해, 장병들로 하여금 사람마다 황제의 은혜를 받들게 하십시오. 또 여러 도에서 이 소식을 들으면 조정에서 재화를 중히 여기지 않음을 알 것입니다"라고 청했다.

---

66) 緡 민 : 돈꿰미

67) 漕 조 : 배로 실어 나르다

68) 集事 집사 : 일이 잘 되다

황제가 기뻐하며 그것을 따르니, 이정기가 크게 부끄러워하며 복종했다. 천하가 태평의 정치를 거의[69] 바랄 수 있겠다고 했다.

○ 황제가 동궁에 있을 때, 국자박사(國子博士)인 하중(河中) 사람 상섭(張涉)이 시독관(侍讀官)이었다. 즉위한 저녁에 장섭을 불러 궁중에 들어오게 해, 크고 작은 일을 따지지 않고 모두 자문을 구했다. 다음날 한림(翰林)에 두고 학사로 삼으니, 친애하고 중히 여기는 것에 견줄 자가 없었다.

○ 8월에 도주사마(道州司馬) 양염(楊炎)을 문하시랑으로 삼고, 회주(懷州)자사 교림(喬琳)을 어사대부병동평장사(御史大夫並同平章事)에 임명했다. 황제가 바야흐로 분발하고 정신을 집중해 나라를 잘 다스리려고 했다.

순서를 넘어서 사람을 등용했다. 최우보에게 재상감을 묻자, 최우보가 양염의 그릇이 크고 업적이 있다고 천거했다. 황제 또한 평소 그의 명성을 들었기 때문에, (그가) 견책받아 좌천되어 있던 중[70]이었는데도 그를 등용했다.

교림은 태원(太原) 사람으로 성품이 거칠고 소탈하며, 해학[71]을 좋아했는데, 다른 장점이 없었으나 장섭과 친했다. 장섭은 그의 재주가 크게 쓸 만하다고 칭찬했는데, 황제가

---

69) 庶幾 서기 : 거의

70) 遷謫中 천적중 : 견책받아 좌천되어 있는 중

71) 詼諧 회해 : =해학(諧謔), 실없이 하는 농담(弄談), 익살

장섭의 말을 믿고 그를 등용했다. 듣는 자들 중에 놀라지[72] 않는 이가 없었다.

○ 옛 제도에 천하의 금과 비단을 모두 좌장(左藏)의 큰 창고에 보관하고, 사시로 그 숫자를 올려서 비부(比部)에서 그 출납을 조사[73]했다.

제오기가 탁지염철사(度支鹽鐵使)였는데, 이때 경사에 호걸과 장수가 많아 절도가 없이 줄 것을 요구했다. 제오기가 제어할 수 없자, 마침내 아뢰어 이것을 모두 대영내고(大盈內庫)에 보관하고, 환관을 시켜 관장하게 했다. 천자 또한 취급하기가 편리하다고 여겨 오랫동안 이것을 내놓지 않았다.

이로 말미암아 천하의 공적인 부세를 임금이 사장하게 되었다. 담당관리가 다시는 그것이 얼마인가를 살펴보지 못했고, (얼마가) 남았는지 부족한지[74]를 비교해보지 못한 것이 거의 20년이었다. 환관으로서 이 일을 맡은 자가 3백여 명이었는데, 모두 그 속을 잠식하고, 서리서리 얽혀 뿌리를 내리고 굳어져서[75] 움직일 수 없었다.

양염이 상 앞에서 머리를 조아리며 아뢰었다.

"재부(財賦)라는 것은 국가의 큰 근본이요, 백성의 목숨

---

72) 駭愕 해악 : 놀라다
73) 覆 복 : 살필 심(審), 조사하다
74) 贏縮 영축 : 영(贏) 남을. 축(縮) 오그라들, 줄어들
75) 牢 뢰 : 굳을, 에오라지

이며, 크고 작은 안위가 여기에 달려있지[76] 않은 것이 없습니다. 이 때문에 전대에는 모두 중신으로 하여금 이 일을 관장하게 했으나, 그래도 혹 소모되고 혼란해 편안하지 못했습니다.[77] 지금은 오직 환관에게 출입해 채워졌는지 비어있는지[78]를 대신은 모두 알지 못하니, 정사의 해독[79]중 이보다 심한 것이 없습니다.

청컨대 이것을 내어서 관리에게 돌려주고, 궁중에서 해마다 쓰는 것이 얼마인가를 헤아리고, 숫자를 헤아려 받들어 들이면 감히 궁핍함은 없을 것입니다. 이와 같이 한 연후에 정사를 돌볼 수 있습니다"

황제가 그날로 조서를 내려 모든 재부(財賦)를 다 좌장(左藏)에 돌려주고 한결같이 옛 법식을 따르고, 해마다 그 숫자 안에서 정교하고 좋은 비단 3천 필 내지 5천 필을 택해 대영고로 넣도록 했다. 양염이 한마디 말[80]로 임금의 뜻을 움직이니, 의논하는 자들이 그를 칭찬했다.

---

76) 由 유 : 말미암을, 좇을, 부터(기점을 나타냄, 自 從), 쓸, 행할, 까닭, 자득할

77) 耗亂不集 모란불집 : 소모되고 흩어져서 편안하지 못함. 집(集) 이룰, 이루어질, 편안할

78) 盈虛 영허 : 충만함과 공허함

79) 蠹敝 두폐 : 사물을 좀먹어 해독을 끼치는 것

80) 片言 편언 : 한마디 말, 짤막한 말

원 문

卷之四十三
唐紀

代宗睿文孝武皇帝 在位十七年, 壽五十三

癸卯廣德元年
僕固瑒等追及史朝義於莫州, 圍之。朝義屢出戰, 皆敗。選精騎五千, 自北門犯圍而出。李懷仙遣兵, 追及之。朝義窮蹙, 縊於林中。懷仙取其首以獻, 僕固懷恩與諸軍 皆還。

○閏月 以史朝義降將薛嵩爲相 衛 邢 洛 貝 磁六州節度使。田承嗣為魏 博 德 滄 瀛五州都防禦使。李懷仙 仍故地, 為幽州 盧龍節度使。時 河北諸州 皆已降, 僕固懷恩恐賊平寵衰, 故奏留嵩等及李寶臣, 分帥河北, 自為黨援。朝廷亦厭苦兵革, 苟冀無事, 因而授之。六月 禮部侍郎楊綰上疏 以為:「古之選士 必取行實, 近世專事文辭。自隋煬帝 始置進士科, 猶試策而已。至高宗時, 考功員外郎劉思立始奏, 進士加雜文, 明經加貼括。從此 積弊 轉而成俗。朝之公卿 以此待士, 家之長老 以此訓子。其明經則誦

貼括，以求僥倖。又舉人皆令投牒自應。如此，欲其返淳朴崇廉讓，何可得也！ 請令縣令察孝廉，取行著鄉閭 學知經術，薦之於州。刺史考試，升之於省，任各占一經。朝廷擇儒學之士，問經義二十條，對策三道。上第卽注官，中第得出身，下第罷歸。又道舉亦非理國所資望，與明經 進士 並停。」或以為:「明經 進士 行之已久，不可遽改。」事雖不行，識者是之。

○七月，吐蕃入大震關，盡取河西 隴右之地。

○初 河東節度使辛雲京 與僕固懷恩 構隙。奏懷恩謀反。上優詔和解之。懷恩自以兵興以來 所在力戰，一門死王事者 四十六人，女嫁絕域，說諭回紇，再收兩京，平定河南北，功無與比。而為人所構陷，憤怨殊深。上書自訟，言甚切至。上遣使慰諭之。

○吐蕃之初入寇也，邊將告急，程元振皆不以聞。冬十月辛未 寇奉天 武功，京師震駭。詔以雍王适為關內元帥，郭子儀為副元帥，出鎮咸陽 以禦之。子儀閑廢日久，部曲離散。至是 召募得二十騎而行 至咸陽。吐蕃帥吐谷渾 党項氐 羌 二十餘萬衆，彌漫數十里。子儀使判官王延昌，入奏請益兵，程元振遏之，竟不召見。上方治兵，而吐蕃已度便橋。倉猝不知所為。丙子，出幸陝州，戊寅，吐蕃入長安，剽掠府庫市里，焚廬舍。長安中蕭然一空。

○郭子儀引三十騎，自御宿川，循山而東，謂王延昌曰:「六軍將士逃潰者 多在商州，今速往收之。」比至商州，行收兵，合四千人，軍勢稍振。子儀乃泣 諭將士 以共雪國恥 取長安，皆感激 受約束。子儀使長孫 全緖 將二百騎，出藍田觀虜勢。全緖至韓公堆，晝則擊皷張旗幟，夜則多燃火，以疑吐蕃。百姓又紿之曰：「郭令公自商州將大軍，不知其數至矣。」虜以為然，悉衆遁去。詔以子儀為西京留守。

◯程元振專權自恣，人畏之，甚於李輔國。諸將有大功者，元振皆忌疾，欲害之。吐蕃入寇，元振不以時奏，致上狼狽出幸。上發使，徵諸道兵，李光弼等 皆忌元振居中，莫有至者。中外咸切齒，而莫敢發言。太常博士柳伉上疏 以為：「犬戎犯關 度隴，不血刃 而入京師，刧宮闈，焚陵寢，武士無一人至者。此將帥叛陛下也。自十月 朔，召諸道兵，盡四十日，無隻輪入關，此四方叛陛下也。內外離叛，陛下以今日之勢 為安耶，危耶？若以為危，豈得高枕 不為天下討罪人乎？ 必欲存宗廟社稷，獨斬元振首，馳告天下！ 悉出內史，隷諸州，持神策兵，付大臣。然後削尊號， 下詔引咎曰：『天下其許朕自新改過，宜卽募士，西赴朝廷。若以朕惡未悛，則帝王大器，敢妨聖賢？ 其聽天下所往!』如此而兵不至，人不感，天下不服，臣請闔門寸斬，以謝陛下。」上以元振嘗有保護功，十一月 削元振官爵，放歸田里。

◯十二月 甲午，上至長安。郭子儀帥城中百官及諸軍，迎於滻水東，伏地待罪。上勞之曰：「用卿不早， 故及於此。」

甲辰二年

僕固懷恩反。上謂郭子儀曰:「懷恩父子，負朕實深。聞『朔方將士思公，如枯旱之望雨。』公為朕鎮撫河東，汾上之師 必不為變。」乃以子儀 為關內河東副元帥 河中節度使。懷恩將士聞之，皆曰:「吾輩從懷恩 為不義，何面目見汾陽王。」僕固瑒圍楡次，旬餘不拔，其將白玉焦暉率衆，攻瑒殺之。懷恩聞之，與麾下三百人，度河北走。子儀傳瑒首詣闕，羣臣入賀，上慘然不悅曰:「朕信不及人，致勳臣顚越，深用為愧，又何賀焉?」命輦懷恩母，致長安，給待優厚。月餘 以壽終，以禮葬之。功臣皆感歎。郭子儀如汾州，懷恩之衆數萬，悉歸之。咸皷舞弟泣，喜其来，而悲其晩也。

○上之幸陜也，李光弼竟遷延不至，上恐遂成嫌隙。其母在河中，數遣中使，存問之，吐蕃退，除光弼 東都留守，以察其去就。光弼辭，以就江淮糧運，引兵歸徐州，上迎其母，至長安，厚加供給。使其弟光進 掌禁兵，遇之加厚。

○自喪亂以来，汴水湮廢，漕運者自江漢 抵梁洋，道險勞費。三月，以太子賓客劉晏為河南江淮以東轉運使。時 兵火之後，中外艱食，關中米斗千錢。百姓挼穗 以給禁軍，宮廚無兼時之積。晏乃疏浚汴水，遺元載書，具陳漕運利病，中外相應。自是每歲運米數十萬石，以給關中。唐世稱漕運之能者，推晏為首，後来者 皆遵其法度云。

○五月，懷恩至靈武，收合散亡，其衆復振。

○七月，稅天下青苗錢，以給百官俸。

○李光弼治軍嚴重，指顧號令，諸將莫敢仰視。謀定而後戰，能以少制衆。與郭子儀齊名。及在徐州，擁兵不朝，諸將田神功等，不復禀畏，光弼愧恨，成疾薨。

○八月，郭子儀自河中入朝。會 涇原奏:「僕固懷恩引回紇吐蕃十萬衆，將入寇。」京師震駭。詔子儀帥諸將 出鎭奉天。上召問方略，對曰:「懷恩無能爲也。」上曰:「何故?」對曰:「懷恩勇而少恩，士心不附。所以能入寇者，因思歸之士耳。懷恩本臣偏裨，其麾下皆臣部曲，必不忍以鋒刃相向。以此 知其無能為也。」十月 懷恩與回紇 吐蕃，進逼奉天，京師戒嚴。諸將請戰，郭子儀不許曰:「虜深入吾地，利於速戰。吾堅壁以待之，彼以吾為怯，必不戒，乃可破也。若遽戰而不利，則衆心離矣。敢言戰者 斬。」子儀夜出陳於乾陵之南。未明虜衆大至。虜始以子儀為無備，欲襲之，忽見大軍驚愕，遂涉涇而遯。

乙巳永泰元年

以李抱眞為澤潞節度副使。抱眞以山東有變，上黨為兵衛，而荒亂之餘，土瘠民困，無以贍軍。乃籍民三丁選一壯者，免其租徭，給弓矢，使農隙習射，歲暮都試，行其賞罰。比三年，得精兵二萬，既不費廩給，府庫充實，遂雄視山東。由是 天下稱澤潞步兵，為諸道最。

○吐蕃遣使請和，詔，元載 杜鴻漸 與盟於興唐寺。上問郭子儀:「吐蕃請盟，何如?」對曰:「吐蕃利我不虞。若不虞而来，國不可守矣。」乃相繼遣河中兵，戍奉天，又遣兵，廵涇原，以覘之。

○時 成徳節度使李寶臣 魏博節度使田承嗣 相衛節度使薛嵩 盧龍節度使李懐仙 收安史餘黨，各擁勁卒數萬，治兵完城，自署文武將吏，不供貢賦。朝廷專事姑息，不能復制。雖名藩臣 羈縻而已。

○九月，僕固懐恩誘回紇 吐蕃 吐谷渾 党項 奴剌 數十萬衆，倶入寇。懐恩又以朔方兵繼之。郭子儀使諸道節度使，各出兵，以扼其衝要，上從之。懐恩中途遇暴疾而歸，死於鳴沙。范志誠領其衆。

○懐恩拒命三年，再引胡寇，為國大患。上猶為之隱，前後制敕，未嘗言其反。及聞其死，憫然曰:「懐恩不反，為左右所誤耳。」

○丙寅，回紇 吐蕃 合兵圍涇陽。子儀命諸將，嚴設守備，而不戰。是時 回紇 吐蕃聞僕固懐恩死，爭長，不相睦，分營而居。子儀知之。回紇在城西，子儀使牙將李光瓚等 徃說之，欲與之共擊吐蕃。回紇不信曰:「郭公固在此乎? 汝紿我耳。若果在此，可得見乎?」光瓚還報，子儀曰:「今衆寡不敵，難以力勝。昔 與回紇 契約甚厚，不若挺身徃說之。可不戰而下也。」遂與數騎，開門而出，使人傳呼曰:「令公来!」回紇大驚。其太帥藥葛羅 可汗之弟引也。執弓注矢，立於陳前。子儀免冑釋甲，投槍而進。回紇諸酋長相顧曰:「是也!」皆下馬羅拜。子儀亦下馬前, 執藥葛羅手, 讓之曰:「汝回紇有大功於唐, 唐之報汝, 亦不薄, 柰何負約, 深入吾地, 浸逼畿縣。棄前功, 結怨仇, 背恩德, 而助叛臣, 何其愚也! 且懷恩叛君棄母, 於汝國何有? 今吾挺身而来, 聽汝執我而殺之, 我之將士必致死, 與汝戰矣!」藥葛羅曰:「懷恩欺我 言:『天可汗 已晏駕, 令公亦捐舘。中國無主。』我是以敢與之来。今知天可汗在上都, 令公復総兵於此, 懷恩又為天所殺, 我曹豈肯與令公戰乎?」儀乃說之曰:「吐蕃無道, 乘我國有亂, 不顧舅甥之親。呑噬我邊鄙, 焚蕩我畿甸。其所掠之財, 不可勝載。此天以賜汝, 不可失也。」藥葛羅曰:「吾為懷恩所誤, 負公誠深。今請, 為公盡力, 擊吐蕃 以謝過。」回紇觀者, 左右為兩翼, 稍前。子儀麾下亦進, 子儀揮手却。因取酒, 與其酋長共飮。子儀遺之絹三千匹, 竟與定約而還。吐蕃聞之, 夜引兵遁去。藥葛羅帥衆 追吐蕃, 子儀使白元光 帥精騎, 與之俱, 戰於靈臺西原, 大破之, 殺吐蕃萬計。

◯初 肅宗以內侍魚朝恩, 領神策軍使, 悉以其軍歸禁中。然尚未得與北軍齒。至是 魚朝恩以神策軍, 從上屯苑中, 其勢寖盛。分為左右廂, 居北軍之右矣。

丙午大暦元年

郭子儀以河中軍食 常乏, 乃自耕百畝, 將校以是為差。於是 士卒皆不勸 而耕。是歲 河中野無曠土, 軍有餘糧。

庚戌五年

正月，觀軍容宣慰處置使魚朝恩，專典禁兵，寵任無比，勢傾朝野。上令元載，為方略，擒而縊殺之。

◯元載既誅魚朝恩，上寵任益厚。載遂志氣驕溢，每衆中大言。自謂:「有文武才略，古今莫及。」弄權舞智，政以賄成，僭侈無度。

癸丑八年

九月，晉州男子郇模，以麻辮髮，持竹筐葦席，哭於東市。人問其故，對曰:「願獻三十字，一字為一事，若言無所取，請以席裹尸，貯筐中，棄於野。」京兆以聞，上召見，賜新衣，館於客省。其言團者，請罷諸州團練使也。監者，請罷諸州監軍使也。

丁巳十二年

三月，中書侍郎 同平章事元載，專權，賜自盡。有司籍載家財，胡椒至八百石，他物稱是。

◯四月，以楊綰為中書侍郎，常衮為門下侍郎並同平章事。綰性清簡儉素，制下之日，朝野相賀。郭子儀方宴客，聞之，減坐中聲樂五分之四。京兆尹黎幹，騶從甚盛，卽日省之，止存十騎。中丞崔寬第舍宏侈，亟毀之。上方倚楊綰，使釐革弊政。會，綰有疾，七月薨，上悼痛之甚，謂群臣曰:「天不欲朕致太平。何奪朕楊綰之速?」

◯平盧節度使李正己擁兵十萬，雄據東方，鄰潘皆畏之。是時 田承嗣 李寶臣 梁崇義，相與根據蟠結。雖奉事朝廷，而不用其法令，官爵 甲兵 租賦 刑殺 皆自專之。上寬仁，一聽其所為，雖在中國 名藩臣，實如蠻貉異域。

戊午十三年

上召江西判官李泌　入見。常袞言於上曰:「陛下久欲用李泌。昔 漢宣帝欲用人，為公卿，必先試理人。請且以為刺史，使周知人間利病，俟報政而用之。」

己未十四年

五月，上崩。德宗卽位。在諒陰中，動遵禮法。

◯以崔祐甫為門下侍郎 同平章事。

◯初 至德以後 天下用兵，諸將競論功賞，故 官爵不能無濫。及常袞為相，思革其弊，杜絕僥倖，四方奏請，一切不與。而無所甄別，賢遇同滯。崔祐甫代之，欲收時望，推薦引拔，常無虛日。作相未二百日，除官八百人。前後相矯，終不得其適。上嘗謂祐甫曰:「人或謗卿所用，多涉親故，何也?」對曰:「臣為陛下選擇百官，不敢不詳愼。苟平生之未識，何以諳其才行，而用之?」上以為然。

溫公曰:「臣聞用人者，無親踈新故之殊，惟賢不肖之為察。其人未必賢也，以親故而取之，固非公也。苟賢矣，以親故而捨之，亦非公也。夫天下之賢，固非一人所能盡也。若必待素識熟其才行，而用之，所遺亦多矣。古之為相者 則不然。舉之以衆，取之以公。衆曰賢矣，己雖不知其詳，姑用之，待其無功， 然後退之，有功則進之。所舉得其人則賞之，非其人則罰之。進退賞罰皆衆人所共然也。己不置毫髮之私於其間。苟推是心以行之，又何遺賢 曠官之足病哉!」

澤州刺史李鶡上慶雲圖，詔曰:「朕以時和年豐 為嘉祥，以進賢顯忠 為良瑞，如慶雲 靈芝 珍禽 奇獸 怪草 異木 何益於人? 布告天下，自今有此，無得上獻!」

○內莊宅使上言:「諸州有官租萬四千餘斛。」上令分給所在，充軍儲。先是 諸國累獻馴象，凡四十有二。上曰:「象費豢養， 而違物性，將安用之?」命縱於荊山之陽，及豹貀鬪雞 獵犬之類 悉縱之。又出宮女數百人。於是 中外皆悅，淄青軍士 至投兵相顧曰:「明主出矣，吾屬猶反乎!」

○先是 劉晏 韓滉分掌天下財賦。晏掌河南 山南 江淮 嶺南，滉掌關內 河東 劍南。至是 晏始兼之。上素聞 滉掊克過甚，故罷其利權，出為晉州刺史。至德初 第五琦榷鹽，以佐軍用，及劉晏代之，法益精密。初 歲入錢 六十萬緡，末年所入 逾十倍，而人不厭苦。大曆末 計一歲征賦所入総一千二百萬緡，而鹽利居其太半。以鹽為漕傭，自江淮至渭橋，率萬斛 傭七千緡。自淮以北 列置巡院，擇能吏主之，不煩州縣 而集事。

○李正己畏上威名，表獻錢三十萬緡，上欲受之，恐見欺，却之則無辭。崔祐甫:「請遣使， 慰勞淄青將士，因以正己所獻錢，賜之，使將士，人人戴上恩，又諸道聞之，知朝廷不重貨財。」上悅從之，正己大慙服。天下以為太平之治庶畿可望焉。

○上之在東宮也，國子博士河中張涉為侍讀，卽位之夕，召涉入禁中，事無大小皆咨之。明日置於翰林為學士，親重無比。

○八月，以道州司馬楊炎 為門下侍郎。懷州剌史喬琳 為御史大夫 並同平章事。上方勵精求治，不次用人。卜相於崔祐甫，祐甫薦炎器業。上亦素聞其名，故自遷謫中，用之。琳太原人，性粗率，喜詼諧無他長，與張涉善。涉稱其才可大用，上信涉言，而用之，聞者無不駭愕。

○舊制，天下金帛皆貯於左藏大府，四時上其數。比部覆其出入。及第五琦為度支鹽鐵使，時京師多豪將，求取無節。琦不能制。乃奏，盡貯於大盈內庫，使宦官掌之。天子亦以取給為便， 故久不出。由是 以天下公賦，為人君私藏。有司不復得窺其多少 校其贏縮，殆二十年。宦官領其事者，三百餘員，皆蠶食其中，蟠結根據，牢不可動。楊炎頓首於上前曰:「財賦者，國之大本，生民之命。重輕安危 靡不由之。是以 前世 皆使重臣掌其事，猶或耗亂不集。今獨使中人 出入盈虛，大臣皆不得知。政之蠹敝 莫甚於此。請出之，以歸有司。度宮中歲用幾何，量數奉入，不敢有乏。如此然後，可以為政。」上卽日下詔，凡財賦 皆歸左藏，一用舊式。歲於數中，擇精好者三五千匹，進入大盈庫。炎以片言移人主意，議者稱之。

통감절요 44권

당기(唐紀) 덕종황제(德宗皇帝)[1] 상(上)

재위 26년, 수(壽) 64

경신(庚申) 건중(建中) 원년(서기 780년)

정월에 천하에 사면령을 내렸다.

양염(楊炎)의 건의로 출척사(黜陟使)와 관찰사(觀察使) 자사(刺史)에게 명령해, 백성 중에 장정과 자산[2]을 단속하고[3] 등급을 매겨 처음으로 양세법(兩稅法)[4]을 만들었다. 근래

1) 註 : 덕종(德宗)은 스스로 시기와 각박함을 강하고 명석한 것으로 여기고, 정론에 굴복당하는 것을 수치로 여겼다. 간사하고 아첨하는 자들에게 속은 것을 잊고, 노기와 조찬을 등용해 패망하게 되었다. 소인이 나라를 어지럽히는 것이 이와 같다.

2) 丁産 정산 : 장정(壯丁)과 자산(資産)

3) 約 약 : 묶을, 단속, 약속, 검소할, 간략

새로 만들어졌거나 오래 전부터 징수하던 세금의 조목과 종류[5]를 모두 혁파했다. 두 번의 세금 외에 1전이라도 거두는[6] 자는 법을 어긴 것으로 판결[論][7]하게 했다.

당(唐) 초에 세금 거두는 법은 조용조(租庸調)라 했다. 밭이 있으면 조(租:조세)가 있고, 몸에는 용(庸:부역)이 있고, 가호(家戶)에 대해서는 조(調:특산물)를 냈다.

현종 말에 토지와 인구를 기록한 장부[版籍][8]가 점점 무너져[9] 실제와 다른 부분이 많았다. 지덕(至德) 연간 난리가 일어나자 소재지마다 세금을 거두면서 핍박하고 재촉하며 빼앗아 갔다. 그 이후 세금에 일정한 기준이 없었다.

세금을 걷는 관리가 숫자를 늘리고, 서로 전체를 통솔해 다스리지[10] 못하고, 각각 마음대로[11] 세금을 거두었다. 스스로 세금의 종류를 만들기도 했다. 새로운 것과 오래된 것이 서로 이어져 시작과 끝[12]을 알지 못하게 됐다.

---

4) 兩稅法 양세법 : 당(唐)왕조는 안사(安史)의 난 이후 중앙집권의 통치가 약화되고 인구가 감소함에 따라 조세수입에 차질이 발생했다. 덕종(德宗) 때 재상 양염(楊炎)이 건의해 양세법으로 전환했는데, 양세법의 내용은 각종 세금을 통합해 자산(資産)에 따라 차등을 두어 일년에 세금을 여름세와 가을세로 두 번 거두어 들이는 제도였다.

5) 徵科色目 징과색목 : 징과(徵科) 과세징수, 징수하던 조목. 색목(色目) 사물의 종류와 이름

6) 率 솔 : 거느리다, 이끌다, 쫓다, 실행하다

7) 論 론 : 말할, 서술할, 판결할, 의결함, 헤아릴

8) 版籍 판적 : 호구(戶口)와 토지를 기록한 장부

9) 壞 괴 : 무너질, 무너뜨릴

10) 總攝 총섭 : 전체를 다스림

11) 隨意 수의 : 마음대로 하다

이런 때 양염이 건의해 양세법을 만들었다. 먼저 주현의 매 해 필요한 비용과 위로 바쳐야 되는 액수[數]를 헤아려, 백성들에게 세금을 거두었다. 그리고 나가는 것을 헤아려 들어오는 것을 정했다. 가호(家戶)는 주인과 빈객을 가리지 않고 현재 거주하는 사람을 장부에 적었다. 사람은 정남 중남[13]을 가리지 않고 빈부로 차이를 두었다.

행상하는 자는 소재하는 주현에 30분의 1을 세금으로 내도록 해, 거주하는 사람들과 균등하게 해 요행으로 얻는 이익이 없도록 했다. 거주하는 사람들의 세금은 가을과 여름 두 번 징수하고, 조용조와 여러 요역은 모두 없앴다. 업무는 탁지(度支)에서 모두 총괄[14]하게 했다. 상이 그 말을 받아들여 대사면령[大赦]를 내리고 그것을 시행했다.

○ 최우보(崔祐甫)가 병이 많아 일을 보지 못하자, 양염이 혼자 큰 정사를 맡았다. 오로지 은혜와 원수 갚는 것을 일삼았다.

○ 술사(術士) 상도무(桑道茂)가 상에게 "폐하께서 궁을 나가지 않은 지 수년인데, 잠시 궁을 떠나야 할 액운이 있습니다. 신이 봉천(奉天)을 보건대 천자의 기운이 있습니다, 마땅히 그 성(城)을 높고 크게 해서 비상시에 대비하십시

12) 紀極 기극 : 기(紀) 실마리. 극(極) 다할, 끝, 한계

13) 丁中 정중 : 주(註) 백성이 처음 태어나면 황(黃), 4세는 소(小), 16세는 중(中), 22세 정(丁), 60세는 노(老)

14) 總統 총통 : 총괄해 통솔(統率)함, 또는 그 사람

오"라고 말했다. 신축일에 경조(京兆)에 명령해 장정(丁)[15] 수천명을 징발해 육군(六軍)[16]의 병사와 함께 봉천성을 축조하게 했다.

○ 형남절도사(荊南節度使) 유준(庾準)이 양염의 뜻에 영합[17]해 아뢰기를 "충주자사(忠州刺史) 유안(劉晏)이 주차(朱泚)에게 편지를 주었는데, 원망하는 말이 많다"고 했다. 양염이 증거를 만들어냈다. 황제가 조서를 내려 (유안을) 사형에 처하게 하니, 천하가 그것을 원통해 했다.

○ 안록산(安祿山)과 사사명(史思明)의 난으로 수년동안 천하 백성의 10중 8, 9가 없어지고, 주현(州縣)이 대부분 번진(藩鎭)에게 점거당했다. 세금이 조정에 들어오지 않아, 조정의 창고가 모두 고갈되었다.

(수도 장안이 있는) 중원지역에도 변고가 많았고, 오랑캐가 해마다 변경을 침범해, 소재지에 병사를 머물게 하고, 현관(縣官)에게 공급을 받게 했는데[18], 비용이 셀 수 없이 많이 들었다. (당시) 모두 유안(劉晏)에게 의지해 처리했다.

○ 유안은 정력적이었다. 기지(機智)가 많고, 있고 없건간에 변통했고, 마음과 힘을 다해서 절묘(絶妙)하게 (일을

---

15) 丁夫 정부 : 16세 이상 22세의 남자

16) 六軍 6군 : 원중(苑中)에 주둔하는 황제의 친위군(좌우 우림左右 羽林, 좌우 용무左右 龍武, 좌우 신책左右 神策)

17) 希 희 : 바라다, 드물다, 성기다

18) 仰給 앙급 : 나라로부터 급여를 받음

처리했다). 항상 후한 값[19]으로 달리기 잘 하는 사람을 모집하고, 역말을 서로 이어질 정도로 배치하고[20], 사방의 물가를 살펴 보고하게 했다. 먼 지방(의 일도) 며칠이 안되어 모두 담당관청[21]에 (보고가) 도착했다. 양식과 재화[22]의 적고 많음[輕重]에 대한 권한을 모두 장악하고 제어하니, 국가는 이익을 얻고 천하에는 너무 비싸지거나 너무 싸질 걱정이 없었다.

유안은 항상 여러 일을 처리해 성사시키는[23] 것은 적임자를 얻는데 달려 있다고 생각했다. 통달하고 민첩하며, 꼼꼼하고 굳세며, 청렴하고 부지런한 선비를 선발해 등용했다. 장부를 맡아 단속하고[24], 돈과 곡식을 출납하는 일은 지극히 세세한 일이라도 반드시 선비[士類]에게 맡겼다. 관리는 오직 공문서[符牒]만 쓰고 한 마디의 말도 가볍게 내지 못하게 했다.

그는 항상 "선비가 뇌물을 받는 것에 빠지면 시류에서 폐기 된다. 명예가 이익보다 중하기 때문에 선비들 중에는 청렴하게 행실을 닦는 자가 많다. 관리는 비록 청렴하고 검

---

19) 厚直(値) 후치 : 후한 값

20) 置遞相望 치체상망 : 치체(置遞)는 역말(역참)을 두는 것, 상망(相望)은 서로 바라 볼 정도임

21) 使司 사사 : 사(使) 지방관청의 일을 맡는 사람. 사(司) 맡을 담당 벼슬, 벼슬아치(관리)

22) 食貨 식화 : 식량과 재화

23) 辦集 판(변)집 : 판(辦) 구별, 분별, 밝힐. 집(集) 모일, 이룰, 이루어질, 편안할

24) 句檢 구검 : 맡아서 단속함. 구(句) 맡을. 검(檢) 단속

소해도, 끝내는 드러낼 명예가 없으니, 이익이 명예보다 중하다. 때문에 관리들 중에는 탐욕스럽고 더러운 자가 많다"고 말했다. 오직 유안만이 그것을 실행할 수 있었고, 다른 사람들이 그를 본받았으나 끝내 할 수 없었다.

교통의 요지와 선착장과 함께 황제가 순시하며 머무는 궁[25]의 중요하고 분주한 직책[26]의 관리들은 모두 당시의 인재들 중에서 선발했다. 유안이 죽은 후 재부를 담당해 이름을 날린 자는 대부분 유안의 옛 관리들이었다.

○ 유안은 또 호구가 불어나고 많아지면 부세는 스스로 많아질 것이라고 생각했다. 재물을 다스림에 항상 백성을 부양하는 것을 우선으로 했다. 여러 도에 각각 지원관(知院官)을 설치하고, 한 달[27] 동안 주현에 비가 오고 눈이 오는 것과 풍년이 들고 기근[28]이 드는 형상을 다 갖추어서 사사(使司)에 아뢰게 했다.

풍년이 들면 쌀을 비싸게 사들이고[29], 기근이 들면 쌀을 싸게 팔았다.[30] 곡식을 잡화와 교역해 관의 비용으로 공급하고, 풍년이 든 곳에 잡화를 팔게 했다.

지원관(知院官)은 흉년이 들[31]징조를 보면, 먼저 어느 달

25) 場院 장원 : 교역(交場), 선장(船場)과 순원(巡院)
26) 要劇 요극 : 중요한 곳의, 심히 바쁜
27) 旬月 순월 : 만 한달. 순일(旬日)은 열흘
28) 歉 겸 : 흉년들. 적을 소(少)
29) 糴 적 : 쌀 사들일
30) 糶 조 : 쌀 팔

에 약간의 조세감면[32]이 필요하며, 또 어느 달에 약간의 구조가 필요하다는 보고를 하게 했다. 시기가 되면 유안은 주현의 보고와 요청을 기다리지 않고 즉시 아뢰고 실행했다. 백성의 위급에 호응하는 일은 때를 잃지 않았다. 그들이 곤궁해 피폐해지거나, 유랑하고 굶어죽는[33] 것을 기다리지 않고 그들을 구휼했다. 이로 말미암아 백성들이 사는 것과 생업이 안정되어 호구가 늘어났다.[34]

유안이 처음 전운사(轉運使)가 되었을 때, 천하의 호구가 2백 만을 넘지 않았다. 말년에는 3백여 만이 되었다. 유안이 다스리는 곳은 늘어나고, 유안이 다스리지 않는 곳은 늘어나지 않았다. 그의 전운사(轉運使) 초기에는 해마다 유입되는 세금이 불과 400만 민(緡)이었는데, 말기에는 1천여만 민이 되었다.

○ 유안은 소금전매법[榷鹽法]으로 군과 나라의 비용을 충당했다. 이 때 허주(許州) 여주(汝州) 정주(鄭州) 등주(鄧州)와 그 서쪽은 모두 하동지(河東池)의 소금을 먹었다. 탁지(度支)에서 이를 주관했다. 변주(汴州) 위주(渭州) 당주(唐州) 채주(蔡州)와 그 동쪽은 모두 바다소금을 먹었다. 유안이 이를 주관했다.

---

31) 不稔 불염 : 곡식이 익지 않음, 흉년

32) 蠲免 견면 : 조세를 덜어 징수 안함. 견(蠲) 구휼할

33) 餓殍 아표 : 굶어죽음

34) 蕃息(殖) 번식 : 늘어나다

유안은 관리가 많으면 백성이 소요(騷擾)한다고 생각했다. 소금이 나는 지역에만 염관(鹽官)을 두었다. 소금에 종사하는 가구[鹽戶]에서 구운 소금을 가져다 옮겨서 상인에게 파는 것을[35] 그에게 위임했다. 나머지 주현에는 관리를 두지 않았다.

강과 고개 사이에 소금이 나는 고장으로부터 먼 곳은 그들에게 관염(官鹽)을 보내서 저장하게 했다. 혹 상인이 끊어져 소금이 귀해지면, 가격을 낮춰 팔았다. 이를 상평염(常平鹽)이라 했다. (이로 인해) 관에서는 이익을 얻었고, 백성들은 소금이 부족하지 않았다.

처음 강회(江淮) 지역의 소금에서 나는 이익이 40만민(緡)에 불과했다. 말년에는 6백여만 민(緡)에 이르렀다. 이로 말미암아 국가의 비용이 충족되었다. 또 백성은 곤궁하거나 피폐해지지 않았다. 하동은 소금으로 인한 이익이 80만민(緡)에 불과했고, 가격도 바다소금보다 더 비쌌다.

○ 이보다 앞서 관동에서 곡식을 운반해 장안에 들이던 자들은 황하의 물살이 거세고 사나워[36] (수송비로) 대략 1곡(斛)[37]에 8되를 받았고, 도착하면 수고했다며 후한 상을 받았다. 유안은 장강(長江)과 변수(汴水), 황하(黃河)와 위수(渭水)의 물살이 같지 않다고 생각했다. 각각의 물길에 맞

---

35) 鬻 륙 : 팔, 매매

36) 湍悍 단한 : 단(湍) 급류. 한(悍) 사나운

37) 斛 곡 : 10말

는 배를 만들고, 조운하는 병사를 가르쳤다.

장강(長江)의 배는 양주(楊洲)까지 오고, 변수(汴水)의 배는 하음(河陰)까지 왔다. 황하의 배는 위수 입구(渭口)까지 오고, 위수(渭水)의 배는 태창(太倉)에 도달하게 했다. 그 사이에는 강변을 따라 창고를 설치해, 옮기고 서로 주고받게 했다. 이때부터 매해 운반되는 곡식이 1백여만 곡(斛)에 이르렀고, 한되 한말도 가라앉거나 전복된 적이 없었다.

배 열 척을 1줄[綱]로 쳐서 군의 장교에게 다스리게 했다. 열 번 운반해도 손실이 없으면 후하게 위로하고 관직을 제수했다. 여러 번 운반한 후에 반백(斑白)이 되지 않은 자가 없었다.

○ 유안은 양자현(楊子縣)에 조선소 10곳을 두고, 매 1척에 1천 민(緡)의 돈을 지급했다. 어떤 사람은 "실제로 비용은 그 절반에 미치지 못한다. 허비하는 것이 너무 많다"고 말했다. 유안이 대답했다.

"그렇지 않다. 큰 계책을 말하는 자는 작은 비용을 아껴서는 안된다. 또 일이란 반드시 오래갈 것을 생각해야 한다. 지금 처음으로 조선소를 설치해 일을 맡은 자가 매우 많다. 먼저 그들에게 사사로운 쓰임에 군색함이 없게 해주면, 관물(官物)이 견고하고 완전해질 것이다. 만약 갑자기 그들에게 쇄소하게 주고, 미소한[38] 비용을 비교하고 따진다

38) 錙銖 치수 : 적은 양의 단위, 얼마, 조금, 미소한 것. 치(錙) 저울 눈, 조금. 수(銖) 한 양(兩)의 24분의 1

면, 어찌 오래 갈 수 있겠는가! 다른 날 반드시 내가 지급한 것이 많음을 걱정해 그것을 줄이는 자가 있을 텐데, 절반 이하를 줄인다면 그래도 괜찮지만, 이것을 넘으면 운영할 수 없을 것이다"

50년 뒤에 과연 유사(有司)가 그 절반을 줄였다. 함통(咸通) 연간에 유사가 비용을 헤아려 지급하고 더 남은 물건[39]이 없었는 데도, 배가 더욱 취약해지고 얇아져서[40] 쉽게 부서졌다. 조운(漕運)이 마침내 폐지되었다.

유안은 부지런해 한가로운 일과 급한 일을 막론하고 반드시 하루 안에 결정했다. 묵혀두지 않았다. 후대에 재물의 이익을 말하는 자는 모두 그에 미치지 못했다.

◯ 황제는 즉위 초 환관들을 멀리해 배척하고, 조정의 선비들을 가까이 하고 신임했다. 장섭(張涉)은 유학(儒學)으로 들어와 황제를 모셨고, 설옹(薛邕)은 문장의 수려함으로 조정에 등용되었다. (그들이) 이어서 뇌물을 받아 퇴락했다.[41] 환관과 무장들이 이것을 구실로 "남아(南牙)[42] 문신들은 뇌물을 받은 것이 자못 거만에 이르는데, 우리들이 천하를 혼탁하게 하고 어지럽힌다고 말한다. 어찌 기만하는 것이 아니겠는가?"라고 주장했다. 황제가 속으로 의심하기 시작해

39) 羨餘 선여 : 관청에서 쓰고 난 나머지 돈이나 물건
40) 脆薄 취박 : 연하고 엷음, 얇고 가볍다
41) 退 퇴 : 패할, 무너질, 퇴락, 해칠
42) 南牙 남아 : 문신(文臣)을 이름. 남아(南牙) vs 북문(北門, 환관)

기댈 곳을 알지 못하게 됐다.

신유(辛酉) 2년(781년)

정월에 성덕절도사(成德節度使) 이보신(李寶臣)이 죽었다. 처음 이보신은 치청(淄靑)의 이정기(李正己), 위박(魏博)의 전승사(田承嗣)와 토지를 자손들에게 전하기로 서로 약속을 했다. 때문에 전승사(田承嗣)가 죽자, 이보신은 그를 위해 절도사의 부절[節]을 전열(田悅)에게 주도록 조정에 힘써 청했다. 대종(代宗)이 그것을 따랐다.

이때 전열이 여러 차례 이보신의 아들 이유악(李惟岳)을 위해 계승해 세습하게 해줄 것을 청했다. 황제는 전대의 폐단을 바꾸려고 이를 허락하지 않았다. 전열이 이정기와 함께 이유악에게 각각 사자를 보내 병사를 거느리고 항명할 것을 모의했다. 하남의 사민(士民)들이 놀라서 소란스러워졌다.

○ 어사중승(御史中丞) 노기(盧杞)는 노혁(盧弈)의 아들이다. 외모는 추하고 낯빛은 쪽빛 같았으나, 언변이 있었다. 황제가 그를 좋아했다. 발탁해 경기관찰사(京畿觀察使)로 삼았다.

곽자의(郭子儀)는 빈객들을 만날 때에도 처첩(姬妾)들을 곁에서 떠나지 않게 했는데, 노기가 병문안 왔을 때는 자신을 모시는 처첩들을 모두 물리쳤다. 홀로 안석에 기대고 그를 맞았다. 어떤 사람이 그 이유를 물었다. 곽자의는 "노기는 외모가 추하고 마음이 음험하니, 부인들이 그를 보면 반드시 웃을 것이다. 다른 날에 노기가 득세하게 되면 우리 가족 중에 남을 사람이 없을 것이다"라고 대답했다.

양염이 유안을 죽이고 나자 조야(朝野)가 두려워서 (그를) 똑바로 보지 못했다.[43] 황제도 그를 미워했다. 양염을 옮겨 중서시랑으로 삼고, 노기를 발탁해 문하시랑 동평장사로 삼아 (정사를) 양염에게 전적으로 맡기지 않았다. 노기는 음험하고 교활해 세력을 일으켜 위세를 부리고자 했다. 조금이라도 붙지 않는 자는 반드시 사지(死地)에 보내려고 했다. 태상박사 배연령(裴延齡)을 데려다 집현직학사(集賢直學士)로 삼아서 가까이 두고 신임했다.

○ 6월에 분양충무왕(汾陽忠武王) 곽자의가 죽었다. 곽자의는 상장군으로서 병력을 보유하고 있었다. 정원진(程元振)과 어조은(魚朝恩)이 여러 가지 방법으로 참소하고 비방했다.

곽자의는 한 장의 조서를 내려서 부르면, 바로 길을 나서지 않은 적이 없었다. 이 때문에 참소와 비방이 (성사) 될 수 없었다. 일찍이 사자를 보내 전승사가 있는 곳에 이르렀는데, 전승사가 서쪽을 바라보며 절을 하면서 "남에게 이 무릎을 굽히지 않은 지 몇 년 되었다"고 했다.

이영요(李寧曜)가 난을 일으켜 변주(汴州)를 점거했다. 공사(公私)의 물건 중에 변주를 넘는 것은 모두 붙잡아 두었다. 오직 곽자의의 물건에는 감히 접근하지 못하고 병사를

---

43) 側目 측목 : 곁눈질하다, 백안시하다, 두려워서 똑바로 쳐다보지 못하다

보내 호위해 경내를 나가게 했다.

곽자의가 중서령을 맡은 기간은 모두 24개월이다. 녹봉으로 들어온 돈이 2만 민(緡)인데, 사적인 재산으로 넣지 않았다. 관청의 창고에 진귀한 재화가 산처럼 쌓여 있었다. 집안사람은 3천 명이었다. 아들이 8명, 사위가 7명이었는데, 모두 조정의 높은 관리[44]였다. 손자는 수십 명이었는데, 문안하면 다 분간할 수 없어 그들에게 턱만 끄덕일 뿐이었다.

복고회은(僕固懷恩) 이광필(李光弼) 혼함(渾瑊)의 무리들이 모두 그 휘하에서 나왔다.(그들이) 비록 귀해져서 왕공이 되었으나, (곽자의가) 항상 턱으로 가리키고 일을 시키면 앞으로 달려나왔다. (그) 집안사람들 또한 그들을 노복으로 여겼다.

천하가 그 몸에 의해 안정되기도 하고 위태롭기도 한 지가 거의 30년이었다. 공은 천하를 덮었으나, 임금이 의심하지 않았다. 지위는 신하로서 극에 달했으나, 사람들이 미워하지 않았다. 끝없이 사치하고 매우 욕심을 부렸으나, 사람들이 그를 비난하지 않았다. 향년 85세에 죽었다. 그 장수와 보좌관으로 대관(大官)에 이르고 명신(名臣)이 된 자가 매우 많았다.

○ 7월에 마수(馬燧)에게 조서를 내려 보병과 기병 2만을 이끌고 이포진(李抱眞)과 함께 전열(田悅)을 토벌하게 했다. 또 이성(李晟)을 보내 신책병(神策兵)을 이끌고 그들과 함

---

44) 顯官 현관 : 높은 벼슬아치

께 하게 했다.

○ 노기가 양염을 참소해 10월에 애주사마(崖州司馬)로 좌천시켰다. 중사(中使)를 보내 호송하게 했는데, 애주에 이르기 전에 목 졸라 죽였다.

임술(壬戌) 3년(782년)

마수 등 여러 군대가 바로 위주(魏州)로 달려가니, 전열이 군대 4만을 이끌고 다리를 건너 그 뒤를 엄습했다. 마수가 진영을 정돈하고 정예병을 풀어 그를 공격했다. 전열의 군대가 크게 패했다. 전열이 남은 병사 1천여 명을 수습해 위주로 달아났다. 마수는 이포진과 협력하지 않고, 평읍(平邑)의 사찰[45]에 주둔하며, 지체하고[46] 전진하지 않았다. 전열이 성에 들어간지 10여 일 만에 마수 등의 여러 군대가 비로소 성 아래에 이르러 공격했으나 함락시키지 못했다.

○ 3월에 상이 중사(中使)를 보내 노용(盧龍) 항기(恒冀) 이정(易定)의 병사 1만 명을 징발하고, 위주로 가서 주도(朱滔)를 토벌하게 했다. 왕무준(王武俊)이 조서를 받아들이지 않았다. 주도(朱滔) 또한 거병해 남쪽으로 가서 위주를 도왔다.

○ 이 때 하남과 하북[兩河][47]에서 전쟁이 일어나 달마다

45) 浮圖 부도 : 사찰

46) 遷延 천연 : 물러감, 어슬렁거려 거닐음, 일을 더디게 해 지체함

1백여만 민(緡)을 소비하니, 관청의 창고[府庫]가 몇 달을 버틸 수 없었다. 태상박사(太常博士) 위도빈(韋都賓)과 진경(陳京)이 "재화의 이익이 모이는 곳은 모두 부유한 상인입니다. 청컨대 부상(富商)의 돈을 조사해, 1만 민(緡)이 나오는 자에게서 그 여유분을 빌려 군에 공급하십시오. 천하를 헤아려보건대 불과 1~2천 명의 상인에게 빌려도 수년의 비용을 충족할 수 있을 것입니다"라고 건의했다. 상이 그 말을 따랐다.

조서를 내려 상인들의 돈을 빌리게 하고, 탁지(度支) 두우(杜佑)에게 명령해 장안 내의 상인이 가지고 있는 재화를 대대적으로 색출하게 했다. 사실대로 하지 않는다고 생각되면[48], 번번이 매질을 했다.[49] 사람들이 고통을 견딜 수 없어 목을 매고 죽는 자가 생겼다. 장안이 소란스러워지고[50], 강도당한 것같이 여겼다. 얻은 것을 헤아려 보니 겨우 80여만 민(緡)이었다.

또 임금 줄 돈[僦]과 궤방에 맡겨진 돈과 귀중품[櫃質][51]을 찾아냈다. 돈과 비단 곡식 보리를 비축한 자들에게 모두 4분의 1을 빌리고, 그 궤짝과 지하창고[52]를 봉하게 하니,

---

47) 兩河 양하 : 하남(河南)과 하북(河北)

48) 意 의 : 뜻, 생각

49) 榜捶 방추 : 매질하다

50) 囂然 효연 : 시끄러운 모양

51) 僦櫃 취(추)궤 : 주(註) 취(僦)는 임금[賃]이다. 궤(櫃) 당대에 궤방이 있었는데, 사람들의 돈과 귀중품을 보관해주고 보관료를 받는 업자였다

52) 櫃窖 궤교 : 궤짝과 지하창고

백성들이 그것 때문에 장사를 그만 두었다. 상인들에게 빌린 것을 합쳐서 헤아려 보니, 겨우 2백만 민이었으나, 백성들은 이미 고갈되었다.

○ 주도와 왕무준의 군대가 위주(魏州)에 이르렀다. 이날 이회광(李懷光)의 군대 또한 도착했다. 마수 등이 군용(軍容)을 성대하게 해 그들을 맞이하자, 주도(朱滔)가 자신을 습격하는 것이라 생각하고 급히 진을 쳤다. 이회광(李懷光)은 용맹하나 지모가 없었다. 협산(愜山)의 서쪽에서 주도를 공격했는데, 관군이 크게 패했다. 퇴각해 위현(魏縣)을 지키면서 주도와 대치했다.

○ 황제가 즉위 초기에 최우보(崔祐甫)를 재상으로 삼고, (자신은) 관대함을 높이 여기고 그렇게 하려고 힘썼다. 때문에 당시 사람들은 정사에 희망이 있다[53]고 평가하고, 정관(貞觀)의 유풍이 있다고 여겼다.

노기가 재상이 된 뒤 상의 성품에 시기심이 많음을 알고는, 비슷해 분간하기 어려운 일[54]로 군신들을 이간질했고, 상에게 엄하고 각박하게 아랫사람들을 다스릴 것을 권했다. 궁전 안팎이 실망했다.

○ 11월, 전열은 주도가 구해준 것을 은혜로 여겼다. 왕무준과 의논해 주도를 받들어 왕으로 모시고, 신하를 칭하

53) 藹然 애연 : 조아치가 보임, 싹수가 있음

54) 疑似 의사 : 비슷해 분간하기 어려움, 어려울 정도로 비슷함

며 그를 섬기려 했으나 주도가 허락하지 않았었다. (이 때에 이르러) 주도는 스스로 기왕(冀王)이라 칭하고, 전열은 위왕(魏王)이라 칭했다. 왕무준(王武俊)은 조왕(趙王), 이납(李納)은 제왕(齊王)이라 칭했다.

○ 12월에 이희열(李希烈) 또한 자칭 천하도원수(天下都元帥)라 칭했다.

계해(癸亥) 4년(783년)

처음으로 간가세(間架稅)와 제맥전(除陌錢)법을 시행했다.

옛 제도에 여러 도의 군대가 경내를 나가면 탁지(度支)에서 공급했다. 상이 사졸들을 넉넉하게 돌보아서[55] 매번 출경하면 술과 고기를 더 지급했다. 본(本) 도(道)에서는 그리하고도 양식을 그의 집에 지급했는데, 한 사람에게 세 사람분을 지급했다. 때문에 장수와 병졸들이 그것을 이롭게 생각했다. 각각 출군하면 겨우 경계를 넘어서 멈추더라도 매월 돈 130여만 민(緡)을 허비했다. 일상적인 세금으로는 공급할 수 없었다.

이에 판도지(判度支) 조찬(趙贊)이 두가지 법을 시행할 것을 청했다. 소위 간가세는 매 집마다 두 횃대[56](시렁)를 칸[間]으로 해, 최상의 집은 2천전을, 중간 집은 1천전을, 하등의 집는 5백전을 세금으로 내게 했다. 관리가 붓을 잡

55) 優恤 우휼 : 넉넉하게 구휼하다

56) 架 가 : 시렁, 횃대, 말뚝, 건너지를

고 (어떤) 사람의 집에 들어가 그 수를 계산했다. 혹 집의 칸수는 많지만, 다른 재산이 없는 자도 수백 민(緡)의 돈을 내야 하는 경우도 있었다. 한 칸을 숨기는 자에게는 장(杖) 60대를 치고, 고발하는 자에게는 상으로 5십 민을 주었다.

제맥전은 공사(公私)의 급여 및 물건을 매매할 때 매 1민마다 관청에 5십전을 남겨주게 했다. 다른 물건을 공급하거나 서로 무역하는 자들은 돈에 따라서[約] 비율로 세금을 냈다. 1백전을 숨기는 자는 장(杖) 60대를 때리고, 벌금 2천전을 내게 했다.

고발하는 자에게 상으로 10민을 주었다. 그 상으로 주는 돈은 모두 규정을 위반한 집에서 나오니, 근심하고 원망하는 소리가 여기저기[57]에 가득 찼다.

○ 처음에 상이 동궁에 있을 때 감찰어사 육지(陸贄)의 명성을 들었다. 즉위한 뒤 그를 불러 한림학사로 삼아 자주 득실[58]을 물었다. 이 때 양하(兩河)의 전쟁이 오랫동안 끝나지 않아 부역(賦役)이 날로 늘어났다. 육지는 군사들이 피로해지고, 백성이 곤궁해지고 피폐해지면, 별도로 내란이 생길까를 두려워했다.

상주했는데, 그 대략은 "적을 이기는 요점은 장수를 그 적임자로 하는데 달려 있고, 장수를 제어하는 방법은 권력을 잡는 데[59]달려 있습니다. 장수가 적임자가 아니면 병사

---

57) 遠近 원근 : 멂과 가까움, 거리, 이곳저곳

58) 得失 득실 : 잘 잘못, 마땅한 일과 해서는 안될 일

들이 비록 많더라도 믿을 수 없고, 권력을 잡는데 실패하면 장수가 비록 재능이 있더라도 쓰지 못합니다"라고 했다.

또 말하기를 "장수가 병사들을 부리지 못하고, 국가가 장수를 제어할 수 없으면, 재물을 허비하고 노략질을 즐기는 폐단에 그치지 않을 뿐 아니라, 단속하지 않으면 스스로를 불태우는 재앙을 그칠60) 수 없습니다"고 했다.

또 "눈앞의 근심을 덜지61) 않으면, 뜻밖의 근심이 일어납니다. 사람은 나라의 근본이고, 재물은 사람의 마음입니다. 그 마음이 상하면 그 근본이 상하고, 그 근본이 상하면 가지와 줄기가 뒤집어지고 파리해집니다"62)라고 했다.

(그는 또) 관중의 형세를 논했다.

"왕은 위엄을 쌓아 덕을 밝혀야 하므로 편벽되거나 폐(廢)하면 위태로워집니다. 무겁게 자리 잡고 있으면서 가벼운 것을 제어해야 하니, 거꾸로 잡으면 어그러집니다. 왕이 다스리는 땅63)은 사방의 근본입니다. 태종(太宗)이 부병(府兵)을 설치하고, 금병과 위병[禁衛]으로 나누어 예속시켰습니다. 대략 여러 부(府)는 8백여 곳이 있었고, 관중에 있는 것이 거의 5백 곳이었습니다. 천하를 들어도 관중의 반을 대적하지 못했으니, 중요한 위치에 있으면서 가벼운 것을

---

59) 柄 병 : 자루, 근본, 권세, 권력

60) 戢 집 : 거둘, 그칠, 병장기를 모을

61) 紓 서 : 늘어질, 늦출, 덜

62) 顚瘁 전췌 : 전(顚) 꼭대기, 정수리, 이마, 넘어질, 뒤집어질. 췌(瘁) 병들어 파리할

63) 王畿 왕기 : 수도를 중심으로 사방 5백리의 땅

제어한다는 뜻이 분명합니다.

평화가 오래되어 무비(武備)가 점점 미약해졌습니다. 비록 부병·위병(府·衛)은 모두 갖추어져 있었지만, 병졸들이 훈련을 하는 일은 드물었습니다. 때문에 안록산이 변방의 병력이 더 많은 것을 밑천으로 이용해 일거에 하늘을 두려워하지 않고 거꾸로 권력을 훔쳐 큰 죄악을 저질렀습니다[64]. 장안과 낙양을 지키지 못했습니다.

이는 모두 중요한 곳에 자리 잡고, 가벼운 것을 제어하는 권력을 잃었기 때문입니다. 뿌리를 깊게 하고 바탕을 견고하게 하는 배려를 잊었기 때문입니다. 폐하께서 여기까지 거슬러 생각하신다면, 어찌 그것 때문에 한심하지 않으시겠습니까.

지금 삭방(朔方)과 태원(太原)의 군대는 멀리 산동에 있고, 신책 육군(神策 六軍)의 병사는 관외로 계속 나가있습니다. 관중 근교[關輔][65] 사이에 징발이 이미 심하고, 궁중 안은 수비와 호위가 완전하지 못합니다. 만일 장수 중에 주도와 이희열 같은 자가 있어, 혹 굳건한 변방 보루를 믿고 승냥이 이리[66]같은 오랑캐를 유인해오거나, 혹 경기지방에서 도발해 도성과 대궐을 놀라게 하고 침범한다면[67], 폐하

---

64) 滔天 도천 : 하늘을 두려워하지 않고 업신여김, 큰 물이 하늘에까지 창일함, 죄악이 큼

65) 關輔 관보 : 주(註) 한(漢) 관중(關中)의 3보(三輔)는 경조윤(京兆尹) 좌풍익(左馮翊) 우부풍(右扶風). 당(唐)에서 관내도(關內道)로 고쳤다

66) 豺狼 시랑 : 승냥이와 이리

67) 驚犯 경범 : 놀라게 하고 침범함

께서 다시 무엇으로 수비하실지 살필 수 없습니다.

폐하께서 만일 신의 어리석은 계책을 들어주신다면, 이미 파견한 신책 육군의 이성(李晟) 등은 물론 절도사와 장수와 젊은이들을 모두 되돌아오게 하십시오. 경농(涇隴)과 빈영(邠寧)에 분명하게 칙령을 내려 국경의 수비를 엄하게 대비하도록 하십시오.

그리고 '다시는 징발하지 않겠다'고 말씀해 백성들에게 편안히 지키고 살 수 있음을 알게 하십시오. 또 경사와 경기지방에서 간가세 등 잡세를 폐지하십시오. 그렇게 된다면, 기대하건데[68], 이미 세금을 바친 자들은 원망을 그치고[69], 현재 살고 있는 자들은 편안해질 것이니, 사람의 마음이 흔들리지 않고, 나라의 근본이 스스로 견고해질 것입니다"

상이 쓸 수 없었다.

○ 이희열이 양성(襄城)을 포위하니, 상이 경원(涇原) 등 여러 도의 병사를 징발해 구원하게 했다. 10월에 경원절도사(涇原節度使) 요령언(姚令言)이 병사 5천 명을 거느리고 경사에 이르렀다. 군사들은 비를 무릅쓰고 행군했고, 또 추위가 심했다. 대부분 자제들을 이끌고 왔는데, 후하게 하사해주고 집으로 보내줄 것을 기대했다. 도착한 뒤 하사한 것이 하나도 없었다.

---

68) 冀 기 : 바라건데, 원하건데

69) 弭 미 : 그치다, 중지하다.

출발해 산수(滻水)에 이르자 경조윤 왕굉(王翃)에게 명령해 군사들을 먹였다. 거친 밥과 채소로 싼 전병[70] 뿐이었다. 군사들이 노해 그것을 발로 차서 엎었다. 그리고 큰 소리로 "우리들은 적들과 싸워서 죽을 것인데, 먹는 것조차 배부르게 먹지 못하니, 어찌 하찮은 목숨으로 시퍼런 칼날을 막겠는가? 경림(瓊林)과 대영(大盈) 두 창고에 금과 비단이 차고 넘친다고 하니, 서로 함께 가져가는 것이 낫겠다"고 외쳤다. 그러고는 갑옷을 입고[71] 깃발을 펼치고 북을 치고 함성을 지르면서 다시 경사로 향해 갔다.

○ 처음에 신책군사 백지정(白志貞)이 금병(禁兵)을 모집하는 일을 맡았다. 백지정은 동쪽을 정벌하다 사망한 사람을 모두 숨기고 아뢰지 않았다. 그리고 시정에 사는 부유한 집 자제들에게 뇌물을 받고 그들로 보충했다.[72] 이름은 군적에 있어서 조정에서 지급하는 것을 받고, 몸은 시장의 가게[73]에 있으면서 물건을 팔았다.[74]

이 때에 이르러 황제가 금군을 불러 적을 막게 했으나, 한사람도 도착하는 자가 없었다. 적이 이미 궐을 지키는 사람을 목 베고 들어오니, 상은 왕귀비(王貴妃) 위숙비(韋淑妃)와 태자 및 여러 왕들과 원북문(苑北門)으로 나갔다.

---

70) 糲食菜餤 여식채반 : 거친 밥과 야채를 싼 전병
71) 擐甲 환갑 : 갑옷을 걸치고, 무기를 잡고
72) 補 보 : 기울, 메꿀, 보필, 보충
73) 市廛 시전 : 시장, 가게
74) 販鬻 판죽 : 사고 팔다

○ 처음 어조은(魚朝恩)이 주살되자, 환관이 다시 병권을 잡지 못했다. 보문장(竇文場)과 곽선명(霍仙鳴)이란 자는 일찍이 상이 동궁에 있을 때 섬겼는데, 이 때 환관과 좌우에서 모시는 자 겨우 1백 명만 거느리고 수행했다.

○ 요령언(姚令言)이 난리를 일으킨 병사들과 회의하면서 "지금 군대에 주장이 없어 오래 동안 지탱할 수 없다. 주태위(朱太衛)가 한가롭게 사저에 있으니, 그를 추대해 받들자"고 권유했다. 군사들이 허락했다. 이에 수백 기를 보내 주자(朱泚)를 진창리(晋昌里)의 사저에서 맞이했다. 주자가 궁궐에 들어와서 함원전(含元殿)에 거처하면서 매우 삼엄하게 경계하고, 스스로 '임시로 6군(六軍)을 맡는다'고 칭했다.

○ 황제가 함양에 이르러 상도무(桑道茂)의 말을 생각하고 봉천으로 행차하니, 문무 대신들이 계속해서 왔다. 기유(己酉)일에 좌금오대장군(左金吾大將軍) 혼감(渾瑊)이 봉천에 왔다. 혼감(渾瑊)은 평소 위엄와 명망이 있어 여러 사람의 마음이 그를 믿고 조금 편안해졌다.

○ 주자(朱泚)는 사농경 단수실(司農卿 段秀實)이 오랫동안 병권을 잃고 있었기 때문에 그가 반드시 앙심을 품었을 것이라고 생각하고, 기사를 보내 그를 무기로 위협했다. 단수실은 화를 면하지 못할 것으로 생각해 주자를 만났다. 주자가 기뻐했다. 그는 "단공이 왔으니, 나의 일이 이루어 질 것"이라면서 단수실을 맞이해 앉히고 계책을 물었다. 단수실이 "장병들을 잘 타일러 재앙과 복을 말해주고, 황제를

받들어 맞이해서 다시 환궁케 하십시오"라고 설득하니, 주자가 입을 다물고 좋아하지 않았다.

○ 상이 봉천에 도착해서 인근 도의 병사들에게 조서를 내려 들어와 구원하게 했다. 여러 신하들이 주자에게 (황제를) 받들고 맞이할 것을 권했다는 말을 들었다. 마침내 조서를 내려 여러 도에 구원병을 요청했다. 구원병이 오자, 모두 30리 밖에 주둔하게 했다.

강공보(姜公輔)가 "지금 숙위하는 군사는 단출하고 적어서, 방비에 대한 우려를 깊이 하지 않을 수 없습니다. 만약 주자가 충성을 다 해 받들고 맞이한다면, 군사가 많음을 어찌 꺼리겠습니까? 만약 그렇지 않다면 대비가 있어야 근심이 없을 것입니다"라고 간언했다. 황제가 이에 구원병을 다 불러서 성 안으로 들어오게 했다.

○ 주자가 경원병마사(涇原兵馬使) 한민(韓旻)을 보내 정예병 3천 명을 거느리고 어가를 맞이한다고 소문을 냈으나, 실제로는 봉천을 습격하는 것이었다. 이 때 봉천의 수비병은 병력도 적고 약해 단수실이 기영악(岐靈岳)에게 "일이 급하게 되었다! 요령언의 가짜 부절을 만들어, 한민으로 하여금 다시 돌아와서 대군과 함께 출발해야 한다"고 말했다.

이날 주자가 이충신(李忠臣) 원휴(源休) 요령언과 단수실 등을 불러 황제를 칭하는 일을 의논했다. 단수실이 발끈하고 일어나 원휴의 상아 홀(笏)[75]을 빼앗아 앞으로 가서 주자의 얼굴에 침을 뱉고[76] 크게 욕을 하면서 "미친 도적놈아, 내가 너를 죽여서 만 조각을 내지 못한 것이 한스러운데, 어찌 너를 따라 반란을 일으키겠는가?" 하고는 홀을 들어 주자를 쳤다. 주자가 손을 들어 그것을 막았지만[77], 이마를 맞아 피가[78] 땅에 뿌려졌다.[79]

주자와 단수실이 서로 육박전을 벌였는데, 이충신이 앞으로 나와 주자를 도와줘 주자가 엉금엉금 기어서[80] 달아날 수 있었다. 단수실이 일이 이루어지지 않을 것을 알고 주자의 무리에게 "나는 너희와 같이 반역하지 않을 것인데, 어찌하여 나를 죽이지 않는가"라고 말했다. 주자의 무리들이 앞 다투어 나아가 단수실을 죽였다. 황제가 단수실이 죽었다는 것을 듣고, 그를 임용하지 못한 것을 한스러워 하며 오랫동안 눈물 콧물[81]을 흘렸다.

○ 주자가 스스로 대진황제(大秦皇帝)라 칭하고 연호를 고쳐 응천(應天)이라 했다.

○ 황제가 육지와 반란을 언급하면서 심하게 자책했다. 육지가 "오늘의 우환에까지 이른 것은 모두 여러 신하의 죄 때문입니다"라고 말했다. 황제는 "이 또한 천 명이지 사

---

75) 笏 홀 : 공경 사대부가 조복에 끼고 다니는 것, 군명을 받았을 때 이것에 기록해 둠

76) 唾 타 : 침 뱉다

77) 扞 한 : 막다, 막아 지키다, 막아내다

78) 濺 천 : 쏟아져 흐름

79) 灑 쇄 : 뿌리다, 끼얹다, 씻다

80) 匍匐 포복 : 엉금엉금 기다

81) 涕泗 체사 : 체(涕) 눈물. 사(泗) 물이름, 콧물

람이 한 일이 아니다"라고 했다. 육지가 물러나 상소했다

"폐하께서 군대를 징발하는 일이 날로 늘어나고, 걷는 부세가 날로 무거워지니, 안으로는 경읍(京邑)에서부터 밖으로는 변방에 이르기까지[82] 길을 가는 자는 칼 맞을 것을 우려하고, 거주하는 자는 가렴주구[83] 당하는 괴로움이 있습니다. 이 때문에 반란이 계속해서 일어나고 원망[84]과 비방이 함께 일어났습니다.

폐하에게는 충신[85]이 있고, 눈과 귀가 되는 직임이 있고, 간쟁하는 무리가 있고, 대비하고 호위하는 관서가 있는데, 위태로움을 보고도 그 정성을 다 하지 않고, 환난(患難)에 임해 목숨을 바치지 않았으니, 신이 오늘의 우환은 군신들의 죄 때문에 이루어진 것이라고 말한 것이니, 어찌 다만 말뿐이겠습니까?

신이 듣건대 잘 다스려져도 난리가 발생하고, 난리가 잘 다스리는데 밑천이 되기도 하며, 난리가 없는 데도 지키지 못한 경우가 있고, 난리가 많이 일어난 것을 이용해 나라를 일으키는 경우도 있습니다. 지금 난리가 일어나고 지키지 못한 것은 이미 지난일이니 다시 돌이킬 수 없습니다.

그것을 잘 다스리는 밑천으로 삼아 나라를 일으키는 일은 폐하께서 극복하고 분발하고 삼가 닦는데 달려 있습니

---

82) 泊 박 : 배를 대다, 머무르다, 정지하다

83) 誅求 주구 : 가렴주구(苛斂誅求) 가혹하게 세금을 걷어 들임

84) 讟 독 : 원망하다, 헐뜯다, 비방하다

85) 股肱之臣 고굉지신 : 팔다리가 되는 신하, 충신

다. 어찌 난을 일으킨 자를 근심하고, 어찌 액운을 두려워하십니까? 부지런히 힘쓰고 쉬지 않으면 태평을 이룰 수 있습니다. 어찌 재앙의 기운[86]을 씻어내고[87] 돌아가서 궁궐을 회복하는데 그칠 뿐이겠습니까"

○ 11월 신책하북행영절도사(神策河北行營節度使) 이성(李晟)이 상이 봉천으로 파천했다는 소식을 듣고, 병사들을 이끌고 비호도(飛狐道)로 나가 밤낮으로 행군해 대주(代州)에 이르렀다. 조서로 이성에게 신책행영절도사(神策行營節度使)를 내렸다.

○ 주자가 봉천을 공격해 포위한지 한 달이 넘으니, 성 안에 물자와 식량이 모두 다 떨어졌다. 이때 황제에게 바칠 양식이 겨우 거친 쌀[88] 2곡(斛)뿐이었다. 매번 적이 쉬는 틈을 엿보아 밤에 사람을 줄에 매달아 성 밖으로 내보내 순무[89]의 뿌리를 캐서 올렸다.

이회광(李懷光)이 구원하기 위해 밤낮으로 속도를 배가해 하중(河中)에 이르니, 군대가 5만 명이었다. 이성이 행군하면서 또 군사들을 거두니, 한달 사이에 1만여 명에 이르렀다.

주자가 급박하게 봉천을 공격하니, 성 안에 사상자가 너

86) 祆氛 요분 : 재앙의 조짐, 재앙의 기운

87) 蕩滌 탕척 : 깨끗이 씻음

88) 糲米 여미 :거친 쌀

89) 蕪菁 무청 : 순무 뿌리

무 많아 셀 수 없었다. 적들 중에는 이미 성을 오르는 자가 있으니, 황제가 혼감(渾瑊)과 마주보고 눈물을 흘렸다. 이때 사졸들은 춥고 굶주리고, 또 무기와 갑옷도 모자랐지만, 혼감(渾瑊)이 위무하고 충의로 분발케 하니, 모두 북을 치고 고함을 지르며 힘써 싸웠다.

이회광이 포성(蒲城)에서부터 병사를 이끌고 경양(涇陽)을 향해 가면서 북산(北山)을 넘어 서쪽으로 왔다. 계사(癸巳)일에 예천(醴泉)에서 주자의 군대를 물리쳤다. 주자가 듣고 두려워해 병사를 이끌고 달아나 장안으로 돌아갔다. 병사들이 "이회광이 3일만 늦게 왔다면 성을 지키지 못했을 것이다"고 말했다.

○ 주자가 장안에 와서 풍부한 관청의 창고를 점거하고, 금과 비단을 아끼지 않고 장수와 병사들을 기쁘게 했으며, 공경의 가속 중에 성 안에 있는 자들에게 모두 월급을 지급했다. 신책(神策) 및 육군(六軍)으로 어가를 따라가거나, 이성(李晟)을 따라간 자도 주자가 모두 식량을 주고 무기를 수리해, 날로 허비하는 것이 매우 많았다. 장안이 평정되자 부고에 아직도 남은 비축이 있었다. 말하는 자들이 모두 지난날 관리의 가렴주구를 원망했다.

○ 이회광이 산동으로부터 난리에 달려와서 자주 사람들과 노기(盧杞) 조찬(趙贊) 백지정(白志貞)의 간사함을 말했다. 또 "내가 상을 알현하면 마땅히 그를 죽이자고 청할 것이다"라고 말했다. 봉천의 포위를 풀게 되자, 스스로 그 공을 자랑하여 "상이 반드시 특별한 예로 대우할 것이다"라

고 말했다.

어떤 사람이 이회광의 말을 노기에게 알려줬다. 노기가 두려워해 황제에게 "이회광의 공훈과 업적으로 사직이 이에 의지했습니다. 적의 무리가 간담이 서늘해져서 모두 지킬 마음이 없을 것입니다. 만약 그로 하여금 승세를 타고 장안을 취하게 한다면, 한번 거병으로 적을 멸망시킬 수 있습니다. 지금 그가 조정에 오는 것을 허락한다면, 마땅히 연회를 베풀어 주어야 할 것이고, 연이어 며칠을 머물게 될 것이니, 적이 경성에 들어가서 조용히 대비할 수 있게 되므로 도모하기 어려울까 두렵습니다"라고 진언했다.

황제가 그러하다고 여겨 이회광에게 조서를 내려 곧바로 군대를 이끌고 편교(便橋)에 주둔하게 하고, 이건휘(李建徽) 이성(李晟)과 날짜를 정해 함께 장안을 공격하라고 했다.

이회광이 스스로 충심을 다해 수천리를 달려왔고, 주자를 격파하고 여러 겹의 포위를 풀었는데, 지척에서 천자를 볼 수 없으니 내심 불만족스러워했다.90) "내가 지금 이미 간신들에게 밀렸다. 일을 알 만하다"고 말했다. 마침내 병사들을 이끌고 떠나서 노점(魯店)에 도착하고, 2일을 머물고 곧 행군했다.

○ 황제가 육지(陸贄)에게 지금의 간절한 일에 대해 물었다. 육지는 지난날 난리에 이른 것은 상하의 마음이 통하지 않았기 때문이라며, 황제에게 아랫사람을 만나고 간쟁을 따

90) 怏怏 앙앙 : 원망하다, 불만스럽다

르라고 권했다.

그는 또 "주역에 하늘[乾]이 아래에 있고 땅[坤]이 위에 있는 것을 '태(泰)'라고 하고, 땅[坤]이 아래에 있고 하늘[乾]이 위에 있는 것을 '否(비)'라고 하며, 위를 덜어서 아래에 더하는 것을 '익(益)'이라 하고, 아래를 덜어서 위에 더하는 것을 '손(損)'이라 했습니다. 무릇 하늘이 아래에 있고 땅이 위에 처한 것은 위치에 어그러진 것이나 도리어 그것을 '태(泰)'라 한 것은 상하가 교류하기 때문입니다. 임금이 위에 있고 신하가 아래에 있는 것은 도리에 거스르지 않는 것이지만, 도리어 '否(비)'라 한 것은 상하가 교류하지 않기 때문입니다. 윗사람이 스스로를 제약하고 다른 사람들에게 넉넉하게 한다면, 사람들이 반드시 기뻐하며 윗사람을 받들 것이니, 어찌 '익(益)'이라 말하지 않겠습니까? 윗사람이 다른 사람들을 멸시하고 자기 마음대로 하면[91] 사람들이 반드시 원망하며 윗사람을 배반할 것이니 어찌 '손(損)'이라 말하지 않겠습니까?"라고 간언했다.

황제가 중사(中使)를 보내 일렀다.

"짐은 본래 성품이 정성을 다하기를 좋아하고 또 간쟁을 잘 받아들였다. 장차 임금과 신하가 하나가 될 것이라 생각해 이를 막지 않았고, 정성을 다하고 의심하지 않았기 때문에[92] 간사한 사람들에게 배신과 희롱을 당한 일이 많았다.

---

91) 肆諸己 사제기 : 사(肆) 방자할, 거리낌없이 마음대로 할. 제(諸) 지(之)~어(於)의 준말. 기(己) 자기 자신

92) 緣 연 : 인연, 까닭, 이유, 말미암다

지금 재난[93]에 이른 것은 짐이 생각하건대, 그 실책은 다른 것이 아니라 오히려 진심을 다해 밀어준 데에 있었다. 또 간관(諫官)이 일을 논하면서 조금이라도 신중하고 면밀[94]할 수 있었을 텐데, 대체로 스스로 자랑하고[95] 허물은 짐에게 돌려서 스스로 명성을 얻었다.

짐이 즉위한 이래 알현하고 맞대고 일을 아뢴 자가 매우 많았는데, 대부분[例] 모두 부화뇌동[96]하거나 길에서 듣고 길에서 말하는 하찮은 말이었다.[97] 시험 삼아 질문하면 갑자기 곧 말이 궁해졌다. 만약 기이한 재주와 남다른 능력이 있는 자가 있으면 짐이 어찌 발탁하는 것을 아까워하겠는가? 경은 마땅히 그 뜻을 깊이 생각하라"

육지는 "임금이 아랫사람을 대할 때는 마땅히 성신(誠信)을 근본으로 삼아야 하며, 간언하는 자가 비록 말과 뜻이 비루하고 졸렬하더라도 또한 마땅히 좋은 얼굴로 언로를 열어야 합니다. 만약 위엄을 그에게 떨치고, 유창한 말로 그를 꺾으면 신하가 어찌 감히 말을 다하겠습니까?" 하고는, "충혜(仲虺)가 성왕과 탕왕[成湯]을 찬양하면서, 그들이 잘못이 없다고 칭찬하지 않고 그 잘못을 고친 것을 칭찬했

---

93) 患害 환해 : 환난으로 생기는 해로움

94) 愼密 신밀 : 신중하고 면밀하다

95) 衒 현 : 스스로 자랑하다

96) 雷同 뇌동 : 부화뇌동(附和雷同) 아무 생각없이 남의 의견을 따름. 천둥소리가 나면 만물이 동시에 이에 응한다는 뜻에서 나온 말

97) 道聽塗說 도청도설 : 길에서 들은 일을 바로 길에서 이야기 한다는 뜻으로, 좋은 말을 듣고도 마음에 깊이 새기지 아니함의 비유. 거리의 소문을 전함

으며, 길보(吉甫)가 주(周)나라 선왕(宣王)을 노래하며 기렸는데, 그 결점 없음을 아름답다고 하지 않고 그 결점을 메운 것을 아름답다고 했습니다"고 말했다. 그는 또 말했다.

"아랫사람이 된 자는 충성을 다하는 것을 원하지 않는 자가 없고, 윗사람이 된 자는 잘 다스려지길 구하지 않는 자가 없습니다. 그러나 아랫사람은 매번 윗사람이 잘 다스리지 못하는 것을 고통으로 여기고, 윗사람은 매번 아랫사람이 충성스럽지 못한 것을 고통으로 여깁니다. 왜 이럴까요? 양자의 마음이 소통되지 않았기 때문입니다.

아랫사람은 그 마음이 윗사람에게 도달되기를 원하고, 윗사람은 그 마음이 아랫사람에게 통하기를 원합니다. 그러나 아랫사람은 항상 윗사람에게 도달하기 어려울까를 고심하고, 윗사람은 아랫사람이 알기 어려울까를 고심합니다.

이 같은 것은 왜 그럴까요? 아홉 가지 폐단이 제거되지 않았기 때문입니다. 소위 아홉 가지 폐단이란 것은 윗사람에게 그 여섯 가지가 있고 아랫사람에게 그 세 가지가 있습니다. 다른 사람을 이기는 것을 좋아하고, 과실을 듣는 것을 치욕스러워 하며, 장황하게 펼쳐서 말을 잘 하고[98], 총명한 머리를 굴리고[99], 위엄을 휘두르고, 강함과 괴팍함을 자행하는 이 여섯 가지는 임금의 폐단입니다. 아첨하고, 눈치보며, 두려워하고 겁을 내는[100] 이 세 가지는 신하의

98) 騁 빙 : 달릴, 펼, 내키는 대로 하다
99) 眩 현 : 아찔할, 현혹할, 어두울, 돌, 선회함
100) 愞 나 : 여리다, 약하다, 두려워하다

폐단입니다"

그는 또 "간언하는 자가 많은 것은 내가 좋아할 수 있다는 것을 표시하는 것이며, 간언하는 이가 정직한 것은 내가 어질 수 있다는 것을 보이는 것이며, 간언하는 이가 미친 듯이 무고하는 것[101]은 내가 용서할 수 있다는 것을 밝히는 것이고, 간언하는 이가 누설(漏泄)[102]하는 것은 내가 잘 따를 수 있음을 밝히는 것[103]입니다. 이 중에 한 가지가 있으면 모두 성인의 덕[聖德]이 됩니다"라고 했다. 황제가 자못 그 말을 썼다.

○ 이회광이 군대를 주둔했는데, 진격하지 않고, 여러 번 표문을 올려 노기 등의 죄악을 폭로하니, 많은 사람들이 천자의 뜻을 받들 것을 전하면서[104], 또한 노기 등을 책망했다. 황제가 어쩔 수 없이 12월에 노기를 신주사마(新州司馬)로, 백지정을 은주사마(恩州司馬)로, 조찬(趙贊)을 파주사마(播州司馬)로 좌천시켰다.

○ 육지가 상에게 "지금 도적이 천하에 두루 퍼져있는데, 어가가 파천(播遷)[105]했으니, 폐하께서는 마땅히 스스로의 과오라고 자책해 괴로워하시고[106], 사람들의 마음을 감동시

---

101) 狂誣 광무 : 사리분별을 못하고 무고(誣告)하다
102) 漏泄 누설 : 물이 새다, 비밀을 드러내다
103) 彰 창 : 밝히다, 드러내다
104) 宣騰 선등 : 천자의 뜻을 받들어 전함
105) 播遷 파천 : 임금이 도성을 떠나 난리를 피함, 먼 나라를 유랑함

키십시오. 옛날에 성왕과 탕왕[成·湯]은 자신을 책망해 나라가 크게 흥했고, 초(楚)나라 소왕(昭王)은 좋은 말로 나라를 수복했습니다. 폐하께서 진실로 잘못을 고치는데 인색하시지 않고, 말로서 천하에 사죄하고, 글과 조서에 피하고 꺼리는 것이 없게 하실 수 있다면, 신이 비록 어리석고 비루하나 황상의 마음을 우러러 받들겠습니다. 바라건데[庶] 반란의 무리들[107]이 마음을 바꿔 교화를 따르도록 할 수 있을 것"이라고 진언했다. 황제가 그 말을 옳게 여겼다.

때문에 봉천에서 내린 조서는 광포한 장수와 사나운 병사들이라도 그것을 들으면 감격해 눈물을 뿌리지 않는 자가 없었다. 황제가 또 중서(中書)에서 지은 사죄문[赦文]을 육지에게 보였다.

육지는 "말로서 사람을 감동시키려고 하면 느끼는 바가 적은데, 말 또한 간절하지 않는다면 그 누가 마음을 쓰려고 하겠습니까? 또 잘못을 아는 것은 어렵지 않으나, 잘못을 고치는 것은 어렵고, 선(善)을 말하는 것은 어렵지 않으나, 선(善)을 행하는 것은 어렵습니다. 가령[108] 사면하는 글이 지극히 면밀하다고 하더라도, 잘못을 알고 선을 말하는데 그쳤습니다. 원컨대 황제께서 고려하시고 어려운 것을 다시 생각하십시오"라고 말했다. 황제가 그것을 옳게 여겼다.

106) 痛自引過 통자인과 : 통(痛) 마음 아파하다, 괴로워하다. 자인과(自引過) 끌어다가 자기의 허물로 하다

107) 反側 반측 : 반란하는 측

108) 假使 가사 : 가령

원 문

卷之四十四

唐紀

德宗皇帝 上 在位二十六年, 壽六十四

庚申建中元年正月。

赦天下, 始用楊炎議, 命黜陟使 與觀察使 刺史, 約百姓丁產等級, 作兩稅法。比来新舊徵科色目 一切罷之, 二稅外輒率一錢者, 以枉法 論。唐初賦歛之法曰, 租庸調。有田則有租, 有身則有庸, 有戶則有調。玄宗之末, 版籍寖壞, 多非其實。及至德兵起, 所在賦歛 迫趣取辦, 無復常準, 賦歛之司增數, 而莫相統攝, 各隨意徵科, 自立色目, 新舊相仍, 不知紀極。至是 炎建議作兩稅法。先計州縣每歲所應費用, 及上供之數, 而賦於人。量出以制入, 戶無主客, 以見居為簿, 人無丁中, 以貧富為差。為行商者, 在所州縣, 稅三十之一, 使與居者均, 無僥利。居人之稅, 秋夏兩徵之, 其租庸調雜徭 悉省, 皆總統於度支。上用其言, 因赦令行之。

○崔祐甫以疾，多不視事，楊炎獨任大政，專以復恩讐為事。

○術士桑道茂上言:「陛下不出數年，暫有離宮之厄。臣望奉天，有天子氣，宜高大其城，以備非常。」辛丑　命京兆發丁夫數千，雜六軍之士，築奉天城。

○荊南節度使庾準　希楊炎旨，奏　忠州刺史劉晏　與朱泚書，辭多怨望，炎證成之。上下詔，賜死。天下冤之。

○初　安史之亂數年間，天下戶口　什亡八九。州縣多為藩鎮所據，貢賦不入，朝廷府庫耗竭。中國多故，戎狄每歲犯邊，所在宿重兵，仰給縣官，所費不貲，皆倚辦於晏。

○晏有精力，多機智，變通有無，曲盡其妙。常以厚直，募善走者，置遞相望，覘報四方物價，雖遠方，不數日，皆達使司。食貨輕重之權　悉制在掌握。國家獲利，而天下　無甚貴　甚賤之憂。晏常以為:「辦集衆務，在於得人。」故必擇通敏　精悍廉勤之士，而用之。至於句檢簿書　出納錢穀，事雖至細，必委之士類。吏惟書符牒，不得輕出一言。常言:「士陷贓賄　則淪棄於時。名重於利，故士多清修。吏雖廉潔，終無顯榮，利重於名，　故吏多貪汚。」然　惟晏能行之，他人效者　終莫能逮。其場　院要劇之官，必盡一時之選。故晏沒之後，掌財賦有聲者，多晏之故吏也。

○晏又以戶口滋多　則賦稅自廣，故其理財　常以養民為先。諸道各置知院官，每旬月，具州縣雨雪豐歉之狀，白使司，豐則貴糴，歉則賤糶，或以穀易雜貨，供官用，及於豐處賣之。知院官 始見不稔之端，先申，至某月 須若干蠲免，某月 須若干救助，及期，劉晏不俟州縣申請，卽奏行之。應民之急，未嘗失時，不待其困弊 流亡 餓莩 然後賑之也。由是，民得安其居業,戶口蕃息。晏始為轉運使，時天下見戶　不過二百萬，其季年，乃三百餘萬。在晏所統則增，非晏所統則不增也。其初，財賦歲入，不過四百萬緡，季年，乃千餘萬緡。

○晏專用榷鹽法，充軍國之用。時 自許 汝 鄭鄧之西，皆食河東池鹽，度支主之。汴 滑 唐 蔡之東，皆食海鹽，晏主之。晏以為官多則民擾，故 但於出鹽之鄉，置鹽官，收鹽戶所煑之鹽，轉鬻於商人，任其所之。自餘州縣 不復置官，其江嶺間，去鹽鄉遠者，轉官鹽於彼，貯之。或商絕鹽貴，則減價鬻之，謂之常平鹽。官獲其利，而民不乏鹽。其始，江淮鹽利 不過四十萬緡，季年，乃六百餘萬緡。由是國用充足，而民不困弊。其河東鹽利，不過八十萬緡，而價復貴於海鹽。

○先是，運關東穀 入長安者，以河流湍悍，率一斛 得八斗。至者則為成勞，受優賞。晏以為江 汴 河 渭 水力不同，各隨便宜，造運船，教漕卒，江船達揚州，汴船達河陰，河船達渭口，渭船達太倉。其間，緣水置倉，轉相受給。自是每歲運穀 或至百萬餘斛，無斗升沈覆者。船十艘為一綱，使軍將領之，十運無失，授優勞官，其人數運之後，無不斑白者。

○晏於揚子置十場造船，每艘給錢千緡。或言:「所用實不及半，虛費太多。」晏曰:「不然。論大計者，固不可惜小費。凡事，必為永久之慮。今始置船場，執事者至多，當先使之私用，無窘則官物堅完矣。若遽與之屑屑，較計錙銖，安能久行乎?異日，必有患吾所給多而減之者。減半以下猶可也，過此則不能運矣。」其後五十年，有司果減其半，及咸通中，有司計費而給之，無復羨餘，船益脆薄，易壞。漕運遂廢矣。晏為人勤力，事無閑劇，必於一日中決之，不使留宿，後来言財利者，皆莫能及之。

○上初卽位，踈斥宦官，親任朝士，而張涉以儒學入侍，薛邕以文雅登朝，繼以贓敗。宦官武將得以藉口，　曰:「南牙文臣贓動至巨萬，而謂我曹濁亂天下，豈非欺罔邪?」於是，上心始疑，不知所倚仗矣。

辛酉二年

正月，成德節度使李寶臣薨。初寶臣與淄青李正己，魏博田承嗣，相結期，以土地　傳之子孫。故承嗣之死，寶臣力為之請於朝，使以節授田悅，代宗從之。至是悅屢為寶臣子惟岳　請繼襲。上欲革前弊，不許。悅乃與李正己，各遣使詣惟岳，謀勒兵拒命。河南士民 騷然驚駭。

○御史中丞盧杞奕之子也。貌醜色如藍，有口辯，上悅之，擢為京畿觀察使。郭子儀每見賓客，姬妾不離側，杞嘗往問疾，子儀悉屏侍妾，獨隱几待之。或問其故，子儀曰:「杞貌陋而心險，婦人輩見之必笑。他日，杞得志，吾族無類矣。」楊炎既殺劉晏，朝野側目。上惡之，遷炎中書侍郎，擢盧杞為門下侍郎並同平章事，不專任炎矣。杞陰狡，欲起勢立威，小不附者，必欲寘之死地，引太常博士 裴延齡為集賢直學士，親任之。

○六月，汾陽忠武王 郭子儀薨。子儀為上將 擁兵，程元振魚朝恩，讒謗百端。詔書一紙徵之，無不卽日就道。由是，讒謗不行。嘗遣使至田承嗣所，承嗣西望拜之曰：「此膝不屈於人 若干年矣。」李靈曜據汴州 作亂，公私物過汴者，皆留之，惟子儀物 不敢近，遣兵衛送出境。校中書令考凡二十四，月入俸錢二萬緡，私產不在焉。府庫珍貨山積，家人三千人，八子七婿，皆為朝廷顯官，諸孫數十人，每問安，不能盡辯，頷之而已。僕固懷恩 李懷光 渾瑊輩皆出麾下。雖貴為王公，常頤指役使，趨走於前，家人亦以僕隷視之。天下以其身，為安危者，殆三十年。功盖天下 而主不疑，位極人臣 而衆不疾，窮奢極欲 而人不非之。年八十五而終，其將佐至大官 為名臣者，甚衆。

○七月，詔馬燧，將步騎二萬，與李抱眞 討田悅。又遣李晟，將神策兵，與之俱。

○盧杞譖楊炎。十月， 貶崖州司馬，遣中使護送，未至崖州，縊殺之。

壬戌三年

馬燧等諸軍 直趨魏州。田悅率軍四萬，踰橋掩其後。燧結陣，縱銳兵擊之，悅軍大敗。悅收餘兵千餘人，走魏州。燧與李抱眞不恊，頓兵平邑浮圖，遷延不進。悅入城旬餘日，燧等諸軍 始至城下，攻之 不克。

○三月 上遣中使，發盧龍 恆冀 易定兵萬人，詣魏州 討田悅。王武俊不受詔，朱滔亦舉兵而南，以救魏州。

○時 兩河用兵，月費百餘萬緡，府庫不支數月。太常博士韋都賓 陳京建議以為:「貨利所聚，皆在富商。請括富商錢，出萬緡者，借其餘， 以供軍。計天下，不過借一二千商，則數年之用 足矣。」上從之。詔借商人錢，令度支杜佑，大索長安中 商賈所有貨，意其不實，輒加榜捶，人不勝苦，有縊死者。長安囂然，如被寇盜。計所得，纔八十餘萬緡。又括僦櫃質錢，凡蓄積錢帛粟麥者，皆借四分之一，封其櫃窖，百姓為之罷市。計并借商，所得 纔二百萬緡，人已竭矣。

○朱滔 王武俊軍，至魏州。是日，李懷光軍亦至。馬燧等盛軍容迎之，滔以為襲己，遽出陳。懷光勇而無謀，遽擊滔於愜山之西，官軍大敗，退保魏縣，以拒滔。

○上初卽位，崔祐甫為相，務崇寬大，故當時政聲藹然，以為有貞觀之風。及盧杞為相，知上性多忌，因以疑似 離間羣臣，始勸上以嚴刻御下，中外失望。

○十一月，田悅 德朱滔之救。與王武俊議，奉滔為王，稱臣事之。滔不可。於是 滔自稱冀王，田悅稱魏王，王武俊稱趙王，李納稱齊王。

◯十二月，李希烈亦自稱天下都元帥。

癸亥四年

初行稅間架 除陌錢法。舊制，諸道軍出境，則仰給度支。上優恤士卒，每出境，加給酒肉。本道糧，仍給其家，一人兼三人之給。故將士利之，各出軍，纔踰境而止，月費錢百三十餘萬緡，常賦不能供。判度支趙贊 乃奏行二法。所謂稅間架者，每屋，兩架為間，上屋稅錢二千，中稅千，下稅五百。吏執筆，入人室廬，計其數，或有宅屋多，而無他資者，出錢 動數百緡。敢匿一間，杖六十。賞告者 錢五十緡。所謂除陌錢者，公私給與及買賣，每緡 官留五十錢給。他物及相貿易者，約錢為率。敢隱錢百 杖六十 罰錢二千，賞告者 錢十緡，其賞錢 皆出坐事之家，愁怨之聲 盈於遠近。

◯初 上在東宮，聞監察御史陸贄名。及卽位，召為翰林學士，數問以得失。時 兩河用兵 久不決，賦役日滋。贄以兵窮民困，恐別生內變，乃上奏， 其略曰:「克敵之要，在乎將得其人，馭將之方，在乎操得其柄。將非其人者，兵雖衆，不足恃。操失其柄者，將雖材，不為用。」又曰:「將不能使兵，國不能馭將，非止費財翫寇之弊，亦有不戰自焚之災。」又曰:「無紓目前之虞，或興意外之患。人者邦之本也，財者人之心也。其心傷 則其本傷，其本傷 則枝幹顚瘁矣。」又論關中形勢 以為:「王者 蓄威以昭德，偏廢則危。居重以馭輕，倒持則悖。王畿者，四方之本也。太宗列置府兵，分隷禁衛。大凡諸府八百餘所，而在關中者，殆五百焉。擧天下不敵關中之半，則居重馭輕之意　明矣。承平漸久，武備浸微，雖府衛具存，而卒乘罕習，故綠山竊倒持之柄，乘外重之資，一擧滔天，兩京不守。是皆失居重馭輕之權，忘深根固柢之慮　陛下追想及此，豈不為之寒心哉！今朔方　太原之衆，遠在山東，神策六軍之兵，繼出關外，關輔之間，徵發已甚，宮苑之內，備衛不全。萬一將帥之中，有如朱滔　　希烈，或負固邊壘，誘致豺狼，或竊發郊畿，驚犯城闕，未審陛下復何以備之。陛下儻過聽愚計，所遣神策六軍　李晟等　及節將子弟，悉可追還。明敕涇隴　邠寧，但令嚴備封守。仍云：　『更不徵發，使知各保安居!』又降德音，罷京師及畿縣間架等雜稅。則冀已輸者弭怨，見處者獲寧，人心不搖，邦本自固。」上不能用。

◯李希烈圍襄城，上發涇原等諸道兵，救之。十月　涇原節度使　姚令言:「將兵五千　至京師。」軍士冒雨寒甚。多携子弟而来，冀得厚賜　　遺其家。既至，一無所賜，發至滻水。詔京兆尹王翃　犒師，惟糲食菜餤。衆怒　蹴而覆之，因揚言曰:「吾輩將死於敵，而食且不飽，安能以微命　拒白刃邪?　聞瓊林　大盈二庫　金帛盈溢，不如相與取之。」乃擐甲張旗，鼓譟　還趣京師。

◯初　神策軍使白志貞　掌召募禁兵，東征死亡者，志貞皆隱，不以聞。但受市井富兒賂，而補之。名在軍籍　受給賜，而身居市廛　為販鬻。至是　上召禁兵　以禦賊，竟無一人至者。賊已斬關而入，上乃與王貴妃 韋淑妃 太子 諸王，自苑北門出。

○初 魚朝恩旣誅，宦官不復典兵。有竇文場 霍仙鳴者，嘗事上於東宮。至是 帥宦官左右僅百人 以從。

○姚令言與亂兵謀曰:「今衆無主，不能久持。朱太尉閑居私第，請相與奉之。」衆許諾，乃遣數百騎，迎朱泚於晉昌里第。泚入宮，居含元殿，設警嚴，自稱權知六軍。

○上至咸陽，思桑道茂之言，乃幸奉天，文武之臣，稍稍繼至。己酉 左金吾大將軍渾瑊至奉天，瑊素有威望，衆心恃之 稍安。

○泚又以司農卿段秀實 久失兵柄，意其必怏怏。遣騎士 刼之以兵。秀實自度不免，乃往見泚。泚喜曰:「段公来，吾事濟矣。」延坐問計。秀實說之，使開諭將士，示以禍福，奉迎乘輿，復歸宮闕。泚黙然 不悅。

○上初至奉天，詔徵近道兵 入援。聞羣臣勸泚奉迎，乃詔諸道援兵至者，皆營於三十里外。姜公輔諫曰:「今宿衛單寡，防慮不可以不深。若泚竭忠奉迎，何憚於兵多。如其不然，有備無患。」上乃悉召援兵，入城。

○泚遣涇原兵馬使韓旻，將銳兵三千，聲言迎大駕。實襲奉天。時 奉天守備單弱，段秀實謂岐靈岳曰:「事急矣! 使靈岳 詐為姚令言符，令旻且還，當與大軍俱發。」是日，泚召李忠臣 源休 姚令言 及秀實等，議稱帝事。秀實勃然，

起 奪休象笏，前唾泚面，大罵曰:「狂賊! 吾恨不斬汝萬段，豈從汝反耶?」因以笏擊泚，泚舉手扞之，纔中其額，濺血灑地。泚與秀實相搏，忠臣前助泚，泚得匍匐脫走。秀實知事不成，謂泚黨曰:「我不同汝反，何不殺我?」衆爭前殺之。上聞秀實死，恨委用不至，涕泗久之。

◯朱泚自稱大秦皇帝，改元應天。

◯上與陸贄語及亂故， 深自克責。贄曰:「致今日之患，皆羣臣之罪也。」上曰:「此亦天命，非由人事。」贄退，上疏以為:「陛下徵師日滋，賦斂日重， 內自京邑，外洎邊陲，行者 有鋒刃之憂，居者 有誅求之困。是以 叛亂繼起，怨讟並興。陛下有股肱之臣， 有耳目之任，有諫諍之列，有備衛之司，見危 不能竭其誠，臨難 不能致其死。臣所謂致今日之患 羣臣之罪者，豈徒言歟? 臣聞:『理或生亂，亂或資理。有以無難而失守，有因多難 而興邦。』今生亂 失守之事，則既往，不可復追矣。其資理 興邦之業在陛下克勵 而謹脩之。何憂乎亂人! 何畏乎厄運! 勤勵不息，足致升平。豈止蕩滌祆氛 旋復宮闕而已!」

◯十一月，神策河北行營節度使李晟 聞上幸奉天，引兵出飛狐道，晝夜兼行，至代州。詔加晟神策行營節度使。

◯朱泚攻圍奉天經月。城中 資糧俱盡。時 供御纔有糲米二斛。每伺賊之休息，夜縋人於城外，采蕪菁根而進之。李懷光入援，晝夜倍道，至河中，有衆五萬。李晟行且收兵，旬月間，至萬餘人。泚急攻奉天，城中死傷者 不可勝數。賊已有登城者，上與渾瑊對泣。時 士卒凍餒 又乏甲冑，瑊撫諭，激以忠義，皆鼓譟力戰。李懷光 自蒲城 引兵趣涇陽，並北山而西。癸巳 敗泚兵於醴泉，泚聞之，懼 引兵遁歸長安。衆以為 懷光復三日不至 則城不守矣。

○朱泚至長安，據府庫之富，不愛金帛，以悅將士。公卿家屬在城者 皆給月俸。神策及六軍 從車駕及李晟者，泚皆給其家糧。加以繕完器械，日費甚廣。及長安平，府庫尚有餘蓄。議者皆追怨有司之暴歛焉。

○李懷光 自山東来赴難，數與人言 盧杞 趙贊 白志貞之奸佞。且曰:「吾見上，當請誅之。」既解奉天之圍，自矜其功，謂上必接以殊禮。或以懷光之言，告盧杞。杞懼，言於上曰:「懷光勲業　社稷是賴。賊徒破膽，皆無守心，若使之乘勝　取長安，　則一舉可以滅賊。今聽其入朝，必當賜宴，留連累日，使賊入京城，得從容成備，恐難圖矣。」上以為然，詔懷光，直引軍，屯便橋，與李建徽　李晟刻期，共取長安。懷光自以數千里，竭誠赴難，破朱泚，觧重圍，而咫尺不得見天子。意怏怏曰:「吾今已為姦臣所排，事可知矣!」遂引兵去。至魯店 留二日乃行。

○上問陸贄以當今切務。贄以曏日致亂　由上下之情不通。勸上，接下從諫。又曰:「易:『乾下坤上　曰泰，坤下乾上曰否。損上益下 曰益，損下益上 曰損。』夫天在下 而地處上，於位乖矣，而反謂之泰者，上下交故也。君在上　而臣處下，於義　順矣，而反謂之否者，上下不交故也。上約己而裕於人，人必悅而奉上矣，豈不謂之益乎？ 上蔑人而肆諸己，人必怨而叛上矣，豈不謂之損乎?」上遣中使 諭之曰:「朕本性好推誠，亦能納諫。將謂君臣一體， 全不隄防，緣推誠信 不疑，多被姦人賣弄。今所致患害，朕思 亦無他，其失反在推誠。又諫官論事，少能慎密，例自矜衒，歸過於朕，以自取名。朕從卽位以來，見奏對論事者 甚多，大抵皆是雷同，道聽塗說。試加質問，遽卽辭窮。若有奇才異能在， 朕豈惜拔擢? 卿宜深悉此意。」贄以:「人君臨下，當以誠信 為本。諫者 雖辭情鄙拙，亦當優容 以開言路。若震之以威，折之以辯 則臣下何敢盡言?」又曰:「臣聞仲虺 贊揚成湯，不稱其無過，而稱其改過。吉甫歌誦周宣，不美其無闕，而美其補闕。」又曰:「為下者 莫不願忠，為上者 莫不求理。然而 下每苦 上之不理，上每苦下之不忠。若是者 何? 兩情不通故也。下之情 莫不願達於上，上之情 莫不求通於下。 然而 下恒苦 上之難達，上恒苦 下之難知。若是者 何? 九弊不去 故也。所謂九弊者，上有其六，而下有其三。好勝人，恥聞過，騁辯給，眩聰明，厲威嚴，恣彊愎 此六者 君上之弊也。諂諛，顧望，畏愞 此三者 臣下之弊也。」又曰:「諫者多 表我之能好，諫者直 示我之能賢，諫者之狂誣 明我之能恕，諫者之漏泄 彰我之能從。有一于斯，皆為盛德。」上頗用其言。

○李懷光頓兵不進，數上表，暴揚盧杞等罪惡。衆論宣騰，亦咎杞等。上不得已 十二月 貶杞為新州司馬，白志貞為恩州司馬，趙贊為播州司馬。

○陸贄言於上曰:「今盜遍天下, 輿駕播遷, 陛下宜痛自引過, 以感人心。昔成湯以罪己 勃興, 楚昭以善言 復國。陛下誠能不吝改過 以言謝天下, 使書詔, 無所避忌。臣雖愚陋, 可以仰副聖情。庶令反側之徒, 革心向化。」上然之。故奉天所下詔書。雖狂將悍卒 聞之, 無不感激揮涕。上又以中書所撰赦文, 示贄。贄上言為:「動人以言。所感已淺, 言又不切, 人誰肯懷? 又以知過非難, 改過為難。言善非難, 行善為難。假使 赦文至精, 止於知過言善, 猶願 聖慮更思所難。」上然之。

통감절요 45권

당기(唐紀) 덕종황제(德宗皇帝) 하(下)

갑자(甲子) 흥원(興元) 원년(서기 784년)

봄 정월 초하루[1]에 천하에 사면령을 내리고 연호를 고쳤다. 조서를 내렸다.

"짐이 깊은 궁중에서 성장해 국가를 경영하는 일에 어둡고, 쉽게 습관에 빠져 편안하게 살면서 위태로움을 생각하지 못했다. 경작하고 수확하는[2] 어려움을 알지 못했고, 전쟁을 하며 변방을 지키는 수고로움을 살피지[3] 못했으니, 아래로 은택이 끝까지[4] 미치지 못했고, 위로 백성의 사정

---

1) 朔 삭 : 초하루
2) 稼穡 가색 : 곡식을 심고 거두다
3) 恤 휼 : 근심할, 먹일, 긍휼할
4) 究 구 : 궁구하다, 끝까지 다하다

이 통하기 어려웠다.

일이 이미 막히고 격리되었고5) 사람들이 두려워하고 기가 꺾였지만6) 자신을 반성할 줄 모르고, 군대를 일으켜 사방의 병사를 징발하고, 천리 먼 곳으로 군량을 수송했다. 수레에 부세를 할당하고, 말을 장부에 기재하니, 가까운 곳 먼 곳 모두가 소란해졌다. 가는 자는 싸가지고 가고, 있는 자는 실어 보내니, 백성들이 고달팠다.7) 하늘이 위에서 견책해도 짐은 깨닫지 못했고 백성들이 아래에서 원망하는데도 짐은 알지 못하고, 그대로 어지러워지는 경로8)를 쫓아갔다.9)

도읍에서 변고가 일어나니, 만물이 질서를 잃고 구묘(九廟)10)가 떨고 놀랐다. 위로는 조상에게 누를 끼치고 아래로는 백성11)을 져버렸으니, 마음이 아프고 낯이 부끄럽다12). 실로 나에게 죄가 있다. 오랫동안 슬프고 부끄러워서 깊은 샘이나 골짜기13)에 떨어지는 것 같았다. 지금부터 궁전 안

---

5) 壅隔 옹격 : 막히고 격리됨

6) 疑阻 의조 : 의(疑) 의심할, 정하지 못할, 두려워 할. 조(阻) 험할, 기가 꺾일

7) 勞止 노지 : 수고하다, 고달프다. 지(止)는 이(已)의 뜻

8) 亂階 난계 : 어지러워지는 단서. 난(亂) 어지러울, 다스릴. 계(階) 차례로 밟아 가는 경로

9) 馴致순치 : 순(馴) 그대로하다. 길들일, 쫓을. 致 맡기다. 내던지다. 바치다.

10) 九廟 구묘 : 아홉 조상의 신주를 모신 곳

11) 蒸庶 증서 : =증민(蒸民) 백성. 증(蒸) 많을, 백성, 찔. 서(庶) 많을, 무리, 백성, 바라건데

12) 靦貌 전모 : 얼굴이 부끄럽다. 전(靦) 부끄러워 할, 얼굴이 부끄러운. 모(貌) 얼굴

팎에서 상서하고 아뢰면서 다시는 성신문무(聖神文武)라는 호칭을 언급하지 말라.

이희열(李希烈) 전열(田悅) 왕무준(王武俊) 이납(李納) 등은 모두 대대로 공이 있는 신하로서 각각 번진[14]을 지키고 있었는데, 짐이 어루만지고 부리는 방법을 잘못해[15] 그들 스스로 의심하고 두려워하도록 했다. 짐이 실로 군주답지 못했다. 그 사람들이 무슨 죄가 있겠는가! 마땅히 관할하던 장수와 관리 등과 함께[16] 모두 처음과 같은 자리에 있게 하겠다. 주도(朱滔)는 비록 주자(朱泚)의 일에 연좌되었으나, 길이 멀어 반드시 같이 모의하지는 않았을 것이니, 만일 (조정의 명을) 본받고 따를 것 같으면, 새롭게 고치도록 해줘라.

주자는 신하로서 황제의 칭호[名器][17]를 훔치고, 포악하게도 선왕들의 능침(陵寢)을 범해 조상님께 죄를 지었으니 용서할 수 없다. 위협을 당해 (어쩔 수 없이) 그를 따른 장수와 관리, 백성들이 반역자를 떠나 조정의 명령을 따른다면, 함께 사면하는 예에 따르도록 하겠다. 부과하고 있는 맥전(陌錢)을 제하는 것, 간가(間架)에 매기는 세금, 대나무와 나무 차나무 옻나무 소금 전매에 부과한 세금은 모두

---

13) 泉谷 천곡 : 샘과 골짜기

14) 藩維 번유 : =번진(藩鎭) 당대의 절도사(節度使). 전(轉)하여 지방의 군진(軍鎭)

15) 乖方 괴방 : 방법을 어그러뜨리다

16) 幷 병 : 어울리다, 함께 하다

17) 名器 명기 : 인륜상 신분상에서 쓰이는 군신 부자 존비 귀천 등의 명칭

마땅히 그만 두겠다"

천하에 사면령을 내리니 사방의 사람들이 마음으로 크게 기뻐했다. 황제가 장안으로 돌아온 다음 해가 되자, 이포진(李抱眞)이 입조해 상언하기를 "산동에서 사면하는 글을 포고하자 사졸이 모두 감동해 울었습니다. 신이 백성들의 마음이 이와 같음을 보건데, 적들이 평안하지 못할 것이라고 생각됩니다"라고 했다.

○ 주자가 국호를 고쳐 한(漢)이라 했다. 왕무준, 전열, 이납은 사면령을 보고 모두 왕이라는 칭호를 버리고 표문을 올려 사죄했으나, 오직 이희열은 군대가 강하고 재화가 풍부한 것을 믿고, 마침내 황제의 자리에 올라 국호를 대초(大楚)라 했다.

○ 황제가 행궁(行宮)[18]의 낭하 아래에 여러 도에서 공물로 바친 물건을 쌓아놓고 경림대영고(瓊林大盈庫)라는 나무판자 간판을 붙였다. 육지(陸贄)가 "전쟁하고 수비한 공에 대한 상이 아직 시행되지 못했는데, 갑자기 사사롭게 별도의 창고를 만드신다면, 사졸들이 원망해 다시 싸우고자 할 뜻이 없어질 것이라고 생각됩니다"고 상소해 간언하니, 황제가 곧 명령해 그 간판을 치웠다.

○ 소복(蕭復)이 일찍이 황제에게 "폐하께서 즉위하신 초기에 성덕이 널리 미쳤는데, 양염(楊炎)과 노기(盧杞)가 조

18) 行宮 행궁 : 임금이 행차해 임시 머무는 궁

정을 혼탁하게 하고 어지럽혀서 금일에 이르렀습니다. 폐하께서 진실로 뜻[19]을 바꾸신다면, 신하가 감히 힘을 다하지 않겠습니까? 만일 신으로 하여금 아첨해 구차하게 당장을 모면하게[20] 하신다면, 신은 아무 것도 할 수 없습니다"라고 했다.

또 일찍이 노기와 함께 같이 일을 아뢰었는데, 노기가 황제의 뜻을 따르자 소복이 정색하며 말하기를 "노기의 말은 옳지 않습니다"고 했다. 황제가 놀라[21] 물러나서 좌우에 말하기를 "소복이 짐을 깔보는구나" 하고는, 소복을 산동서와 형호[山東西 荊湖] 등 도(道)의 선위안무사(宣慰安撫使)로 임명했다. 실은 그를 멀리한 것이다.

○ 2월, 이회광(李懷光)은 조정을 협박해 노기 등을 쫓아냈는데, 내심 스스로 불안해하다가 마침내 다른 뜻이 생겼다. 또 이성(李晟)이 혼자서 한 방면을 담당하는 것을 미워했고, 그 성공을 두려워 해, 이성의 군대와 합할 것을 청했다. 조서로 그것을 허락했다.

이회광이 함양에 주둔해서 여러 날을 머물면서 전진하지 않고, 몰래 주자와 서로 통해 모의하다가 흔적이 드러났다. 이성이 자주 아뢰기를 "그에게 변화가 있어 공격[22] 당할

19) 叡智 예지 : 임금의 뜻
20) 依阿苟免 의아구면 : 아첨해 당장을 모면함, 아첨해 자신의 할 일을 하지 않음
21) 愕然 악연 : 놀라다
22) 併 병 : 아우르다, 다투다

것이 걱정되니 군대를 동쪽 위교로 옮길 것을 청했다. 황제가 그것을 따랐다.

○ 정묘(丁卯)일에 이회광이 그의 장수 조승란(趙昇鸞)을 보내 봉천에 들어가게 했다. 혼감(渾瑊)이 그것을 듣고 급히 황제에게 양주 행차를 빨리 결행하도록 청하니 황제가 그것을 따랐다.

○ 이성(李晟)을 하중동강절도사(河中同絳節度使)에 제수하고 평장사(平章事)를 더해주었다. 이성이 관직에 제수되자 울면서 절하고 명을 받들었다. 보좌하는 장수에게 "장안은 종묘가 있는 곳이요, 천하의 근본인데, 만약 여러 장수들이 모두 행차를 따른다면, 누가 적을 멸한단 말인가"고 말하고는, 성과 해자를 수리하고 갑옷과 무기를 수선해 경성을 수복할 계획을 세웠다.

이때 이회광과 주자는 병력을 연합해 성세가 더욱 커졌다. 어가가 남쪽으로 행차해 인심이 어수선했는데[23], 이성이 외로운 군대로 두 강한 적 사이에 있었다. 안으로는 물자와 식량이 없고 밖으로는 구원병이 없었으나, 충의로써 장사들을 감동시켜 분발하게 했기 때문에, 그 군대가 비록 외롭고 약했지만[單弱], 군대의 용맹하고 날쌘 기상[銳氣]은 쇠하지 않았다.

○ 3월에 전열(田悅)이 그 조카인 전서(田緖)에게 죽임을

---

23) 擾擾 요요 : 어지러울, 어수선할

당했다. 전서는 임시로 군부의 일을 하며, 표문을 받든 사자를 행재소에 보낸 뒤 성을 지키면서 명을 기다렸다.

○ 처음 이회광의 세력이 강하기 때문에 주자가 그를 두려워 해 이회광에게 편지를 보내 그를 형으로 섬겼다. 이회광이 반란을 결심하고 황제의 어가를 핍박해 남쪽으로 몽진하게 만들자, 그 부하들 중 배반하는 자들이 많아져 세력이 더 약해졌다. 주자는 이회광에게 조서를 내려 신하의 예로써 그를 대하고 또 그의 병사를 징발했다.

이회광은 창피스럽고 분했다. 안으로는 부하가 반란을 일으킬까 걱정했고, 밖으로는 이성이 자기를 습격할까 두려워했다. 마침내 군영을 불사르고 동쪽 하중으로 도망갔다. 장사들이 길에서 흩어지고 도망자가 서로 이어졌다.

○ 상이 길에 있을 때, 백성 중에 참외와 과일[24]을 바친 자가 있었다. 상이 그에게 시관(試官)을 제수하고 싶어 육지에게 물었다. 육지가 올린 상주문은 대략 다음과 같다.

"전쟁이 일어난 이래 재물과 부세로는 하사품을 공급하기에 부족했기 때문에 관직을 상으로 주는 일이 일어났습니다. (그러다 보니) 푸른색과 붉은색의 관복이 하급관리와 뒤섞이고[25], 금인과 자색 끈이 하인[26]에게까지 널리 베풀어

---

24) 瓜果 과과 : 참외와 과일, 과일

25) 雜沓 잡답 : 뒤섞이다, 합해지다

26) 輿阜 여조 : 관청의 천역(賤役)에 종사하는 사람. 여(輿) 수레, 수레 끄는 사람. 조(阜) 마구간 하인

지고 있습니다. 지금의 병폐는 작위를 가볍게 여기는데 있습니다. 법을 만들어 그것을 귀하게 하더라도 오히려 중해지지 않을까 걱정되는데, 만약 또다시 스스로 버리신다면, 장차 사람들에게 어떻게 권면하겠습니까?

만약 참외와 과일을 바친 자에게 시관을 제수한다면, 저들은 반드시 이렇게 말할 것입니다. '나는 목숨을 개의치 않고 (싸워) 관직을 얻었는데, 이 사람은 참외와 과일을 바치고 관직을 얻었다. 이는 곧 국가가 우리의 목숨을 오이와 과일과 같이 여기는 것'이라고 할 것입니다. 사람 보기를 초목과 같이 한다면, 누가 다시 쓰이려고 하겠습니까?"

○ 육지가 한림원에 있을 때 황제에게 신임을 받았다. 간난 중에 있을 때는 비록 재상 (버금가는) 자리에 있었지만, 황제가 대소사를 모두 육지와 상의했다. 그러기에 당시 그를 일러 내상(內相)이라 했다.

그러나 육지가 자주 직간을 해 황제의 뜻을 거역하자, 황제는 관에서 좌천된 노기를 마음 속으로 비호했다. 육지가 노기의 간사함으로 반란이 일어났다고 극렬하게 말했는데, 황제 겉으로는 그 말을 따랐으나 마음으로는 기뻐하지 않았다. 그런 이유로 유종일(劉從一)과 강공보(姜公輔)는 모두 하급관료에서 (재상에) 등용되었지만, 육지의 경우 은혜와 대우는 융숭했지만, 재상이 되지는 못했다.

○ 이성(李晟)의 집안 식구 1백여 명과 신책군사의 가속이 모두 장안에 있었는데, 주자가 그들을 잘 대우해줬다. 군인 중에 집안일을 언급하는 자가 있자, 이성이 울면서 말

하기를 "천자가 어디에 계시는데, 감히 집안일을 언급하는가"고 말했다.

주자가 이성과 친한 사람을 시켜 그의 집 사람이 쓴 서신을 이성에게 전달하고 "공의 집은 무탈합니다"라고 말하게 했다. 이성이 노해 "네가 감히 적의 간첩이 되었구나" 하고는, 곧 그의 목을 베었다.

군사에게 봄옷을 주지 못했고, 한여름에도 여전히 겨울옷[27]을 입었으나, (군사들에게는) 끝내 배반할 마음이 없었다. 혼감이 여러 군을 거느리고 봉천에 주둔해, 이성과 함께 동서에서 서로 호응해 장안을 핍박했다.

○ 황제가 당안공주(唐安公主)를 위해 탑을 만들어 후히 장례 지내주고 싶어 했다. 강공보가 표문을 올려 간언했다. 황제가 사람을 시켜 육지에게 말하기를 "당안공주를 위해 탑을 만드는 것은 그 비용이 매우 적어 재상이 논할 바가 아닌데도, 강공보가 바로 짐의 과실을 지적한다. 이는 스스로 명예를 구하고자 하는 것일 뿐이다. 재상이 짐을 저버림이 이와 같으니, 어떻게 대처해야 하겠는가?" 하니, 육지가 상주하기를 "강공보는 재상의 지위에 있으니 일이 있으면 의논하고 간쟁해야 합니다. 그를 죄주는 것은 부당합니다"라고 했다. 그러나 황제는 오히려 노해 강공보를 파직시키고, 좌서자로 좌천시켰다.

황제가 육지에게 "최근에 산북에서 온 낮은 관원들이 있

---

27) 裘褐 구갈 : 짧은 모포 옷, 전(轉)하여 소박한 옷, 겨울옷

는데, 이들은 대체로 훌륭한 선비가 아니다. 형건(邢建)이라는 자가 적의 형세를 말하는데, 말이 매우 장황했다. 그의 속사정을 살펴보니 정탐하러 온 듯도 했다. 지금 한 곳에 안치했으나 이와 같은 무리가 몇 명 더 있다. 만약 그들을 찾아내지 않는다면 간사한 계책을 이룰까 걱정된다. 경이 그것을 한번 생각해보아라. 어떻게 하는 것이 좋겠는가?"고 물었다. 육지가 황제에게 대략 다음과 같이 상주했다.

"한 사람이 보고 들어서 우주의 변화하는 모습을 다 보고자 하고, 한사람이 방비하고 염려해 억조 만백성의 간계를 이기고자 한다면, 머리 쓰는 일은 더욱 조밀해지고 도리를 잃는 일은 더욱 심해집니다. 항적(項籍)은 진(秦)나라의 항복한 병졸 20만 명을 받아들이고는 그들이 간계를 품고 다시 배반할까 우려해 일거에 다 묻어 죽였습니다. 이는 너무 심하게 방비하고 헤아린 것입니다.

한(漢) 고조(高祖)는 활달하고 도량이 커서 천하에서 온 선비들을 받아들이고 의심하지 않았으니, 그 대비와 염려에 소홀했다고 이를 만합니다. 그러나 항씨는 이 때문에 멸망했고 유씨는 이 때문에 번창했으니, 의심을 쌓는 것이란 정성을 다하는 것에 비해서 그 효험이 똑같지 않습니다.

진시황은 엄숙하고 지나치게 의심했는데[28], 형가(荊軻)가 분격해 은밀히 살해할 계책을 실행했고, 광무제는 관용하고 후덕하므로 마원(馬援)이 그 정성을 바쳤습니다. 마음을 비

---

28) 雄猜 웅시 : 심하게 의심하다

우고 남을 대하면, 남 또한 어찌 따르고 싶어하지 않겠습니까? 술수29)를 부려 남을 부리면 남도 끝내 가까이 하지 않습니다"

육지는 또 다음과 같이 말했다.

"폐하께서는 지혜가 여러 사람 중에서도 특출하시기 때문에 신하의 마음을 가벼이 대하는 일이 있습니다. 생각이 온갖 중요한 일을 두루 살피시므로, 혼자 우주30)를 부리려는 뜻이 있으십니다. 계책은 여러 사람의 지략을 안중에 두지 않고31), 지나치게 신중한 방비를 하십니다. 명석하시니 여러 실정을 환하게 알고, 일에 앞서 살피고, 백관을 엄하게 단속하면서, 형벌로 다스리려는 생각이 있고, 위엄으로 사방을 제어하고 힘으로 잔악한 자들을 이기려는 뜻이 있으십니다.

이로 말미암아 재능이 있는 자는 임무를 맡기지 않는 것을 원망하고, 충성스러운32) 자는 의심 받는 것을 걱정하고, 공훈이 드러난 자는 용납 받지 못할까 두려워하고, 반심을 품은 자는 토벌이 올 것에 쫓겨 그대로 이반하게 되고, 화와 재앙33)을 만들게 됩니다. 원컨대 폐하께서 실패한 자의 자취34)를 교훈으로 삼으신다면, 종묘사직에 끝없는 아름다

---

29) 任數 임수 : 꾀, 권모술수, 심계

30) 區寓 구우 : 우주

31) 呑 탄 : 삼키다, 경시하다, 안중에 두지 않다

32) 忠藎 충신(진) : 주(註) 충성을 바치는 것에 끝이 없다. 충(忠) 충성. 신(藎) 바침이 끝이 없다

33) 馴致 순치 : 점차로 변화함, 자연히 그렇게 됨

움이 될 것입니다"

○ 황제가 육지에게 말하기를 "혼감과 이성의 여러 군대에게 의논하고 계획해 진격하게 하겠다"고 했다. 육지는 "성군(聖君)은 장수를 선발해 임무를 맡기고, 성공을 책임지게 합니다. 그 때문에 공을 세울 수 있습니다"라고 하고, 곧 상주했다.

그 대략은 "들판과 언덕에서는 칼날과 화살촉이 맞부딪치는데 구중의 궁궐에서 계책을 결정하거나, 순간순간[35] 중요한 시기가 바뀌는데 천리 밖에서 계책을 결정하면, 쓸 것인가 버릴 것인가가 모두 꺼려지고[36], 잘하거나 못하거나 모두 흉사가 됩니다. 위로는 장수를 간섭해 자유롭게 못하게 한다[37]는 원망[38]이 있고, 아래로는 죽음을 각오하고 싸우려는 뜻[39]이 없어지게 될 것입니다"는 것이었다. 또 "임금의 권세가 신하와 다른 점은 마음대로 할[40]수 없다는 점입니다. 그래야 사람을 쓸 수 있습니다"라고 말했다.

---

34) 覆車之轍 복거지철 : 뒤집힌 수레의 바퀴자국. 즉 실패한 자의 경험

35) 斯須 사수 : 잠깐 동안, 순간순간

36) 礙 애 : 거리끼다, 방해받다

37) 掣肘 철주 : 간섭해 자유롭게 못하게 함, 팔뚝을 잡아끈다는 뜻

38) 譏 기 : 나무라다, 충고하다, 원망하다

39) 死綏之志 사수지지 : 주(註) 수(綏)는 수레 안에서 잡는 끈. 말타는 사람이 반드시 고삐 끈을 잡는 것과 같다. 사수(死綏)는 끈을 잡고 죽음을 각오하고 싸우면서, 그것을 버리고 도망하지 않는다는 말

40) 自用 자용 : 자기 마음대로 하다

○ 경인(庚寅)일에 이성이 대대적으로 병사들을 늘어놓고 경성을 수복한다고 알리고, 군대를 이끌고 통화문 밖에 이르렀다. 주자의 군대가 크게 몰려왔다. 이성이 군대를 보내 공격하니 적이 패해 도망갔다. 다시 싸워서 또 격파하니 적의 군대가 크게 무너졌다. 요령언(姚令言)이 남은 군사를 이끌고 서쪽으로 도망했다.

이성이 함원전 앞에 주둔하고 여러 군사들에게 명령했다. "내가 장병들의 힘 덕분에 궁궐 안의 적들을 깨끗이 청소했다. 장안의 선비와 백성들이 오랫동안 적의 통치 하에 있었으니, 만약 우리들이 조금이라도 권세를 부리거나[41] 놀라게 한다면, (이는) 백성들을 위로하고[42] 죄 있는 자를 징벌하려는 뜻이 아니다"라고 했다.

이성의 대장 고명요(高明曜)가 적의 기생을 빼앗고, 상가고(尙可孤)의 군사가 마음대로 적의 말을 빼앗아 가졌다. 이성이 그들을 모두 목 베었다. 군중이 두려워 다리를 떨었다. 공사(公私)가 모두 안도해 추호도 범하는 것이 없었다.

유월에 이성이 장서기(掌書記) 우공이(于公異)를 보냈다. 승전을 알리는 노포(露布)[43]를 만들어 행재소에 올리면서 "신이 이미 궁실을 청소하고 능묘에 가서 배알했는데, 종거도 옮겨지지 않았고 묘당의 모습도 옛날과 같습니다"라고 했다. 황제가 눈물을 흘리며 "하늘이 이성을 내신 것은 사

---

41) 震 진 : 떨치다, 놀라게 하다, 권위를 부리다

42) 弔民 조민 : 백성을 위로하다, 조문하다

43) 露布 노포 : 승전을 알리는 글, 비단에 글을 써서 옻칠(漆)한 장대에 걸었다

직을 위함이지, 짐을 위함이 아니다"라고 말했다.

○ 주자가 토번으로 달아나려 하자, 그 군사들이 따라가다가 길에서 흩어져 도망쳤다. 팽원(彭原) 서성(西城)에 이르러 그 장수인 양정분(梁庭芬) 등이 그를 베고, 수급을 마차로 행재소에 보냈다.

○ 어가가 장안에 이르자 이성이 삼교에서 황제를 알현했다. 먼저 적을 평정한 것을 하례하고, 후에 수복됨이 늦었음을 사죄했다.

○ (그 전에) 숙종(肅宗)이 영무(靈武)에 있을 때 상이 봉절왕(奉節王)이었는데, 이비(李泌)에게 학문을 배웠다. 대종(代宗) 때에는 이비가 봉래서원에 살았다. (황제가) 태자가 된 뒤에도 그와 교유했고, 황제가 흥원(興元)에 있을 때는 이비가 항주자사였는데, 황제가 급히 조서를 내려 그를 부르니 목주자사 두아(杜亞)와 함께 행재소에 왔다. 이비를 좌산기상시(左散騎常侍)로 삼아 날마다 서성(西省)에 숙직하게 했다.

○ 상이 이비에게 "하중(河中)은 경성과 가깝고[44], 삭방의 병사들[朔方兵]은 평소에 정예라고 말해진다. 짐은 밤낮으로 그것을 걱정한다. 어찌 해야 하는가"라고 물었다. 이비가 대답했다.

---

44) 密邇 밀이 : 가까울, 접근함

"천하의 일은 심히 걱정할만한 사안이 있습니다만, 오직 하중은 근심할 것이 없습니다. 이회광이 봉천의 포위를 풀고 나서 주자가 변방[45]의 망한 오랑캐란 것을 보고도 공격하지 않고 있다가 마침내 그와 연합해, 이성에게 공을 세울 수 있게 해주었습니다.

지금 폐하께서 이미 궁궐로 돌아오셨는데, 이회광이 몸을 묶고 벌을 청하지 않고, 조정의 사신을 잔인하게 죽이고, 하중에 쥐새끼처럼 숨어 있습니다. 마치 악몽을 꾸다가 가위에 눌린 사람[46]같을 뿐입니다. 며칠 못가서 그의 부하에게 효수당할 것이니, 여러 장수들에게 손을 빌리라고 할 것도 없다고 생각됩니다"

○ 처음에 환관인 어조은(魚朝恩)이 주살된 후, 대종(代宗)이 다시는 환관에게 병권을 맡기지 않았다. 상이 즉위한 뒤 금병(禁兵)을 모두 백지정(白志貞)에게 맡겼다. 백지정이 죄를 얻자, 상이 다시 환관 두문장(竇文場)에게 그를 대신하게 하고, 황제를 따라 산남으로 몽진했다. 양군(兩軍)[47]이 점점 모여들었다.

황제가 장안으로 돌아와서는 숙위하는 장수들이 병권을 많이 잡고 있는 것을 꺼려해 점점 그들을 파면했다. 두문장을 감신책군 좌상병마사(監神策軍 左廂兵馬使)로 삼고, 왕

45) 垂 수 : 변방, 변경, 가장자리

46) 夢魘 몽염 : 꿈꾸다가 가위눌린, 악몽을 꾸는

47)兩軍 양군 : 좌신책군(左神策軍)과 우신책군(右神策軍)

희(王希)를 감신책군 우상병마사(監神策軍 右廂兵馬使)로 승진시켜, 환관에게 금군(禁軍)을 맡게 했다.

○ 이때 해마다 가뭄이 들고 메뚜기 떼가 창궐해 탁지부(度支部)의 물자와 식량이 고갈되었다. 일을 말하는 자들 중에 이회광을 사면하라고 청한 자가 많았다. 이성이 "이회광 사면에 다섯가지 불가함이 있습니다"고 말씀을 올렸다.

마수(馬燧)가 행영에서 입조해 "이회광의 흉포함과 반역이 더욱 심해져 그를 사면한다면, 천하에 명령을 할 수 없게 됩니다. 원컨대 한 달의 식량을 더 주신다면, 반드시 폐하를 위해 그를 평정하겠습니다"라고 했다. 상이 그것을 허락했다. 8월에 마수가 여러 군을 거느리고 하서에 이르렀다. 하중의 군사들이 스스로 서로 놀라 혼란스러워졌다. 이회광이 어찌할 줄을 모르다가 드디어 목매어 죽었다. 마수가 스스로 말하고 하중으로 행군해 평정할 때까지 27일이 걸렸다.

을축(乙丑) 정원(貞元) 원년(785년)

황제가 사람을 시켜 육지에게 "하중이 다 평정되었으니 다시 무슨 일이 있겠는가? 마땅히 구분해 처리할[48] 바를 모두 조목조목 아뢰도록 하라"고 했다. 육지는 하중이 다 평정되었으니 반드시 임금의 뜻에 맞추어[希旨] 일을 만들어 내는[生事] 사람이 있을 것이라며 상소했다.

---

48) 區處 구처 : 구분해 처리함, 거처

"'왕사가 향하는 곳마다 무적이니, 승세를 타고 회서를 토벌하자'고 청하는 자가 반드시 있을 것입니다. 이희열은 그의 부장 및 새로 귀부한 여러 장수들에게 '봉천에서 전쟁을 그치겠다는 임금의 뜻은 곤궁하고 위급해 한 말이니, 조정이 조금씩 안정되면 반드시 다시 주벌할 것'이라고 할 것입니다.

사방의 배반했었던 죄인들 누가 스스로 의심하지 않겠습니까. 하삭(河朔), 청제(青齊)가 당연히 향응할 것입니다. 이는 전쟁이 이어지며 재앙이 되고, 부세와 요역이 번거로워져 건중(建中) 연간의 우환이 다시 일어날 것입니다"

그는 또 상주했는데, 그 대략은 "복은 여러 번 바랄 수 없고, 요행은 항상 엿볼 수 없습니다. 신은 재앙을 만들까봐 우려하지, 감히 복을 얻는 일을 하례하지 않습니다"라면서, "이전에 그들을 토벌하면 더욱 배반했는데, 지금 그들을 용서하니 모두 귀의해 왔습니다. 전에는 백만의 군사로도 힘을 다 썼는데[49], 지금은 짧은[50] 조서로 교화되어 흡족해 합니다. 이것으로 성왕이 다스리는 도를 펼치시고 사나운 사람을 굴복시킨 것은, 덕(德)에 의한 것이지, 군사로 하지 않았음을 알 수 있는 것입니다"라고 했다.

상이 이에 여러 도에 조서를 내려 "회서(淮西)와 인접해 있는 곳은 마땅히 각각 봉지를 지키고, 저들이 침범해오지 않거든 군이 진격해 토벌하지 말고, 이희열이 만약 항복하

49) 殫 탄 : 다할, 다 없애다, 쓰러지다
50) 咫尺 지척 : 짧은 거리나 적은 분량을 비유

면 대우해 죽이지 않을 것이고, 나머지 장사와 백성은 일절 묻는 바가 없게 하라"고 했다.

병인(丙寅) 2년(786년)

이희열은 채주(蔡州)에 있었다. 군의 세력이 날로 위축되었다. 마침 병이 났는데, 하(夏) 사월에 대장 진선기(陳仙奇)가 의사 진산보(陳山甫)를 시켜 그를 독살하게 했다. 그리고 군사를 들어 항복했는데, 병마사(兵馬使) 오소성(吳少誠)이 다시 진선기를 죽이고 스스로 유후(留侯)가 되었다.

○ 관중 창고의 양식이 고갈되자, 금군(禁軍) 중 어떤 사람은 스스로 두건을 벗고 길에서 "우리를 군대에 잡아놓고 식량을 공급하지 않으니, 우리가 죄인인가!"라고 호소했다. 황제가 그것을 심히 우려했다. 마침 한황(韓滉)이 3만 곡(斛)의 쌀을 운반해 섬(陝)에 도착했다. 이비가 곧 그것을 아뢰었다.

황제가 기뻐하며 급히 동궁에 이르러 태자에게 "쌀이 이미 섬주에 도착했으니, 우리 부자는 살게 되었다"고 말했다. 이 때 궁중에서 술을 빚지[51] 못하게 했는데, 동네의 시장[52]에서 술을 사서 즐기라고 명령하고, 또 중사를 보내 신책 육군(神策 六軍)에게 알리게 하니, 군사들이 모두 만세를 외쳤다.

---

51) 釀 양 : 술을 빚다

52) 坊市 방시 : 동네 시장

이 때 해마다[53] 기근[54]이 들어 병사와 백성들 대부분이 수척하고 얼굴빛이 검었다. 이 때쯤 보리가 익자 시장에 술 취한 사람이 생겨났는데, 이것을 좋은 징조[55]로 여겼다. 사람이 졸지에[56] 포식하게 되자, 죽는 자가 다섯 사람중 하나였다. 몇달 지나니 사람들 피부색이 옛날처럼 회복되었다.

○ 처음에 상이 부병(府兵)을 회복하는 문제를 상시(常侍) 이비와 의논했다. 이비가 상을 위해 역대의 부병, 서위(西魏) 이래 흥하고 폐한 이유를 서술했다.

"부병은 평소 모두 농지에 안거하는데, 매 부에 절충(折衝)이 있어 그것을 거느렸습니다. 절충은 농한기에 전투와 진 치는 법을 교육하고 익히게 합니다. 국가에 징발할 일이 있으면, 부절[57]을 가지고 그 주(州)와 부(府)에 내려 보내서로 대조해[58] 병사를 징발했습니다. 정한 기일에 정한 장소에 이르면, 장수가 조사하고 검열했고, 정밀하지 않은 점이 있으면 절충부를 죄주고, 심한 경우 죄가 자사에게까지 미쳤습니다.

군에서 돌아오면 공훈을 내리고 상을 주었고, 편리하고 빠른 길[59]에서 그들을 해산시켰습니다. 군대에 갔던 자는

---

53) 比歲 비세 : 해마다

54) 饑饉 기근 : 흉년(이 들다), 기근

55) 嘉瑞 가서 : 길조, 훌륭한 조짐

56) 乍 사 : 졸지에, 언뜻

57) 符契 부계 : =부신(符信)=부절(符節)=신표

58) 參驗 참험 : 참(參) 간여할, 섞일. 험(驗) 증험, 표징, 증거, 효능

한 철[60]을 넘기지 않았고, 길어도 1년을 넘기지 않습니다. 고종(高宗)이 유인궤(劉仁軌)를 조하진수사(洮河鎭守使)로 삼아 토번(吐蕃)을 침범하게 하니, 비로소 오랫동안 수자리를 지키는 군역이 있게 되었습니다.

무후(武后) 이래로 태평한 날이 오래되자 부병제가 점점 무너졌습니다. 사람들에게 천대받았고, 백성들이 그것을 부끄럽게 여겨 손과 발을 물로 찌고 다리미로 지져서라도[61] 그 군역을 피하려 했습니다.

또 우선객(牛仙客)이 재물을 모아 재상을 얻으니, 변방의 장수가 이것을 본받았습니다. 산동지방의 수자리 지키는 병사들은 대체로 채색 비단을 싸가지 와서 스스로 몸에 지녔는데[62], 변방의 장수가 그들을 꾀어 부고(府庫)에 맡기게[63] 하고, 낮에는 심한 노역을 시키고 밤에는 지하 움 속에 매어[64] 두었습니다. 그들의 죽으면 그 재물을 몰수하는 것이 이롭기 때문에 천보(天寶) 연간 이후 산동의 수자리 서는 병사들 중 돌아간 자가 십에 두, 셋이 못 되었습니다.

그 잔혹함이 이와 같았으나 밖으로 반란을 일으키거나 안으로 장수를 죽이고 제멋대로 행동한 자가 없었던 것은

---

59) 便道 편도 : 편리하고 빠른 길

60) 時 시 : 사시, 철

61) 蒸熨 증위 : 증(蒸) 찌다. 위(熨) 다리미로 다리다(지지다)

62) 隨 수 : 따를, 함께 떨어지지 아니함

63) 寄 기 : 부치다, 보내다, 맡기다

64) 縶 집 : 마소를 잡아매다, 매다, 고삐, 굴레

자신의 전원(田園)을 생각하고 사랑해, 종족에게 누를 끼칠까 봐 두려워했기 때문입니다.

그런데 개원(開元) 말기부터 장설(張設)이 처음 장정병(長征兵)을 모집해 이들을 일러 확기(彍騎)라 하고, 후에 그들을 늘려서 6군을 만들었습니다. 이임보(李林甫)가 재상이 되자, 백성을 모집해 모든 군대를 만들자고 아뢰어, 병사들이 자리를 잡고 살지 않게 되었습니다. 또 종족이 없게 되니, 자중하지 않고, 자기 몸을 잊고 (충성 바치는 것을) 아까워하고 이익을 쫓게 되었습니다. 마침내 재앙과 난이 생겨나고, 지금에 이르러서는 근심거리[65]가 되었습니다.

이전에 부병의 법이 항상 보존되고 폐지되지 않았다면, 어찌 아랫 사람이 윗 사람을 범해 윗 사람의 권위가 땅에 떨어지는[66] 우환이 있었겠습니까? 폐하께서 부병을 회복시키고 싶어 하시니, 이는 사직의 복입니다. 태평한 날이 있을 것입니다"

황제가 말하기를 "하중이 평정되기를 기다려, 마땅히 그 문제를 경과 의논하겠다"고 했다.

○ 처음에 토번이 마수(馬燧)에게 화친을 구했는데, 마수가 그 말을 믿고 그들을 위해 조정에 청했다. 이성은 "오랑캐는 신의가 없으니, 그들을 공격하는 것이 낫다"고 주장했

65) 梗 경 : 대개, 대강, 가시나무, 근심

66) 下陵上替 하릉상체 : 아랫 사람이 윗 사람을 범해 윗 사람의 권위가 떨어짐. 체(替) 폐할, 갈, 막힐

다. 마수와 장연상(張延賞)은 모두 이성과 틈이 있었다. 그 계책에 반대하고자 화친하는 것이 편리하다고 다투어 말하니, 황제가 그들의 말대로 계책을 정했다.

○ 5월에 혼감(渾瑊)이 함양(咸陽)에서 조정에 왔다. 그를 청수회맹사(淸水會盟使)로 삼아 2만여 명을 거느리고 회맹하는 장소로 가게 했다. 혼감이 토번과 신미(辛未)일에 맹약키로 결정했다고 아뢰자, 장연상이 백관을 모아놓고 혼감의 표문을 보이면서 "이태위는 토번과의 화친이 이루어지지 못할 것이라 했는데, 이것은 혼시중의 표문입니다. 맹약하는 날이 정해졌습니다"라고 했다.

이성이 그것을 듣고 울면서 친한 사람들에게 말하길 "나는 서쪽 변방에서 나고 자라서 토번의 사정을 자세히 안다. 논리대로 아뢴 까닭은 단지 조정이 오랑캐에게 모욕당하면 수치라고 여겼을 뿐이다"라고 했다.

신미일 회맹하는 날, 토번은 정예기병 수만을 단(壇)의 서쪽에 매복해놓았다. 혼감 등이 모두 모르고 막사로 들어가 예복으로 갈아입었다. 토번이 북을 세 번 치고 크게 함성을 지르며 몰려왔다. 혼감이 장막 뒤로 탈출해 우연히 다른 말을 얻어 탔다. 당(唐)나라 장수와 병사들은 모두 동쪽으로 달아났다. 토번이 병사들을 쫓아 추격하니, 혹자는 살해당하고 혹자는 사로잡혔다.

이 날 상은 여러 장수에게 "오늘 토번과 화친하는데, 전쟁을 그치는 것은 사직의 복이다"라고 했다. 마수가 "그러합니다"라고 대답했다. 그러나 유혼(柳渾)은 "토번은 승냥이나 이리와 같습니다. 맹서로 우호를 맺을 수는 없습니다. 오늘의 일을 신이 생각하건데, 걱정됩니다"라고 말했다. 이성은 "진실로 유혼의 말과 같습니다"라고 말했다.

황제는 얼굴색이 바뀌며 "유혼은 서생이라 변방의 계책을 알지 못하면서 대신으로서 그런 말을 하는가"라고 꾸짖었다. 모두 땅에 엎드리고 머리를 조아리면서 사죄하고 조회를 끝냈다.

이날 저녁 한유괴(韓遊瓌)가 표문을 올려 토번이 회맹을 위협했다고 말하니 황제가 크게 놀랐다. 다음날 유혼에게 말하기를 "경은 서생인데, 적을 이와 같이 헤아릴 수 있다니! 훤히 아는 것[67]이 아닌가?"라고 했다. 황제가 이로 말미암아 마수를 미워하게 되었다.

○ 처음에 토번의 상결찬(尙結贊)이 이성과 마수, 혼감을 미워해 "이 세 사람을 제거하면 당나라를 도모할 수 있다"고 했다. 이에 이성을 이간질하고, 마수를 통해 당나라에 화친을 요구했으며, 혼감을 사로잡아 마수를 배반하게 해서, 그들 모두 죄를 얻게 하려고 했다. 그런 연후 군대를 풀어 곧바로 장안을 침범하고자 했는데, 혼감을 놓치자 중지했다.

○ 이비를 중서시랑 동평장사(中書侍郞 同平章事)로 삼았다. 이비가 이성과 마수, 유혼과 함께 들어와 알현했다. 황

---

67) 審 심 : 살피다, 자세하다, 훤히 알다

제가 이비에게 “지금부터 군대의 양식과 저축에 관계된 일은 경이 주관하고, 이부와 예부 일은 장연상에게 위임하고, 형법은 유혼에게 위임하겠다”고 했다.

그러자 이비는 “안됩니다. 폐하는 신에게 재능이 없다 여기지 않으시고, 신을 재상의 직책에 있게 하셨습니다. 재상의 직은 나눌 수 없습니다. 급사중에 이과[吏 過官] 병과[兵過官]가 있고, 중서사인(中書舍人)에 육압(六押)이 있는 것과는 같지 않습니다. 재상이란 천하의 일과 백성을 다 공평하게 다스려야[68] 합니다. 만약 각각 주관하는 바가 있다면, 이는 곧 유사(有司)이지 재상이 아닙니다”라고 말했다. 황제가 웃으며 말하기를 “짐이 마침 실언을 했구나, 경의 말이 옳다”고 했다.

○ 황제가 다시 이비에게 부병을 회복할 계책을 묻자, 이비가 아뢰었다.

“농기구를 주조하고, 보리 종자를 지급해 변경에 있는 군진에 나눠 주고, (그 다음) 변방을 지키는 병사를 모집해 황폐한 밭을 경작하게 하고, 파종하게 하십시오. 관중은 땅이 비옥한데 오래 황폐했으니, 반드시 수확이 많을 것입니다. 변방을 지키는 병사들이 둔전으로 인해 부유해지면, 그 땅이 편안하므로 다시 돌아가고 싶어 하지 않을 것입니다.

옛 제도에 변방을 지키는 병사들은 3년마다 교대했습니다. 만기가 될 시기에 명령을 내려 남기를 원하는 자가 있

68) 平章 평장 : 백성을 공평하게 잘 다스리는 것

으면, 개간한 밭을 영업전(營業田)으로 해주십시오. 집안 식구들을 데려오기 원하면, 본적지에서 그들에게 장첩[69]을 발급해 먹을 것을 계속 대주면서[70] 변방으로 보내게 하십시오.

불과 몇 번[71]이면 수졸들이 모두 토착하게 될 것입니다. 이에 모두 부병(府兵)의 법으로 그들을 다스린다면, 이는 관중의 병폐를 부강으로 바꾸는 일이 될 것입니다"

황제가 기뻐하며 "그와 같이만 된다면, 천하에 다시는 일이 없을 것이다"라고 말했다.

○ 홍원(興元) 이후 이 해까지 계속 풍년이 들어 쌀 한 말 값이 1백50전이고, 조(粟)는 80전이었다. 조서를 내려 소재지에서 곡식을 사들이도록 했다.

○ 12월 경진(庚辰)일에 황제가 신점(新店)에서 사냥하다가 백성 조광기(趙光奇)의 집에 들어갔다. 황제가 "백성들이 즐거운가?"라고 물으니, 조광기는 "즐겁지 않습니다"라고 대답했다. 황제가 다시 "올해는 풍년이 들었는데, 어찌 즐겁지 않은가 ?"라고 물으니 조광기가 대답했다.

"조령(詔令)을 믿을 수가 없습니다. 이전에는 양세(兩稅) 외에 다른 부역이 모두 없다고 했는데, 지금은 세금이 아니

---

69) 長牒 장첩 : 증명서, 장첩이 있으면 가는 길의 관부(官府)에서 숙식을 제공해준다

70) 續食 속식 : 먼 길을 갈 때 관청에서 계속해서 먹여 줌

71) 番 번 : 번, 횟수

라도 가렴주구가 세금보다 많습니다. 후에는 또 곡식을 사간다고 하더니, 실제로는 강제로 가져갑니다. 돈은 1전도 본 적이 없습니다. 처음에는 (관부에서) 사들이는 곡식과 보리를 도(道)에서 순서대로 받겠다고 했는데, 지금은 경서(京西)의 행영(行營)으로 가게 하니, 수백 리 거리를 움직여야 합니다. 수레가 부서지고 소가 죽어 파산하게 되니 지탱할 수가 없습니다.

근심과 괴로움이 이와 같은데, 무슨 즐거움이 있겠습니까? 매번 조서를 내려 백성들을 후하게 구휼한다고 했으나, 빈 문서일 뿐입니다. 성상께서는 구중궁궐에 깊이 거처하시므로 그것을 모두 알지 못할까 걱정됩니다"

황제가 그 집의 요역과 부세를 면제해주도록 명령했다.

온공(溫公)이 말했다.

"심하다. 당(唐)의 덕종(德宗)은 깨닫기가 (그리도) 어려운가? 예로부터 심히 염려하는 것은 임금의 은택이 막혀 백성에게 도달하지 못하고, 백성의 실정이 막혀[72] 위로 통하지 못하는 것이다. 때문에 군주가 위에서 부지런히 구휼하는데도 백성은 은혜를 생각하지 못하고[73], 백성이 아래에서 근심하고 원망하는 데도 군주가 알지 못해 이반하게 된다. 위태로워져서 망하게 되는 것은 이 때문이다.

덕종이 다행히 사냥 나와서 민가에 들러 조광기가 감히

---

72) 鬱 울 : 막힐, 폐지할, 산앵도나무

73) 懷 회 : 가슴, 마음, 생각, 정

하는 말을 들을 수 있었다. 백성의 병폐와 고통을 알게 된 것은 천년에 한 번 만날 수 있는 기회였다. 진실로 유사 중에는 조서를 방치해 실시하지 않고[74], 백성에게 심하게 학정하고, 마음대로 부세를 늘려서 걷고, 공적인 재물을 훔쳐 은닉하고, 좌우에서 아첨하면서도, 날마다 민간이 풍족하고 즐겁다고 말한 자가 있다. 조사해 그들을 죽였어야 한다.

그러한 후에 마음을 씻고 생각을 바꾸어 정치를 새롭게 해야 했다. 황당하게 꾸미는 말을 물리치고, 쓸모없는 법[75]을 폐지해야 했다. 호령을 삼가하고, 정성과 신뢰를 돈독하게 하고, 진위(眞僞)를 살피고, 충신과 간사한 자를 구별해야 했다. 곤궁한 백성을 구휼하고, 원통함을 풀어주고, 정체된 자들의 길을 터주어야 했다. 그랬다면 태평의 공적을 이룰 수 있었을 것이다.

이를 풀어서 하지 않고 겨우 조광기의 요역과 부세를 면제해주었다. 천하는 넓고 백성은 많다. 어찌 사람들 한 명 한 명이 모두 천자에게 말할 기회를 얻어, 집집마다 요역과 부세를 면제 받을 수 있겠는가"

무진(戊辰) 4년(788년)

상이 이비와 함께 즉위한 이래의 재상들에 대해 조용히 말했다. "노기(盧杞)는 충성스럽고 청렴하고 강직한데, 사람

---

74) 廢格 폐격 : 폐지하고 막혀 내려가지 않음, 천자가 정한 법을 행하지 않음. 폐각(廢閣)과 같은 뜻으로 방치[擱置]하고 실시하지 않는 것.

75) 虛文 허문 : 허(虛) 쓸모없음. 문(文) 법, 글, 문장

들은 노기가 간사하다고 말한다. 짐은 그러한 것을 전혀 깨닫지 못하겠다"하니, 이비가 "사람들이 노기가 간사하다고 말하는데, 폐하 혼자만 그가 간사한 줄을 깨닫지 못하시니, 이것이 곧 노기를 간사하다는 이유입니다. 혹시 폐하께서 그것을 깨달으셨다면, 어찌 건중(建中) 연간의 난리가 있었겠습니까?"라고 말했다.

황제가 "건중 연간의 혼란은 술사가 미리 난리가 있을 것을 알고 봉천에 성을 쌓을 것을 청했다. 이는 천명이지 노기가 그렇게 되도록 할 수 있는 일이 아니다"라고 말하니, 이비가 대답했다.

"천명이란 말은 다른 사람은 모두 말할 수 있지만, 군주와 재상은 말해서는 안됩니다. 군주와 재상은 천명을 만드는 사람입니다. 만약 (군주와 재상이) 천명을 말한다면, 예악과 형벌과 정사는 모두 쓸 일이 없습니다. 주왕(紂王)이 '나의 명은 하늘에 달려있지 않은가?'라고 했는데, 이게 상(商)나라가 망한 까닭입니다"

○ 하현(夏縣)사람 양성(陽城)은 학문과 행실이 뛰어나 그 소문이 났다. 유곡(柳谷)의 북쪽에 은거했는데 이비가 그를 천거했다. 6월에 불러 간의대부에 임명했다.

기사(己巳) 5년(789년)

3월에 이비가 사망했다. 이비는 계책과 지략이 있었으나 신선과 허황된 말[76]을 담론하길 좋아했다. 그래서 세상에서 경시 당했다.

임신(壬申) 8년(792년)

3월에 상서좌승(尙書左丞) 조경(趙憬)과 병부시랑(兵部侍郎) 육지(陸贄)를 함께 중서시랑 동평장사(中書侍郎 同平章事)로 삼았다. 육지가 대성(臺省)[77]의 장관들이 각각 그 관속을 천거할 수 있도록 윤허를 청했다. 얼마 안되어 어떤 사람이 황제에게 "여러 사(司)에서 천거한 자는 모두 좋아하는 자, 옛부터 알고지낸 자, 혹은 뇌물을 받은 자도 있습니다. 실제로 인재를 얻지 못했습니다"라고 아뢰었다. 황제가 비밀로 하고 육지에게 "지금부터 임명하고 바꿀[78] 때는 경이 스스로 선택하라. 여러 사에게 맡기지 말아야겠다"라고 말했다. 이에 육지가 상주했다. 그 대략은 다음과 같다.

"지금의 재상이 지난날 대성(臺省)의 장관이고, 금일 대성(臺省)의 장관이 곧 장래의 재상입니다. 다만 그 관직의 명칭이 잠깐 다를 뿐이지, 천거하는 자는 갑작스럽게[79] 바뀌지 않습니다. 장관일 때 한 두 사람의 관리를 천거할 수 없다면, 재상의 지위에 있게 될 때 어찌 천백에서 가려 관료를 갖출 수 있겠습니까? 물의가 한없이 커지고[80] 그 의혹이 곧[81] 심해질 것입니다"

---

76) 詭誕 궤탄 : 허황된 말

77) 臺省 대성 : 어사대(御史臺) 및 중서 문하 상서성(中書 門下 尙書省)

78) 除 改 제 개 : 제(除) 제수하다. 개(改) 바꾸다

79) 頓 돈 : 갑자기, 조아릴, 넘어질

80) 悠悠 유유 : 근심하는 모양, 아득히 먼 모양, 한이 없이 큰 모양

81) 斯 사 : 지시대명사, 어조사, 칙(則)과 같음

○ 7월에 사농소경(司農少卿) 배연령(裵延齡)에게 탁지(度支)의 일을 맡겼다.

계유(癸酉) 9년(793년)

정월에 처음으로 차(茶)에 세금을 부과했다. 주(州)와 현(縣)에서 생산된 차 및 차의 산(山) 외의 요로(要路)에서 모두 그 값을 정해 십분의 일로 세금을 부과했다. 염철사 장방(張滂)의 청에 따른 것이다.

장방이 "지난해의 수재 때문에 세금이 줄어 용도가 부족합니다. 청컨대 차에 세금을 부과해 그것을 보충하고, 내년 이후부터는 차에 부과한 세금을 소재지에서 별도로 저축했다가, 수해와 가뭄이 들면[俟], 백성들의 토지세를 대신하소서"라고 청했다. 이로부터 해마다 차의 세금으로 40만 민(緡)을 거두었으나, 이것을 가지고 수해와 가뭄을 구제한 일은 없었다.

○ 육지가 상주해 변방의 대비에 여섯 가지 실책이 있음을 말했다. "조치가 법도에 어긋나고[82], 고과(考課)와 독책(督責)[83]이 도를 넘고, 병사가 많으니 재물이 다하고[84], 장수가 많으니 힘이 분산되며, 불균등 때문에 원망이 생기고, 먼 곳에서 제어하므로 시기를 놓칩니다"라고 했다. 황제가

---

82) 乖方 괴방 : 법도에 어긋남
83) 課責 과책 : 인사고과와 독책
84) 匱 궤 : 다할, 삼태기

비록 다 따르지는 못했으나 마음속으로 그를 심히 중히 여겼다.

○ 호부시랑(戶部侍郞) 배연령(裵延齡)이 좌장(左藏)에 있는 정식 재물을 별고(別庫)에 옮겨 두고, 허위로 그 명칭과 숫자를 늘리고 황제를 미혹시켰다. 황제가 그것을 믿고 나라를 부유하게 한다고 생각하고 그를 총애했으나, 실제로 증가한 것은 없었다.

권덕여(權德輿)가 "배연령은 정상 세금 중 지출하지 않은 것[85]을 가져다 남는 것[86]이라고 채워서 자기의 공을 만들고 있습니다"라고 상주했으나, 황제가 따르지 않았다.

갑술(甲戌) 10년(794년)

상은 성품이 시기하고 꺼려해서[猜忌], 신하에게 모두 위임하지 못했다. 관직의 고하를 막론하고 반드시 스스로 뽑아 등용했다. 재상이 헤아려서[87] 진언하면 '그렇게 하라'고 한 적이 드물었다. 여러 신하들 중 한번이라도 견책 받는 일이 있으면, 종신토록 다시는 데려다 쓰지 않았다.

육지가 상주해 "한마디의 말이 마음에 흡족한 것[88]을 가지고 유능하다고 하고, 허와 실을 비교하지 않고 하나의 일

85) 支用未盡者 지용미진자 : 지용(支用) 지출로 쓰임. 미진자(未盡者) 다하지 않은 것

86) 羨餘 선(연)여 : 나머지, 잉여

87) 擬 의 : 헤아릴, 비길, 견줄

88) 愜 협 : 마음에 만족할, 상쾌할, 맞을

이 뜻에 위배되는 것을 가지고 허물로 여기고, 충신과 간신을 살피지 않으시니, 이 때문에 공직을 맡은 자 안에는 공을 이룬 자가 없고, 신하들 사이에 정해진 분수가 없는 것입니다"라고 간했으나, 황제가 듣지 않았다.

○ 9월에 배연령이 "좌장고(左藏庫)의 유사(有司)가 누락한 것이 많았습니다. 근래에 검열하느라 장부를 두고 기록하게 했는데, 썩은 흙 속에서 은 13만 냥을 얻었고, 비단[匹] 포목[段] 잡화는 백만하고도 남습니다. 이는 모두 이미 버려진 재물이나 실제로는 남은 것입니다. 모두 잡고(雜庫)로 옮겨놓고, 별도로 칙령을 내려 지출하실 때 공급하십시오"라고 아뢰었다.

배연령이 매번 상주하고 대답할 때 제멋대로 속였으나[89] 많은 사람이 감히 (앞에서) 말하지 못했고, 또한 일찍이 아뢰지도 못했다. 배연령은 일을 처리하는데 주저하지 않았고, 여러 신하들은 배연령이 총애 받는 것이 두려워 감히 말하지 못한 것이다.

○ 11월에 육지가 상서해 배연령의 간사함을 간곡히 아뢰고, 그의 죄악을 하나하나 세었다. 그 대략은 이렇다.

"배연령은 세금 거두는 것을 좋은 계책으로 여기고, 망령되게 속이는 것을 아름다운 계책으로 여깁니다. 가렴주구[90]

89) 詭譎 궤휼 : 속이다, 기만하다

90) 掊克 부극 : 가렴주구

해 원망 받는 것을 자신이 몸을 돌보지 않는 일[91]로 여기고, 편안하게 거짓말하고 엎드려 거짓말하는 것[92]을 가지고 절조를 다했다고 합니다. 요(堯)임금 시대의 (간인) 공공(共工)이요, 노(魯)나라의 (간신) 소정묘(少正卯)라고 말할 수 있습니다. 그 간사함과 좀먹은 자취가 날마다 자라고, 달마다 불어납니다.

동쪽의 것을 옮겨다 서쪽에 놓고는, 이것을 세금이 쌓인 것[課積]이라고 하고, 이 쪽의 것을 가져다가 저 쪽에 놓고는 남는 것[羨餘]이라고 말하고, 조정을 우롱하기를 아이들이 장난치는 것처럼 합니다"

또 말하기를 "옛날에 조고는 사슴을 가리켜 말이라 했으나, 신이 생각하기에 사슴은 말과 사물의 종류가 그래도 비슷합니다. 어찌 배연령처럼 있는 것을 가리고 없다고 하고, 없는 것을 가리켜 있다고 하는 것과 같겠습니까?"라고 했다. 글을 아뢰자 황제가 기뻐하지 않고 배연령을 더욱 후하게 대우했다.

육지는 황제가 자신을 알아주고 후하게 대우하므로, 안된다고 생각하는 일이 있으면 항상 힘껏 간쟁했다. 친하게 지내는 사람이 그의 말이 너무 예리함을 경계시켰다.[93] 육지는 이에 대해 "나는 위로는 천자를 저버리지 않고, 아래로

91) 匪躬 비궁 : 자신의 몸을 돌보지 아니함, 일신의 이해를 돌보지 않음

92) 靖譖服讒 정참복참 : 정참(靖譖) 편안하게 거짓말하고, 복참(服讒) 엎드려 거짓말 함

93) 䂓 규 : 규(規)의 본자(本字). 법, 규정, 규칙, 경계할, 바로잡을, 한정

는 배운 바를 저버리지 않는다. 다른 것은 근심하지[94] 않는다"고 했다. 배연령이 날마다 상에게 육지를 헐뜯었다.

조경(趙憬)이 들어와 재상이 되었는데, 육지가 그를 추천했다. 얼마 있다가 육지에게 유감이 있게 되어, 육지가 배연령의 일을 비판하고 탄핵한 일을 몰래 배연령에게 말해주었다. 이 때문에 배연령이 더욱 계책을 만들게 되었다. 황제가 이로 말미암아 배연령을 믿고, 육지를 정직하지 않다고 했다.

육지는 조경과 함께 상의 앞에 가서 배연령의 간사함을 간곡하게 밝히기로 약속했다. 황제가 얼굴에 노여운 기색을 띠자, 조경이 시종 침묵하고 한 마디도 하지 않았다. 육지는 재상에서 파직되어 태자빈객에 임명되었다.

을해(乙亥) 11년(795년)

육지가 재상에서 파면된 뒤 배연령이 그 기회를 이용하여 이충(李充)과 장방(張滂)과 이섬(李銛)이 "육지의 패거리가 되어, 세력을 잃자 원망해 민심을 동요시킵니다"라고 참소했다. 4월에 육지를 충주별가(忠州別駕)로 좌천시키고, 이충(李充) 등은 모두 장사로 좌천시켰다.

양성(陽城)이 처사(處士)[95]로 있다가 조정의 부름을 받고 간의대부가 되었는데, 관직을 제수받고 사양하지 않았다. 아직 경사에 도착하지 않았을 때, 사람들이 모두 그의 풍채

94) 恤 휼 : 구휼하다, 근심하다, 동정하다

95) 處士 처사 : 야(野)에 있는 벼슬하지 않은 선비

를 멀리서나마 보고 싶어 했다. 여러 사람들이 "양성은 반드시 간쟁으로 죄를 얻어 그 직에서 죽을 것이다"[96]라고 했다. 그런데 양성이 경사에 이른 뒤에 여러 간관들이 번잡하게[97] 자질구레한[98] 일을 말하니, 천자가 더욱 싫어하고 괴로워했다.

양성이 그의 두 아우 및 빈객들과 더불어 밤낮으로 통음하니 사람들이 그의 속[99]을 헤아리지 못하고 모두 말하기를 "헛되이 명성을 얻은 것일 뿐"이라고 했다. 전진사(前進士)인 하남(河南) 한유(韓愈)가 「쟁신론(爭臣論)」을 지어 그를 비난했으나, 양성은 개의치[100] 않았다.

육지 등이 죄에 걸려 좌천되었을 때 황제의 노여움이 풀리지 않았고, 궁전 안팎이 두려워했다.[101] 그가 예측할 수 없는 벌을 받을 것으로 생각해 감히 구원하는 자가 없었다. 양성이 듣고 일어나서 "천자가 간신의 말을 신용해 죄 없는 사람을 죽이는데, 그렇게 할 수는 없다"고 말했다. 그는 곧 습유(拾遺)인 왕중서(王仲舒) 귀등(歸登)과 우보궐(右補闕)인 웅집역(熊執易) 최빈(崔邠) 등을 거느리고 연영문(延英門)에 가서 황제에게 상소했다. 배연령은 간사하고 아첨

96) 死職下 사직하 : 주(註) 반드시 간쟁으로 죄를 얻어 이 직에서 죽을 것이다
97) 紛紛 분분 : 많고 성한 모양, 어지러운 모양, 번잡한 모양
98) 細碎 세쇄 : 가늘고 잘다
99) 際 제 : 사이, 사물의 중간, 교제 정도
100) 屑 설 : 가루, 달갑게 여길, 편치 아니할
101) 惴恐 췌공 : 두려워하다

한다는 것과 육지 등은 무죄임을 말했다.

황제가 크게 노해 양성 등에게 벌을 주고자 했으나 태자가 그들을 위해 변호해 구해[102]주었다. 황제의 노여운 뜻이 곧 풀려서, 재상에게 그들을 타일러 보내게 했다.

금오장군(金吾將軍) 장만복(張萬福)이 간관(諫官)이 대궐문[103] 아래 엎드려 간곡히 간언한다는 말을 들었다. 급히 달려가 연영문에 가서 큰소리로 "조정에 정직한 신하가 있으니, 천하가 반드시 태평해질 것입니다"라고 축하했다. 이어 양성과 왕중서 등에게 두루 절하고, 조금 있다가 "태평만세, 태평만세"를 외쳤다. 장만복은 무인으로 나이가 80세였다. 이로부터 그의 명성이 온 천하에서 크게 알려졌다.

이때 (황제가) 배연령을 재상으로 임명하려 했다. (이 소식을 들은) 양성이 "만일 배연령을 재상으로 삼는다면, 배연령을 임명하는 임명장[104]을 가져다 찢어버리겠다" 하고는 뜰에서 통곡했다. 7월 초하루에 양성을 국자사업(國子司業)으로 바꾸었다. 배연령에 대해 말했기 때문이었다.

병자(丙子) 12년(796년)

상이 봉천성에서 곤궁하고 궁핍했었기 때문에 환궁 이후 더욱 세금 거둬들이는 일에 전념했다. 번진에서는 바친 것[進奉] 때문에 은총을 얻는[105] 일이 많았다. 모두 세금 외

---

102) 營救 영구 : 변호해 남을 구함
103) 閤 합 : 쪽문, 대문 곁에 달린 작은 문, 대궐의 작은 문
104) 白麻 백마 : 조서를 쓰는 천

의 돈[106]이라 하기도 하고, 또 사용하고 남은 것[羨餘]이라고 말하기도 했다. 그러나 실상은 정상적인 세금에서 떼어서 남겨두거나, 백성들에게 더 거두었거나, 혹은 관리들의 녹봉을 삭감하거나, 채소와 과일을 팔아 사사로이 자신의 수입으로 거둬들인 것이었다. (그 중에서) 황제에게 진상한 것은 겨우 10에 1, 2였다

이겸(李兼)은 강서(江西)에 있으면서 매월 진상했고, 위고(韋皐)는 서천(西川)에서 매일 진상했다. 상주자사(常州刺史) 배숙(裴肅)은 황제에게 진상해서 절동관찰사(浙東觀察使)로 승진했다. 자사(刺史)가 황제에게 진상하는 것은 배숙으로부터 시작되었다.

유찬(劉贊)이 죽은 뒤 판관인 엄수(嚴綬)가 담당하던 직무[留務][107]를 관장하게 되니, 군부의 창고를 다 들어서 황제에게 진상해 부름을 받고 형부원외랑이 되었다. 막료가 진상하는 것은 엄수로부터 시작되었다

○ 호부상서(戶部尙書) 판탁지(判度支) 배연령(裴延齡)이 죽으니, 궁정 안팎에서 서로 축하했다. 상만 홀로 슬퍼하고 아까워했다.

○ 상이 육지(陸贄)가 좌천된 때로부터 더욱 재상을 신임하지 않고, 어사(御史)부터 자사(刺史), 현령(縣令) 이상을

---

105) 市恩 시은 : 은총을 사다

106) 方圓 방원 : 돈, 방형과 원형

107) 留務 유무 : 담당하던 직무를 계승함

모두 스스로 선발해 등용하니, 중서성은 문서만 기록할 뿐이었다. 상이 금중(禁中) 깊숙이 거처하면서 신임하는 자는 배연령, 이제운(李齊運), 왕소(王紹), 이실(李實), 위집의(韋執誼) 및 거모(渠牟) 등이었다. 모두 권세가 재상을 기울게 했고, 따르고 붙는 자[108]들이 문에 가득했다.

정축(丁丑) 13년(797년)

이보다 먼저 궁중에서 외간의 물건을 살 때 관리에게 그것을 주관하게 하고, 그 가치에 따라 돈을 지급했다. 해마다[109] 환관을 칙사(勅使)로 하고 이를 궁시(宮市)라 했다. 사람들의 물건을 억지로 사고[110], 점점 원래 값에 못미치는 가격으로 지불했다. 그 뒤에 다시 문서를 행하지 않고, 백망(白望) 수백명을 양시(兩市) 및 중요하고 번화한 곳에 두어 방방곡곡에서 사람들이 물건을 파는 것을 검열하게[111] 했다.

궁시라고만 하면 손을 거두고 물건을 내어주었고, 진위를 더 분별할 수도 없었다. 감히 어디서 나왔는지[112]를 묻거나 값의 높고 낮음을 논하는 자가 없었다. 대략 1백 전 가치의 물건을 가지고 남의 1천전 가치의 물건을 샀는데, 대부분

---

108) 趨附 추부 : 남을 붙좇아서 따르고 달라붙음
109) 比歲 비세 : =비년(比年). 해마다
110) 抑買 억매 : 남의 물건을 억지로 사들임
111) 閱 열 : 검열하다, 조사하다
112) 所從來 소종래 : 어디서 왔는지

홍색과 자색으로 물들인 헌옷이나 낡은 비단을 조금[尺寸] 찢어주었다. 그리고 세력가에게 바치는 것[進奉門戶]과 운임[脚價錢]을 걷었다[索].

사람들이 물건을 가지고 시장에 왔다가 빈손으로 돌아가는 자도 있었다. 이름은 궁시라고 했으나, 사실은 강탈하는 것이었다. 상인중에 좋은 물건을 가지고 있으면 모두 그것을 깊이 숨겼고, 매번 칙사가 나오면 비록 마실 것[113]이나 떡을 파는 가게들도 모두 일을 그만두고 문을 닫았다.

무인(戊寅) 14년(798년)

태학생 설약(薛約)은 사업(司業) 양성(陽城)을 스승으로 섬겼는데, 일을 말하다가 죄에 걸려 연주로 유배되었다. 양성이 그를 교외에서 전송했는데, 황제가 양성이 죄인과 한패거리라고 해서 양성을 도주자사(道州刺史)로 좌천시켰다.

양성은 백성 다스리기를 집안 다스리는 것과 같이 했다. 주(州)의 부세를 위에 바치지[114] 않으니, 관찰사가 자주 견책했다. 양성이 스스로 성적을 매기기를 "(백성을) 어루만지고 기르느라[115] 마음은 수고로웠으나, 부세를 징수하는 정사에는 졸렬하니, 성적이 하하(下下)다"라고 했다.

관찰사가 판관을 보내 부세를 독려하게 했는데, 주(州)에 이르자 양성이 먼저 스스로 감옥에 갇혀 있었다. 판관이 크

---

113) 漿 장 : 미음, 마실 것, 음료

114) 登 등 : 오를, 올리다, 윗사람에게 바치다

115) 撫字 무자 : 어루만질, 기를

게 놀라 감옥으로 달려가 양성을 만나 "사군(使君)[116]께서 무슨 죄이겠습니까? 저는 명을 받들고 와서 안부를 여쭐 뿐입니다"라고 했다.

1, 2일 머물렀는데도 떠나지 않으니, 양성이 다시 관사로 돌아가지 않았다. 문 밖에 오래된 문짝[117]이 땅에 가로로 놓여 있었는데, 양성이 밤낮으로 그 위에 앉고 누우니, 판관이 스스로 편치 못해서 하직하고 떠났다. 그 뒤에 또 다른 판관을 보내 압력을 가하려고 했는데, 다른 판관은 처자를 수레에 태우고 가다가 중도에 벼슬을 버리고 달아났다.

계미(癸未) 19년(803년)

한림대조(翰林待詔) 왕비(王伾)는 글짓기를 잘했고, 산음(山陰)사람 왕숙문(王叔文)은 바둑을 잘 두었다. 함께 동궁을 출입하며 태자를 즐겁게 해드리며 모셨다. 왕숙문은 속임수를 쓰고 꾀가 많아 왕비와 서로 의지했다. 왕숙문이 태자에게 "아무개는 재상으로 삼을 수 있고, 아무개는 장수로 삼을 수 있으니, 바라건대 훗날 그들을 등용하십시오"라고 말했다. 은밀히 한림학사(翰林學士) 위집의(韋執誼) 육순(陸淳) 여온(呂溫) 이경검(李景儉) 한엽(韓曄) 한태(韓泰) 진간(陳諫) 류종원(柳宗元) 유우석(劉禹錫) 등과 결탁해 죽을 때까지 변하지 않는 친구[118]가 되기로 정했다.

---

116) 使君 사군 : 사신의 존칭. 칙사(勅使) 한(漢)대 주(州)의 장관, 곧 자사(刺史)의 존칭

117) 門扇 문선 : 문짝

갑신(甲申) 20년(804년)

9월 태자가 처음으로 풍질[119]에 걸려 말을 할 수 없었다.

순종황제(順宗皇帝) 재위 1년, 수(壽) 46

을유(乙酉) 21년(805년)

정월(正月) 계사(癸巳)일에 덕종이 붕어하고 태자가 황제로 즉위했다. 이 때 순종은 소리를 잃어서 일을 결정할 수 없었다. 항상 깊은 궁중에 거주하며 휘장을 치고 오직 환관 이충언(李忠言)과 소용(昭容) 우씨(牛氏)가 좌우에서 모셨다. 백관이 일을 아뢰면 휘장 안에서 그 상주문을 옳다고 했다.

○ 왕비를 좌산기상시(左散騎常侍)로 삼고, 왕숙문을 기거사인(起居舍人)으로 삼았다. 일을 계획함에 있어서 왕숙문은 왕비에 의지했고, 왕비는 이충언에 의지했으며, 이충언은 소용 우씨에게 의지했다. 서로 결탁해 매사를 먼저 한림에 내려서 왕숙문으로 하여금 가부를 결정하게 한 후, 중서성에 내리면 위집의가 받들어 그것을 실행했다. 밖의 패거리로는 한태 류종원 유우석 등이 있었는데 주로 바깥 일을 가려듣고 모의했다. 서로를 부르고 화답하고[120], 밤낮으

---

118) 死友 사우 : 죽을 때까지 교분을 변치 않는 친구, 죽은 벗

119) 風疾 풍질 : 중풍, 미치는 병, 바람같이 빠름

120) 唱和 창화 : 저 사람이 부르고 이 사람이 답함, 가락에 맞춤

로 쉬지 않고 분주함[121]이 미친 것과 같았다.

서로를 추앙하고 높여서 이윤이라 하고 주공이라 하며, 관중이라고도 하고 제갈량이라고도 했다. 크게[122] 만족히 여기며[123], 천하에 사람이 없다고 말했다. 영욕과 진퇴가 잠깐 사이[124] 생겨나니, 오직 그들이 하고자 하는 대로 했고, 일정한 법식[125]에 구애받지 않았다. 이에 사대부들이 그들을 두려워 해 도로에서 곁눈질 했다.

○ 천하에 사면령을 내려 여러 종류의 바치지 못한 세금[126]을 모두 면해주고[127], 정상의 공물 외의 진상을 모두 폐지했다. 정원(貞元) 말(末) 정사 중에 백성에게 근심이 된 궁시(宮市) 오방(五坊)[128] 소아(小兒)[129]와 같은 종류를 모두 폐지했다. 황제가 동궁에 있을 때 그 폐단을 모두 알았기 때문에 즉위하자 먼저 그것을 금한 것이다.

황제의 병이 오랫동안 낫지 않았다. 광릉왕(廣陵王) 순(淳)을 태자로 삼고, 이름을 '순(純)'으로 고쳤다.

---

121) 汲汲 급급 : 급(汲) 분주하다, 쉬지 않고 힘쓰는 모양
122) 僩然 한연 : 한(僩) 무용(武勇)이 있는 모양, 관대한 모양, 너그러운 모양, 굳셀, 큰 모양
123) 自得 자득 : 자기 스스로 깨달음, 마음을 만족하게 여김, 의기양양하게 여김
124) 造次 조차 : 잠깐, 황급한
125) 程式 정식 : 일정한 방식
126) 逋負 포부 : 아직 못 바친 세금
127) 蠲免 견면 : 면죄해주다
128) 五坊 오방 : 짐승 기르는 곳, 그물을 쳐서 새 잡는 사람
129) 小兒 소아 : 옛날에 황가(皇家) 혹은 군대에서 복역하던 사람

황제는 8월 경자(庚子)일에 "태자에게 황제에 즉위하게 하고, 짐은 태상황이라 칭하라"고 명령하고, 거처를 흥경궁(興慶宮)으로 옮겼다.

왕비를 개주사마(開州司馬)로 좌천시키고, 왕숙문을 유주사호(渝州司戶)로 좌천시켰다. 왕비는 병이 심해져서 좌천된 곳에서 죽었다. 다음 해 왕숙문을 사사(賜死) 했다.

을사(乙巳)일 헌종(憲宗)이 선정전(宣政殿)에서 즉위했다.

○ 서천절도사 남강충무왕(西川節度使 南康忠武王) 위고(韋皐)가 죽으니, 부사(副使) 유벽(劉闢)이 스스로 유후(留後)[130]가 되었다. 표문을 올려 부절(符節)과 부월(斧鉞)을 요구했다. 조정에서 허락하지 않고 급사중(給事中)으로 삼는다고 불렀다. 유벽이 부름을 받지 않고 병사를 믿고 스스로 지켰다.

○ 12월에 유벽을 서천절도부사지절도사(西川節度副使知節度使)로 삼았다. 황제가 제위를 계승한 초기여서 힘으로 토벌할 수 없었기 때문이었다.

130) 유수(留守)를 말함

원 문

卷之四十五

唐紀

德宗皇帝 下

甲子興元元年

春 正月 朔，赦天下改元。制曰:「朕長于深宮之中，暗於經國之務。積習易溺，居安忘危，不知稼穡之艱難，不恤征戍之勞苦。澤靡下究，情未上通。事既壅隔，人懷疑阻，猶昧省己，遂用興戎，徵師四方，轉餉千里，賦車籍馬，遠近騷然。行齎居送，衆庶勞止。天譴於上而朕不寤，人怨於下而朕不知，馴致亂階。變興都邑，萬品失序，九廟震驚。上累于祖宗，下負于蒸庶，痛心靦貌。罪實在予，永言愧悼，若墜泉谷。自今中外所上書奏，不得更言 聖神文武之號。李希烈 田悅 王武俊 李納等 咸以勳舊，各守藩維，朕撫馭乖方，致其疑懼。朕實不君，人則何罪。宜幷所管將吏等一切待之如初。朱滔 雖緣朱泚連坐，路遠，必不同謀。如能效順，亦與惟新。朱泚盜竊名器，暴犯陵寢，獲罪祖宗。

朕不敢赦。其脅從將吏 百姓等 去逆效順，並從赦例。其所加墊陌錢 稅間架 竹木茶漆 摧鹽之類，悉宜停罷。」赦下，四方人心大悅。及上還長安，明年 李抱眞入朝，為上言:「山東宣布赦書，士卒皆感泣。臣見人情如此，知賊不足平也。」

○朱泚更國號曰漢。王武俊 田悅 李納見赦令，皆去王號，上表謝罪。惟李希烈 自恃兵強財富，遂卽皇帝位，國號大楚。

○上於行宮廡下，貯諸道貢獻之物，榜曰，瓊林大盈庫。陸贄以為:「戰守之功，賞賚未行，而遽私別庫 則士卒怨望，無復鬪志。」上疏諫之，上卽命，去其榜。

○蕭復嘗言於上曰:「陛下踐阼之初，聖德光被，自用楊炎盧杞，濁亂朝政，以至今日。陛下誠能變更睿志，臣敢不竭力。儻使臣依阿苟免，臣實不能。」又嘗與盧杞同奏事，杞順上旨，復正色曰:「盧杞言不正。」上愕然，退謂左右曰:「蕭復輕朕。」遂命復充山東 西 荊 湖等道宣慰安撫使。實疏之也。

○二月， 李懷光既脅朝廷，逐盧杞等，內不自安，遂有異志。又惡李晟獨當一面，恐其成功，奏請與晟合軍。詔許之。懷光屯咸陽，累日逗留不進， 密與朱泚通謀，事迹頗露。李晟屢奏，恐其有變 為所併，請移軍東渭橋，上從之。

○丁卯，懷光遣其將 趙昇鸞，入奉天。渾瑊聞之，遽上請決幸梁州，上從之。

○除李晟河中同絳節度使，加平章事。晟得除官制，拜哭受命。謂將佐曰:「長安宗廟所在，天下根本。若諸將皆從行，誰當滅賊者。」乃治城隍，繕甲兵，為復京城之計。是時 懷光 朱泚連兵，聲勢甚盛。車駕南幸，人情擾擾。晟以孤軍，處二强寇之間，內無資糧，外無救援。徒以忠義感激將士。故其衆雖單弱，而銳氣不衰。

○三月，田悅為其姪緖所殺。緖權知軍府事，使使奉表，詣行在，城守以俟命。

○始 李懷光方強，朱泚畏之，與懷光書，以兄事之。及懷光決反，逼乘輿南幸，其下多叛之，勢益弱。泚乃賜懷光詔書，以臣禮待之，且徵其兵。懷光慚怒，內憂麾下為變，外恐李晟襲之。遂燒營，東走河中，將士在道 散亡相繼。

○上在道，民有獻瓜果者，上欲以散試官授之。訪於陸贄。贄上奏 其略曰:「自兵興以来，財賦不足以供賜，而職官之賞興焉。青朱雜沓於胥徒，金紫普施於輿皂，當今所病方在爵輕。設法貴之，猶恐不重，若又自棄，將何勸人。若獻瓜果者 亦授試官，則彼必相謂曰:『吾以忘軀命 而獲官，此以進瓜果 而獲官。是乃國家以吾之軀命 同於瓜果矣。』視人如草木，誰復為用哉?」

○陸贄在翰林，為上所親信。居艱難中，雖有宰相，大小之事上必與贄謀之，故當時謂之內相。然贄數直諫迕上意。盧杞雖貶官，上心庇之。贄極言:「杞奸邪致亂。」上雖貌從，心頗不悅。故 劉從一 姜公輔 皆自下僚登用，贄恩遇雖隆，未得為相。

○李晟家百口 及神策軍士家屬，皆在長安，朱泚善遇之。軍中有言及家者，晟泣曰:「天子何在，敢言家乎?」泚使晟親近，以家書遺晟曰:「公家無恙。」晟怒曰:「爾敢為賊間!」立斬之。軍士未授春衣，盛夏猶衣裘褐，終無叛志。渾瑊帥諸軍，屯奉天，與李晟 東西相應，以逼長安。

○上欲為唐安公主，造塔厚葬之。姜公輔表諫。上使謂陸贄曰:「唐安造塔，其費甚微，非宰相所宜論，公輔正欲指朕過失，自求名耳。相負如此，當如何處之?」贄上奏以為:「公輔任居宰相，遇事論諫，不當罪之。」上意猶怒，罷公輔為左庶子。上問陸贄:「近有卑官 自山北来者，率非良士。有邢建者，論說賊勢，語最張皇。察其事情，頗似窺覘。今已於一所安置，如此之類，更有數人，若不追尋，恐成奸計。卿試思之，如何為便?」贄上奏，其略曰:「以一人之聽覽，而欲窮宇宙之變態，以一人之防慮，而欲勝億兆之奸欺，役智 彌精，失道 彌遠。項籍納秦卒二十萬，慮其懷詐復叛，一舉而盡阬之，其於防虞，亦已甚矣。漢高豁達大度，天下之士至者，納用不疑，其於備慮，可謂疏矣。然而項氏以滅，劉氏以昌，蓄疑之與推誠，其效固不同也。秦皇嚴肅雄猜，而荊軻奮其陰計。光武寬容博厚，而馬援輸其款誠。豈不以虛懷待人 人亦思附，任數御物，物終不親。」

又曰:「陛下智出庶物，有輕待人臣之心。思周萬機，有獨馭區寓之意。謀吞衆略，有過愼之防。明照群情，有先事之察。嚴束百辟，有任刑 致理之規。威制四方，有以力勝殘之志。由是才能者 怨於不任，忠藎者 憂於見疑，著勲業者 懼於不容，懷反側者 迫於及討 馴致離叛 構成禍災。願陛下以覆車之轍為戒，實宗社無疆之休。」

◯上謂陸贄曰:「渾瑊 李晟諸軍 當議規畫，令其進取。」贄以為:「賢君選將，委任，責成，故能有功。」乃上奏，其略曰:「鋒鏑交於原野，而決策於九重之中， 機會變於斯須，而定計於千裡之外，用捨相礙，否臧皆凶。上有掣肘之譏，下無死綏之志。」又曰:「君上之權 特異臣下，惟不自用，乃能用人。」

◯庚寅， 李晟大陳兵，諭以收復京城，遂引兵，至通化門外。泚兵大至，晟縱兵擊之，賊敗走。再戰又破之，賊衆大潰。姚令言帥餘衆西走，晟屯於含元殿前，令諸軍曰:「晟賴將士之力，克清宮禁。長安士庶久陷賊庭。若小有震驚，非弔民伐罪之意。」晟大將高明曜 取賊妓，尚可孤軍士 擅取賊馬，晟皆斬之。軍中股慄，公私按堵，秋毫無犯。六月晟遣掌書記于公異 作露布，上行在曰:「臣已肅清宮禁，祗謁寢園。鍾簴不移，廟貌如故。」上泣下曰:「天生李晟，以為社稷，非為朕也。」

◯朱泚將奔吐蕃。其衆隨道散亡。至彭原西城，其將梁庭芬等 斬之，傳首行在。

○車駕至長安。李晟謁見上於三橋，先賀平賊，後謝收復之晩。

○初　肅宗在靈武，上為奉節王，學文於李泌。代宗之世，泌居蓬萊書院，上為太子，亦與之遊。及上在興元，泌為杭州刺史。上急詔徵之，與睦州刺史杜亞　俱詣行在。以泌為左散騎常侍，日直西省。

○上問李泌:「河中密邇京城，朔方兵　素稱精銳，朕晝夕憂之。柰何?」對曰:「天下事　甚有可憂者，若惟河中　不足憂也。懷光既解奉天之圍，視朱泚，垂亡之虜，不能取。乃與之連和，使李晟得取，以為功。今陛下已還宮闕，懷光不束身歸罪，乃虐殺使臣，鼠伏河中，如夢魘之人耳。但恐不日為帳下所梟，使諸將無以籍手也。」

○初　魚朝恩既誅，代宗不復使宦官典兵。上卽位，悉以禁兵委白志貞，志貞得罪，上復以宦官竇文場代之。從幸山南，兩軍漸集。上還長安，頗忌宿將握兵多者，稍稍罷之。以文場　監神策軍左廂兵馬使，王希遷　監右廂兵馬使。始令宦官　典禁旅。

○時　連年旱蝗，度支資糧匱竭。言事者多請赦李懷光。李晟上言:「赦懷光，有五不可。馬燧自行營入朝，奏稱，懷光兇逆　尤甚。赦之，無以令天下。願更得一月糧，必為陛下平之。」上許之。八月，燧帥諸軍，至河西。河中軍士，自相驚亂。懷光不知所為，乃縊而死。燧自辭行，至河中平，凡二十七日。

乙丑貞元元年

上使問陸贄:「河中既平，復有何事?」所宜區處，悉令條奏。贄以:「河中既平，慮必有希旨 生事之人 以爲:『王師所向無敵，請乘勝討淮西者。』，李希烈必誘諭其所部 及新附諸帥曰:『奉天息兵之旨，乃因窘急而言。朝廷稍安，必復誅伐。』,如此，則四方負罪者，孰不自疑? 河朔 青齊固當響應，兵連禍結，賦役繁興，建中之憂行將復起。」乃上奏，其略曰:「福不可以屢徼，幸不可以常覬。臣姑以生禍為憂，而未敢以獲福為賀。」又曰:「曩討之而愈叛，今釋之而畢来。曩以百萬之師而力殫，今以咫尺之詔而化洽。是則聖王之敷理道服暴人，任德而不任兵，明矣。」上乃詔諸道，與淮西連接者，宜各守封疆，非彼侵軼，不須進討。李希烈若降，當待以不死，自餘將士百姓，一無所問。

丙寅二年

李希烈在蔡州。兵勢日蹙，會有疾。夏四月 大將陳仙奇，使醫 陳山甫 毒殺之，因舉衆来降。兵馬使吳少誠，復殺仙奇，自為留後。

◯關中倉廩竭。禁軍或自脫巾，呼於道曰:「拘吾於軍，而不給粮，吾罪人也。」上憂之甚。會韓滉運米三萬斛，至陝。李泌卽奏之，上喜，遽至東宮，　謂太子曰:「米已至陝，吾父子得生矣。」時禁中不釀，命於坊市 取酒為樂。又遣中使，諭神策六軍，軍士皆呼萬歲。時比歲飢饉，兵民率皆瘦黑。至是麥始熟，市有醉人，當時以為嘉瑞。人乍飽食，死者復五之一。數月人膚色乃復故。

○初 上與常侍李泌議復府兵。泌因為上 歷叙府兵 自西魏以来興廢之由。且言:「府兵平日 皆安居田畝，每府 有折衝領之。折衝以農隙 教習戰陳。國家有徵發，則以符契，下其州及府，叅驗發之，至所期處。將帥按閱，有教習不精者，罪其折衝，甚者 罪及刺史。軍還則賜勳加賞，便道罷之。行者近不踰時，遠不經歲。高宗以劉仁軌 為洮河鎮守使，以圖吐蕃。於是始有久戍之役。武后以来，承平日久，府兵寖墮，為人所賤，百姓恥之，至蒸熨手足，以避其役。又牛仙客 以積財得宰相，邊將效之。山東戍卒，多齎繒帛自隨，邊將誘之，寄於府庫，晝則苦役，夜縶地牢，利其死， 而沒入其財。故自天寶以後，山東戍卒，還者什無二三。其殘虐如此。然 未嘗有外叛內侮 殺帥自擅者，誠以顧戀田園 恐累宗族故也。自開元之末，張說始募長征兵，謂之彍騎。其後 益為六軍。及李林甫為相，奏請，軍皆募人，為之兵。不土著 又無宗族，不自重，惜亡身，徇利，禍亂遂生，至今為梗。曏使 府兵之法 常存不廢，安有如此，下陵上替之患哉！ 陛下思復府兵，此乃社稷之福，太平有日矣。」上曰:「俟平河中，當與卿議之。」

○初 吐蕃求和於馬燧。燧信其言，為之請於朝。李晟曰:「戎狄無信，不如擊之。」燧與張延賞 皆與晟有隙，欲反其謀，爭言和親便，上計遂定。

○五月，渾瑊自咸陽入朝。以為清水會盟使，使將二萬餘人，赴盟所。渾瑊奏，吐蕃決以辛未盟。張延賞集百官，以瑊表示之曰:「李太尉謂 吐蕃和好 必不成。此渾侍中表也，盟日定矣。」晟聞之，泣謂所親曰:「吾生長西陲，備諳虜情，所以論奏，但恥朝廷為犬戎所侮爾。」辛未 將盟，吐蕃伏精騎數萬於壇西。瑊等皆不知。入幕易禮服，虜伐鼓三聲，大譟而至。瑊自幕後出，偶得他馬乘之。唐將卒，皆東走，虜縱兵追擊，或殺或擒之。是日，上謂諸將曰:「今日和戎息兵，社稷之福。」馬燧曰:「然。」柳渾曰:「戎狄豺狼也。非盟誓可結，今日之事，臣切憂之。」李晟曰:「誠如渾言。」上變色曰:「柳渾書生，不知邊計，大臣亦為此言邪?」皆伏地頓首謝，因罷朝。是夕，韓遊瓌表言虜刼盟。上大驚。明日謂渾曰:「卿書生， 乃能料敵 如此其審邪?」上由是，惡馬燧。

◯初 吐蕃尚結贊惡李晟 馬燧 渾瑊，曰:「去三人 則唐可圖也。」於是 離間李晟，因馬燧以求和，欲執渾瑊，以賣燧，使幷獲罪，因縱兵，直犯長安。會 失渾瑊 而止。

◯以李泌為中書侍郎 同平章事。泌與李晟 馬燧 柳渾 俱入見。上謂泌曰:「自今 凡軍旅 糧儲事 卿主之，吏禮 委延賞，刑法 委渾。」泌曰:「不可。陛下不以臣不才，使待罪宰相，宰相之職，不可分也。非如給事 則有吏過 兵過，舍人則有六押。至於宰相，天下之事咸共平章。若各有所主，是乃有司，非宰相也。」上笑曰:「朕適失辭。卿言是也!」

◯上復問泌 以復府兵之策。泌請:「鑄農器，給麥種，分賜緣邊軍鎮，募戍卒，耕荒田，而種之。關中土沃，而久荒，所收必厚。戍卒因屯田致富，則安於其土，不復思歸。舊制戍卒三年而代，及其將滿，下令，有願留者，卽以所開田為永業。家人願來，本貫給長牒，續食而遣之，不過數番，則戍卒皆土著，乃悉以府兵之法 理之。是變關中之疲弊 為富強也。」上喜曰：「如此，天下無復事矣。」

◯自興元以來 至是歲，最為豐稔。米斗直錢百五十，粟八十，詔所在和糴。

◯十二月 庚戌， 上畋於新店，入民趙光奇家，問百姓樂乎。對曰：「不樂。」上曰：「今歲頗稔，何為不樂?」對曰：「詔令不信。前云：『兩稅之外，悉無他徭。』今非稅，而誅求者，殆過於稅。後又云：『和糴。』而實強取之，曾不識一錢。始云：『所糴粟麥，納於道次。』今， 則遣致京西行營，動數百里，車摧牛斃，破產不能支。愁苦如此，何樂之有，每有詔書優恤，徒空文耳。恐聖主深居九重，皆未知之也，上命復其家。」

溫公曰：「甚哉！ 唐德宗之難寤也！ 自古 所深患者，人君之澤 壅而不下達，小民之情 鬱而不上通。故君勤恤於上，而民不懷，民愁怨於下，而君不知，以至於離叛危亡，凡以此也。德宗 幸以遊獵 得至民家，值光奇敢言，而知民疾苦。此乃千載之遇也。固當按 有司之廢格詔書，殘虐下民，橫增賦斂，盜匿公財，及左右諂諛 日稱民間豐樂者，而誅之。然後 洗心易慮，一新其政，屏浮飾，廢虛文，謹號令，敦誠信，察眞僞，辯忠邪，矜困窮，伸寃滯 則太平之業 可致矣。釋此不為，乃復光奇之家。夫以四海之廣 兆民之衆，又安得人人自言於天子，而戶戶復其徭賦乎?

戊辰四年

上從容 與泌 論卽位以来宰相，曰:「盧杞忠淸彊介，人言杞奸邪，朕殊不覺其然。」泌曰:「人言杞奸邪，而陛下獨不覺其奸邪，此乃杞之所以為奸邪也。倘 陛下覺之，豈有建中之亂乎?」上曰:「建中之亂，術士豫請城奉天。此盖天命，非杞所能致也。」泌曰:「天命 他人皆可以言之。惟君相不可言。盖君相所以造命也。若言命 則禮樂 刑政 皆無所用矣。紂曰:『我生不有， 命在天。』此 商之所以亡也。」

○夏縣人 陽城以學行著聞，隱居柳谷之北。李泌薦之，六月 徵拜諫議大夫。

己巳五年

三月，李泌薨。泌有謀略，而好談神仙詭誕，故為世所輕。

壬申八年

三月 以尚書左丞趙憬，兵部侍郎陸贄，並為中書侍郎 同平章事。陸贄請令臺省長官，各擧其屬。未幾，或言於上曰:「諸司所擧，皆有情故或受貨賂，不得實才。」上密諭贄，

自今 除改卿宜自擇，勿任諸司。贄上奏，其略曰:「今之宰相 則往日臺省長官，今日臺省長官，乃將来之宰相。但 是職名暫異，固非行擧頓殊，豈有為長官之時 則不能擧一二屬吏，居宰相之位 則可擇千百具僚? 物議悠悠，其惑斯甚。」

○七月，以司農少卿裴延齡 判度支事。

癸酉九年

正月，初稅茶。凡州縣產茶，及茶山外要路，皆估其直，什稅一，從鹽鐵使張滂之請也。滂奏:「去歲 水災减稅，用度不足。請稅茶以足之。自明年以往，稅茶之錢，令所在別貯，俟有水旱以代民田稅。」自是 歲收茶稅 錢四十萬緡，未嘗以救水旱也。

○陸贄上奏，論備邊六失以為:「措置乖方，課責虧度，財匱於兵衆，力分於將多，怨生於不均，機失於遙制。」上雖不能盡從，心甚重之。

○戶部侍郎裴延齡，以左藏政物，徙置別庫，虛張名數，以惑上。上信之，以為能富國，而寵之。於實，無所增也。權德輿上奏以為:「延齡常賦支用 未盡者，充羨餘，以為己功。」上不從。

甲戌十年

上性猜忌，不委任臣下。官無大小，必自選，而用之。宰相進擬，少所稱可。及羣臣有一譴責，終身不復收用。陸贄上奏諫。其略曰:「以一言　稱愜為能，而不核虛實，以一事違忤為咎，而不考忠邪。是以　職司之內，無成功，君臣之際，無定分。」上不聽。

○九月，　裴延齡奏:「左藏庫司，多有失落。近因檢閱，使置簿書，乃於糞土之中，得銀十三萬兩，其匹段雜貨　百萬有餘。此皆已棄之物，卽是羡餘。悉應移入雜庫，以供別敕支用。」延齡每奏對，恣為詭譎。皆衆所不敢言，亦未嘗聞者。延齡處之不疑，羣臣畏延齡有寵，莫敢言。

○十一月，　陸贄上書，極陳延齡奸詐，數其罪惡。其略曰:「延齡以聚歛為長策，以詭妄為嘉謀，以掊克斂怨為匪躬，以靖譖服讒為盡節，可謂尭代之共工，魯邦之少卯也。跡其奸蠹，日長月滋。移東就西，便為課績，取此適彼，遂號羡餘，愚弄朝廷，有同兒戲。」又曰:「昔　趙高指鹿為馬，臣謂鹿之與馬，物類猶同，豈若延齡　掩有為無　指無為有?」書奏，上不悅，待延齡益厚。陸贄以上知待之厚，事有不可，常力爭之。所親或規其太銳，贄曰:「吾上不負天子，下不負所學。他無所恤。」裴延齡日短贄於上。趙憬之入相也，贄實引之，既而，有憾於贄，密以贄所譏彈延齡事，告延齡。故延齡益得以為計。上　由是　信延齡，而不直贄。贄與憬約　至上前極論　延齡奸邪。上怒形於色，憬黙而無言。贄罷為太子賓客。

乙亥十一年

陸贄既罷相，裴延齡因譖李充 張滂 李銛 黨於贄，失勢怨望，動搖衆心。四月 貶贄為忠州別駕，充等皆貶長史。初陽城 自處士徵為諫議大夫，拜官不辭。未至京師，人皆想望風采曰:「城必諫諍 死職下。」及至，諸諫官，紛紛言事細碎，天子益厭，苦之。而城方與二弟及客 日夜痛飲。人莫能窺其際，皆以為虛得名耳。前進士河南韓愈作諍臣論，以譏之。城亦不以屑意。及贄等坐貶，上怒未解，中外惴恐，以為罪且不測，無敢救者。城聞而起曰:「不可令天子信用奸臣 殺無罪人。」卽 帥拾遺王仲舒 歸登，右補闕熊執易 崔邠等 守延英門，上疏 論延齡奸佞，贄等無罪。上大怒，欲加城等罪，太子為之營救，上意乃解。令宰相諭遣之。於是 金吾將軍張萬福聞 諫官伏門 諫，趨往至延英門，大言賀曰:「朝廷有直臣，天下必太平矣。」遂遍拜城與仲舒等。已而 連呼:「太平萬歲!太平萬歲!」萬福武人，年八十餘，自此 名重天下。時朝夕相延齡，陽城曰:「脫以延齡為相，城當取白麻壞之。慟哭於廷。」七月 朔 陽城改國子司業，坐言裴延齡故也。

丙子十二年

初 上以奉天窘乏 故還宮以来，尤專意聚斂。藩鎮多 以進奉市恩，皆云，稅外方圓。亦云，用度羨餘。其實 或割留常賦，或增斂百姓，或減刻吏祿，或販鬻蔬果 往往私自入，所進纔什一二。李兼在江西 有月進，韋皐在西川 有日進。其後 常州刺史裴肅 以進奉，遷浙東觀察使。刺史進奉 自肅始。及劉贊卒，判官嚴綬掌留務，竭府庫　以進奉，徵為刑部員外郎。幕僚進奉，自綬始。

○戶部尚書判度支裴延齡卒，中外相賀。上獨悼惜之。

○上自陸贄貶官，尤不任宰相。自御史　刺史　縣令以上　皆自選用。中書行文書而已。然深居禁中，所取信者　裴延齡　李齊運　王紹　李實　韋執誼　及渠牟，皆權傾宰相，趨附盈門。

丁丑十三年

先是　宮中市外間物，令官吏主之，隨給其直。比歲　以宦官為使，謂之宮市。抑買人物，稍不如本估。其後　不復行文書，置白望數百人　於兩市　及要鬧坊曲，閱人所賣物。但稱宮市　則斂手付與。眞偽不復可辯，無敢問所從來及論價之高下者。率用直百錢物　買人直數千物。多以紅紫染故衣　敗繒，尺寸裂而給之，仍索進奉門戶及脚價錢。人將物詣市，至有空手而歸者。名為宮市，其實奪之。商賈有良貨，皆深匿之，每敕使出，雖沽漿賣餅之家，皆撤業閉門。

戊寅十四年

太學生薛約師事司業陽城，坐言事，徙連州。城送之郊外，上以城黨罪人，左遷城道州刺史。城治民如治家，州之賦稅不登，觀察使數加誚讓。城自署其考曰：「撫字心勞，徵科政拙，考下下。」觀察使遣判官，督其賦至州。城先自囚於獄，判官大驚，馳入竭城於獄，　　曰：「使君何罪。某奉命来，候安否耳。」留一二日，未去。城不復歸舘。門外 有故門扇 橫地，城晝夜坐卧其上，判官不自安，辭去。其後又遣他判官，徃按之，他判官載妻子行，中道逸去。

癸未十九年
初 翰林待詔王伾善書，山陰王叔文善棊，俱出入東宮，娱侍太子。叔文譎詭多計，與王伾相依附。叔文因為太子言:「某可為相，某可為將。幸異日用之。」密結翰林學士韋執誼 陸淳 吕温 李景儉 韓曄 韓泰 陳諫 柳宗元 劉禹錫等定為死友。

甲申二十年
九月，太子始得風疾，不能言。
順宗皇帝在位一年壽四十六。

乙酉
正月 癸巳，德宗崩。太子卽皇帝位。時 順宗失音，不能決事。常居深宮，施簾帷，獨宦官李忠言 昭容牛氏侍左右。百官奏事，自帷中可其奏。

◯以王伾為左散騎常侍，王叔文為起居舍人。大抵計事，叔文依伾，伾依忠言，忠言依牛昭容，轉相交結。每事 先下翰林，使叔文可否，然後 宣于中書，韋執誼承 而行之。外黨，則韓泰 柳宗元 劉禹錫等 主采聽外事，謀議唱和，日夜汲汲 如狂。互相推奬 曰伊 曰周 曰管 曰葛。僴然自得，謂天下無人。榮辱 進退 生於造次，惟其所欲 不拘程式，士大夫畏之，道路以目。

○赦天下。諸色逋負 一切蠲免，常貢之外 悉罷進奉。貞元之末 政事為人患者，如宮市 五坊 小兒之類，悉罷之。上在東宮，皆知其弊，故卽位，首禁之。

○上疾 久不愈，以廣陵王淳 為太子，更名純。

○八月 庚子，制:「令太子，卽皇帝位，朕稱太上皇，徙居興慶宮。」貶王伾開州司馬，王叔文渝州司戶。伾尋病死貶所，明年賜叔文死。乙巳 憲宗卽位於宣政殿。

○西川節度使南康忠武王韋皐卒。副使劉闢 自為留後 表求節鉞。朝廷不許，徵為給事中。闢不受徵，阻兵自守。

○十二月，以闢為西川節度副使知節度事。上以初嗣位，力未能討故也。

통감절요 46권

당기(唐紀) 헌종(憲宗)

재위 15년, 수(壽) 43

병술(丙戌) 원화(元和) 원년(서기 806년)

유벽(劉闢)이 천자의 신임을 표시하는 깃발[1]을 얻자, 더욱 교만해져서 삼천(三川)[2]을 함께 다스릴 것을 청했다. 황제가 허락하지 않았다. 유벽이 마침내 병사를 일으켜 동천절도사(東川節度使) 이강(李康)을 재주(梓州)에서 포위했다. 황제가 유벽을 토벌하고자 했으나, 군대를 움직이는 것에는 신중했다. 공경 중에 의견을 말하는 자들 또한 촉(蜀)은 험하고 견고해 공격하기 어렵다고 했다.

---

1) 旌節 정절 : =절(節). 왕명을 받은 사신에게 신임의 표시로 주던 기

2) 三川 삼천 : 주(註) 동천(東川) 서천(西川) 산남서도(山南西道)를 말한다

두황상(杜黃裳) 혼자서 "유벽은 미치고 어리석은 서생이니, 그를 공격하는 것은 지푸라기[3]를 줍는 것과 같을 뿐입니다. 신이 알기에 신책군사(神策軍使) 고숭문(高崇文)은 용맹하고 지략이 있어 쓸 만합니다. 원컨대 폐하께서 군의 일을 그에게 위임하시고 감군을 두지 않으신다면, 반드시 유벽을 붙잡을 수 있을 것입니다"라고 했다. 상이 그 의견을 따랐다. 한림학사(翰林學士) 이길보(李吉甫)도 상에게 촉의 토벌을 권했다. 상은 이 때문에 그를 큰 그릇으로 여겼다.

무자(戊子)일에 고숭문에게 명령해 보병과 기병 5천 명을 거느리고 선봉이 되어, 병마사(兵馬使) 이원혁(李元奕), 산남서도절도사(山南西道節度使) 엄려(嚴礪)와 함께 유벽을 토벌하게 했다.

상이 두황상과 함께 번진(蕃鎭)에 대해서 의논했다. 두황상이 말했다.

"덕종(德宗)은 우환을 스스로 겪었기 때문에 임시방편[4]만에 힘썼습니다. (절도사가) 살아 있을 때는 (다른 사람을) 절도사로 임명하지 않고, 죽는 경우에는 먼저 중사(中使)를 보내 병사들의 마음을 살피게 하고 (병사들이) 주고자 하는[與] 자에게 제수했습니다.

중사가 사사롭게 대장의 뇌물을 받고 돌아와 그를 칭찬하면, 곧 깃발과 도끼[斧鉞]를 내렸으니, 일찍이 조정의 뜻으로 된 자가 없습니다. 폐하께서 반드시 기강을 떨치고 일

---

3) 芥 개 : 티끌, 먼지, 지푸라기, 겨자

4) 姑息 고식 : 구차하게, 우선, 당장 평안한 것만을 취함

으키고자 하신다면, 마땅히 법도로 번진을 제재한 후에야 천하를 다스릴 수 있을 것입니다"

황제가 깊이 옳다고 여겼다. 이에 비로소 군대로 촉을 토벌해서 위엄이 양하(兩河)에 행해지게 되었으니, 모두 두황상이 깨우쳐주었기 때문이었다.

유벽이 재주를 함락하고 이강을 붙잡았다.

2월에 엄려가 검주(劍州)를 함락시키고, 자사 문덕소(文德昭)를 참수했다.

○ 황제가 재상과 의논하기를 "예부터 제왕 중 어떤 자는 정사에 부지런히 힘썼고, 어떤 자는 팔짱을 끼고 하는 일이 없었다. 서로 득실이 있으니 어떻게 하는 것이 옳은가?"라고 했다. 두황상이 대답했다.

"왕이란 위로는 천지와 종묘를 받들고, 아래로는 백성과 사방의 오랑캐를 어루만지느라 밤낮으로 근심하고 힘쓰니, 스스로 한가하고 스스로 편안할 수 없습니다. 그러나 상하는 구분이 있고 서열을 기강으로 삼으니, 천하의 어진 인재를 신중하게 선발해 그들에게 위임해야 합니다.

공이 있으면 상을 주고, 죄가 있으면 형벌을 주며, 선발해 등용하는 것을 공정하게 하고, 상주고 형벌을 주는 것을 신의 있게 한다면, 누구인들 힘을 다하지 않을 것이며, 무엇을 구한 들 얻지 못하겠습니까?

명석한 임금은 수고를 다 해서 어진 자를 구하고, 적임자에게 맡기니, 편안해집니다. 이는 우(虞)의 순임금이 하는 일이 없이도 잘 다스릴 수 있었던 까닭입니다. 장부와 문서, 옥사와 시정의 번거롭고 세세한 일은 각각 유사(有司)가 있으니, 임금이 친히 할 일이 아닙니다. 옛날에 진(秦)시황은 저울과 추로 문서를 달았고,[5] 위(魏) 명제(明帝)는 스스로 상서의 일을 조사하고 실행했으며, 수(隋) 문제(文帝)는 위사들이 식사를 날랐는데[6], 모두 당대에도 도움이 되지 못했고, 후대에 비웃음을 받았습니다. 그 이목(耳目)과 몸, 마음이 부지런하고 또 수고롭지 않아서가 아니라, 힘쓴 바가 방법[道]이 아니었기 때문입니다.

무릇 임금은 성의껏 밀어주지 못하는 것을 걱정하고, 신하는 충성을 다 바치지 못하는 것을 걱정합니다. 진실로 윗사람이 아랫사람을 의심하고, 아랫사람이 윗사람을 기만한다면, 잘 다스리려고 해도 어렵지 않겠습니까?"

황제가 그 말을 깊이 옳다고 여겼다.

3월에 고숭문이 병사를 이끌고 낭주(閬州)에서 재주로 향하니, 유벽의 장수 형자(邢泚)가 병사를 이끌고 달아났다. 고숭문이 재주로 들어가 주둔했다.

○ 이손(李巽)을 탁지염철전운사(度支鹽鐵轉運使)로 삼았다. 유안(劉晏)의 뒤에 세금을 걷는 직책에 있는 자 중 그를 이을 수 있는 자가 없었다. 이손이 일을 맡은 지 1년만에 유안처럼 많은 세금을 거두어들였고, 다음해에는 그것을 넘었다. 또 1년 뒤에는 1백80만 민(緡)을 더 거두었다.

---

5) 衡石程書 형석정서 : 형석(衡石) 저울로. 정서(程書) 책을 달았다(계량했다)

6) 衛士傳餐 위사전찬 : 위사(衛士) 숙위병. 전찬(傳餐) 음식을 가져왔다

○ 9월에 고숭문이 또 유벽의 군대를 녹두관(鹿頭關)에서 패배시켰다. 먼길을 달려 바로 성도(成都)를 향해가니 향하는 곳마다 무너졌다. 군대가 행군을 늦추지 않고 신해(辛亥)에 성도를 함락시켰다. 유벽이 수십 기를 이끌고 서쪽 토번으로 달아났다. 고숭문이 고하우(高霞寓) 등을 시켜 추격해 그를 사로잡게 했다.

고숭문이 성도에 들어가 길이 뚫린 사거리[7]에 주둔하고 사졸을 쉬게 했다. 시전[8]의 상인들은 놀라지 않았고, 진기한 보물이 산처럼 쌓여있었으나, 추호도 범하지 않았다. 유벽을 함거에 실어 경사로 보내고, 그 부하를 모두 붙잡아 죽이고, 나머지는 묻지 않고 조용히 지휘하니[9], 경내가 모두 평안해졌다.

○ 두황상이 촉(蜀)을 정벌하자고 건의했을 때, 고숭문에게 방략을 지시해 주었는데, 멀리[10] 떨어져 있었지만 모든 일이 합당했다.[11] 촉이 평정되자 재상이 들어와 하례했는데, 상이 두황상을 보며 "경의 공이다"라고 말했다.

정해(丁亥) 2년(807년)

두황상은 천하를 다스리고 백성을 구제할 큰 계책이 있

---

7) 通衢 통구 : 길이 통하는 사거리
8) 市肆 시사 : 저자. 사(肆) 방자할, 늦춰질, 저자
9) 指撝 지휘(위) : 지시할, 가르칠, 휘두름
10) 懸 현 : 매달, 멀
11) 事宜 사의 : 일의 마땅함

었으나, 작은 예절은 닦지 않았다. 때문에 오랫동안 재상의 지위에 있을 수 없었다.

정월(正月) 을사(乙巳)일. 두황상을 동평장사(同平章事)로 삼고 하중진강자습절도사(河中晉降慈隰節度使)로 충임했다. 또 호부시랑(戶部侍郎) 무원형(武元衡)을 문하시랑(門下侍郎)으로, 한림학사(翰林學士) 이길보(李吉甫)를 중서시랑병동평장사(中書侍郞並同平章事)로 삼았다.

이길보가 감격해 눈물을 흘리며 중서사인(中書舍人) 배계(裴垍)에게 "내가 강회지방을 유랑12)한 지 15년이 넘었는데, 하루아침에 은혜를 입어 이렇게 되었다. 생각해보니 은덕에 보답하는 일은 오직 능력있는 자를 등용하는 것인데, 조정의 후진 중에는 교제해 아는 자가 드물다. 그대는 면밀한 안목13)을 가지고 있으니, 원컨대 나를 위해 모두 말해 달라"고 말했다. 배계가 붓을 잡고 30여 명을 쓰니, 몇개월 사이에 대략 모두를 선발해 등용했다. 당시 사람들이 기뻐하며, 이길보가 적임자를 등용했다고 칭찬했다.

○ 하촉(夏蜀)이 평정되자 번진이 두려워 해 숨을 죽였다14). 대부분 입조할 것을 청했다. 진해절도사(鎭海節度使) 이기(李錡)도 스스로 편치 못해 입조할 것을 청했다. 황제가 허락했다. 이기는 사실 갈 뜻이 없어 여러번 표문을 올

---

12) 流落 유락 : =유랑

13) 精鑒 정감 : 식견. 정(精) 자세하다, 면밀하다. 감(鑒)=감(鑑) 성찰, 안식(眼識), 견식(見識)

14) 惕息 척식 : 척(惕) 두려워하다, 놀라다, 근심하다. 식(息) 숨 죽이다

려 병을 핑계대고, 연말이 되면 입조하겠다고 청했다.

황제가 재상들에게 물으니, 무원형(武元衡)이 "폐하께서 처음 즉위해 나라를 다스리는데, 이기가 조회할 것을 청하면 조회하게 하고, 중지할 것을 요구하면 중지하게 해, 가부(可否)를 이기에게 맡긴다면 어찌 사해를 호령할 수 있겠습니까?"라고 했다. 황제가 옳다고 여겨 조서를 내려 그를 불렀다. 이기는 거짓말이 드러나자 마침내 모반했다.

동(冬) 10월에 좌우가 이기를 붙잡아 형틀을 채워 경사로 보내니, 유사는 이기의 가산을 장부에 적어 경사로 보냈다. 한림학사 배계와 이강(李絳)이 "이기는 분수가 넘게 사치스러웠습니다[15]. 6주의 사람들을 수탈[16]해 그 집안을 부유하게 했습니다. 지금 수레에 실어 임금이 계신 경사로 보낸다면, 원근의 백성들이 실망할까 두렵습니다. 원컨대 역적의 재물을 절서(浙西)의 백성들에게 하사해 올해의 조세를 대신하게 하십시오"라고 했다. 황제가 오랫동안 가상하다고 감탄하고는 곧 그 말을 따랐다.

『신당서(新唐書)』 「이강(李絳) 열전[傳]」에 의하면,

황제가 항상 태종과 현종의 성대함을 칭찬하면서 "두 선조의 도덕과 풍모[17]를 바라고자 한다.[18] 어떻게 하면 거기

---

15) 僭侈 참치 : 참람(僭濫, 분수를 넘게) 사치스럽다

16) 割剝 할박 : 할(割) 쪼개다, 빼앗다. 박(剝) 벗기다, 찢다

17) 風烈 풍열 : 풍(風) 모습, 위엄, 교화. 열(烈) 벌이다, 늘어놓다, 다스리다

18) 庶幾 서기 : 바라다, 거의

에 이를 수 있겠는가?"를 물었다. 이강이 "폐하께서 몸을 바르게 하고, 힘써 자신을 닦고[19], 도를 높이고 덕을 귀하게 하십시오. 간사하고 아첨하는 자를 멀리하고, 충직한 자들을 등용하십시오. 대신과 말할 때 공경하고 신뢰 있게 하고, 소인에게 참여하지 못하게 하십시오. 어진 자와 교유해 가까이 하고 예로써 대우하며, 불초한 자에게 함께 하지 못하게 하십시오. 이와 같으면 조상과 덕이 합치되어 중흥했다고 칭해질 것입니다. 어찌 그 일이 멀겠습니까?"라고 대답했다. 황제가 "아름답구나! 이 말을 짐이 장차 큰 띠[20]에 쓰겠다"고 말했다.

황제가 일찍이 조용히 이강에게 "간관이 조정을 많이 비방하고 헐뜯는데[21], 모두 사실이 아니다. 짐은 그 심한 자 한 두 명을 귀양 보내서[22] 그 나머지에게 경계[23]하고자 하는데, 어떠한가?"고 물었다. 이강이 대답했다.

"이는 폐하의 뜻이 아닙니다. 반드시 간사한 신하가 폐하의 총명함을 가리고자 하기 때문에 나온 말일 것입니다. 신하가 죽고 사는 것은 임금의 기쁨과 노여움에 달려 있는데, 감히 입을 열어 간언하는 자가 몇이나 있겠습니까?

---

19) 勵 려 : 힘쓰다, 권장하다
20) 紳 신 : 예복에 갖추어 매는 큰 띠
21) 謗訕 방산 : 비방하고 헐뜯다
22) 謫 적 : 귀양가다, 유배하다, 견책
23) 儆 경 : 경계하다

비록[就][24] 간언하는 자가 있더라도, 낮에 헤아리고 밤에 생각하고, 아침에 깎고 저녁에 줄여서 임금에게 올리게 되면[比][25] 10에 2, 3도 남지 않습니다. 때문에 임금이 부지런히[26] 간언을 구해도 오히려 오지 않을까 두렵습니다. 그런데 그를 벌 주면 어떻게 되겠습니까? 그와 같이 천하의 입을 막는 것은 사직의 복이 아닙니다"

황제가 그 말을 좋다고 해 그쳤다.

○ 이 해에 이길보가 「원화국계부(元和國計簿)」를 지어 올렸다. 호구를 신고하지 않은 봉상(鳳翔) 부방(鄜坊) 회서(淮西) 치청(淄靑) 등 15도 71주를 제외하고, 매년 부세에 기대서 해결하는 곳은 양절(兩浙) 강동서(江東西) 선흡(宣歙) 회남(淮南) 강서(江西) 악악(鄂岳) 복건(福建) 호남(湖南)의 8도 49주 1백44만 호에 그쳤다. 천보(天寶) 연간에 세금 낸 호구에 비해 4분의 3이 줄어들었다.

천하의 병사들 중 현관(縣官)에게 공급받는[27] 자가 83만여명인데, 천보 연간에 비해 3분의 1이 증가했다. 대체로 두 호가 병사 한명의 비용을 댔는데[28], 홍수와 가뭄으로 피해 입은 것과 불시에 징수[29]하는 것은 이 수에 들어있지

---

24) 就 취 : 비록, 만약

25) 比 비 : 이를

26) 孜孜 자자 : 부지런할, 힘쓸

27) 仰給 앙급 : 관청에서 공급함

28) 資 자 : 비용을 대다, 밑천을 대다

29) 調發 조발 : 조(調) 구실. 발(發) 내다, 거두다

않았다.

무자(戊子) 3년(808년)

호부시랑(戶部侍郞) 배계를 중서시랑동평장사(中書侍郞同平章事)로 삼았다.

○ 처음에 덕종(德宗)은 재상을 임명하지 않고, 천하의 세세한 일을 모두 스스로 결정했다. 이 때문에 배연령(裴延齡)의 무리가 요로에서 권력을 좌지우지했다. 황제가 번저(藩邸)에 있을 때는 속으로 그것을 심히 나쁘게 여겼다. 즉위하자 재상으로 발탁해 그에게 믿고 맡겼다.

일찍이 배계 등에게 "태종 현종은 명석했지만, 그래도 보좌의 도움으로[30] 그 정치를 이루었다. 하물며 짐과 같이 선조의 만분의 일에도 미치지 못하는 자는 어떻겠는가?"라고 말했다. 배계 또한 충성을 다해 보좌했다. 황제가 일찍이 배계에게 "다스림의 요점은 무엇이 먼저인가?"고 물으니, 배계는 "그 마음을 바르게 하는 것입니다"라고 대답했다.

○ 옛 제도에는 백성의 세금을 세 곳으로 보냈다. 첫번째는 조정에 바치는 것[上供]이요, 두번째는 절도사에게 보내는 것[送使], 세번째는 소속 주에 바치는 것[留州]이었다.

건중(建中) 초에 양세(兩稅)를 정했다. 이때는 현물이 귀하고 돈의 가치가 낮았다. 이 후 현물이 싸지고 돈이 귀해

---

30) 藉 자 : 빌다, 꾸다

지니, 백성들의 부담이 처음의 배가 되었다. 또 주(州)에 두는 것[留州]과 절도사에게 보내는 것[送使]은 소재지에서 관에서 정한 가격[省估][31]으로 징수하는 것을 줄이고 실거래가격[實估]에 따라 백성에게 무겁게 거두었다.

배계가 재상이 되자 "천하의 유주 · 송사 물건은, 청컨대 모두 관에서 정한 가격[省估]으로 거두게 하고, 그 관찰사는 먼저 다스리는 주의 세금을 거두어 자급하다가 부족해진 연후에 소속된 주에서 세금을 거두도록 허락하십시오"라고 아뢰었다. 이 때문에 강회(江淮)의 백성들이 점점 소생하게 되었다.

이 전에 정권을 맡은 자의 대부분은 간관이 시정의 득실을 말하는 것을 싫어했는데, 배계 혼자서만 (그들에게) 상을 주었다.

배계는 재능과 도량이 있고 준엄하고 단정해, 사람들이 감히 사사롭게 요구하지 못했다. 일찍이 친구가 멀리서 왔는데, 배계가 자금을 넉넉히 주고 후대하며, 정성스럽고 친밀하게 대했다. 그 사람이 틈을 타서 경조판사(京兆判司)직을 요구했다.

배계는 "공의 재주는 이 관직과 맞지 않네! 친구라는 사사로움으로 조정의 지극한 공정함을 감히 해칠 수 없네! 다른 날 눈먼 재상 중에 공을 불쌍히 여긴 자가 있으면, 그

---

31) 省估 성고 : 주(註) 성고(省估, 상서성에서 정하는 가격), 실고(實估)는 사고(私估, 실제로 거래되는 가격)이다. 공고(公估, 국가에서 정한 가격)를 말하는 것같다.

자리를 얻을 수 있겠지만, 나는 안되네"라고 했다.

기축(己丑) 4년(809년)

춘(春)정월에 남방에 가뭄과 기근이 들었다. 좌사낭중(左司郎中) 정경(鄭敬) 등을 강회이절형호양악(江淮二浙荊湖襄鄂) 등의 도선위사(道宣慰使)로 삼아 그들을 진휼하도록 명했다. 그들이 현지에 가려고 할 때, 황제가 "짐은 궁중에서 비단 한 필을 쓰면 모두 그 수를 기록하지만, 오직 백성을 진휼하는 것은 비용을 계산하지 않는다. 경들은 마땅히 이 뜻을 성심껏 받아들여 심맹양(瀋孟陽)이 술을 마시고 산으로 놀러간 것[32]을 본받지 말도록 하라"고 경계시켰다.

○ 황제가 하북 여러 번진의 세습 폐단을 고치고자, 왕사진(王士眞)의 사망을 계기로 조정에서 사람을 제수하고, 따르지 않으면 군사를 일으켜 토벌하고자 했다. 배계는 "이납(李納)은 제멋대로 날뛰며 공손하지 않지만, 왕무준(王武俊)은 나라에 공이 있습니다. 폐하께서는 전에 이사도(李師道)를 허용하셨는데, 지금 왕승종(王承宗)의 권한을 빼앗으시

---

32) 瀋孟陽 심맹양 : 주(註) 헌종(憲宗)이 처음 즉위해서 맹양(孟陽)에게 강회(江淮)의 재부(財賦)를 순시하게 하고, 염철전운부사(鹽鐵轉運副使)직을 더해주어 동남 진(鎭)의 정치와 다스리는 상황을 살피게 했다. 이때 맹양은 힘이 있고 권력이 커서, 3~4백명을 거느리고 다니면서, 지나가는 진(鎭)과 부(府)에서 단지 유람하고 상을 주는 데에만 힘쓰고, 부녀자들과 밤마다 술을 마셨다. 염철전운원(鹽鐵轉運院)에 와서는 널리 뇌물을 받고 관직을 보충시킬 뿐이었다. 중앙에 돌아와서 크게 인망을 잃어 파직되고, 대리경(大理卿)으로 좌천 되었다(『舊唐書』「瀋孟陽傳」)

면 저지하고 권하는 것[33]이 이치에 위배되니, 저들은 반드시 복종하지 않을 것입니다"라고 진언했다.

이 때문에 오랫동안 논의했지만 (정책을) 결정하지 못했다. 여러 학자들에게 물었다. 이강이 대답했다.

"하북은 임금의 교화를 따르지 않으니, 누가 분하고 탄식하지 않겠습니까? 그러나 지금 그를 공격했다가 혹시 이길 수 없을까 두렵습니다. 성덕군(成德軍)은 왕무준 이래로 부자가 서로 계승한 지 40여 년이므로, 사람들의 마음이 이미 익숙해져서 잘못된 것으로 여기지 않습니다. 하물며 왕승종이 이미 군무를 총괄하고 있는데, 하루아침에 그를 바꾸면 즉시 임금의 명령을 받들지 않을까 두렵습니다.

또 범양(范陽), 위박(魏博), 역정(易定), 치청(淄靑)은 땅이 서로 이어져 성덕과 한 몸과 같으니, 저들이 성덕에 다른 사람을 제수했다는 소식을 들으면, 내심 스스로 불안해 해 은밀히 서로 패거리가 되어 도울 것이니, 가볍게 의논할 수 없습니다"

○ 이 때 오소성(吳少誠)의 병이 악화되었다. 이강 등이 "오소성은 병으로 일어날 수 없습니다. 회서(淮西)의 일은 하북과 다릅니다. 사방이 모두 국가의 주현(州縣)이어서 적과 이웃하지 않고, 서로 도와줄 패거리나 원조가 없으니, 조정이 장수를 임명하려면 지금이 바로 그 때입니다. 만일 따르지 않는다면, 토벌을 의논할 수 있습니다. 원컨대 왕승

33) 沮勸 저권 : 저(沮) 막다, 저지하다. 권(勸) 권장하다

종을 사면해 진기(鎭冀)의 마음을 수습하고 마땅한 기회를 기다리신다면, 반드시 신채(申蔡)[34]의 이익을 얻을 것입니다"라고 진언했다.

○ 겨울 10월에 황명[制書]을 내렸다. "왕승종의 관작을 삭탈하고, 좌신책중위(左神策中尉) 토돌승최(吐突承璀)를 초토처치등사(招討處置等使)로 삼는다"고 했다. 한림학사 백거이(白居易)가 상주했다.

"국가 정벌은 마땅히 장수에게 성공을 맡겨야[35] 하는데, 처음으로 중사(中使)[36]에게 군대를 감독하게 했습니다. 옛날부터 지금까지 천하의 병사를 징발해 중사가 통솔하게 한 적은 없었습니다. 지금 신책군(神策軍)에 행영절도사(行營節度使)를 두지 않으니, 곧 토돌승최(吐突承璀)가 바로 제어하는 장수[制將]가 됩니다. 또 여러 군대를 초토처치사(招討處置使)에게 맡기니, 곧 토돌승최가 바로 도통(都統)입니다. 폐하께서는 후대 사람들이 '중관을 제장(制將) 도통(都統)으로 삼은 것이 폐하에게서부터 시작되었다'고 서로 전하도록 하시겠습니까?"

을해(乙亥)일에 토돌승최가 신책군을 이끌고 장안을 출발했다. 항주(恒州) 사방의 번진에 명령해 각각 병사를 내어 토벌케 했다.

---

34) 주(註) 옛 신(申)나라와 채(蔡)나라의 땅. 회서지역을 말함

35) 責成 책성 : 요구하고 이룸, 성공을 맡김

36) 주(註) 중사(中使)는 궁에서 파견한 관리인데, 대부분 환관이었다.

경인(庚寅) 5년(810년)

(황제는) 군국대사가 있으면 매번 여러 학사들과 그것을 논의했다. 이 때는 한 달이 지나도록[37] 대신들과 만나지 않았다. 이강이 "대신은 녹봉을 유지하려고 감히 간하지 않고, 작은 신하는 죄를 두려워 해 감히 말하지 않습니다. 관중(管仲)이 말하기를 '패업[霸][38]을 해치는 것이 가장 큰 일'이라고 했습니다. 지금 신 등은 배불리 먹으면서 말을 하지 않으니 스스로를 위한 계책은 얻은 것이나, 폐하는 어떻게 합니까?"라고 말했다. 조서를 내려 다음날 편전에서 면대(面對)하겠다고 했다.

○ 가을 7월에 왕승종(王承宗)이 사자를 보내 스스로 아뢰기를 "노종사(盧從史)에게 이간질 당했습니다. 바라건대 공납을 바치고 관리가 될 것을 청합니다" 하니, 그가 스스로 새로워지는 것을 허락해 주었다. 이사도 등이 자주 표문을 올려 왕승종의 죄를 씻겨주어 그를 성덕군절도사로 삼고, 여러 도의 행영장사를 모두 폐지할 것을 청했다.

○ 한림학사 이강은 상이 재물을 모으는 것에 대해 조용히 간언했다. 황제가 "지금 양하(兩河)의 수십 주(州)는 모두 국가의 정사와 명령이 미치지 않고, 하황(河隍) 수십리는 오랑캐의 풍속[39]에 빠져 있다. 짐은 밤낮으로 조상의 수

---

37) 閱月 열월 : 달이 넘다

38) 霸 패 : 우두머리, 권도로 정치를 하는 제후의 우두머리

39) 左衽 좌임 : 오랑캐의 풍속. 왼쪽으로 옷섶을 여미다

치를 씻고 싶어 하는데, 재력이 넉넉지 않기 때문에 어쩔 수 없이 재물을 쌓을 뿐이다. 그렇지 않으면 짐의 궁중에서의 용도가 지극히 검소하고 적은데, 많이 모아서 어디에 쓰겠는가?"라고 말했다.

신묘(辛卯) 6년(811년)

정월에 전 회남절도사(淮南節度使) 이길보(李吉甫)를 중서시랑동평장사(中書侍郎同平章事)로 삼았다.

○ 황제가 재상에게 "정치를 하는데 관대함과 엄격함 중 무엇을 우선으로 하는가?"고 물으니, 권덕여(權德輿)가 "진(秦)나라는 참혹함과 각박함으로 망했고, 한(漢)나라는 관대함으로 흥했습니다. 태종은 명당도(明堂圖)를 보고 사람의 등을 치는 것을 금했습니다. 이 때문에 안록산 사사명 이래로 여러번 패역한 신하가 있었으나, 모두 발길을 돌리고[40] 패망했습니다. 조상님의 어진 정사가 사람들의 마음에 맺혀 사람들이 잊을 수 없었기 때문입니다. 관대함과 엄격함의 선후를 알 수 있습니다"고 대답했다. 상이 그 말을 좋게 여겼다.

○ 이길보(李吉甫)가 아뢰었다.

"진(秦)나라부터 수(隋)나라까지 13대인데, 설치한 관직이 (우리) 나라보다 많은 적이 없었습니다. 천보 이후로 중원

---

40) 旋踵 선종 : 발꿈치를 돌리다, 되돌아오다

의 숙위병으로 현재 계산할 수 있는 자가 80여 만이고, 그 나머지로 상인 승려 도사가 되어 농사일을 하지 않는 자가 10에 5, 6입니다.

이는 항상 근골(筋骨)을 수고롭게 하는 3할의 사람이 앉아서 옷과 먹을 것을 기다리는 7할의 사람을 봉양하는 것입니다. 지금 내외의 관원 중에 세금으로 녹봉을 지급받는 자가 1만 명을 내려가지 않습니다. 천하 3백여 현(縣) 중에 혹 1현(縣)을 가지고 주(州)로 삼고, 1향(鄕)의 백성을 가지고 현(縣)을 만든 것이 매우 많습니다.

청컨대 담당관리에게 명령해 폐할 것인가, 둘 것인가를 상세하게 결정하게 해, 관리 중에 감원할 수 있는 자는 감원하고, 주현(州縣) 중에 합칠 수 있는 것은 합치며, 입사(入仕)의 길에서 줄일 수 있는 것은 줄이십시오"

이에 단평중(段平仲)과 위관지(韋貫之), 이강에게 명령해 함께 자세히 (살펴서) 정하게 했다.

○ 호부시랑(戶部侍郞) 이강(李絳)을 중서시랑동평장사(中書侍郞同平章事)로 삼았다. 이길보가 재상이 되어 옛 원한을 많이 갚았는데, 황제가 그것을 알게 되었다. 때문에 이강을 발탁해 재상으로 삼은 것이다. 이길보는 황제의 뜻을 잘 맞추었는데, 이강은 강직해 자주 황제 앞에서 쟁론했다. 황제는 이강이 강직하다고 인정해 대부분 그 말을 따랐으나, 이 때문에 두 사람 사이에 틈이 생겼다.

임진(壬辰) 7년(812년)

경조윤(京兆尹) 원의방(元義方)이 토돌승최에게 아첨하고 섬겼다. 이강이 그의 사람됨을 미워해 내보내서 부방(鄜坊)관찰사로 삼았다. 원의방이 들어와 사례하면서, 기회를 틈타 이강이 그 동년(同年)[41] 허계동(許季同)을 사사롭게 대했다고 말했다. 황제가 "짐이 이강을 아는데, 반드시 아닐 것이다"라고 말했다.

다음날 황제가 이강에게 "사람이란 동년(同年)에게 진실로 정이 있는가?" 하고 힐문했다. 이강은 "동년은 곧 사해(四海) 구주(九州)의 사람으로, 우연히 같은 과거에서 급제한 사람입니다. 등과한 뒤에 서로 알았는데, 정이 어디에 있겠습니까? 재상의 직무는 재능을 헤아려 임무를 주는 것입니다. 만약 그 사람에게 재주가 있다면, 형제 자식 조카라도 당연히 등용해야 합니다, 하물며 동년이야 어떻겠습니까? 의심을 피한다고 재주(있는 자)를 버린다면, 이는 곧 몸을 편하게 하려고 공적으로 일하지 않는 것입니다"라고 대답했다. 황제가 "옳다" 고 했다.

○ 3월에 황제가 연영전(延英殿)에 행차했다. 이길보가 "천하가 이미 태평하니 폐하께서는 마땅히 즐기십시오" 하니, 이강이 말했다.

"한(漢) 문제(文帝) 때에는 무기에 피가 묻지 않았고, (병기는) 나무처럼 칼날이 없었으며[42], 집집마다 넉넉하고 사

---

41) 주(註) 같은 해에 과거를 치루고 함께 진사에 급제한 사람을 말함

람마다 풍족했습니다. 그런데도 가의(賈誼)는 오히려 '쌓은 섶나무 아래 불을 둔 것이니, 평안하다고 말할 수 없다'고 했습니다.

지금 법령으로 제어할 수 없는 곳이 하남 하북 50여 주이고, 견융(犬戎)의 노린내와 비린내[43]가 경롱(涇隴)에 가까이 접해있으며, 봉화로 자주 놀랍니다. 게다가 홍수와 가뭄이 때때로 일어나 창고가 텅 비었습니다. 이 때가 바로 폐하께서 날이 밝기 전에 옷을 입고 해가 진 후에 식사를 할 때이니[44], 어찌 태평하다고 말할 수 있으며, 갑자기 즐길 수 있겠습니까?"

황제가 기쁘게 말하기를 "바로 짐의 뜻에 맞는다" 하고는 좌우에게 "이길보는 오로지 기쁘도록 아첨을 하나, 이강 같은 이가 진정한 재상이다"라고 말했다.

○ 황제가 일찍이 재상에게 "정원(貞元) 연간에 정사를 잘 다스리지 못했는데, 어째서 그 지경까지 됐는가?" 하고 물었다. 이길보가 "덕종은 스스로 지혜가 있다고 자임해 재상을 믿지 않고 다른 사람을 믿었습니다. 이는 간사한 사람에게 틈을 타 위복(威福)[45]을 농락할 수 있게 한 것입니다.

---

42) 주(註) 병무혈(兵無血)은 병무혈인(兵無血刃)을 말하는 것으로, 『순자(荀子)』 「의병」편에 나온다. 목무인(木無刃)은 병목무인(兵木無刃)을 말하는 것으로 『한서(漢書)』 「동방삭열전(東方朔列傳)」에 나온다. 모두 병기를 잘 관리하고 있지 않음을 말한다.

43) 腥羶 성전 :비린내, 누린내

44) 宵衣旰食 소의간식 : 정무에 바쁨, 천자가 날이 밝기 전에 옷 입고, 해 진 후에 저녁밥 먹음

정사를 잘 다스리지 못한 것은 오로지[職][46] 이 때문입니다"라고 대답했다.

황제가 말하기를 "그러나 이는 반드시 모두 덕종의 잘못만은 아닐 것이다. 경들은 반드시 이것을 교훈으로 삼아, 일에 잘잘못이 있으면 마땅히 힘써 그치지 말고 진언하라. 짐이 성내어 꾸짖는다고 두려워 해 갑자기 멈추지 말라"고 했다.

○ 이길보가 일찍이 "신하는 마땅히 강하게 간언해서는 안됩니다"라면서, "임금을 기쁘게 하면 신하가 편안하니, 이 역시 아름답지 않습니까?"라고 했다. 이강은 "신하는 마땅히 임금의 낯 빛이 바뀌고 입맛을 쓰게 하더라도[47] 득실을 가려 진언해야 합니다. 만약 임금을 악에 빠트린다면 어찌 충성스럽다고 할 수 있겠습니까?"라고 말했다. 황제가 "이강의 말이 옳다"고 했다.

○ 이길보는 또 일찍이 "상벌은 임금의 두 가지 권력입니다. 어느 한 쪽도 치우치거나 그만 두어서는 안됩니다. 폐하께서는 즉위한[48] 이래로 은혜는 깊으나 위엄과 형벌을 부리지 못했습니다. 궁정 안팎이 해이해지고 공손치 않습니다. 원컨대 엄격하게 해서 부리십시오"라고 했다.

---

45) 威福 위복 : 위력으로 복종시키고 또 은혜를 베풀어 심복하게 함
46) 職 직 : 오로지, 임무, 일, 직분, 공무
47) 犯顔苦口 범안고구 : 천자의 안색을 바꾸게 하고 입맛을 쓰게 하는 것
48) 踐阼 천조 : 제위에 오름

황제가 이강을 돌아보고 "어떻게 생각하는가?"고 물었다. 이강은 "왕의 정치는 덕을 숭상하지, 형벌을 숭상하지 않습니다. 어찌 성왕(成王) 강왕(康王) 문제(文帝) 경제(景帝)를 버리고, 진시황 부자를 본받을 수 있겠습니까?"라고 대답했다. 황제가 "그 말이 옳다"고 했다.

○ 황제가 일찍이 재상들과 연영전(延英殿)에서 정치의 도에 대해 논의했다. 해가 저물고 더위가 심해지자 땀이 어복을 적셨다. 재상들이 황제의 몸이 피곤할 것을 걱정해 (대신들을) 물리쳐줄 것을 요청하니, 황제가 그들을 있으라고 하면서, "짐이 궁중에 들어가면 함께 있는 자는 오직 궁인과 환관뿐이다. 때문에 경들과 함께 있는 것이 즐겁다. 또 함께 정치의 요긴한 일을 이야기 하니 피곤한 줄을 모르겠다"고 했다.

○ 8월에 위박절도사(魏博節度使) 전계안(田季安)이 죽었다. 여러 장수들이 그 아들 전회간(田懷諫)을 부사(副使)로 삼았다. 황제가 재상들과 위박의 일을 의논하니, 이길보가 병사를 일으켜 토벌할 것을 청했다. 이강은 "위박(魏博)은 군대를 쓸 필요가 없습니다. 마땅히 스스로 조정으로 돌아올 것입니다. 전회간은 젖내 나는 아이라 스스로 듣고 판단할 수 없습니다. 군부의 대권은 반드시 전씨에게 돌아갈 것이고, 도륙당하지 않으면 모두 포로가 될 것입니다" 라고 말했다.

전회간이 유약해 군정이 모두 가동(家僮)에게서 결정되니, 사람들이 모두 분노했다. 전흥(田興)이 새벽에 군부에 들어가니 사졸 수천 명이 크게 소리 지르며 전홍을 둘러싸고 네 번 절하며 유후(留後)가 되기를 청했다.

전홍이 상황을 보니 벗어나지 못할 것같았다. 곧 사람들에게 "너희는 기꺼이 내 말을 듣겠는가?"하니, 모두 "명령대로 하겠습니다"라고 했다. 전홍이 "부대사[49]를 범하지 말고, 조정의 법령을 지키며, 호구와 땅문서[50]를 청하고, 관리를 청한 연후에 할 수 있다"고 하니, 모두 "예"라고 대답했다. 전홍이 곧 전회간을 밖으로 옮겼다.

10월에 위박(魏博)의 감군(監軍)이 상황을 아뢰니, 황제가 급히 재상들을 불렀다. 이강에게 "경이 위박을 예측한 것이 딱 들어맞았구나[符契][51]"라고 말했다. 이길보가 중사(中使)를 보내 잔치를 베풀어 위로해주고 그 변화를 살펴보도록 하시라고 청했는데, 이강이 반대했다.

"불가합니다. 지금 전홍은 그 토지와 군대, 백성을 받들고 앉아서 임금의 명령을 기다리고 있습니다. 이 때를 타서 마음으로 밀어주고 어루만지고 받아들여서 큰 은혜를 맺지 않으면 안됩니다. (그들은 지금) 칙사가 오기를 기다릴 것입니다. (칙사가 오면) 장병들이 표문을 가지고 와서 부절과 부월[52]을 청할 것입니다. 그런 뒤에 그들에게 주면, 이

---

49) 副大使 부대사 : 적장자를 이름

50) 申版籍 신판적 : 주(註) 신(申)은 청(淸)이다. 판적(版籍)은 호구(戶口)와 여(輿, 수레) 지(地, 땅)를 쓴 것이다

51) 符契 부계 : 부(符) 부신. 계(契) 관계 맺다, 합치하다

52) 節鉞 절월 : 절(節)의 길이는 1척(尺) 2촌(寸). 사자가 그것을 가지고 간다. 진 한(秦 漢)이후 정(旌,왕명을 받은 사신에게 신임을 표시하여 주던 기)과

는 은혜가 아래에서 나온 것이지, 위에서 나온 것이 아니게 됩니다. 장사들의 (공은) 크고 조정의 (공은) 적어집니다. 기회를 한번 잃으면 후회해도 어쩔 수 없습니다"

상이 그 말에 따라서 전홍을 위박절도사로 삼았다. 황제의 명령이 위주(魏州)에 이르자, 전홍은 은혜에 감격해 눈물을 흘리고, 병사들 중 북치고 춤추지 않는 자가 없었다.

○ 이강이 또 말하기를 "위박(魏博)에는 50여 년 동안 황제의 교화가 미치지 못했는데, 하루아침에 6주의 땅을 들고 와서 귀의했습니다. 이는 하삭(河朔)의 심장[53]을 도려내고[54] 반란의 소굴을 전복시킨 것입니다. 후한 상으로 그들에게 기대하는 것 이상을 해주지 않는다면, 사졸들의 마음을 위로하지 못할 것이고, (또) 이웃 (번진)들을 부러워하게 해서 (귀의를) 권유하지 못할 것입니다. 청컨대 내고전 1백 50만 민(緡)을 내어서 그들에게 주십시오"라고 했다.

좌우의 환관들이 주는 것이 너무 많다 하고, "후에 이와 유사한 일이 있으면 장차 어떻게 주시겠습니까?"라고 했다. 황제가 이들의 주장을 이강에게 말했다.

이강은 "전홍은 토지를 차지하려 하지 않고, 이웃한 네 나라와의 우환을 돌아보지 않고, 우리 조정에 귀의했습니

당(幢, 의장儀仗이나 군에서 지휘용으로 쓰던 기)의 형태로 바뀌었다. 월(鉞)은 큰 도끼. 절월(節鉞)은 상이 그것을 내려 천자가 정벌한다는 것을 표시한다

53) 腹心 복심 : 복(腹) 배, 창자, 중앙부, 마음. 심(心) 마음, 심장

54) 刳 고 : 깎다, 도려내다, 속을 파내다

다. 폐하께서는 어찌 작은 비용에 애착하셔서 큰 계획을 버리시고, 한 도(道)의 인심을 거두시지 않으십니까? 돈은 다 쓰면 다시 생기지만, 기회는 한 번 잃어버리면 다시는 할 수가 없습니다. 가령[55] 국가가 15만 명의 병사를 징발해 6주의 땅을 1년 걸려야 이길 수 있다면, 그 비용이 어찌 1백50만 민에 그칠 뿐이겠습니까?"라고 했다.

황제가 기뻐하며 "짐이 안 좋은 옷을 입고, 변변치 못한 음식[56]을 먹고, 재물을 축적한 것은 바로 사방을 평정하고자 했기 때문이다. 그렇지 않다면, 그것을 창고에 비축해서 무엇 하겠는가?"라고 말했다.

11월에 지제고(知制誥) 배도(裴度)를 위박에 보내 임금의 말씀으로 위로하고, 돈 1백50만 민을 군사들에게 상으로 주었다. 또 6주의 백성들에게 1년의 부역을 면제해[57]주었다. 군사들이 내린 것을 받고 환호하는 소리가 우레와 같았다.

성덕 연운의 사자들 여러 무리가 이것을 보고 서로 돌아보고 얼굴색이 변했다. "고집부리고 굴복하지 않은 것이[58] 과연 무슨 도움이 되는가?"라고 한탄했다.

배도가 전홍에게 군신 상하의 도리를 말하니, 전홍이 저녁이 다 될 때까지 그것을 듣고 게을리하지 않았다. 배도를 모시는 것도 극진했다.

---

55) 借使 차사 : 가령

56) 非食 비식 : 변변치 못한 음식

57) 復 복 : 부역(세금)을 면제해주다

58) 倔彊 굴강 : 고집이 세서 남에게 굴하지 않음

○ 상이 일찍이 연영전에서 재상들에게 "경들은 나를 위해 관직을 아끼고, 사적으로 가까운 사람이나 옛 친구를 기용하지 말라"고 했다. 이길보 권덕여가 모두 사죄하면서, 감히 하지 않겠다고 말했다. 이강이 말했다.

"최우보(崔祐甫)가 한 말이 있습니다. 친하지 않거나 옛 친구가 아니면 그 재능을 알지 못한다고 했습니다. 아는 자라고 오히려 관직을 주지 않는다면, 알지 못하는 자에게 어찌 감히 줄 수 있겠습니까? 다만 그 재능과 도량을 물어서 관직을 주고, 적합한지 아닌지를 볼 뿐입니다.

만약 친하다거나 옛 친구라서 (사적으로 봐 준다는) 의심을 피하고자 한다면, 임금님의 조정에 많은 선비들을 갖게 할 미덕을 무너뜨리는[59] 것이 될 것입니다. 이가 곧 눈앞의 편안함만을 도모하는 신하[60]입니다. 공적인 방법이 아닙니다. 만약 기용한 자가 적임자가 아니라면 조정에 전통적으로 행해지던 법식[61]이 있으니, 누가 감히 그것을 피하겠습니까?"

황제가 말하기를 "바로 경의 말처럼 하라"고 했다.

계사(癸巳) 8년(813년)

위박절도사(魏博節度使) 전홍(田興)에게 홍정(弘正)이라는

59) 虧 휴 : 어그러질, 덜

60) 偸安 투안 : 눈앞의 편안함만을 도모함

61) 典刑 전형 : 예전부터 내려온 법전(法典), 전통의 법식

이름을 내렸다.

황제가 재상들에게 "사람들이 외간에 붕당(朋黨)[62]이 크게 성하다고 말하는데, 어찌된 것인가?" 하니, 이강이 대답했다.

"옛날부터 임금이 가장 싫어하는 것은 신하들의 붕당이었습니다. 그런 고로 소인이 군자를 참소할 때 반드시 붕당을 말합니다. 왜 그런가하면 붕당이란, 그것을 말하면 곧 싫어하지만, 그것을 찾아보니 흔적이 없기 때문입니다. 동한(東漢) 말기에 환관들이 천하의 현인군자들을 모두 당인(黨人)이라 이르고 그들의 벼슬길을 막았다가[63] 마침내 나라가 망했습니다.

이는 모두 소인배들이 좋은 사람을 해치고자 하는 말입니다. 원컨대 폐하께서는 그것을 깊이 살피십시오. 무릇 군자는 군자와 모입니다. 어찌 그들로 하여금 소인과 모이게 한 후 그들을 일러 당(黨)이 아니라고 하겠습니까?"

갑오(甲午) 9년(814년)

봄에 이강이 여러번의 발병으로 지위를 사양해, 파직해 예부상서로 삼았다.

윤월(閏月)에 창의절도사(彰義節度使) 오소양(吳少陽)이 죽자, 그 아들 오원제(吳元濟)가 죽음[喪]을 숨기고 스스로

62) 朋黨 붕당 : 이해나 주의(主義) 등이 같은 사람끼리 모여 당외(黨外) 사람들을 배척하는 행위

63) 禁錮 금고 : 벼슬길을 막음, 사환(仕宦)을 못하게 함, 가두어둠,

군무를 맡았다. 11월에 이광안(李光顏)을 절도사로 삼고, 엄수(嚴綬)를 신광채초무사(申光蔡招撫使)로 임명했다. 여러 도의 병사들을 독려해 오원제를 토벌하도록 했다.

을미(乙未) 10년(815년)

영주사마(永州司馬) 유종원(柳宗元)을 유주자사(柳州刺史)로 삼았다. 유종원은 글을 잘 지었는데, 일찍이 「재인전(梓人傳)」을 지었다.

"재인(梓人)은 큰 도끼와 작은 도끼, 칼과 톱의 기술을 가지지 않는다. 오로지 길이나 높이를 재는 자[尋引]와 원형 방형을 그리는 도구[規矩]와 먹줄[繩墨]을 가지고, 어떤 종류의 나무가 재목이 되는가를 재고, 마루대와 처마가 어느 정도인가를 헤아리고, 깊이 모양 길이가 마땅한가를 살핀다.

휘하 여러 목공들에게 지시해 각각 자기 할 일을 하게 하고, 임무를 감당할 수 없는 자는 물러나게 한다. 큰 집이 완성되면 홀로 그 공으로 이름이 나고, 3품의 녹을 받는다.

재상이 천하를 다스리는 것과 같다. 기강을 세우고 법도를 정비하고 천하의 선비를 선택해, 그들로 하여금 그 직분을 다하게 하고, 천하의 사람들이 살면서 그 하는 일을 편안하게 여기도록 해준다. 능력이 있는 자는 승진시키고, 능력이 없는 자는 물러나게 하고, 여러 제후국을 잘 다스리고 나면, 담론하는 자들은 오직 이윤(伊尹) 부열(傅說) 주공(周公) 소공(召公)만을 칭찬한다. 일을 맡았던 많은 이들의 근면과 노력은 기록되지 않는다.

정치가 무엇인지의 중요성을 알지 못하는 자는 이와 반대로 능력과 이름을 자랑하며 자부심을 갖는다. 스스로 작은 일을 하고 여러 관직을 침범하면서, 관청 뜰에서 벙긋거리며[64], 대체를 버리고 멀리 살피는 안목을 버린다. 이는 재상의 도를 알지 못하는 사람이다"

또 정원사 「곽탁타전(郭橐駝傳)」을 지었다.

"탁타가 심은 것 중 살아나고 무성하지 않은 것이 없었다. 어느 사람이 그이유를 물으니, 이렇게 대답했다.

'나는 나무를 살게 하거나 불어나게[65] 할 수는 없다. 무릇 나무의 본성이란 그 뿌리를 뻗으려 하고, 오래된 흙을 바란다. 이미 나무를 심었으면 옮기지 말고 생각하지도 말라. 가거든 다시는 모종을 돌아보지 말라. 모종할 때는 자식과 같이 대하고, 그것을 둘 때는 버린 것같이 하면, 나무가 자연의 이치대로 보전되어[天全], 본성대로 그 뿌리가 뻗게 된다[性得矣].

다른 심는 자들은 그렇지 않다. 뿌리를 주먹처럼 뭉쳐놓고 흙은 바꾼다. 그것을 큰 은혜로써 사랑하며, 걱정해 큰 수고를 한다. 아침에 보고 저녁에 어루만지고, 갔다가 다시 와서 돌아본다. 심한 자는 그 껍질을 손톱으로 긁어보고 살았는지 말랐는지를 확인한다. 뿌리를 흔들어서 그것이 듬성듬성한지 조밀한지를 살피므로, 나무의 본성과 날로 멀어지게[66]된다. 비록 그것을 아낀다고 말하나 실은 그것을 해롭

64) 听听 은은 : 벙긋거릴

65) 蕯 자 : 붇다, 늘어나다, 불어나다, 부지런하다

게 하는 것이다. 비록 그것을 걱정한다고 하나 실은 그것을 원수시 하는 것이다. 참으로 나만 못하다.

정치를 하는 것 또한 그러하다. 내가 시골에 거주하면서 보니, 수령이 그 명령을 번다하게 하는 것을 좋아해 이웃을 사랑하는 것같이 했으나, 끝내 그들에게는 화가 되었다. 아침저녁으로 관리들이 와서 백성을 모아 명령하고, 그들로 하여금 밭 갈고 수확하는 것을 재촉하고, 양잠과 길쌈을 독려한다.

우리 소인들은 아침밥과 저녁밥도 거르면서, 관리들이 느긋하게 지낼 틈[暇]이 없는 것을 위로하는데, (이것이) 어찌 우리의 생활을 번성하게 하고, 우리의 본성을 편안하게 하는 것이겠는가? 무릇 해가 되며, 또 일에 태만해지는 것은 이 때문이다"

이것이 그 문장 중에 일리가 있는 점이다.

○ 오원제(吳元濟)가 사자를 보내 항주(恒州)와 운주(鄆州)를 구원해줄 것을 요구했다. 왕승종(王承宗) 이사도(李師道)가 여러 번 표문을 올려 오원제를 구원해줄 것을 청했는데, 황제가 따르지 않았다. 이 때 여러 군이 회서(淮西)를 토벌했지만, 오랫동안 공이 없었다.

5월에 황제가 중승(中丞) 배도(裴度)를 행영(行營)에 보내 임금 말씀을 전해 위로하고, 군대와 형세를 살피게 했다.

---

66) 離 리 : 떼놓다, 떠나다
66) 饔飧 옹손 : 아침밥과 저녁밥, 또는 그 식사를 차리는 것

배도가 돌아와 "회서는 반드시 빼앗을 수 있는 상황입니다. 또 여러 장수들을 보니, 그들 중 이광안(李光顔)이 용맹하고 도리를 압니다. 반드시 공을 세울 수 있을 것입니다"라고 보고했다. 황제가 기뻐했다.

○ 고공낭중 지제고(考功郎中 知制誥) 한유(韓愈)가 상에게 "회서(淮西)는 3개의 작은 주(州)로, 쇠잔하고 피폐하고, 극심한 곤궁을 당한 후이므로 천하의 전력을 다하면, 그 패배는 서서 기다릴 수 있습니다. 그러나 아직 알 수 없는 것은 폐하의 결단 여부일 뿐입니다"라고 말했다. 이광안이 회서 군대를 시곡(時谷)에서 격파했다고 아뢰었다. 황제는 배도가 사람을 알아본다고 여겼다.

○ 황제는 이길보가 죽은 이후 군대의 일을 모두 무원형(武元衡)에게 위임했다. 이사도(李師道)가 부양하던 객이 이사도에게 "천자가 창끝을 겨누어[67] 채주(蔡州)[68]를 토벌한 것은 무원형이 그를 돕기 때문입니다. 청컨대 은밀히 그를 죽이십시오. 무원형이 죽으면 다른 재상은 감히 그 계획을 주장하지 못하고, 다투어 천자에게 군대를 해산할 것을 권할 것입니다"라고 했다. 이사도가 그렇다고 생각해 자금을 주어 그를 보냈다.

6월 계묘(癸卯)일에 하늘이 아직 밝지 않았을 때, 무원형

---

67) 銳意 예의 : 예지(銳志), 예정(銳精), 마음을 단단히 차려 힘써 함
68) 蔡州 채주 : 회서(淮西)를 말함

이 입조하려고 머물던 청안방(靖安坊) 동문을 나오는데, 도적이 어둠 속에서 그를 죽이고 그 머리[69]를 베어 가져갔다. 또 통화방(通化坊)에 들어가 배도를 습격해 머리에 상처를 입혔다. 배도는 털로 짠[70] 모자가 두꺼워서 죽지 않았다. 경성이 크게 놀랐다. 그래서 조서를 내려 재상이 출입할 때 금오기사(金吾騎士)를 보내 호위하게 했다.

○ 어떤 사람이 배도를 파직시켜 항주(恒州)와 운주(鄆州) 사람들의 마음을 안심시킬 것을 청했다. 황제가 화를 내며 "만약 배도의 관직을 파면한다면, 이는 간특한 모의가 이루어지는 것이니, 조정에 다시는 기강이 없을 것이다. 나는 배도 한 사람으로 두 적을 격파할 수 있을 것이다"라고 말했다.

을축(乙丑)일에 배도를 중서시랑 동평장사(中書侍郎同平章事)로 삼았다. 배도가 "회서는 중요한 곳의 우환이므로, 부득이 제거하지 않을 수 없습니다. 장차 조정이 토벌하게 될 것입니다. 양하(兩河)의 번진 발호들이 장차 이를 보고 (자신을) 높이거나 낮출 것이니, 중지하지 않을 수 없습니다"라고 진언했다. 황제가 그렇다고 여기고 군대의 일을 모두 배도에게 위임하고, 적을 더욱 빨리 토벌하게 했다.

---

69) 顱骨 로골 : 두개골

70) 氈 전 : 털로 짠 모직물, 양탄자

병신(丙申) 11년(816년)

여름[夏] 4월에 사농경(司農卿) 황보박(皇甫鎛)이 중승(中丞)을 겸하고 탁지(度支)를 임시로 맡았다. 처음으로 가렴주구(苛斂誅求)로서 총애를 얻었다.

○ 6월 고하우(高霞寓)가 철성(鐵城)에서 크게 패해 겨우 죽음을 면했다. 궁정 안팎이 놀랐다. 재상이 들어가 알현하고 황제에게 군대를 철수할 것을 권하려고 했다. 황제가 말하기를 "승리하고 지는 것은 전쟁에서 항상 있는 일이다. 어찌 한 장수가 패했다고, 갑자기 군대의 철수를 논의할 수 있는가?"라고 했다. 이리하여 오직 배도의 말을 따르니, 군대 철수를 말하는 자들이 점점 그치게 되었다.

정유(丁酉) 12년 (817년)

태자첨사(太子詹事) 이소(李愬)를 당등수절도사(唐鄧隨節度使)로 임명했다. 회서사람들은 일찍이 고(高) 원(袁) 두 장수를 패배시켰고, 이소가 명성과 지위에서 미약했기 때문에 그를 경시하고 대비하지 않았다. 이소가 채(蔡)를 습격할 계획을 세웠다. 마소량(馬少良)을 보내 10여 명의 기병을 거느리고 순찰을 돌게 했다. 오원제의 포로출신[捉生][71] 우후(虞候) 정사량(丁士良)을 만나 싸워서 그를 사로잡았다.

이소가 그의 결박을 풀어주라고 명령하고, 그에게 의복과 무기를 주어 착생장(捉生將)으로 임명[72]했다. 정사량이 이

71) 捉生 착생 : 사로잡은 적

소에게 "오수림(吳秀琳)이 3천 병사를 끼고 문성책(文城柵)을 점거하고 오원제의 왼팔이 되어 있는데, 관군이 감히 가까이 가지 못하는 것은 진광흡(陳光洽)이 그의 모주(謀主)이기 때문입니다. 진광흡(陳光洽)은 용맹하나 경솔하므로, 스스로 나가 싸우는 것을 좋아합니다. 청컨대 공을 위해 진광흡을 먼저 잡겠습니다. 그렇게 되면 오수림은 스스로 항복할 것입니다"라고 말했다. 무신(戊申)에 정사량이 진광흡을 잡아서 돌아왔다.

○ 3월에 오수림이 문성책을 들어 이소에게 항복했다. 이소가 그들을 위로하고, 그 병사 3천 명의 항복을 받았다. 오수림의 장군 이헌(李憲)은 재주 있고 용맹했다. 이소가 그 이름을 충의(忠義)로 고쳐주고 그를 등용했다. 이소가 오수림과 함께 채주를 빼앗을 것을 의논했다.

오수림은 "공이 채주를 빼앗고자 한다면, 이우(李祐)를 얻지 못하면 불가능합니다. 나와 같은 사람은 능히 할 만한 일이 없습니다"라고 말했다. 마침 이우가 사졸을 거느리고 장시촌에서 보리를 베고 있었다. 이소가 상우후(廂虞候) 사용성(史用誠)을 시켜 그를 사로잡게 했다.

○ 여러 군대가 회서를 토벌하기 시작한 지 4년인데, 이기지 못했다. 군량 운반으로 피폐해져서 백성들이 당나귀[73]

---

72) 署 서 : 임명하다

73) 驢 려 : 당나귀

로 밭을 가는 지경에까지 이르렀다. 황제 또한 이것을 근심해 재상들에게 물으니, 이봉길(李逢吉) 등이 군사들이 (전쟁에 나간지) 오래되고 재물이 다 고갈되었으니, 군대를 해산하자고 다투어 말했다. 배도가 홀로 말이 없었다.

황제가 그에게 물으니 "신이 청컨대 스스로 가서 전투를 독려하겠습니다. 맹세코 이 적들과는 같이 살지 않겠습니다. 신이 보건대 오원제의 세력은 참으로 곤궁하고 위축되어 있습니다. 다만 여러 장군들의 마음이 하나가 되지 않고, 힘을 합쳐 그를 추격하지 않기 때문에 아직 항복하지 않은 것일 뿐입니다. 만일 신이 몸소 군영에 가면, 여러 장군들이 신이 그 공을 빼앗을까 두려워 반드시 다투어 나가 적을 격파할 것입니다"라고 대답했다. 황제가 기뻐했다.

6월에 배도를 문하시랑 동평장사 겸창의절도사(門下侍郎同平章事 兼彰義節度使)로 삼고, 회서선위초토처치사(淮西宣慰招討處置使)를 맡겼다. 배도가 떠나면서 황제에게 "신이 만약 적을 멸망시키면 곧 천자 배알[74]을 기약하나, 적이 남아 있다면 궐로 돌아올 날이 없을 것입니다"라고 했다. 황제가 그를 위해 눈물을 흘렸다.

○ 이소가 오방현(吳房縣)을 공격하려 하자, 여러 장군들이 "오늘은 가면 망하는 날[往亡日][75]입니다"라고 했다. 그

74) 朝天 조천 : 조(朝) 신하가 조정에 나가 임금을 배알함, 제왕이 정사를 봄. 천(天) 천자

75) 往亡日 왕망일 : 음양도(陰陽道)에서 외출 또는 출진을 꺼리는 흉일(凶日)

러나 이소는 “우리는 병사가 적어 충분히 싸울 수가 없다. 그들이 생각지 못한 곳에서 나가야 한다. 그들이 (오늘은) 왕망일(往亡日)이라 해 우리들을 생각하지 않을 것이니, 바로 공격할 수 있다”고 설득했다. 마침내 가서 그 바깥성을 빼앗고 수천급을 참수했다.

○ 이우(李祐)가 이소에게 “채주의 정예병은 모두 회곡(洄曲)에 있거나 네 변경에서 지키고 있고, 채주성을 지키는 자들은 모두 파리하고[76] 늙은 병사들입니다. 허점을 틈타 그 성에 바로 갈 수 있습니다. 적장이 이 소식을 들을 즈음이면 오원제는 이미 사로잡혔을 것입니다”라고 말했다.

이소가 그렇다고 여기고, 한 밤중에 눈이 심하게 내렸음에도 70리를 진격해 채주성에 이르렀다. 성에 가까이 가자 오리와 거위[77]가 있는 연못이 있었는데, 이소가 그것들을 놀라게 해 군대의 소리와 섞이게 했다.

오소성(吳少誠)이 명령을 거역한 이래 관군이 채주성 아래에 이르지 않은 것이 30여 년이 되었으므로, 채주사람들은 대비를 하지 않았다. 4경[78]에 이소가 성 아래에 이르렀으나 한 사람도 알지 못했다.

이우와 이충의가 괭이[79]로 성에 구멍[80]을 내서 먼저 올

---

76) 羸 리 : 여위다, 약하다, 파리하다

77) 鵝鴨 아압 : 거위와 오리

78) 鼓 고 : =경(更). 해질 무렵부터 새벽까지 5등분한 야간의 시간, 4경은 오전 두시 경

79) 钁 곽 : 괭이, 끊다, 쪼개다

라가고 장사들이 그를 좇았다. 닭이 울 때 오원제의 바깥에 있는 집에 들어갔다. 부하가 오원제에게 관군이 왔다고 보고했으나, 침소에 있던 오원제는 "포로가 도둑질을 하는 것일 게다. 날이 밝으면[81] 마땅히 모두 다 죽여야겠다"라고 웃으며 말했다. 또 "성이 함락되었다"고 보고하는 자가 있었다.

오원제가 일어나서 뜰에서 나는 이소 군대의 호령소리를 들으니, '상시(常侍)가 말을 전한다. 따르는 자가 거의 1만 명이다' 라고 했다. 오원제가 비로소 두려워 해 좌우를 거느리고 내성[82]에 올라가 항전했다.

○ 이 때 동중질(董重質)이 정예병 1만여 명을 거느리고 회곡(洄曲)을 차지하고 있었다. 이소는 "오원제가 바라는 것은 동중질의 도움뿐이다" 하고는, 동중질의 집을 찾아가 후하게 위로하고, 그 아들 부도(傅道)를 보내 편지를 가지고 가게 해 동중질을 회유했다. 동중질이 마침내 혼자서 말을 타고 와서 이소에게 항복했다. 오원제가 성 위에서 죄를 청하니, 사다리로 내려오게 해서 죄수 넣는 수레[檻車]에 실어 경사로 보냈다.

이소는 한 사람도 죽이지 않고 공놀이하던 곳[83]에 주둔

---

80) 坎 감 : 구덩이, 구멍, 험할

81) 曉 효 : 새벽, 날이 밝다

82) 牙城 아성 : =내성(內城)

83) 鞠場 국장 : 축국(蹴踘, 공놀이) 유희하던 곳

하면서, 배도를 기다렸다. 배도가 성에 들어오자 이소가 칼집과 활집을 갖추어 매고[84] 나가서 맞이하고 길 왼쪽에서 재배했다. 배도가 이것을 피하려 하자, 이소가 말하기를 "채주 사람들은 아둔하고 도덕도 모릅니다.[85] 상하의 분별도 모르고 산 지가 수십 년입니다. 공에게 원하건대, 그것을 통해 그들에게 조정의 존엄을 알게 하소서" 하니, 배도가 비로소 절을 받았다.

이소가 돌아와 문성에 주둔했다. 여러 장군들이 "처음에 공은 낭산에서 패했으나 걱정하지 않았고, 오방현에서 승리했을 때는 빼앗지 않았습니다. 큰 바람과 많은 눈을 무릅쓰고도 그치지 않고 (전진했고), 군대가 고립되어 깊이 들어갔는데도 두려워하지 않았습니다. 그러나 마침내 공을 이루었습니다. 모든 사람들이 깨닫지 못하고 있습니다. 감히 그 까닭을 묻겠습니다"고 물었다.

이소는 "낭산에서 이기지 못하자, 적이 나를 가볍게 여겨 대비하지 않았다. 오방현을 빼앗으면 그 병사들이 채주로 달아날 것이니, 힘이 합쳐져서 굳건히 지켰을 것이다. 그런 고로 그들을 남겨두어서 그 병력을 분산시켰다. 바람이 불고 눈이 내리고 어두우면 봉화불이 이어지지 못하니, 내가 오는 것을 모를 것이다. 고립된 군대가 깊이 들어간 즉, 군사들이 모두 두 배로 죽도록 싸울 것이다. 멀리 보는 자는 가까이를 돌아보지 않고, 큰일을 생각하는 자는 세세한 일

---

84) 櫜鞬 고건 : 갑옷 넣는 자루, 칼집자루, 활과 화살을 꼽아 등에 지는 물건
85) 頑悖 완패 : 아둔하고 도리에 어긋남

을 헤아리지 않는다. 만약 작은 승리를 자랑하고 작은 패배를 근심했다면, 먼저 스스로 꺾였을 것이다. 어느 겨를에 공을 세우겠는가"라고 대답했다. 군사들이 모두 탄복했다.

이소는 자기는 검소하게 살면서도 병사들은 풍요하게 대우했다. 현자를 알아보고 의심하지 않았으며, 가능성을 보면 결단을 내렸다. 이것이 그가 공을 이룬 까닭이다.

○ 배도가 채주의 병사들을 본영의 병사[86]로 삼았다. 어떤 사람이 "채주사람들은 뒤집는 자들이 많으니 대비하지 않으면 안 됩니다"라고 간언했다. 배도가 웃으며 "나는 창의절도사(彰義節度使)이고, 원흉(오원제)은 이미 잡혔으니, 채주사람들은 곧 나의 사람들이다. 또 어찌 의심하겠는가?"라고 했다. 채주사람들이 이를 듣고 감동해 눈물을 흘렸다.

이전에 오씨 부자가 병사들로 하여금 사람들이 길에서 만나 말하는 것을 금지하고, 밤에 불을 밝히지 못하게 했다.[87] 술과 음식을 들고 왕래하는 자[88]가 있으면, 그 벌로 죽였다. 배도는 업무를 시작하면서, 도적질과 싸움, 살인만을 금지하고 나머지는 모두 불문에 붙였다. 왕래하는 것은 주야로 제한이 없도록 명령을 내렸다. 채주 사람들이 비로소 백성으로 사는 즐거움을 알았다.

○ 처음에 회서 사람들이 이희열과 오소성의 위협과 포

---

86) 牙兵 아병 : 본진의 병사. 아(牙) 어금니

87) 沮 저 : 막다, 저지하다, 그만두다

88) 過從 과종 : 서로 왕래하다

악함에서 스스로 벗어나지 못한지 오래되어 늙은 자는 쇠약해지고, 어린 아이는 장성했고, 어긋난 배반에 안주해 다시는 조정이 있음을 알지 못했다. 비록 중국의 땅에 살았으나, 그 풍속이 사납고 흉포해[89] 동북쪽의 오랑캐[夷貉]보다 더 심했다. 그런 고로 세 주(州)의 병사들에 불과한 데도 천하의 군대를 들어 포위하고 공격한지 4년 후에나 이길 수 있었다.

12월에 배도에게 진국공(晉國公)의 작위를 내리고, 다시 들어와서 정사를 맡게 했다.

무술(戊戌) 13년(818년)

봄에 회서가 평정되자, 이사도가 (자신의 안위를) 걱정하고 두려워해 어찌 할 줄을 몰랐다. 이공도(李公度)가 그를 설득해, 인질을 들이고 땅을 헌납해 스스로 속죄[90]하도록 하니, 이사도가 이를 따랐다. 사자를 보내 표문을 받들어 기주(沂州) 밀주(密州) 해주(海州)의 세 주를 바치니, 상이 허락했다.

2월에 용수지(龍首池)를 준설하고, 승휘전(承暉殿)을 세웠다. 토목공사가 점점 늘어났다.

○ 배도가 회서에 있을 때이다. 평민 백기(栢耆)가 한유(韓愈)에게 계책을 올리고 벼슬을 원했다. "오원제가 이미

---

89) 獷戾 광려 : 사납고 흉포하다

90) 贖 속 : 재물을 바치고 죄를 면죄받다

잡혔으니[91], 왕승종은 간담이 서늘할 것입니다. 원컨대 승상의 편지를 가지고 가서 그를 설득한다면, 군대를 보내지 않고도 복종시킬 수 있을 것입니다" 하니, 한유가 배도에게 알리고 글을 써서 그를 보냈다.

왕승종이 두려워 해 두 아들을 인질로 들이고, 덕주(德州) 체주(棣州) 두 주를 바치고 조세를 보내겠다고 했다. 관리를 보내줄 것도 청했다. 상이 이를 허락했다.

○ 유주대장(幽州大將) 담충(譚忠)이 유총(劉總)에게 조정으로 돌아가라고 설득했다.

조서를 내려 왕승종과 성덕군(成德軍) 병사들의 죄를 용서해주고[92], 그 관직과 작위를 회복시켜 주었다.

○ 이사도가 표문을 올려 "군대의 정서가 인질을 들이고 땅을 바치는 것을 허락하지 않습니다"라고 했다. 황제가 노여워 해 그들을 토벌할 뜻을 정했다. 가을 7월에 조서를 내려 이사도의 죄상을 나열하고, 선무(宣武) 위주(魏州) 박주(博州) 의성(義成) 무녕(武寧) 횡해(橫海)의 군대에 명령해 이사도를 토벌하게 했다.

○ 회서가 평정되자 황제가 점점 교만해지고 사치스러워졌다. 호부시랑 판탁지(戶部侍郞 判度支) 황보박(皇甫鎛),

91) 就擒 취금 : 취(就) 이루다, 나아가다, 좇다. 금(擒) 사로잡다, 생포하다
92) 洗雪 세설 : 누명이나 치욕을 벗다(벗기다)

위위경 염철전운사(衛尉卿 鹽鐵轉運使) 정이(程异)가 그 뜻을 잘 알아차리고, 쓰고 남은 것[羨餘]이라 하면서 자주 바쳐서 그 비용을 공급했다. 이 때문에 총애를 받았다.

8월 황보박은 본래의 관직으로, 정이를 공부시랑병동평장사판사(工部侍郎並同平章事判使)를 삼았다. 예전과 같아졌다. 명령이 내려지자, 조야가 놀랐다. 시장에서나 길에 등짐지고 다니면서 파는 자들까지 모두 비웃었다.[93]

○ 배도가 소인배와 동렬인 것이 부끄러워 표문을 올려 물러날 것을 청했으나 허락하지 않았다. 배도가 다시 상소했다.

"천하의 치란(治亂)은 조정에 달려 있고, 조정의 경중(輕重)은 보좌하는 재상에 달려 있습니다. 안타까운 것은 회서가 평정되고, 하북이 편안해졌으며, 왕승종은 저항을 그치고[94] 땅을 바쳤고, 한홍(韓弘)은 병을 무릅쓰고 수레에 올라 적을 토벌했습니다. 어떻게 조정의 힘으로 그들의 명령을 제어할 수 있었습니까? 바로 마땅하게 대처해서[95], 그 마음을 복종시킬 수 있었기 때문입니다. 폐하께서 승평[96]의 업적 10의 8, 9를 이루셨는데, 어찌 돌아가 스스로 무너뜨

---

93) 嗤 치 : 웃다, 비웃다, 냉소하다

94) 斂手 염수 : 저항을 그만두다, 행위를 그치다

95) 處置得宜 처치득의 : 마땅하게 대처하다. <문법> 득(得) 다음의 부사는 우리말에서는 동사 앞으로 간다

96) 升平 승평 : 유가에서의 역사발전의 단계. 거란(据亂) 승평(升平) 태평(太平) 대동(大同)

리고[97] 사방으로 하여금 해체하게 하신단 말입니까?"

황제는 배도가 패거리를 만든다[朋黨]고 생각하고, 그 상소를 살피지 않았다.[98] 이때부터 황보박은 더욱 거리끼는 바가 없었다. 그러나 정이는 많은 사람의 마음과 일치하지 않는다는 것을 알고, 청렴하고 근신하고 겸손했다. 재상이 된 지 한 달여 동안 감히 인장을 맡거나 붓을 잡지 않았다. 그 때문에 마침내 화를 면할 수 있었다.

○ 황제가 말년에 신선을 좋아해 천하에 조서를 내려 방사(方士)를 찾았다. 종정경(宗正卿) 이도고(李道古)가 황보박에게 산사람[山人] 유비(柳泌)를 천거했는데, 불로장생약을 조제할 수 있다고 했다. 조서를 내려 유비를 흥당관에 머물게 하고 약을 만들게 했다. 유비는 "천태(天台)에 영험한 약초가 많으니, 그들의 장리(長吏)가 된다면 참으로 바라는 것[99]을 구할 수 있겠습니다"라고 진언했다. 상이 유비를 임시 태주자사(台州刺史)를 맡게 했다. 간관(諫官)들이 다투어 "군주가 방사를 좋아해서, 그에게 백성을 다스리게 한 적은 일찍이 없었다고 생각됩니다" 하니, 황제가 "한 주(州)를 수고시켜 능히 군주가 장생할 수 있게 된다면, 신하들 또한 얼마나 좋겠는가"라고 대답했다. 이후로 여러 신하들이 감히 말하지 못했다.

---

97) 隳壞 휴괴 : 무너지다

98) 不之省 부지성 : 부정문일 때 대명사 지(之)는 부(不) 바로 뒤에 온다

99) 庶幾 서기 : 바라다, 거의

○ 공덕사(功德使)가 말씀 올리기를 "봉상(鳳翔)의 법문사(法門寺) 탑에 부처의 손가락뼈가 계속 전해져오고 있으며, 20년마다 한 번씩 탑을 여는데, 한 번 열면 그 해에 풍년이 들고 사람들이 편안해집니다. 내년에 문을 열 것이니, 그것을 모시기를 청합니다"라고 했다. 11월에 황제가 중사를 보내 스님들을 거느리고 그것을 모셔오게 했다.

○ 황제가 일찍이 재상들에게 "신하가 된 자는 마땅히 힘써서 잘 해야 하는데, 어찌 붕당을 세우기를 좋아하는가? 짐은 그것을 매우 싫어한다"고 했다. 배도가 "같은 부류끼리 모이는 것은 추구하는 방향[方] 때문이고, 무리가 나누어지는 것은 사물[物] 때문[100]입니다. 군자나 소인은 반드시 뜻과 취향이 같은 자들이 형세상 서로 합칩니다. 군자가 무리 짓는 것을 일컬어 동덕(同德)이라 하고, 소인들이 무리 짓는 것을 일러 붕당이라고 합니다. 겉으로는 서로 비슷하나, 안으로는 참으로 현저히 다릅니다. 성군께서는 그들이 하는 바를 그르다거나 옳다고 판별할 뿐입니다"고 대답했다.

기해(己亥) 14년(819년)
춘정월에 중사가 부처님의 뼈를 모시고 경사에 왔다. 황

---

100) 方以類聚 物以群分 방이류취 물이군분 : 주역(『周易』) 계사상전(「繫辭上傳」)의 인용이다. "같은 부류끼리 모이는 것은 추구하는 방향[方]때문이고, 무리가 나누어지는 것은 사물[物] 때문이다"

제가 궁궐에 3일 머물게 하고, 여러 절에 들러 가도록 보냈다. 왕공 선비 백성이 받들어 우러러보고 시주했는데[101], 모두 (정성이) 미치지 못할까 두려워했다. 재산을 모두 시주하는 자도 있고, 팔뚝과 이마[102]에 향을 태워 공양하는 자도 있었다. 형부시랑(刑部侍郎) 한유(韓愈)가 표문을 올려 간곡하게 간언했다.

"부처는 오랑캐의 한 도리[法]일 뿐입니다. 황제(黃帝)부터 우왕 탕왕 문제 무제에 이르기까지 모두 장수[103]를 누리고 백성들이 안락했는데, 이 때 당시 부처는 없었습니다. 한(漢) 명제(明帝) 때 처음 불법이 있었는데, 그 후에 계속 난리가 나고 망하는 일이 이어졌고, 천자의 자리[104]도 길지 못했습니다.

송 제 양 진 원위(宋 齊 梁 陳 元魏=北魏) 이하는 부처를 섬기고 공경했는 데도, 재위연수[年]와 왕위의 교체[代]는 더욱 짧아졌습니다. 그런데[唯] 양(梁) 무제(武帝)는 재위가 48년이었는데, 전후로 3번 몸을 버리고 절(寺)의 가노(家奴)가 되었는데, 끝내 후경(侯景)에게 핍박받아 대성(臺省)에서 굶어 죽었고, 나라 또한 얼마 안있다가 멸망했습니다. 부처를 섬기고 복을 구했는데, 곧 화를 얻은 것입니다. 이것으

---

101) 瞻奉捨施 첨봉사시 : 첨봉(瞻奉) 우러러보고 받들다. 사시(捨施) 버리고 베풀다

102) 臂頂 비정 : 팔뚝과 이마(정수리)

103) 壽考 수고 : 수명

104) 運祚 운조 : 하늘로부터 받은 복. 조(祚) 천자의 자리

로 보건대 부처는 믿을 만하지 못하다는 것을 알 수 있습니다.

백성은 어리석고 우매해 쉽게 미혹되고, 깨닫기 어렵습니다. 폐하가 이렇게 하시는 것을 본다면, 모두 말하기를 '천자와 같은 큰 성인도 오직 한 마음으로 공경하고 믿는데, 미천한 백성이 부처에게 어찌 몸과 목숨을 더 아까워하겠는가'라고 할 것입니다.

부처는 본래 오랑캐로, 군신의 의리, 부자의 은혜를 알지 못합니다. 가령 그 몸이 아직 살아 있어서 조정이 있는 경사에 오고, 폐하께서 (알현을) 허용해 받아들이신다고[接] 해도, 선정전에서 한 번 알현하고, 빈객의 예로 대접하고, 의복 한 벌 내려서 입히고[105], 호위해 국경 밖으로 나가게 하는 것에 불과할 일입니다. 백성을 미혹시키지는 않았을 것입니다. 하물며 그 육신이 죽은 지 오래 되었는데, 마르고 썩은 뼈를 어찌 궁궐에 들이십니까?

바라건대 이 뼈를 유사에게 주어 물이나 불에 던져 영원히 근본을 끊으십시오. 천하의 의혹을 끊어버리고, 후대의 미혹함을 단절시키십시오. 천하의 사람들에게 (유가의) 대성인이 한 행위가 보통[106]보다 만만배 높은 데서 나온다는 것을 알게 하시는 것이 어찌 훌륭한 일이 아니겠습니까? 부처가 만일 영험이 있어서 화와 복을 만들 수 있다면, 재앙과 허물이 마땅히 신의 몸에 가해질 것입니다"

105) 襲 습 : 입힐, 물려받을, 엄습

106) 尋常 심상 : 보통, 평소

황제가 크게 노해 (표문을) 재상과 장군에게 보이고, 한유에게 극형을 가하려 했다. 배도와 최군(崔群)이 "한유가 비록 망발은 했으나, 충성스러운 마음에서 한 일이니, 관대하게 받아들여 언로를 여십시오"라고 건의했다. 한유를 좌천시켜 조주자사(潮州刺史)로 보냈다.

○ 전국시대 이래 노장(老莊)과 유학자가 다투어 저울질하면서, 번갈아 서로 옳다 그르다 했는데, 한(漢) 말에 이르자 여기에 불교가 더해졌다. 그러나 좋아하는 자들이 아직은 적었는데, 진 송(晉 宋)이래 날로 번창했다. 제왕에서부터 사민에 이르기까지 높이고 신봉하지 않는 자가 없었다. 낮은 자는 죄를 두려워하고 복을 원하고, 높은 자는 공(空)과 존재[有]를 담론했다. 오직 한유는 그것이 재물을 갉아먹고[107] 민중을 현혹하는 것을 미워해 힘써 배척했다.

○ 2월에 이소(李愬)와 전홍정(田弘正)이 여러번 이사도의 군사를 패배시켰다. 이사도는 관군이 쳐들어온다는 소식을 듣자, 백성을 징발해 운주(鄆州)에서 성을 고치고 참호를 만들어 수비했다. 부역이 부인에게까지 미쳤다. 백성이 더욱 두려워하고 또 원망했다. 도지병마사(都知兵馬使) 유오(劉悟)가 군대를 거느리고 가서[108], 이사도와 두 아들을 체포해 참수하고, 머리를 담아 전홍정의 군영으로 보냈다.

---

107) 蠹 좀 : 사물을 좀먹어 해독시키는 것

108) 勒兵 늑병 : 군대를 거느리다

전홍정이 크게 기뻐하며 포백에 글을 써서[露布] 황제에게 아뢰었다.

치청(淄靑) 등 12개 주(州)가 모두 평정되었다. 광덕(廣德) 연간 이후 60년 간 번진(藩鎭)이 발호해 하남북 30여 주(州)에서는 스스로 관리를 제수하고, 공물과 세금을 내지 않았었다. 이 때에 이르러서야 모두 조정의 법령[109]을 따르게 됐다.

황제가 양오릉(楊於陵)에게 명령해 이사도의 땅을 나누게 했는데, 양오릉이 지도장부[地圖簿]를 조사했다. 토지의 원근(遠近)을 보고, 병사와 말의 다소(多少)를 헤아리고, 창고의 허실(虛實)을 비교해 삼도(三道)로 나누었다. 황제가 이를 따랐다.

○ 배도가 채주와 운주의 전쟁 이래, 황제의 근심과 노고 및 지략을 편찬해 모시고 향연할 때 그것을 바쳤다.

○ 횡해절도사(橫海節度使) 오중윤(吳重胤)이 아뢰었다.

"하삭(河朔)의 번진(藩鎭)들이 군사[旅]로 조정의 명령에 60여 년이나 항거할 수 있었던 것은 주현(州縣)에서 각각 진장(鎭長) 영사(領事)를 두고, 자사(刺史) 현령(縣令)의 권한을 거두어 스스로 천자의 위엄과 복[110]을 만들었기 때문입니다. 이전에[111] 자사가 각각 그 직분을 행할 수 있었다

---

109) 約束 약속 : 법령으로 단속함, 또는 그 법령

110) 威福 위복 : 천자의 위업과 복록

111) 鄕使 향사 : 전에, 접때

면, 비록 안록산 사사명 같은 간사한 군웅이 있더라도, 한 주(州) 가지고는 혼자서 모반할 수 없었을 것입니다.

신이 거느린 덕 체 경(德 棣 景) 3주는 이미 장부를 들어 각각 자사에게 직무를 반환했습니다. 마땅히 그 주(州)에 있는 병사들도 모두 자사에게 다스리게 해야 합니다"

하(夏) 4월에 여러 도의 절도사(節度使) 도단련사(都團練使) 도방어사(都防禦使) 경략사(經略使) 등에게 명령해 통솔하는 지군(支郡)을 모두 자사에게 다스리게 했다.

지덕(至德) 이래 절도사의 권한이 막중해져 통솔하는 여러 주에 각각 주둔병[鎭兵]을 설치했다. 대장에게 그것을 책임지게 했는데, 횡포 때문에 근심이 되었다. 그런 고로 오중윤(吳重胤)이 그 점을 지적한 것이다. 그 후에 하북(河北)의 여러 진(鎭)에서 회(淮)와 해(海)가 가장 명을 잘 따랐다. 오중윤이 마땅하게 잘 처리[處置得宜]했기 때문이다.

○ 배도가 재상의 지위에 있을 때 알고 말하지 않은 것이 없었다. 황보박의 무리가 몰래 그를 밀어냈다. 조서를 내려 배도를 문하시랑 동평장사(門下侍郎同平章事)로 하고 하동절도사(河東節度使)를 맡겼다.

○ 황제가 재상들에게 "현종(玄宗)의 정치를 보면 초기에는 잘 다스려졌는데, 후에는 어지러워졌다. 왜 인가?"고 물었다. 최군(崔羣)이 대답했다.

"현종(玄宗)이 요숭(姚崇) 송경(宋璟) 노회신(盧懷愼) 소정(蘇頲) 한휴(韓休) 장구령(張九齡)을 등용하자 잘 다스려졌는데, 우문융(宇文融) 이임보(李林甫) 양국충(楊國忠)을 등용하자 곧 어지러워졌습니다. 때문에 인재등용의 득실이 연계되는 바는 가볍지 않습니다.

사람들은 모두 천보(天寶) 14년 안록산의 배반으로 난이 시작되었다고 생각합니다. 개원(開元) 24년 장구령을 재상에서 파직하고 이임보에게 오로지 위임했는데, 신은 이것이 치란(治亂)의 분계(分界)라고 생각합니다. 원컨대 폐하께서 개원의 초기를 법으로 하시고, 천보 말년을 경계하신다면, 사직의 끝없는 복이 될 것입니다"

황보박이 그에게 깊은 원한을 품었다.

○ 황제가 유비(柳泌)의 약을 먹고 날로 조갈증이 심해졌다.

경자(庚子) 15년(820년)

봄 정월 초(初)에 좌군중위(左軍中尉) 토돌승최(吐突承璀)가 풍왕(灃王) 운(惲)을 태자로 세울 것을 모의했다. 황제가 허락하지 않았다. 황제가 금단(金丹)[112]을 먹고난 후 조갈증이 심해지고 진노하는 일이 잦아졌다. 좌우 환관이 자주 죄로 죽었고, 사람들이 스스로 위태롭게 생각했다.

경자(庚子)일에 중화전(中和展)에서 갑자기 붕어했다. 당시 사람들이 모두 내상시(內常侍) 진홍지(陳弘志)가 시해한 것이라고 말했다. 그 패거리들이 이를 숨기니[113], 감히 죽

112) 金丹 금단 : 도사(道士)가 정련(精練)한 황금의 정(精)으로 만든 환약, 먹으면 장생불사(長生不死)한다고 함

인 자[賊]를 처벌하지[討] 못했다. 다만 말하기를 약으로 발작이 일어났다고 하니, 외부인이 감히 밝힐 수 없었다. 중위(中尉) 양수겸(梁守謙)과 왕수징(王守澄) 등이 함께 태자를 세우고, 토돌승최 및 풍왕 운을 죽였다.

윤달(閏月)에 목종(穆宗)이 태극전(太極展)에서 즉위했다. 황보박을 좌천시켜 애주사호(崖州司戶)로 삼으니, 시정사람들이 모두 서로 축하했다. 유비는 곤장을 쳐서 죽이고, 나머지 방사들은 모두 영표로 유배 보냈다.

○ 황제가 하주관찰판관(夏州觀察判官) 유공권(柳公權)의 필체를 보고 그것을 좋아해 유공권을 우습유한림학사(右拾遺翰林學士)로 삼았다. 황제가 유공권에게 "공은 글씨를 어떻게 이와 같이 잘 쓸 수 있는가?"라고 물었다. 유공권은 "붓으로 쓰는 것은 마음에 달려 있습니다. 마음이 바른 즉 글씨도 바릅니다"라고 대답했다. 황제가 침묵하고 얼굴을 고쳤다. 그가 필체로 간언하는 것임을 알았기 때문이다.

○ 황제는 겨우114) 공제(公祭)115)가 지나자, 곧 사냥과 음악과 여색을 일삼고, 하사해 주는데 절제가 없었다.

---

113) 諱 휘 : 꺼리다, 기피하다, 숨기다

114) 甫 보 : 겨우

115) 公祭 공제 : 주(註) 이미 성복(成服)했다가 복(服)을 벗고, 공무 때문에 종제(終制)를 기다리지 않는다

원 문

卷之四十六
唐紀

憲宗 在位十五年，壽四十三

丙戌元和元年
劉闢既得旌節，求兼領三川，上不許。闢遂發兵，圍東川節度使 李康於梓州。上欲討闢，而重於用兵。公卿議者 亦以為:「蜀險 固難取。」杜黄裳獨曰:「闢狂戇書生，取之如拾芥爾。臣知神策軍使高崇文， 勇略可用。願陛下專以軍事委之， 勿置監軍， 闢必可擒。」上從。翰林學士李吉甫亦勸上 討蜀。上由是器之。戊子命高崇文 將步騎五千 為前軍，與兵馬使李元奕 山南西道節度使嚴礪 同討闢。上與杜黄裳 論及蕃鎮，黄裳曰:「德宗自經憂患，務為姑息，不生除節帥，有物故者，先遣中使，察軍情所與，則授之。中使或私受大將賂， 歸而譽之， 卽降旌鉞。未嘗有出朝廷之意者。陛下必欲振舉紀綱，宜稍以法度 裁制藩鎮。然後 天下可得而理也。」上深以為然。於是 始用兵討蜀， 以至威行兩河. 皆黄裳啓之也。劉闢陷梓州，執李康。二月，嚴礪拔劒州，斬其刺史文德昭。

◯上與宰相論 自古帝王。或勤勞庶政，或端拱無為．互有得失，何為而可。杜黃裳對曰:「王者 上承天地宗廟，下撫百姓四夷，夙夜憂勤，固不可自暇自逸。然上下有分，紀綱有序，苟慎選天下賢才，而委任之，有功則賞，有罪則刑，選用以公，賞刑以信,則誰不盡力，何求 不獲哉? 明主勞於求賢，而逸於任人。此 虞 舜所以能無為而治者也。至於簿書 獄 市 煩細之事 各有司存，非人主所宜親也。昔 秦始皇 以衡石程書，魏明帝 自按行尚書事，隋文帝 衛士傳餐，皆無補於當時，取譏於後来。其耳目形神 非不勤且勞也。所務非其道也。夫人主患不推誠， 人臣患不竭忠,苟上疑其下，下欺其上，將以求理，不亦難乎?」上深然其言。 三月 高崇文引兵，自閬州 趣梓州，劉闢將邢泚 引兵遁去．崇文入屯梓州．

◯以李巽為度支鹽鐵轉運使。自劉晏之後 居財賦之職 莫能繼之。巽掌使一年 征課所入 類晏之多，明年過之．又一年加一百八十萬緡．

◯九月，高崇文又敗劉闢之衆於鹿頭關。長驅直指成都，所向崩潰，軍不留 行。辛亥，克成都。劉闢帥數十騎，西奔土蕃。崇文使高霞寓等追 及擒之。崇文入成都， 屯於通衢，休息士卒，市肆不驚．珍寶山積，秋毫不犯，檻劉闢，送京師。幷獲其黨 誅之。餘無所問，從容指撝，一境皆平。

◯杜黃裳建議征蜀 及指授高崇文方略，皆懸合事宜。及蜀平, 宰相入賀, 上目黄裳曰:「卿之功也。」

丁亥二年

杜黄裳有經濟大略。而不修小節, 故不得久在相位。正月乙巳 以黄裳同平章事 充河中晉絳慈隰節度使 以戶部侍郎。武元衡為門下侍郎 翰林學士, 李吉甫為中書侍郎 並同平章事。吉甫聞之, 感泣 謂中書舍人裴垍, 曰:「吉甫流落江淮踰十五年。一旦蒙恩至此。思所以報德, 惟在進賢。而朝廷後進 罕所接識。君有精鑒, 願悉為我言之。」垍取筆 疏三十餘人。數月之間 選用略盡。當時翕然 稱吉甫為得人。

○夏蜀既平, 藩鎮惕息, 多求入朝。鎮海節度使李錡 亦不自安,求入朝。上許之。錡實無行意, 屢上表稱疾, 請至歲暮入朝。上以問宰相。武元衡曰:「陛下初卽政, 錡求朝 得朝, 求止 得止. 可否在錡。將何以令四海?」上以為然。下詔徵之。錡詐窮, 遂謀反。冬 十月, 左右執錡 械送京師。有司籍錡家財, 輸京師。翰林學士裴垍 李絳上言, 以為:「李錡僭侈, 割剥六州之人, 以富其家。今輦輸上京, 恐遠近失望。願以逆人資財, 賜浙西百姓, 代今年租賦。」上嘉歎久之。卽從其言。

「李絳傳」曰:帝嘗稱太宗 玄宗之盛, 欲庶幾二祖之道德風烈, 何行而至此乎。絳曰:「陛下誠能正身勵己, 遵道貴德, 遠邪佞, 進忠直, 與大臣言敬而信, 無使小人參焉。與賢者游, 親而禮,無使不肖與焉。如是 則可與祖宗合德，號稱中興。夫何遠之有!」帝曰:「美哉! 斯言。朕將書紳。」

上嘗從容問李絳曰:「諫官多謗訕朝政， 皆無事實。朕欲謫其尤者一二人，以儆其餘，如何?」對曰:「此 殆非陛下之意。必有邪臣欲壅蔽陛下之聰明也。人臣死生 繫人主喜怒。敢發口諫者 有幾! 就有諫者，晝度夜思，朝刪暮減，比得上達，什無二三。故人主孜孜求諫，猶恐不至，況罪之乎! 如此 杜天下之口，非社稷之福也。」上善其言 而止。

○是歲 李吉甫撰元和國計簿 上之。除鳳翔 鄜坊 淮西 淄青等 十五道 七十一州 不申戶口外，每歲賦稅倚辦，止於兩浙 江東西 宣歙 淮南 江西 鄂岳 福建 湖南 八道 四十九州 一百四十四萬戶。比天寶稅戶 四分減三。天下兵仰給縣官者 八十三萬餘人，比天寶 三分增一。大率二戶資一兵，其水旱所傷 非時調發 不在此數。

戊子三年
以戶部侍郎裴垍 為中書侍郎 同平章事。

○初 德宗不任宰相。天下細務 皆自決之。由是裴延齡輩得用事。上在藩邸， 心固非之。及卽位 選擢宰相， 推心委之。嘗謂垍等曰:「以太宗 玄宗之明， 猶藉輔佐 以成其理。況如朕 不及先聖萬倍者乎!」垍亦竭誠輔佐。上嘗問垍:「為理之要 何先?」對曰:「先正其心。」

○舊制民輸稅有三。一曰上供，二曰送使，三曰留州。建中初 定兩稅，時貨重錢輕。是後 貨輕錢重，民所出 已倍其初。其留州 送使者，所在 又降省估　就實估，以重斂於民。及垍為相 奏，天下留州 送使物，請一切用省估。其觀察使，先稅所理之州，以自給，不足然後，許稅於所屬之州。由是 江淮之民 稍蘇息。先是 執政多惡 諫官言時政得失。垍獨賞之。垍器局峻整，人不敢干以私。嘗有故人，自遠詣之。垍資給優厚，從容欸狎。其人乘間，求京兆判司。垍曰:「公才 不稱此官。不敢 以故人之私 傷朝廷至公。他日 有盲宰相憐公者，不妨得之，垍則必不可。」

己丑四年

春 正月，南方旱饑。命左司郎中鄭敬等為 江 淮 二浙，荊湖 襄鄂等道宣慰使，賑恤之。將行，上戒之曰:「朕宮中用帛一匹，皆籍其數。惟賙救百姓，則不計費。卿輩宜識此意勿效 潘孟陽 飲酒遊山而已。」

○上欲革河北諸鎮世襲之弊。乘王士真死，　欲自朝廷除人，不從 則興師討之。裴垍曰:「李納跋扈不恭，王武俊有功於國，陛下前許師道，今奪承宗，沮勸違理。彼必不服。」由是　議久不決。上以問諸學士。李絳對曰:「河北不遵聲教，誰不憤歎! 然今日取之，或恐未能。成德軍 自武俊以来 父子相承，四十餘年。人情貫習，不以為非。況承宗已總軍務，一旦易之，恐未卽奉詔。又範陽 魏博 易定 淄青 以地相傳，與成德同體。彼聞成德除人，必內不自安，陰相黨助，未可輕議也。」

○時 吳少誠病甚。李絳等 上言:「少誠病必不起, 淮西事體 與河北不同。四旁 皆國家州縣, 不與賊鄰, 無黨援相助。朝廷命帥 今正其時。萬一不從 可議征討。願赦承宗以收鎮冀之心, 坐行機宜, 必獲申蔡之利。」

○冬 十月, 制 削奪王承宗官爵。以左神策中尉吐突承璀為招討處置等使。翰林學士白居易 上奏以為:「國家征伐當責成將帥。近歲 始以中使為監軍。自古及今, 未有 徵天下之兵 專令中使統領者也。今神策軍 既不置行營節度使, 卽 承璀乃制將也。又充諸軍招討處置使 卽承璀, 乃都統也。陛下忍令後代 相傳云 以中官為制將 都統 自陛下始乎! 己亥 吐突承璀將神策兵, 發長安,命 恒州四面藩鎮, 各進兵招討。

庚寅五年
是時 每有軍國大事 必與諸學士謀之。嘗閱月 不賜對。李絳謂:「大臣持祿 不敢諫, 小臣畏罪 不敢言, 管仲以為:『害霸 最甚』今臣等 飽食不言 自為計得矣。如陛下何有!」詔:「明日 對便殿。」

○秋 七月, 王承宗遣使自陳, 為盧從史所離間。乞輸貢賦請官吏 許其自新。李師道等 數上表, 請雪承宗。朝廷亦以師久無功, 制 洗雪承宗, 以為成德軍節度使, 悉罷諸道行營將士。

◯翰林學士李絳 嘗從容諫 上聚財。上曰:「今兩河數十州, 皆國家政令所不及。河隍數千里 淪於左衽。朕日夜 思雪祖宗之恥 而財力不贍。故不得不蓄財爾。不然 朕宮中用度極儉薄, 多藏何用邪!」

辛卯六年
正月, 以前淮南節度使李吉甫為中書侍郎 同平章事。

◯上問宰相:「以為政寬猛, 何先?」權德輿對曰:「秦以慘刻而亡, 漢以寬大而興。太宗觀明堂圖, 禁杖人背。是故安史以来 屢有悖逆之臣, 皆旋踵而亡。由祖宗仁政 結於人心 人不能忘故也。然則寬猛之先後 可見矣。」上善其言。

◯李吉甫奏:「自秦至隋 十有三代 設官之多 無如國家者。天寶以後 中原宿兵, 見在可計者八十餘萬。其餘 為商賈僧道 不服田畝者, 什有五六。是, 常以三分勞筋苦骨之人, 奉七分坐待衣食之輩也。今 內外官, 以稅錢 給俸者, 不下萬員。天下二百餘縣, 或以一縣之地 而為州, 一鄉之民 而為縣者 甚衆。請勅有司, 詳定廢置。吏員可省者 省之, 州縣可併者 併之, 入仕之塗 可減者 減之。」於是 命段平仲韋貫之 李絳同詳 定.

◯以戶部侍郎李絳 為中書侍郎 同平章事。李吉甫為相, 多脩舊怨. 上頗知之。故擢絳為相。吉甫善逢迎上意, 而絳鯁直, 數爭論於上前。上多直絳, 而從其言。由是 二人有隙。.

壬辰七年

京兆尹元義方 媚事吐突承璀。李絳惡其為人, 出為鄜坊觀察使。義方入謝。因言:「李絳私其同年許季同。」上曰:「朕諳李絳,必不爾。」明日上以詰絳曰:「人於同年 固有情乎?」對曰:「同年 乃四海九州之人。偶同科第, 登科而後 相識。情於何有? 宰相職 在量才授任。若其人果才, 雖在兄弟子姪之中, 猶當用之。况同年乎! 避嫌而棄才, 是乃便身, 非徇公也。」上曰:「善。」

○三月, 上御延英殿。李吉甫言:「天下已太平, 陛下宜為樂。」李絳曰:「漢文帝時 兵不血, 木無刃。家給人足, 賈誼猶以為:『厝火積薪之下, 不可謂安。』今法令所不能制者, 河南北 五十餘州。犬戎腥羶, 近接涇隴, 烽火屢驚, 加之水旱時作, 倉廩空虛。此 正陛下宵衣旰食之時, 豈得謂之太平, 遽為樂哉?」上欣然曰:「正合朕意。」退謂左右曰:「吉甫專為悅媚, 如李絳真宰相也。」

○上嘗問宰相:「貞元中 政事不理, 何乃至此?」李吉甫對曰:「德宗自任聖智, 不信宰相, 而信他人。是使奸人得乘間, 弄威福。政事不理, 職此故也。」上曰:「然 此亦未必皆德宗之過。卿輩宜用此為戒, 事有非是, 當力陳不已。勿畏朕譴怒 而遽止也。」

○李吉甫嘗言:「人臣不當彊諫。使君悅臣安, 不亦美乎!」李絳曰:「人臣當犯顏苦口, 指陳得失。若陷君於惡, 豈得為忠!」上曰:「絳言是也!」

○李吉甫 又嘗言於上曰:「賞罰 人主之二柄。不可偏廢。陛下踐祚以来 惠澤深矣, 而威刑未震, 中外懈惰。願加嚴以振之。」上顧李絳曰:「何如?」對曰:「王者之政 尚德, 不尚刑。豈可捨成 康 文 景, 而效秦始皇父子乎!」上曰:「然。」

○上嘗與宰相 論治道 於延英殿。日旰暑甚, 汗透御服。宰相恐上體倦, 求退。上留之曰:「朕入宮中 所與處者, 獨宮人 宦官耳。故 樂與卿等 且共談為理之要, 殊不知倦也。」

○八月, 魏博節度使田季安薨。諸將立其子懷諫 為副使。上與宰相議魏博事。李吉甫請 興兵討之。李絳以為:「魏博不必用兵, 當自歸朝廷。今 懷諫乳臭子, 不能自聽斷。軍府大權, 必有所歸田氏, 不為屠肆 則悉為俘囚矣。」既而, 懷諫幼弱, 軍政皆決於家僮, 衆皆憤怒。田興晨入府, 士卒數千人大譟, 環興 四拜, 請為留後。興度不免。乃謂衆曰:「汝肯聽吾言乎?」皆曰:「惟命!」興曰:「勿犯副大使。守朝廷法令, 申版籍, 請官吏, 然後可!」皆曰:「諾。」興乃遷懷諫於外。十月 魏博監軍 以狀聞。上亟召宰相, 謂李絳曰:「卿揣魏博, 若符契。」李吉甫請 遣中使宣慰, 以觀其變。李絳曰:「不可。今田興奉其土地兵衆, 坐待詔命。 不乘此際 推心撫納 結以大恩, 必待勑使至, 彼持將士表来, 為請節鉞. 然後與之, 則是恩出於下, 非出於上。將士為重, 朝廷為輕。機會一失, 悔之無及。」上從之。以興為魏博節度使。制命至魏州, 興感恩流涕, 士衆無不鼓舞。

○李絳又言:「魏博五十餘年　不霑皇化。一旦舉六州之地,来歸。剜河朔之腹心,　傾叛亂之巢穴。不有重賞過其所望則無以慰士卒之心,使四鄰勸慕。請發內庫錢　百五十萬緡以賜之。」左右宦官以為:「所與大多,後有此比,將何以給之?」上以語絳。絳曰:「田興不貪土地之利,　不顧四鄰之患,歸命聖朝。陛下奈何愛小費　而遺大計,不以收一道人心? 錢用盡更来,機一失不可復追。借使國家發十五萬兵以取六州,期年而克之,其費豈止百五十萬緡而已乎?」上悅曰:「朕 所以惡衣 菲食 蓄聚貨財,正欲為平定四方。不然,徒貯之府庫 何為?」十一月,遣知制誥裴度至魏博 宣慰,以錢百五十萬緡 賞軍士,六州百姓給復一年。軍士受賜,歡聲如雷。成德 兖鄆使者 數輩見之,相顧失色,嘆曰:「倔彊者 果何益乎!」度為興 陳君臣上下之義,興聽之,終夕不倦,待度禮極厚。

○上嘗於延英謂宰相曰:「卿輩當為朕惜官,　勿用之私親故。」李吉甫 權德輿 皆謝不敢。李絳曰:「崔祐甫有言:『非親非故 不諳其才。』諳者 尚不與官,不諳者 何敢復與? 但 問其才器 與官 相稱否耳。若避親故之嫌,使聖朝虧多士之美,此乃偷安之臣,非至公之道也。苟所用非其人則朝廷自有典刑,誰敢逃之?」上曰:「正如卿言。」

癸巳八年
賜魏博節度使田興 名 弘正.

○上問宰相:「人言,『外間朋黨　大盛。』何也?」李絳對曰:「自古 人君所甚惡者 莫若人臣為朋黨。故小人譖君子者 必曰:『朋黨。』何則朋黨? 言之 則可惡, 尋之 則無跡故也。東漢之末, 凡天下賢人 君子 宦官 皆謂之黨人, 而禁錮之, 遂以亡國。此 皆 群小欲害善人之言。願陛下深察之。夫君子 與君子合, 豈可必使之 與小人合, 然後 謂之非黨耶?」

甲午九年
春 李絳屢以足疾, 辭位。罷為禮部尚書。

○閏月, 彰義節度使吳少陽薨。其子元濟匿喪, 自領軍務。十一月, 以李光顏為節度使, 嚴綬為申光蔡招撫使, 督諸道兵 招討吳元濟。

乙未十年
以永州司馬柳宗元為柳州刺史。宗元善為文。嘗作梓人傳, 以為:「梓人不執斧斤 刀鋸之技, 專以尋引 規矩 繩墨, 度羣木之材, 規棟宇之制, 相高深 圓方 短長之宜。指麾衆工, 各趨其事. 不勝任者 退之。大厦既成 則獨名其功, 受祿三品。亦猶相天下者 立紀綱, 整法度, 擇天下之士, 使稱其職, 居天下之人, 使安其業, 能者 進之, 不能者 退之。萬國既理, 而談者 獨稱伊傅周召, 其百執事之勤勞, 不得紀焉。其不知體要者 反此。衒能矜名, 親小勞, 侵衆官, 听听於府庭, 而遺其大者 遠者。是不知相道者也。」又作種樹郭橐駝傳, 曰:「橐駝之所種 無不生 且茂者。或問之, 對曰:「槖駞非能使木壽且孳也。凡木之性 其根欲舒，其土欲故。既植之，勿動勿慮，去不復顧。其蒔也 若子，其置也若棄，則其天全 而性得矣。他植者 則不然。根拳而土易。愛之太恩，憂之太勤。旦視而暮撫，已去而復顧，甚者 爪其膚，以驗其生枯。搖其本 以觀其疎密，而木之性 日以離矣。雖曰 愛之,其實 害之。雖曰 憂之，其實讎之。故不我若也。為政亦然。吾居鄉見，長人者好煩其令，若甚憐焉，而卒以禍之。旦暮吏来，聚民而令之，促其耕穫，督其蠶織。吾小人 輟饔飧，以勞吏之不暇。又何以蕃吾生，而安吾性耶？凡病且怠職，此故也。」此其文之有理者也。

◯吳元濟遣使，求救於恒 鄆。王承宗 李師道數上表，請赦元濟。上不從。是時 諸軍討淮西，久未有功。五月，上遣中丞裴度,詣行營 宣慰，察用兵形勢。度還言:「淮西必可取之狀。」且曰:「觀諸將，李光顏勇而知義，必能立功。」上悅。

◯考功郎中知制誥韓愈上言，以為:「淮西三小州，殘弊困劇之餘。而當天下之全力，其破敗，可立而待。然所未可知者，在陛下斷與不斷爾!」李光顏奏 敗淮西兵於時曲，上以裴度為知人。上自李吉甫薨，悉以用兵事 委武元衡。李師道所養客 說師道曰:「天子所以銳意誅蔡者，元衡贊之也。請密往刺之。元衡死，則他相不敢主其謀，爭勸天子 罷兵矣。」師道以為然，資給遣之。六月 癸卯，天未明，元衡入朝，出所居靖安坊東門。有賊 自暗中殺之，取其顱骨而去。又入通化坊，擊裴度。傷其首，度氊帽厚,得不死。京城大駭。於是詔宰相出入 加金吾騎士。

○或請罷度官，以安恒 鄆之心。上怒曰:「若罷度官，是奸謀得成， 朝廷無復綱紀。吾用度一人， 足破二賊。」乙丑，以度為中書侍郎 同平章事。度上言:「淮西腹心之疾。不得不除。且朝廷業已討之，兩河藩鎮跋扈者 將視此，為高下，不可中止。」上以為然，悉以用兵事 委度。討賊愈急。

丙申十一年

夏 四月， 司農卿皇甫鎛 以兼中丞權度支。始以聚斂 得幸。

○六月，高霞寓大敗於鐵城，僅以身免。中外駭愕。宰相入見， 將勸上罷兵。上曰:「勝負兵家之常。豈得以一將失利，遽議罷兵耶?」於是 獨用裴度之言，言罷兵者 亦稍息矣。

丁酉十二年

以太子詹事李愬 為唐鄧隨節度使。淮西人自 以嘗敗高 袁二帥， 輕愬名位素微， 遂不為備。愬謀襲蔡州， 遣馬少良，將十餘騎巡邏，遇吳元濟捉生虞候丁士良 與戰，擒之。愬命釋其縛，給其衣服器械，署為捉生將。士良言於愬曰:「吳秀琳擁三千之衆，據文城柵，為賊左臂。官軍不敢近者，有陳光洽 為之謀主也。光洽勇而輕， 好自出戰。請為公先擒光洽，則秀琳自降矣。」戊申，士良擒光洽以歸。

○三月，吳秀琳以文城柵 降于李愬。愬慰勞之，降其衆三千人。秀琳將李憲有材勇. 愬更其名曰忠義 而用之。愬與秀琳謀取蔡。秀琳曰:「公欲取蔡, 非得李祐 不可。如秀琳無能為也。」會祐帥士卒, 刈麥於張柴村。愬使廂虞侯史用誠擒之。

◯諸軍討淮西 四年 不克。饋運疲弊, 民至有以驢耕者。上亦病之, 以問宰相李逢吉等。競言:「師老, 財竭。」意欲罷兵。裴度獨無言。上問之, 對曰:「臣請自徃督戰, 誓不與此賊俱生。臣觀元濟, 勢實窘蹙。但 諸將心不壹, 不併力迫之, 故未降爾。若臣自詣行營, 諸將恐 臣奪其功, 必爭進破賊矣。」上悅。六月, 以度 為門下侍郎 同平章事 兼彰義節度使, 仍充淮西宣慰招討處置使。度將行, 言於上曰:「臣若賊滅, 則朝天有期。賊在 則歸闕無日。」上為之流涕。李愬將攻吳房, 諸將曰:「今日徃亡。」愬曰:「吾兵少 不足戰。宜出其不意。彼以徃亡, 不吾虞, 正可擊也。」遂徃。克其外城, 斬首千餘級。

◯李祐言於李愬曰:「蔡之精兵 皆在洄曲。及四境拒守, 守州城者 皆羸老之卒。可以乘虛。直抵其城, 比賊將聞之, 元濟已成擒矣。」愬然之, 夜半雪甚, 行七十里, 至州城。近城 有鵝鴨池。愬令驚之, 以混軍聲。自吳少誠拒命, 官軍不至蔡州城下 三十餘年。故蔡人不為備。四鼓 愬至城下, 無一人知者。李祐 李忠義钁其城 為坎, 以先登。壯士從之。雞鳴 入居元濟外宅。或告元濟曰:「官軍至矣。」元濟尚寢, 笑曰:「俘囚為盜爾。曉當盡殺之。」又有告者曰:「城陷矣。」元濟起聽於庭, 聞愬軍號令。曰:「常侍傳語!」應者近萬人。元濟始懼。乃帥左右，登牙城 拒戰。

◯時 董重質擁精兵萬餘人 拒洄曲。愬曰:「元濟所望者 重質之救爾。」乃訪重質家，厚撫之。遣其子傳道，持書諭重質。重質遂單騎詣愬 降。元濟於城上 請罪，梯而下之。檻送京師，不戮一人，屯於鞠場，以待裴度。度入城。李愬具櫜鞬 出迎，拜於路左。度將避之，愬曰:「蔡人頑悖，不識上下之分 數十年矣。願公 因而示之，使知朝廷之尊。」度乃受之。愬還軍文城， 諸將請曰:「始公敗於朗山 而不憂，勝於吳房 而不取，冒大風盛雪 而不止，孤軍深入而不懼。然卒以成功， 皆衆人所不諭也。敢問其故。」愬曰:「朗山不利 則賊輕我，不為備矣。取吳房 則其衆奔蔡 併力固守，故存之 以分其兵。風雪陰晦 則烽火不接，不知吾至。孤軍深入 則人皆致死，戰自倍矣。夫視遠者 不顧近，慮大者不計細。若矜小勝， 恤小敗， 先自撓矣。何暇立功乎?」衆皆服。愬儉於奉己，豐於待士，知賢不疑，見可能斷。此其所以成功也。

◯裴度以蔡卒為牙兵。或諫曰:「蔡人反側者 尚多，不可不備。」度笑曰:「吾為彰義節度使。元惡既擒， 蔡人則吾人也。又何疑焉?」蔡人聞之，感泣。先是 吳氏父子阻兵，禁人 偶語於塗，夜不然燭，有以酒食 相過從者 罪死。度既視事，下令 惟禁盜賊 鬪殺，餘皆不問。往来者 不限晝夜。蔡人 始知有生民之樂.

◯初 淮西之人 劫於李希烈 吳少誠之威虐，不能自拔 久。

而老者衰，幼者壯，安於悖逆，不復知有朝廷矣。雖居中土，其風俗獷戾，過於夷貉。故以三州之衆，擧天下之兵，環而攻之，四年然後 克之。

○十二月，賜裴度爵晉國公，復入知政事。

戊戌十三年

春 淮西既平，李師道憂懼，不知所為。李公度說之，納質獻地，以自贖。師道從之。遣使奉表，獻沂 密 海 三州。上許之。二月，浚龍首池，起承暉殿，土木寖興矣。

○裴度之在淮西也，布衣栢耆，以策干韓愈曰：「吳元濟既就擒，王承宗破膽矣。願得奉丞相書，往說之，可不煩兵而服。」愈白度，為書遣之。承宗懼，請以二子為質，及獻德棣 二州，輸租稅,請官吏，上許之。

○幽州大將譚忠 說劉總，歸朝廷。詔：洗雪王承宗 及成德將士，復其官爵。

○李師道表言：「軍情 不聽納質割地。」上怒，決意討之。秋七月 下制，罪狀師道，令宣武 魏博 義成 武寧 横海兵，共討之。

○淮西既平，上寖驕侈。戶部侍郎 判度支皇甫鎛 衛尉卿鹽鐵 轉運使程异 曉其意，數進羨餘，以供其費。由是 有寵。八月，鎛以本官，异以工部侍郎 並同平章事判使，如故。制下，朝野駭愕，至於市道，負販者，亦嗤之。

○裴度恥與小人同列，表求自退，不許。度復上疏，以為:「天下治亂 繫朝廷，朝廷輕重 在輔相。所可惜者，淮西盪定 河北底寧，承宗斂手削地，韓弘輿疾討賊，豈朝廷之力能制其命哉? 直以處置得宜，能服其心爾。陛下建升平之業十已八九。何忍還自隳壞 使四方解體乎?」上以度為朋黨，不之省。由是 鎛益無所憚，程异 亦自知不合衆心，能廉謹謙遜。為相月餘，不敢知印秉筆 故終免於禍。

○上晩節 好神仙。詔天下 求方士，宗正卿 李道古 因皇甫鎛，薦山人柳泌，能合長生藥。詔 泌居興唐觀 煉藥。泌言:「天台多靈草，誠得爲彼長吏，庶幾可求。」上 以泌權知台州刺史。諫官爭論，以爲:「人主喜方士，未有使之臨民者。」上曰:「煩一州之力，而能爲人主 致長生。臣子 亦何愛焉?」由是 羣臣莫敢言。

○功德使上言:「鳳翔 法門寺塔 有佛指骨，相傳二十年 一開，開則歲豐人安。来年應開，請迎之。」十二月 上遣中使，帥僧衆迎之。

○上嘗語宰相:「人臣當力為善，何乃好立朋黨? 朕甚惡之。」裴度對曰:「方 以類聚物，以群分。君子小人 志趣同者，勢必相合。君子為徒 謂之同德，小人為徒 謂之朋黨。外雖相似，內實懸殊。在聖主辯 其所為邪正耳。」

己亥十四年

春 正月，中使迎佛骨，至京師。上留禁中三日，乃歷送諸寺。王公士民 瞻奉捨施，惟恐弗及。有竭產充施者，有然香臂頂 供養者。刑部侍郎韓愈上表切諫。以為:「佛者 夷狄之一法爾。自黃帝 以至禹 湯 文 武，皆享壽考，百姓安樂。當是時 未有佛也。漢明帝時，始有佛法。其後亂亡相繼，運祚不長。宋 齊 梁 陳 元魏以下，事佛漸謹，年代尤促。唯梁武帝 在位四十八年，前後三捨身 為寺家奴，竟為侯景所逼，餓死臺城，國亦尋滅。事佛求福 乃更得禍，由此觀之，佛不足信 亦可知矣。百姓愚冥，易惑 難曉。苟見陛下如此，皆云:"天子大聖，猶一心敬信，百姓微賤，於佛豈可更惜身命!"佛本夷狄之人，不知君臣之義 父子之恩。假如其身尚在，來朝京師，陛下容而接之，不過宣政一見，禮賓一設，賜衣一襲，衛而出之於境，不令惑衆也。況其身死已久，枯朽之骨，豈宜以入宮禁? 乞 以此骨 付有司，投諸水火，永絶根本，斷天下之疑，絶後代之惑。使天下之人知大聖人之所作為 出於尋常萬萬也，豈不盛哉! 佛如有靈，能作禍福，凡有殃咎 宜加臣身!」上大怒，出示宰相，將加愈極刑。裴度 崔羣為言:「愈雖狂發，於忠悃。宜寬容 以開言路。」乃貶愈 為潮州刺史。

○自戰國之世 老莊與儒者爭衡，更相是非。至漢末益之以佛。然好者尚寡。 晉 宋以來，日益繁熾，自帝王 至于士民，莫不尊信。下者畏慕罪福，高者論難空有。獨愈惡其蠹財惑衆，力排之。

○二月，李愬 田弘正屢敗李師道兵。師道聞 官軍侵逼，發民 治鄆州城塹，修守備，役及婦人。民益懼且怨。都知兵

馬使劉悟勒兵 捕師道，與其二子斬之，函首 送弘正營。弘正大喜，露布以聞。淄 青等十二州 皆平。自廣德以来 垂六十年，藩鎮跋扈，河南北三十餘州 自除官吏 不供貢賦。至是盡遵朝廷約束。上命楊於陵 分李師道地。於陵按圖籍，視土地遠邇，計士馬衆寡，校倉庫虛實，分為三道。上從之。

◯裴度纂述 蔡 鄆用兵以来 上之憂勤機略。因侍宴 獻之。

◯横海節度使烏重胤奏:「河朔藩鎮 所以能旅拒朝命 六十餘年者，由州縣各置鎮將 領事，收刺史 縣令之權，自作威福。曏使刺史各得行其職 則雖有姦雄如安史，必不能以一州 獨反也。臣所領德 棣 景 三州，已擧牒 各還刺史職事。 應任州兵，並令刺史 領之。」夏 四月，詔: 諸道節度都團練 都防禦 經略等，使所統支郡 並令刺史領之。自至德以来，節度使權重，所統諸州 各置鎮兵，以大將主之，暴横為患。故重胤論之。其後 河北諸鎮 惟 淮 海 最為順命。由重胤處置得宜 故也.

◯裴度在相位，知無不言。皇甫鎛之黨 陰擠之。詔: 度以門下侍郎 同平章事 充河東節度使。

◯上問宰相:「玄宗之政 先理而後亂， 何也?」崔羣對曰:「玄宗用姚崇 宋璟 盧懷慎 蘇頲 韓休 張九齡 則理，用宇文融 李林甫 楊國忠 則亂。故用人得失 所繫非輕。人皆以天寶十四年 安禄山反 為亂之始。臣獨 以開元二十四年罷張九齡相，專用李林甫。此理亂之所分也。願陛下 以開

元初 為法，以天寶末 為戒，乃社稷無疆之福。」皇甫鏄深恨之。

○上服柳泌藥，日加躁渴。

庚子十五年

春 正月，初 左軍中尉吐突承璀 謀立澧王惲 為太子。上不許。 上服金丹，多躁怒。左右宦官 往往獲罪 有死者，人人自危。庚子 暴崩於中和殿。時人皆言 內常侍陳弘志弑逆。其黨類諱之， 不敢討賊。但云:「藥發。」外人莫能明也。中尉梁守謙 王守澄等共立太子， 殺吐突承璀 及澧王惲。閏月 穆宗卽位于太極殿。貶皇甫鏄 為崖州司戶。市井皆相賀。杖殺柳泌，餘方士 皆流嶺表。

○上見夏州觀察判官柳公權書跡， 愛之。以公權 為右拾遺翰林學士。上問公權:「卿書 何能如是之善?」對曰:「用筆在心，心正則筆正。」上黙然 改容。知其以筆諫也.

○上甫過公除，卽事游畋 聲色，賜與無節。

통감절요 47권

당기(唐紀) 목종(穆宗)[1]

재위 4년, 수(壽) 30

신축(辛丑) 장경(長慶) 원년(서기 821년)

한림학사 이덕유(李德裕)는 이길보(李吉甫)의 아들이다. 중서사인 이종민(李宗閔)이 일찍이 대책(對策)[2]으로 아버지 이길보를 심하게 비난해서[3], 그를 미워했다. 이종민은 또 한림학사 원진(元稹)과 벼슬자리[4]를 다투다가 틈이 생겼다. 이 때문에 이덕유와 이종민이 각각 패거리를 나누어 서로 반목[5]한 지가 거의[6] 40년이었다.

○ 유주(幽州)의 군사들이 난을 일으켜, 절도사 장홍정(張弘靖)을 가두고, 주극융(朱克融)을 추대해 유후(留後)로 삼았다.

○ 성덕병마사(成德兵馬使) 왕정주(王庭湊)가 절도사 전홍정(田弘正)을 죽이고, 스스로 유후(留後)를 칭했다.

○ 양세법(兩稅法)을 정한 이후부터 돈은 날로 귀해지고 물건이 날로 값싸져서, 백성들의 내는[7] 것이 처음의 3배였

---

1) 穆宗 목종 : 주(註) 헌종(憲宗)의 차남이다
2) 對策 대책 : 어떤 일에 상대방에 대응하는 방식, 과거에서 정치 또는 경의(經義)문제를 내어 답안을 쓰게 하는 것. 동중서(董仲舒)를 시험한데서 유래함
3) 譏切 기절 : 통열히 비난함
4) 進取 진취 : 적극적으로 나아가는 일을 함
5) 傾軋 경알 : 경(傾) 깎아내림. 알(軋) 삐걱거릴, 반목함
6) 垂 수 : 거의

다. 백관에게 조서를 내려 그 폐단을 개혁할 것을 의논케 했다.

호부상서 양오릉(楊於陵)이 "돈이라는 것은 그것으로 여러가지 재화를 저울질하고, 있는 것과 없는 것을 바꾸고 옮기는 것입니다. 마땅히 유통시키고 분산시켜야 합니다. 모아서 쌓아두어서는 안됩니다. 지금 마땅히 천하의 세금을 내는 자에게 모두 곡식과 비단으로 바치게 하고, 널리 돈을 주조하고, 묵혀[8] 쌓아두는 것과 변방으로 나가는 것을 막는다면, 돈은 날로 늘어날 것입니다"라고 말했다. 조정이 그것을 따랐다. 비로소 양세는 모두 베(布)나 명주실[絲], 솜[纊]으로 내게 하고, 오직 소금과 술의 세금에만 돈[錢]으로 내게했다.

임인(壬寅) 2년(822년)

봄에 황제가 처음 즉위했을 때, 양하(兩河)가 대략 평정되어 있었다. 소면(蕭俛)과 단문창(段文昌)이 "천하가 이미 태평해졌으니, 마땅히 병사를 점점 줄여야[9] 합니다. 청컨대 천하의 군대가 주둔하고 있는 군진에 비밀조서를 내려, 매년 (군적에서) 1백 명 중 8명을 도망가거나 죽은 자로 한정하게[10] 하십시오"라고 건의했다.

---

7) 輸 수 : 보낼, 내놓을, 지다
8) 滯 체 : 막힐, 묵어 쌓일, 남을
9) 銷 소 : 녹이다, 없어지다
10) 限 한 : 한계, 규정, 한정

황제가 바야흐로 연회에 빠지면서[11] 국사에는 뜻을 두지 않아, 마침내 그 상주를 허락했다. 군사들 중에 군적에서 빠지는 자가 많아지자 모두 산과 늪에 모여 도적이 되었다. 주극융(朱克融) 왕정주(王庭湊)가 난을 일으켜 한번 부르자, 도망한 병사들이 모두 모였다.

조서를 내려 여러 도의 병사를 징발해 그들을 토벌하게 했는데, 여러 도의 병사들은 이미 (병력이) 적어져 모두 임시로 불러 모집했으므로 오합지졸이었다. 때문에 매번 싸울 때마다 자주 패했다. 또 군대를 움직일 때, 모두 궁궐[禁中]에서 방략을 지시했는데, 아침에 명령하고 저녁에 고치니, 따를 바를 알지 못하고, 가부를 헤아리지 못했다.

때문에 원로 신하이자 오래 전부터 명망[宿望]이 있었던 배도(裴度)와 당시의 명장 오중윤(烏重胤) 이광안(李光顔), 그리고 여러 도(道)의 15만 군사를 가지고도, 유진(幽鎭)의 1만여 명을 토벌하는데, 1년 이상을 주둔하며 지켰고, 끝내 공을 이루지 못한 채 재물과 힘이 다 고갈되었다.

최식(崔植) 두원영(杜元穎) 왕파(王播)가 재상이었는데, 모두 재주가 용렬하고 원대한 지략이 없었다. 사헌성(史憲誠)이 이미 전포(田布)를 위협해 죽였으나, 조정에서는 토벌할 수 없었다.

마침내 주극융(朱克融) 왕정주(王庭湊) 모두에게 왕의 신임을 알리는 깃발[節]과 도끼[斧鉞]를 내렸다. 이 때문에 다

11) 荒宴 황연 : 연회에 빠짐

시 하삭(河朔)을 잃고, 당(唐)이 망할 때까지 회복할 수 없었다.

계묘(癸卯) 3년(823년)

우승유(牛僧孺)를 중서시랑동평장사(中書侍郎同平章事)로 삼았다. 이 때 우승유와 이덕유는 모두 들어가 재상이 될 명망이 있었지만, 이덕유는 나가서 절서관찰사(浙西觀察使)가 되었다. 8년 동안 승진하지 못하니, 이봉길(李逢吉)이 자신을 밀어내고 우승유를 데려다 재상으로 삼았다고 생각했다. 이 때문에 우승유와 이덕유의 원한이 더욱 깊어졌다.

○ 5월에 상서좌승(尙書左丞) 유공작(柳公綽)을 산남동도절도사(山南東道節度使)로 삼았다. 유공작이 등현(鄧縣)을 지나는데, 각각 뇌물죄[12]와 법을 농간한 두 관리가 있었다. 사람들은 유공작이 뇌물 받은 자를 죽일 것으로 생각했다. 유공작은 "뇌물을 받은 관리는 법을 범한 것이니 법이 남아 있으나, 농간한 관리는 법을 어지렵혔으니, 법이 없어진 것"이라 판단했다. 마침내 법을 농간한 자를 주살했다.

갑진(甲辰) 4년(824년)

봄에 처음 유비(柳泌) 등이 죽임을 당하고 나서, 방사(方士)가 점점 다시 좌우를 통해 진출했고, 상이 금석(金石)으로 만든 약을 먹었다.[13] 처사(處士) 장고(張皐)라는 사람이

12) 犯贓 범장 : 뇌물 받은 죄

"정신과 마음이 담백하면[14] 혈기가 고르고[和], 쾌락과 욕심[15]이 능가하면 병이 생깁니다. 약은 질병을 다스리는[16] 것입니다. 병이 없으면 먹어서는 안됩니다. 선제(先帝)께서 방사들의 망령된 말을 듣고 약을 먹고 병이 났는데, 어찌하여 다시 그 잘못된 전철[17]을 따르려고 하십니까?"라고 상소했다.

○ 황제가 붕어하고 경종(敬宗)이 즉위했다.

○ 황제가 조회를 보는데 매번 늦었다. 좌습유(左拾遺) 유서초(劉栖楚)가 "(지금은) 폐하는 제위를 이어받은 초기입니다. 마땅히 날이 밝기 전에[18] 옷을 입고, 좋은 정치를 하려고 하셔야 됩니다. 그러나 잠자리를 좋아하고[19] 여자를 즐기고, 날이 늦어서야 비로소 일어납니다. 재궁(梓宮)[20]이 빈소[21]에 있는데, 북치고 피리 불며 날마다 떠들썩[22]하니, 좋은 소문은 드러나지[23] 않고, 나쁜 소문은 멀리 퍼지는 법

---

13) 餌 이 : 먹이, 먹다
14) 澹 담 : 담박하다, 조용하다, 안존하다
15) 嗜慾 기욕 : 즐김과 욕심, 욕정
16) 攻 공 : 치다, 공격하다, 다스리다
17) 覆轍 복철 : 엎어진 수레의 바퀴자국, 즉 실패한 자의 행적
18) 宵衣 소의 : 소(宵) 밤. 천자가 열심히 정무를 살피느라 날이 밝기 전에 옷을 입음
19) 嗜寢 기침 : 기(嗜) 즐기다, 좋아하다. 침(寢) 잠자다, 눕다
20) 梓宮 재궁 : 가래나무로 된 막 죽은 임금의 관
21) 殯 빈 : 염할, 장사 지내기 전에 시신을 관에 넣어 일정한 곳에 안치하는 일
22) 喧 훤 : 떠들썩하다

입니다. 신은 복조[24]가 길지 않을까 두렵습니다. 청컨대 옥계단[玉階]에 머리를 부숴서 간쟁하는 직분을 태만히[25] 한 죄를 사죄하겠습니다"라고 간언했다. 드디어 지대뜰[26]에 이마를 찧으니 피가 멈추지 않았다. 황제가 중사(中使)에게 명령해 임금의 말로 위로하고 돌아가도록 했다.

○ 이 때 이봉길(李逢吉)이 권력을 잡았는데, 친하고 정분이 두터운 사람들은 장우신(張又新) 이중언(李仲言) 이속지(李續之) 이우(李虞) 유서초(劉栖楚) 강습(姜洽)과 장권여(張權輿) 정석범(程昔範)이었다. 또한 따르고 붙어서 드러난[27] 자들이 있었는데, 이때 사람들이 그들을 가르켜서 8관(關) 16자(子)라고 했다.

○ 가을 7월에 하수절도사(夏綏節度使) 이우(李祐)가 들어와 좌금오대장군(左金吾大將軍)이 되었다. 말 1백50필을 바쳤는데, 황제가 그것을 물리쳤다. 시어사(侍御史) 온조(溫造)가 침전(閤)에서 "이우는 칙령을 위반하고 (말을) 바쳤으니, 청컨대 법대로 판결하십시오"라고 탄핵했다. 조령으로 그를 용서해주었다.

이우가 사람들에게 "내가 야반에 채주성에 들어가 오원

---

23) 彰 창 : 밝다 드러나다 밝히다
24) 福祚 복조 : 복으로 받은 천자의 자리
25) 曠 광 : 비다, 공허하다, 밝다
26) 龍墀 용지 : 지대뜰, 옥좌 앞에 있는 붉은색 섬돌 혹은 붉은색 바닥
27) 麗 려 : 주(註) 려(麗)는 저(著)

제(吳元濟)를 공격했는데도 마음이 떨리지 않았다. 지금 시어사 온조 때문에 담이 떨어질 뻔했다"고 말했다.

경종(敬宗)[28] 재위 2년, 수(壽) 18

을사(乙巳) 보력(寶曆) 원년(825년)

정월, 황제가 행차해 놀러가는 일에 법도가 없었다. 소인배들과 가깝게[29] 지내고, 조회를 보는 일이 한 달에 두세 번 밖에 되지 않았다. 대신 알현도 드물게 할 수 있었다.

3월에 절서관찰사(折西觀察使) 이덕유(李德裕)가 6개의 잠언(箴言)[30]을 쓴 붉은색 병풍[31]을 바쳤다. 첫 번째 '소의(宵衣)'는 조회를 보는 게 드물고 늦게 나오는 것을 빗대어 간언한[32] 것이다. 두 번째 '정복(正服)'은 어복(御服)이 괴이한 것을 빗대어 간언한 것이다. 세번째 '파헌(罷獻)'은 기호품[玩好]을 징발하고 요구하는 것을 빗대어 간언한 것이다.

네 번째 '납회(納誨)[33]'는 충성스러운 말[34]을 무시하고 버리는 것을 빗대어 간언한 것이다. 다섯째 '판사(辨邪)'는 많

---

28) 敬宗 경종 : 목종(穆宗)의 장자(長子)

29) 昵比 닐비 : 친하고 따르다

30) 箴言 잠언 : 경계하는 말씀

31) 丹扆 단의 : 붉은색 병풍

32) 諷 풍 : 사물에 비유해 간언하다, 풍자하다

33) 誨 회 : 가르치다, 깨우치다

34) 讜言 당언 : 충직하고 충성스러운 말

은 소인배를 신임하는 것을 빗대어 간언한 것이다. 여섯번째 '방미(防微)'는 가볍게 놀러 나가는 것을 빗대어 간언한 것이었다. 황제가 우대하는 조서로 그에게 답했다.

병오(丙午) 2년(826년)

봄 정월에 배도(裴度)가 홍원(興元)에서 입조(入朝)했다. 배도를 사공동평장사(司空同平章事)로 삼았다. 배도가 중서성에 있을 때, 좌우에서 갑자기 도장을 잃어 버렸다고 보고했다. 들은 사람들은 아연실색했는데, 배도는 술을 마시면서 태연자약했다. 잠깐 있다가 좌우에서 다시 이전 장소에서 도장을 찾았다고 보고했다. 배도는 대꾸하지 않았다.

혹자가 그 까닭을 물었다. 배도는 "이는 반드시 관리가 도장을 훔쳐 서류책에 도장을 찍은 것일 뿐이다. 도장을 급하게 찾으면 물이나 불에 던져 버릴 것이지만, 느슨하게 찾으면 다시 원래 자리에 돌려놓게 되어 있다"고 대답했다. 사람들이 그의 식견과 도량에 탄복했다.

○ 황제가 장난치고 노는 것에 한도가 없고, 많은 소인들과 지나치게 친했다[35]. 격구(擊毬)[36]를 좋아하고, 수박(手搏)[37]을 좋아했다. 성품은 편향되고 몹시 급해, 환관들이 조금 잘못을 하면 매질[38]을 했다. 모두 원망하고 또 두려워

---

35) 狎昵 압닐 : 가볍게 여기고 친하다

36) 擊毬 격구 : 말을 타고 막대기로 공을 치는 놀이

37) 手搏 수박 : =수격(手格). 손으로 쳐서 승부를 내는 경기. 지금의 권투 같은 것

했다.

12월 신축일에 황제가 밤에 사냥을 하고 궁에 돌아와 환관 유극명(劉克明)과 격구군장 소좌명(蘇佐明) 등 28인과 더불어 술을 마셨다. 황제가 술이 취해 방에 들어가서 옷을 갈아입는데, 처소의 촛불이 갑자기 꺼졌다. 소좌명 등이 상을 실내에서 시해하고, 상의 뜻이라 거짓으로 칭해 강왕(絳王) 이오(李悟)를 권구당군국사(權句當軍國事)로 삼았다.

지추밀(知樞密) 왕수징(王守澄)이 병사를 데리고 강왕(江王) 이함(李涵)을 맞이해 그를 세웠다. 이가 문종(文宗)[39]이다.

○ 황제가 여러 왕[諸王]중에 있을 때부터 두 황제 조정의 폐단을 깊이 알고 있었다. 즉위하고 나서 분발해[40] 정치에 힘을 쏟았다. 사치를 버리고 검소함을 따랐다. 조서를 내려 직임이 없는 궁녀를 모두 출궁시켰다. 출궁한 궁녀가 3천여 명이었다. 오방(五坊)의 사냥매와 사냥개는 원화(元和)의 고사를 기준으로 교렵[41]에 (쓸 것을) 세서 남긴 것 외에는 모두 풀어 주었다.

경종(敬宗) 때는 매월 조회를 보는 날이 1~2회에 불과했

---

38) 捶撻 추달 : 추(捶) 채찍질하다. 달(撻) 매질하다

39) 文宗 문종 : 주(註) 목종(穆宗)의 제2자(第二子). 우유부단해 가신들에게 제어 당했다. 비록 호현지심(好賢之心)과 문아지미(文雅之美)가 있었지만, 모두 칭송할 만하지 못하다

40) 勵精 여정 : 분발해 정신을 쏟다

41) 校獵 교렵 : 짐승이 도망 못하도록 담을 쌓고 하는 사냥

다. 황제가 다시 옛 제도를 부활해 매월 홀수 날[奇日]에 조회를 보지 않은 적이 없었다. 궁정 안팎에서 기뻐했다[42]. 서로 축하하면서 태평을 기대할 만하다고 했다.

문종(文宗) 재위 14년, 수(壽) 33

무신(戊申) 태화(太和) 2년(828년)

원화(元和) 말기부터 환관이 더욱 전횡했다. 천자를 세우고 두는 것이 그 손아귀에 있으니, 위세와 권력이 임금보다 높아서, 사람들이 감히 말하지 못했다.

3월 황제가 제거(制擧)[43]에 응시한 사람들에게 친히 대책을 내서 시험을 치렀다. 현량방정과[44]에 응시한 창평(昌平) 사람 유분(劉蕡)이 대책(對策)[45]에서 그 재앙을 극언했다. 대략은 이렇다.

---

42) 翕然 흡연 : 화합하다, 기뻐하다

43) 制擧 제거 : 당대의 시험제도로 지방에서 실시하는 공거(貢擧)와 달리 황제가 친히 전정(殿庭) 시험을 보았다. 흔히 제거(制擧) 혹은 제과(制科)라고도 줄여 부른다.

44) 賢良方正 현량방정 : 과거 시험의 응시과목 중 하나. 송나라 고승(宋 高承)의 「사물기원 학교공거 현량(事物紀原 學校貢擧 賢良)」에 "한에서 당을 지나 송나라 때까지 선비를 뽑는 방법에는 현량방정(賢良方正), 무재이등(茂才異等) 등 6과(六科)가 있었는데, 그것을 제거(制擧) 또는 대과(大科)라고 한다. 통칭해서 현량(賢良)이라 부르는데, 그 제도는 한 문제(漢 文帝)때 시작되었다"라고 되어 있다.

45) 對策 대책 : 과거 시험에서 정치 또는 경서의 뜻[經義] 문제를 내어 답안을 쓰게 하는 일

"폐하께서 마땅히 먼저 근심해야 할 것은, 궁중의 작은 문[闈]에 변고가 생기면 사직이 위태로워질 것이고, 천하가 기울어질 것이니, 해내(海內)가 어지러워지는 것입니다.

폐하께서 찬탈과 시해의 조짐을 막으시려면, 바른 자리에 계시면서, 바른 사람을 가까이 하셔야 합니다. 환관[46]같은 천한 사람들을 멀리 하시고, 강직한 충신[47]을 가까이 하셔야 합니다. 재상[輔相]은 그 직임을 오로지 할 수 있도록 하시고, 벼슬아치[庶職]들은 그 관청을 지킬 수 있게 하셔야 합니다.

어찌 친하고 가까운 5~6인에게 천하의 큰 정사를 총괄하게 하십니까? 재앙은 군신이 회의하는데 쌓은 담장[蕭墻] 안에서 여물고, 간사함은 유악(帷幄)[48]에서 생긴다고 했습니다. 신은 조절(曹節)과 후람(侯覽)이 오늘에 다시 살아날 것인가 두렵습니다.[49]

충성스럽고 현명한 자들을 심복으로 의지하지 않으니, 환관[50]들이 황제를 폐위하기도 하고 세우기도 하는 권세를 믿고[恃], 선왕을 궁지에 몰아서[陷] 바르게 임종할 수 없게 했고, 폐하에 이르러서는 그 시작을 바르게 할 수 없게 했

46) 刀鋸之賤 도거지천 : 환관, 궁형의 흔적이 있는 사람이라는 말이다

47) 骨鯁之臣 골경지신 : 강직한 신하

48) 帷幄 유악 : 막(幕 군사, 관직을 처리하는 곳), 진영에 쓰임. 전하여 대장이 작전계획을 세우는 곳

49) 주(註) 조절(曹節)과 후람(侯覽) 두 사람은 모두 한(漢) 환제(桓帝) 영제(靈帝) 때의 환관인데, 모두 전횡 탐욕 방자했다

50) 閽寺 혼사 : 원래 궁형을 받은 사람을 문지기로 고용한데서 온 말

습니다.

폐하께서는 어찌하여 음험하고 사악한 길을 막아서 무람없이 가벼운[51] 신하들을 물리치지 못하십니까? 침해해 욕보이고[52] 협박하는 (자들의) 마음을 제어하고, 다시 문을 청소하는 일을 하도록 돌려보내지 못하십니까? 마땅히 경계해야 할 것을 경계하고, 근심해야 할 것을 근심하지 않으십니까?"

시험관(考官) 풍숙(馮宿) 등이 유분의 답안을 보고 모두 탄복했으나, 환관들이 두려워 감히 합격시키지 못했다. 조서를 내리니 여러 사람의 의견[53]이 들끓었고[54], 억울하다고 했다.

이합(李郃)이 "유분이 낙방했는데[55], 우리들이 등과한 것은 얼굴이 두꺼운 것이 아니겠는가?"라고 말했다. 이에 "유분의 책문(策問)에 대한 답안은 한(漢)과 위(魏) 이래로 비교할 것이 없습니다. 바라건대 신에게 주신 것을 회수하고, 유분의 강직함을 표창하십시오"라고 상소했다. 대답이 없었다.

경술(庚戌) 4년(830년)

정월 이종민(李宗閔)이 우승유(牛僧孺)를 추천해 동평장

---

51) 褻狎 설압 : 무람없이 가벼이 대함

52) 侵陵 침릉 : =침모(侵侮) =능모(陵侮). 침해해 모욕을 줌

53) 物論 물론 : 여러 사람의 의견, 세론, 세상의 평판

54) 囂然 효연 : 시끄러운 모양

55) 下第 하제 : 등급 매기는 데에 들지 못하다, 낙방하다

사로 삼았다. 이에 두 사람이 서로 이덕유의 패거리들을 밀어내고 배척해서 점점 내쫓았다.

신해(辛亥) 5년(831년)

황제가 송신석(宋申錫)과 함께 환관을 주살할 것을 모의했다. 송신석이 이부시랑 왕번(王璠)을 데려다 경조윤(京兆尹)으로 삼아 밀지(密旨)를 그에게 알렸다. 왕번이 그 모의를 누설했다. 정주(鄭主)와 왕수징이 그것을 알고 송신석이 장왕(漳王)을 세우려고 모의했다고 거짓 고변을 했다. 송신석을 개주사마(開州司馬)로 좌천시켰다. 송신석이 마침내 좌천된 곳에서 죽었다.

○ 서천절도사 이덕유가 토번(吐蕃)의 유주부사(維州副使) 실달모(悉怛謀)가 항복을 청해 이미 병사를 그 성으로 보내 들어가서 점거했다고 보고했다. 그 상황을 갖추어 출병의 이로움을 아뢰었다. 일이 상서성에 내려지자, 백관들이 의논했다. 모두 이덕유의 계책과 같이 할 것을 청했다.

우승유는 "근래에 우호관계를 맺고[修好] 수비병[戍兵]을 해산할 것을 약속했습니다. 중국이 오랑캐를 방어하는 데는 신의를 지키는 것이 상책입니다"라고 했다. 황제가 그렇다고 생각해 이덕유에게 조서를 내려 그 성을 토번에게 돌려주고, 실달모 및 같이 온 자들을 모두 잡아서 돌려보내라고 했다. 토번이 국경에서 돌려보낸 자들을 모두를 죽였는데, 그 참혹함이 극심했다. 이덕유가 이로부터 더욱 심하게 우승유를 원망했다.

임자(壬子) 6년(832)

11월 단문창(段文昌)을 서천절도사(西川節度使)로 삼았다. 서천감군(西川監軍) 왕천언(王踐言)이 지추밀(知樞密)에 들어와 자주 "실달모를 묶어서 보낸 것은 오랑캐의 마음을 통쾌하게 한 것이고, 뒤에 올 항복하는 자들을 끊어버리는 것으로 계책이 잘못되었습니다"라고 말했다. 황제가 또한 그것을 후회해 우승유의 실책을 나무랐다.[56] 이덕유에게 붙은 자들이 그 기회를 통해 "우승유는 이덕유와 틈이 있어 그 공을 훼방하려 했습니다"라고 했다. 황제가 더욱 그를 멀리 했다. 우승유가 속으로 불안했다.

황제가 연영전(延英殿)에 행차해 재상에게 "천하는 어떤 때를 마땅히 태평이라고 하는가? 경들은 또한 여기에 의견이 있는가?"라고 물었다. 우승유는 "태평은 형상이 없습니다. 지금 사방 오랑캐가 계속해서 침략하지 않고, 백성이 흩어지지 않았으니, 비록 잘 다스려지는 것은 아니지만, 또한 소강(小康)이라고 할 수 있습니다. 폐하께서 만약 특별히 태평을 구하신다면, 신들이 미칠 수가 없겠습니다"라고 대답했다.

물러나면서 같은 반열에게 말하기를 "주상의 요구와 바라는 것이 이와 같으니, 우리들이 어찌 오랫동안 이 지위를 차지하고 있을 수 있겠는가?"라고 했다. 여러 번 표문을 올려 파직을 청하니, 우승유를 동평장사로 삼고 회남절도사로

---

56) 尤 우 : 허물, 탓하다

충당했다.

온공(溫公)이 말한다.

"임금이 명석하고 신하가 충성스럽고, 위에서 명령하면 아래에서 따르고, 뛰어나고 어진 사람이 자리에 있고, 망령되고 간사한 사람을 멀리 축출하고, 예를 닦고 음악을 연주하고, 형벌을 깨끗이 하고, 정치를 공평하게 하고, 간사한 무리[57]가 사라지고 굴복하고, 전쟁이 그치니 무기를 거둬들이고[58], 제후가 순응해 붙고, 네 오랑캐가 마음으로 복종하고, 사철이 고르고 곡식이 잘 익고, 집집마다 넉넉하고 사람마다 풍족하면, 이것이 태평의 형상이다.

(그러나) 이 때에는 환관이 권력을 전횡해 안에서 군주를 위협하는데도 멀리 할 수 없었고, 밖에서는 번진(藩鎭)이 군대로 막고[59] 위를 넘보고 오만해도 제어할 수 없었다. 사졸이 군대의 장수를 죽이거나 쫓아내고, 명령을 거역하고 스스로 자리에 올라도 꾸짖을 수가 없었다.

군대의 징발[60]이 해마다 일어나고, 거두는 세금이 날로 급박하고, 죽은 시신이 언덕과 벌판에 굴러다녔다. 베 짜거나 길쌈하는 일[61]이 마을에서 다 없어졌는데, 우승유는 그

---

57) 奸宄 간귀 : 안팎으로 간사한 무리가 발호해 나라를 어지럽힘. 간(奸)은 내란, 구(宄)는 외부로부터의 분란

58) 偃戢 언집(즙) : 언(偃) 쓰러질, 쉴, 그칠. 집(戢) 무기를 거두어들여 보관함, 그칠

59) 阻 조 : 막을, 험할

60) 軍旅 군려 : 군대

것을 일러 태평이라 말하니, 역시 속이는 말이 아니겠는가?

문종(文宗)이 정치를 잘 하려고 할 때, 우승유는 마땅히 받들고 보필해야 하는[62] 자리를 맡고 있었는데도, 나아가서는 눈앞의 안일만을 도모하고[63], 자격이 없으면서도 용인되어 벼슬자리를 차지했고, 물러나는 것도 군주를 속이고 세상을 속여서 명예를 탐내었으니 죄가 얼마나 큰가?"

계축(癸丑) 7년(833년)

병부상서 이덕유를 동평장사로 삼았다. 이덕유가 들어와 하례했다. 황제와 함께 붕당에 대해 논의를 하니, 이덕유가 그것을 통해 좋아 하지 않는 자들을 밀어낼 수 있었다.

○ 두목(杜牧)이 분 하 삭 3진(憤 河 朔 三鎭)은 성질이 사납고 교만하고[64], 조정에서 논의 하는 자들은 전횡하고 고식적이라고 여겼다. 그래서 글을 써서 이름 하기를 '죄언(罪言)'[65]이라 했다. 대략의 내용은 "나라에는 천보(天寶) 연간부터 도적이 일어나, 하북(河北) 1백여 성(城)은 작은 땅도 쓸 수가 없게 되었고, 사람들이 그것을 바라보기[人望]를 회골(回鶻, 수(隋)에서는 회흘(回紇)이라 호칭), 토번(吐蕃)같이 여겨 감히 도모할[窺]자가 없습니다. 제 양 채

---

61) 杼軸 저축 : 베 짜는, 북과 길쌈하는 것

62) 承弼 승필 : 받들고 보필하다

63) 偸安 투안 : 무사안일

64) 桀驁 걸오 : 성질이 사납고 교만함, 길들지 않은 사나운 말

65) 罪言 죄언 : 주(註) 부당하게 그 자리에 있는 것을 말하면 죄라는 것

(齊 梁 蔡)는 그 분위기로 인해 역시 도적이 되었고, 일찍이 5년 간 싸우지 않은 적이 없으며, 마음이 탄 지[66] 70여 년입니다. 지금 최상책은 우선적으로 자치(自治)하는 것이고, 중책은 위(魏)를 공격하는 것이고, 최하책은 마구[67] 싸우는 것으로, 지세를 계산하지 않고 공격과 수비를 살피지 않는 것이 그것입니다"라는 것이었다.

또 부병제(府兵制)가 폐지되고 무너진 것을 가슴 아파하면서, 원16위(原十六衛)[68]를 지었다.

"우리나라는 처음 수(隋)나라의 제도를 이어 16위를 열었습니다. 지금 그것을 살펴보면, 관직 중에 의미가 없다[無謂]고 말했던 것이 16위가 아닙니까? (그런데) 일의 근원

---

66) 焦焦 초초 : 초(焦) 지치다, 애탐, 마음이 탐, 그을릴

67) 浪 랑 : 마구, 함부로, 방자할

68) 原十六衛 원16위 : 주(註) 원(原)은 근원을 추구하는 것이다. 당(唐) 은 수제(隋制)를 뒤이어 16위(衛)를 설치했다. 부병(府兵)은 당(唐) 초기 군부(軍部)에 표기(驃騎)와 거기(車騎) 두 장군부(將軍府)를 설치해서 다스리게 한 것으로, 천하가 평정되자, 표기를 통군(統軍) 이라 개칭하고, 거기를 별장(別將)이라 개칭했다. 후에 태종(太宗)이 통군을 절충도위(折衝徒尉)로, 별장을 과의도위(果毅都尉)로 바꾸고, 여러 부(府)를 총칭(總稱)해 절충부(折衝府)라 했다. 천하 모두가 10도(道)인데, 6백34부(府)를 두었고, 모두 명칭이 있었다. 관내(關內) 2백61부(府)는 모두 여러 위[諸衛]에 소속되었고, 모든 부는 3등(等)으로 나뉘어, 병사 1천2백인이 상(등)이고, 1천인이 중(등)이고 8백인이 하(등)이다. 16위(衛)는, 『당지(唐志)』「팔위(八衛)」에 의하면, 좌 우위(左右衛), 효위(驍衛), 무위(武衛), 위위(威衛), 영군(領軍), 금오(金吾), 감문(監門), 천우(千牛)이다. 이것이 팔위(八衛)인데, 각각 좌우가 있기 때문에 16위(衛)라고 한다. 위(衛)마다 상장군이 있고, 대장군이 있고, 장군이 있다. 좌우위(左 右衛)에서 영군(領軍)까지는 궁중(宮禁)의 숙위(宿衛)를 관장한다. 금오(金吾)는 궁중과 경성(京城)의 순찰과 경비를 관장한다. 감문(監門)은 여러 문의 통행금지와 방비(禁衛)를 관장하고, 천우(千牛)는 시위(侍衛)를 관장한다

[形迹]을 추구해보면[原], (군사제도란) 실제로 천하의 대명(大命)입니다.

정관(貞觀) 때 안에는 16위(衛)로 무신을 양성하고, 밖으로는 절충과의부(折衝果毅府)를 열어 병사[兵伍]를 비축했습니다. 유사시에는 무신이 병사를 거느리면서 변방에 거주하고, 일이 없으면 병사를 거주지에 풀어주고 기거하도록 했습니다. 세 철에는 농사짓고, 한 철에는 무비(武備)를 닦고, 군적[籍]은 장군부에 보관했습니다.

병사가 밭으로 흩어지면 힘과 형세가 풀어지고 떨어지니, 사람마다 자신을 아끼게 됩니다. 비록 치우(蚩尤)같은 장수라도 역시 그들을 부려서 난을 일으킬 수 없을 것입니다. 밖에 기거하는 경우, 변두리[緣部][69] 여러 진(鎭)의 병사는 (모이라고 하는) 격서[70]을 받고 곧 들어옵니다.

부월(斧鉞)을 앞에 두고, 작위와 상을 뒤에 두고, 회오리바람과 폭풍처럼 교대로 제압하므로, 어찌 다른 뜻을 도모할 겨를이 있겠습니까? 비록 치우가 장수일지라도 모반하게 할 수 없을 것입니다.

개원(開元) 말년에 어리석은 선비가 글을 올려 "천하는 문(文)으로 하는 것이 낫습니다. 청컨대 부병제를 폐지하십시오"라고 했고, 무신은 "천하의 힘이 강하니, 청컨대 사방 오랑캐를 공격[71]하십시오"라는 글을 올렸습니다. 그래서 부

---

69) 緣部 연부 : 연변(緣邊)의 제진(諸鎭)

70) 檄書 격서 : 군병을 모집하기 위해 발송

71) 搏 박 : 취하다, 치다, 가지다

병을 안에서 줄이고[72], 변방을 지키는 병사를 밖에서 만드니, 무신과 병사가 급류가 흐르듯이[73], 화살이 가듯이 달려가고, 안에는 한사람도 없게 되었습니다. 꼬리가 크고 속은 마르고, 연(燕)지방으로 편중되게 만들어졌는데, 천하에서 들고 일어나자[74] 뿌리에서 싹이 움트고 꺼졌던 불[75]이 다시 타올랐습니다. 이로 말미암아 보건대, 무신과 병사들을 어찌 하루라도 제어[76]에서 벗어나게 할 수 있겠습니까?

그렇다고 해도[然] 나라를 다스리는 자에게는 군대가 없을 수 없습니다. (그런데 군대는) 밖에 있으면 모반하고, 안에 있으면 찬탈합니다. 그들이 밖에서 배반하지 않고, 안에서 찬탈하지 않게 하는 방법으로 고금 이래[77] 가장 좋은 방법은 부(府)를 설치하고 위(衛)를 세우는 것이 아니겠습니까?"

갑인(甲寅) 8년 (834년)

8월에 황제가 이중언(李仲言)을 간관으로 삼으려고 한림(翰林)에 두었다. 이덕유(李德裕)가 안된다고 했다. 상이 "이봉길(李逢吉)이 그를 천거했는데, 짐이 식언할 수는 없

---

72) 剷 산 : 깎을

73) 湍奔 단분 : 단(湍) 여울, 급류. 분(奔) 달릴, 달아날

74) 掀然 흔연 : 번쩍 들, 손을 높이 듦

75) 燼燃 신연 : 신(燼) 깜부기 불, 타다가 남은 것. 연(燃) 사르다, 타다

76) 出落鈴鍵 출락영건 : 제어하다. 출락(出落) 손에서 내놓고 떨어뜨리다. 영(鈴) 방울. 건(鍵) 열쇠

77) 已還 이환 : 그 뒤로. 이래

다"고 하니, 이덕유는 "이봉길은 자신이 재상인데, 간사한 사람을 천거해 나라를 그르치고 있으니, 또한 죄인입니다"라고 대답했다.

황제가 다시 "그러면 별도로 한 관직을 제수하겠다"고 하니, (이덕유는 또) "그 또한 안됩니다"라고 대답했다. 황제가 왕애(王涯)를 돌아보니, 왕애는 할 수 있다고 대답했다. 이덕유가 손을 저으면서 그것을 말렸다. 황제가 뒤를 돌아보다가 마침 그것을 봤다. 얼굴 빛이 달라지고[殊], 자못 불쾌하게[不懌] 여겼다.

조회를 끝내고 안에서 칙령을 내서 이덕유를 동평장사(同平章事)로서 산남서도절도사(山南西道節度使)를 맡게 했다. 이덕유가 황제를 알현하고 스스로 경사에 머물 수 있도록 청했다. 곧 이덕유를 병부상서로 삼았다. 이종민(李宗閔)이 "이덕유에게 황제의 명령이 이미 내렸습니다. 자기 편리대로 하게 해서는 안됩니다"라고 말했다. 다시 이덕유를 진해절도사(鎭海節度使)로 삼았다.

이 때에 이덕유와 이종민에게는 각각 패거리[朋黨]가 있었다. 서로 배척하고[擠] 끌어들이니[援], 상이 그것을 근심했다. 매번 탄식하며 말했다. "하북(河北)의 적은 제거하기 쉬운데, 조정의 붕당을 제거하기는 어렵구나".

온공(溫公)이 말했다.

"무릇 군자와 소인은 서로 용납하지 못한다. 마치 얼음과 숯이 같은 그릇에 있을 수 없는 것과 같다. 때문에 군자는 자리를 얻으면 소인을 배척하고, 소인은 권세를 얻으면 군자를 배척한다. 이것은 자연의 이치이다.

군자는 현명한 사람을 (관직에) 나가게 하고, 불초한 자를 물러나게 한다. 그 마음이 공정하고 하는 일[指事]이 진실하다. 소인은 그가 좋아하는 사람을 칭찬하고, 그가 싫어하는 자를 상처 입힌다[毁]. 마음은 사사롭고, 하는 일은 사실을 굽혀 말하는 것(誣)이다.

공적이면서[78] 진실된 것을 일러 정직이라고 한다. 사적이면서 거짓된 것을 일러 붕당이라 한다. 임금이 그것을 분별하는 것에 달려 있을 뿐이다. 그래서 명철한 군주가 위에 있으면, 덕을 헤아려서 서열에 따른 자리를 주고, 능력을 헤아려 관직을 제수한다. 공이 있는 사람에게 상을 주고, 죄가 있는 사람에게 형벌을 준다. 간사한 자가 미혹할 수 없고, 아첨하는 자가 임금의 마음을 바꿀 수 없다. 이와 같으면 붕당이 어찌 스스로 생겨나겠는가?

(그러나) 저런 어리석은 군주는 그렇게 못한다. 알면서도 밝히지 못하고, 강하면서도 결단을 내릴 수 없다. 간사한 사람과 바른 사람을 함께 조정에 나오게 하니, 헐뜯고 칭찬하는 말이 교대로 들려오고, 채택하고 버리는 것을 자기가 못하므로, (임금의) 위세와 복이 몰래[潛] 남에게 옮겨간다. 이에 참소함과 사특함[79]이 뜻을 얻어 붕당의 의론이 일어난다. 무릇 나무가 썩으면 좀벌레[蠹]가 생기고, 식초가 쉬

---

78) 且~且 차~차 : ~이면서 또 ~인

79) 讒慝 참특 : 참(讒) 참소하다, 중사하다, 거짓말하다. 특(慝) 사특하다, 간사하다

면[80] 파리가 모인다.[81]

때문에 조정에 붕당이 있으면, 임금은 마땅히 자신을 탓해야지, 군신을 탓해서는 안 된다. 문종(文宗)이 진실로 군신의 붕당을 근심한다면, 그 자의 비방이나 칭찬이 거짓인지 진실인지, 관직에 나가게 하거나 퇴출시킨 자가 현명한 자인지 못난 자인지, 그 마음이 공적인지 사사로운지, 그 사람이 군자인지 소인인지를 어찌 살피지 않는가?

참으로 진실하고 현명하고 공적이고 군자라면, 다만 그 말을 쓸 뿐만 아니라[82], 마땅히 관직에 나오게 해야 한다. 무고하고 불초하고 사적이고 소인이라면, 다만 그 말을 버릴 뿐만이 아니라 또한 마땅히 그를 벌주어야 한다. 이와 같이 하면 비록 그들에게 붕당을 만들라고 해도 누가 감히 하겠는가?

이것을 놔둬버리고 하지 않으면서, 군신들을 원망하고 다스리기 어렵다고 하다니! 이것은 씨를 뿌리[種]지도 않고, 김을 매[芸]지도 않으면서, 밭에 잡초가 우거진[蕪] 것을 원망하는 것과 같다. 조정의 붕당을 제거할 수 없을 것이니[83], 하물며 하북(河北)의 적은 어떻겠는가?"

---

80) 醯酸 혜산 : 혜(醯) 식초. 산(酸) 식초, 시다

81) 蜹集 매집 : 파리가 모이다

82) 匪徒 비도 : 다만 ~뿐만이 아니라

83) 且 차 : =장(將) <미래시제> ~일 것이다

을묘(乙卯) 9년(835년)

처음에 송신석(宋申錫)이 처벌되니 환관이 더욱 전횡했다. 황제가 밖으로는 비록 포용했으나 안으로는 견딜 수 없었다. 이훈(李訓) 정주(鄭注)들이 총애를 받았는데, (이들은) 황제의 뜻을 미루어 헤아려서[揣] 알았다. 이훈이 강론하는 기회를 이용해 자주 은밀한 말[微言]로 황제를 충동질했다.

황제는 그의 재능과 언변을 보고, 함께 대사(大事)를 도모할 수 있겠다고 마음먹었다. 또 이훈과 정주는 모두 왕수징(王守澄)이 천거했기 때문에, 환관들이 그들을 의심하지 않을 것을 기대했다[冀]. 드디어 비밀리에 그들에게 진심을 말했다. 이훈과 정주는 드디어 환관 주살을 자신들의 임무로 여겼다. 두 사람이 아침저녁으로 서로 끼고[挾] 계책을 논의했다.

(이들이) 황제에게 말하면 들어주지 않은 일이 없었다. 명성과 위세가 크게 빛났다.[84] 이리하여 평소의 실같은 작은 은혜나 터럭같은 작은 원한도 모두 갚았다. 조정의 사대부 중 미워하는 자는 모두 두 이(李)[85]의 무리로 지목해 좌천시키거나 쫓아냈는데, (그런 일이) 없는 날이 없었다. 벼슬자리[86]가 거의 비었다.

정주를 봉상절도사(鳳翔節度使)로 삼았다. 이훈은 비록 정주 때문에 관계에 진출할 수 있었지만, 권세와 지위가 함

---

84) 烜赫 훤혁 : 크게 빛나다

85) 二李 이이 : 이봉길(李逢吉), 이종민(李宗閔)

86) 班列 반열 : 신분, 계급의 차례, 줄

께 높아지자 정주를 시기했다[忌]. 안팎의 세력과 힘을 모아 환관을 죽이자고 모의했고, 그 때문에 정주를 봉상으로 내보냈지만, 사실은 환관이 주살되기를 기다려 아울러 정주도 도모하려고 한 것이었다.

○ 어사중승(御史中丞) 서원여(舒元輿)를 형부시랑으로 삼았다.

이훈이 예부시랑겸동평장사가 되었다. 이훈은 유배[流人]에서 1년 만에 재상의 지위에 올랐다. 천자가 마음을 의지하고 그에게 맡겼다.

○ 이훈과 정주가 비밀리에 황제에게 왕수징을 제거하라고 청했다. 겨울 10월, 중사 이호고(李好古)를 그의 집에 보내 짐독(鴆毒) 탄 술을 내려 그를 죽였다. 이훈과 정주는 본래 왕수징을 통해 관직에 나왔는데, 결국 모의해서 그를 죽였다. 사람들은 모두 왕수징이 주살된 것을 통쾌해 했지만, 이훈과 정주의 음험함과 교활함은 미워했다. 그렇지만 원화(元和) 연간의 역당(逆黨)은 대략 없어졌다.

○ 11월 무진(戊辰)에 왕수징을 산수(滻水)에 장사지냈다. 정주가 주청하기를, 내시(內侍) 중위 이하는 모두 산수에 모이게 해 장사지내는 것을 배웅 하도록[87] 하고, 정주는 그 틈을 이용해 문을 닫고[闔門], 친위병[親兵]에게 그들을 남김없이 도끼로 쳐죽이겠다고 했다.

---

87) 送葬 송장 : 장사지내는 것을 배웅함

이훈이 그의 패거리와 모의하기를, "만약 이 일이 성공하면 정주가 공(功)을 독차지 할 것이니, 먼저 환관을 주살하고, 조금 후에[88] 정주도 함께 제거하는 것이 낫겠다"고 약속했다.

임술일에 황제가 자신전(紫宸殿)에 행차했다. 백관이 제자리에 나란히 자리 잡았다[班列]. 한약(韓約)이 좌금오청사(左金吾廳事) 뒤의 석류나무에 감로(甘露)[89]가 내렸다고 칭송했다. 먼저 재상과 두 성(省)의 관리들에게 좌장(左仗)에 가서 그것을 보고 오라고 명령했다. 꽤 오래 있다가 돌아와서, 이훈이 아뢰기를, "신이 여러 사람들과 그것을 시험해 봤는데, 거의[殆] 진짜 감로가 아닌 것같습니다"라고 보고했다.

상이 좌우를 돌아보다가, 중위 구사량(仇士良)과 어지홍(魚志弘)에게 여러 환관들을 거느리고 가서 그것을 보게 했다. 구사량 등이 좌장(左仗)에 가서 감로를 보고 있는데, 바람이 불어 장막이 걷히었다. (좌장 안에) 많은 자가 병기를 잡고 있었다. 또 병장기[兵仗]의 소리도 들렸다.

구사량 등이 두렵고 놀라 상에게 달려가 반역을 알렸다. 이훈이 그것을 보고 급하게 금오위사(金吾衛士)를 불러 궁전으로 올라갔다. 환관들이 "일이 급합니다. 청컨대 폐하께서는 환궁하소서"라고 하고는, 곧 황제를 부축해서 수레에

88) 已而 이이 : 조금 후에

89) 甘露 감로 : 단 이슬, 옛날에 천하(天下)가 태평(太平)하면 하늘이 상서(祥瑞)로 내리는 것이라 했음

태워 후전(後殿) 그물담[罘罳]을 뜯어내고[決], 재빨리 북쪽으로 빠져나갔다.

금오병(金吾兵)은 이미 궁전에 올라갔다. 아울러 경조(京兆)의 나졸(邏卒)과 어사대(御史臺) 종인(從人)들까지 모두 궁전에 올라갔다. 환관들을 마구 공격하니, 피를 흘리면서 원통함을 부르짖었다. 사상자가 10여 인이었다. 이훈이 일이 성공하지 못한 것을 알고 달아났다.

구사량 등이 금병(禁兵)에게 편전 앞의 작은 문[閤門]으로 나가 적을 토벌하고, 왕애(王涯) 등을 죽이라고 명령했다. 두 성 및 금오의 하급관리 1천여 명이 문을 메우고 나가려고 다투다 죽은 자가 6백여 명이었다.

구사량 등은 병사를 나누어 궁궐 문을 닫고 여러 부서를 수색해 적(賊)의 무리를 토벌했다. 여러 부서의 하급관리 및 백성 중에 궁중에 있던 술 팔고, 물건 팔던 자가 모두 죽으니, 그들이 또 1천여 명이었다. 왕애(王涯) 가속(賈餗) 서원여(舒元輿) 모두를 잡아 가두고 그들을 목 베었다.

○ 구사량 등이 봉상감군(鳳翔監軍) 장중청(張仲淸)에게 사람을 보내 밀칙(密勅)을 지니고 가서[齎] 정주(鄭注)를 목 베고, 그 집안을 멸족시키라고 했다. 이로부터 천하의 일을 모두 북사(北司)[90]에서 결정했다. 재상은 문서에 서명만 할 뿐이었다.

환관의 기세가 더욱 커졌다. 천자를 협박하고, 재상을 내

---

90) 北司 북사 : 환관이 거처하는 곳. 남사(南司)는 재상의 거처

려다보았다. 조정의 신하들을 능멸하고 업신여기기를 풀과 티끌처럼[91] 여겼다. 매번 연영전(延英殿)에서 국사를 논의할 때마다 구사량 등은 이훈과 정주의 일을 끌어내어 재상을 굴복시켰다[折]. 정담(鄭覃) 이석(李石)이 “이훈과 정주는 참으로 반란의 수괴입니다. 다만 이훈과 정주가 처음에 어떤 사람을 통해서 조정에 나올 수 있었는지는 모르겠습니다”라고 말하자, 환관들이 조금 굽혔다. 높은 벼슬아치들[92]이 그 덕을 봤다.

병진(丙辰) 개성(開成) 원년(836년)

상이 감로지변(甘露之變)으로부터 실망해[93] 마음이 좋지 않았다. 양 군(軍) 격구(擊毬) 모임(참석)도 10에서 6~7로 줄었다. 잔치를 열고 음악하는 광대가 뒤섞여서[94] 뜰을 가득 채워도, 안색을 풀지 않았다. 한가하게 있을 때는 배회하거나 멀리 바라보거나[眺望], 혼잣말로 탄식했다. 이 때 상이 연영전에서 재상에게 “짐이 경들과 천하의 일을 논할 때마다 근심을 면할 수 없다”고 말했다. (신하들이) “(요 순의) 정치란 빨리 이룰 수는 없습니다”고 대답했다.

황제는 “짐은 매번 책을 읽을 때마다 평범한 군주인 것

---

91) 草芥 초개 : 풀과 티끌, 먼지

92) 搢紳 진신 : 홀(笏)을 의관(衣冠)의 속대(束帶)에 꽂는 사람, 높은 벼슬아치

93) 忽忽 홀홀 :사물을 돌아보지 아니하는 모양, 실신(失神) 혹은 실의한 모양, 작은 모양, 갑자기, 홀연(忽然)

94) 雜遝 잡답 : 섞이다

이 부끄럽다"고 말하자, 이석이 "지금 내외의 신하들 중 소인이 여전히 많아 미혹시키고 막습니다. 원컨대 폐하께서는 더욱 더 관대하게 그들을 다스리소서"라고 대답했다.

황제가 다시 재상에게 "내가 경들과 천하의 일을 논의하지만, 형세는 실행할 수 없는 것이 있다. 물러나서 다만 순주(醇酒)를 마시고 취하고자 할 뿐이다"고 말했다. 재상은 "이는 모두 신들의 죄입니다"라고 대답했다.

정사(丁巳) 2년(837년)

여름 4월에 황제가 편전(便殿)에서 류공권(柳公權) 등을 알현했다. 황제가 옷의 소매를 들고 그것을 가리키며 "이 옷은 이미 3번 빨았다"고 말했다. 신하들이 모두 황제의 검소한 덕을 아름답다고 했는데, 류공권이 홀로 말이 없었다.

황제가 그 까닭을 물으니 "폐하는 귀하여 천자이시고, 부유함은 천하[四海]를 가졌습니다. 마땅히 현명한 자를 조정에 나오게 하고, 못난 자를 퇴출시키고, 간쟁을 받아들이시고, 상과 벌을 분명히 하셔서, 요 순시대의 정치[95]를 이룰 수 있어야 합니다. 때 묻은 옷을 빨아 입는 것은 사소한 일일[末節]일 뿐입니다"라고 대답했다.

무오(戊午) 3년(838년)

봄, 배도(裵度)가 죽었다. 황제가 배도가 표문을 남기기 않은 것을 괴이하게 여겼다. 그의 집에 물어서 반쯤 된 초

95) 擁熙 옹희 : 옹(擁) 화락할. 희(熙) 넓을, 요 순 시대의 정치

고[藁]를 얻었는데, 태자를 정하지 않은 것을 근심했고, 사적인 일에 대한 언급은 없었다. 배도의 용모는 보통사람을 넘지 않았는데, 위엄과 명망은 멀리 사이(四夷)에게 알려졌다. 사방 오랑캐들이 당나라 사신을 만나면, 번번이 배도가 얼마나 늙었는지[老少], 아직도 쓰이는지[用捨]를 물었다. 그 몸에 국가의 안위[輕重]가 달려있는 지가 곽자의(郭子儀)의 경우처럼 20여 년이었다.

○ 11월 황제가 병이 있었는데, 조금 차도가 있자, 정전에 앉아서 생각하다가 당직 학사 주지(周墀)를 불러 그에게 술을 내리면서, "짐을 전대(前代)의 어느 왕과 견줄 수 있는가?"라고 물었다. "폐하는 요 순(堯 舜)같은 임금입니다"고 대답했다. 황제가 "짐이 어찌 감히 요 순에 비교되겠는가? 주(周)의 난왕(赧王)이나 후한(後漢)의 헌제(獻帝)에 비교해 어떠한지를 경에게 물었을뿐이다"라고 말했다.

주지가 놀라서 "저들은 망한 나라의 임금입니다, 어찌 높으신 덕과 비교하겠습니까?"라고 말하자, 황제가 "난왕과 헌제는 강한 제후에게 제어를 받았지만, 지금 짐은 가노(家奴)에게 제어를 받으니 이것을 말한 것이다. 짐이 거의 그들만 못하다"라고 말했다. 그리고 눈물을 흘려 옷깃[襟]을 적셨다. 주지가 바닥에 엎드려 울었다. 이로부터 다시 조회를 보지 않았다.

경신(庚申) 5년(840년)

봄 정월, 황제가 붕어했다. 중위 구사량(仇士良) 등이 영왕(潁王)을 세워 황태제(皇太弟)로 삼았다. 이가 무종(武宗)이다.

9월에 이덕유(李德裕)를 문하시랑 동평장사로 삼았다. 이덕유가 들어와서 사례하면서 황제에게 말했다.

"잘 다스릴 수 있는 요점은 많은 신하들의 사악함과 올바름을 판단하는데 달려있습니다. 사악함과 올바름 이 두 가지는 형세상 서로 용납되지 않습니다. 올바른 사람은 사악한 사람을 가리켜 사악하다고 하고, 사악한 사람도 올바른 사람을 가리켜 사악하다고 합니다. 군주가 그것을 판단하기가 심히 어렵습니다.

신이 생각건데, 바른 사람은 소나무 잣나무 같이 혼자[96] 우뚝 서고, 남에게 의지하지 않습니다. 사악한 사람은 담쟁이 넝쿨[97]같이 다른 사물에 의지하지 않으면 스스로 일어설 수 없습니다. 때문에 바른 사람은 한마음으로 군주를 섬기고, 사악한 사람은 다투어서 패거리[朋黨]를 만듭니다. 선제(先帝)께서 붕당의 화근을 깊이 알았으나, 쓰는 자는 모두 붕당을 이룬 사람들이었습니다. 마음이 참으로 확고하지 않았기 때문에 간사한 무리가 틈을 타서 들어왔습니다.

무릇 재상은 한 사람 한 사람마다 각각 충성스럽고 선량할 수 없습니다. 어떤 사람에게 기만당해 임금의 마음이 의심하기 시작합니다. 그래서 옆의 소인배들에게 물으시고, 정치를 살피게 됩니다. 덕종(德宗) 말년처럼, 말을 들어주고

---

96) 特立 특립 : 특별히 우뚝 섬

97) 藤蘿 등라 : 등나무 넝쿨

일을 맡긴 자들은 오직 배연령(裴延齡)의 무리들이었고, 재상은 칙서에 서명만 할 뿐이었습니다. 이것이 정사가 날로 어지러워진 까닭입니다.

폐하께서는 참으로 어질고 재능 있는 사람[賢才]을 신중히 가려 재상을 삼고, 간사하게 속이는 자가 있으면 즉시 그를 내쫓으십시오. 항상 정치는 모두 중서성에서 하도록 하십시오. 마음으로 밀어주고 임무를 맡기고, 확고하게 마음이 바뀌지 않는다면, 어찌 천하가 다스려지지 않을 것을 걱정하겠습니까?"

또 말했다.

"선제께서는 대신들의 뒷조사하기[98]를 좋아하셨습니다. 작은 허물은 모두 입을 다물고 용인해주고 말하지 않으셨습니다만, 날이 거듭되고 달로 쌓이자 화근이 되어 실패하게 되었습니다. 이 일은 큰 잘못이었습니다. 원컨대 폐하께서는 이것을 교훈으로 삼으시고, 신들에게 죄가 있으면, 폐하께서는 마땅히 면전에서 꾸짖으셔야 합니다.

일이 만약 사실이 아니라면, 해명할 수 있게 해주십시오. 만약 그것이 사실이라면, 변명의 논리가 스스로 궁할 터이니, 작은 잘못이라면 용서해주셔서 뉘우치고 고치게 해주시고, 큰 죄면 그를 죽이거나 견책을 하십시오. 이와 같으면 군신의 사이에 의심이나 틈이 없을 것입니다"

황제가 그 간언을 좋게 받아들였다.

---

98) 形迹 형적 : =흔적(痕迹). 뒤에 남은 흔적

무종(武宗) 재위 6년, 수(壽) 33

계해(癸亥) 회창(會昌) 3년(843년)

봄 3월, 이덕유가 거슬러 올라가 유주(維州) 실달모(悉怛謀)의 지난 일을 언급했다.[99]

"유주는 높은 산 맨 꼭대기에 위치하고, 3면이 강에 접해 있습니다. 오랑캐에게 있어서는 평천(平川)으로 진입하는 요충지에 있고, 한(漢)의 땅으로 병사를 들여보내는 길입니다. 토번(吐蕃)에게 함락당하자, (토번은 그 성을) '근심을 없게 하는 성[無憂城]'이라 부르고, 이로부터 서쪽 변방에다 힘을 모았습니다.

남쪽 길에 대해 더 걱정하지 않게 되자, 그 형세를 믿고 근교[近甸]까지 침범해왔습니다.[100] 조정에서는 여러 대에 걸쳐 천자께서 일이 바빠서 날이 저문 뒤에야 식사[101]를 했습니다.

신이 처음 서촉(西蜀)에 가자, 밖으로는 국위를 드높이고, 그런 가운데 계속[緝] 국경에 대한 대비를 했습니다. 그곳 유주에서는 저의 신의와 명령을 익히 알고, 성벽을 비우고 귀의해 왔습니다. 신이 처음에 그들의 항복을 받아주자, 남만(南蠻)이 두려워 벌벌 떨었고, 산서(山西)의 8국은 모두

---

99) 追論 추론 : 지난 일을 추구해 논의함

100) 憑陵 빙릉 : 세력을 믿고 침범함

101) 旰食 간식 : 천자 또는 제후가 정무에 바빠 늦게 식사함

안으로 귀속되기[內屬]를 원했습니다.

당시 신과 친하지 않는 자들이 멀리서 보고, 신을 질투했습니다. 조서를 내려 신에게 실달모(悉達謀) 등을 잡아 돌려보내라고 했습니다. 토번에게 스스로 죽이게 해 충성과 정의의 길을 끊고, 흉악한 자들의 마음을 통쾌하게 해주었습니다. 예부터 이런 일은 없었습니다. 바라건대 거슬러 올라가서[追] 충혼(忠魂)을 장려하소서"

조서를 내려 실달모 등을 포상해 벼슬을 내려[102] 우위장군(右衛將軍)으로 삼았다.

온공(溫公)이 말했다.

"유주를 얻는 것과 버리는 것에 대해 담론하는 자들은 생각이 많아[疑], 우승유(牛僧孺)가 옳은지 이덕유(李德裕)가 옳은지를 결정할 수 없었다. 신이 생각컨대, 옛날에 순오(荀吳)가 고(鼓)를 포위했을 때의 (일을 참고하면, 당시) 고(鼓)땅의 어떤 자가 성을 들어 항복하겠다고 청했다. 순오는 허락하지 않고 '어떤 자가 내 성을 가지고 배반한다면, 내가 심히 미워할 것이다. 남이 성을 가지고 오면 내가 다만[特] 어떻게 좋아하겠는가. 나는 성을 탐 내 간사한 자를 가까이[邇]할 수 없다'고 말했다. 고(鼓) 땅 사람들로 하여금 모반한 자를 죽이게 하고, 성벽을 손봐서 고치고[繕] 수비하게 했다.

---

102) 褒贈 포증 : 포상해 사후에 조정에서 벼슬을 내림

이 때 당(唐)은 토번과 새로 수호(修好)를 맺었다. 유주를 받아들인다면, 이로움으로 그것을 말하면, (받아들이는) 이로움은 적지만, 크게 신의를 잃는다. 해로움으로 그것을 말하면 유주를 (받아들이는) 해로움은 느슨하게 오지만, 관중은 급해진다.

그런즉 당(唐)을 위해 계책을 세운다면 마땅히 무엇이 먼저인가? 실달모는 당(唐)의 입장에서는 귀화지만, 토번에서는 반역한 신하를 면치 못하니, 죽임을 당하는 것이 또 어찌 불쌍하겠는가?

또 이덕유가 말한 바는 이로움이고, 우승유가 말한 바는 의리이다. 필부라도 이로움을 따르고 의리를 잊는 것을 오히려 수치스럽게 여긴다. 하물며 천자는 어떻겠는가?

비유하면 이웃 사람이 소를 잃어버렸는데[逸], 그 소가 남의 집에 들어갔다. 어떤 자는 그 형에게 돌려보내라고 권했고, 어떤 자는 그 동생에게 가로채라고 권했다. 돌려보내라고 권한 자는 '소를 가로채는 것은 불의한 일이고, 또 소송당하게 된다'고 했다. 가로채라고 권한 자가 말하기를, '저 사람도 일찍이 나의 양을 가로챘다. 어찌 정직함에 구애받을[拘] 일이 있겠는가? 소는 큰 가축이다, 그것을 팔면[鬻] 집이 부유해질 수 있다'고 했다. 이것으로 우승유와 이덕유의 옳고 그름에 대한 시비의 단서를 살펴볼 수 있다"

소의절도사(昭義節度使) 유종간(劉從諫)이 죽었다. 그의 아들 유진(劉稹)이 초상난 것을 알리지 않고, 몰래 감군(監軍)을 협박해 "유종간이 병 중이니, 유진을 유후(留後)로 임명해주기를 청합니다"고 아뢰었다. 상이 택로(澤潞, 昭義軍)의 일을 재상들과 상의했다. 이덕유가 말했다.

"택로는 일의 본질[體]은 하삭(河朔) 삼진(三鎭)과 다릅니다. 하삭은 이미 오랫동안 난리에 익숙해서 사람의 마음을 교화시키기 어렵습니다. 이 때문에 여러 대에 걸쳐 내버려 두고 상대하지 않았습니다.

(그러나) 택로는 중앙[103]에 가까이 자리 잡고 있고, 모든 군대가 본래 충의(忠義)를 말합니다. 지난번에는 유신(儒臣)을 많이 등용해 장수로 삼았습니다. 이포진(李抱眞) 같은 경우, 이 군대를 이루고 세웠어도, 덕종(德宗)은 여전히 세습하는 것을 허락하지 않았습니다.

경종(敬宗)은 나랏일을 걱정하지[恤] 않았고, 재상 또한 원대한 계책이 없어 유오(劉悟)가 죽자, 무기력하게 구습에 따라[104] 유종간에게 제수했습니다. 유종간이 발호하자, 제어하기 어려웠으며, 여러 번 표문을 올려 조정을 협박했습니다.

지금 그가 거의[垂] 죽게 된 때에, 다시 병권을 멋대로 맡겨서 그의 자식을 세우려 합니다. 조정에서 만약 또 다시 그대로 그에게 병권을 주면, 사방 여러 진(鎭)의 누군들 그의 소행을 본받고 싶어 하지 않겠습니까? 천자의 위엄과 호령이 다시는 행해지지 않을 것입니다"

황제가 "경이 무슨 방법으로 그를 제어하겠다는 것인가?"

---

103) 腹心 복심 : 심장, 배, 가슴, 중앙부

104) 因循 인순 : 구습에 따라, 무기력하며 고식적인

고 물으니, 이덕유가 말했다.

"유진이 믿는 것은 하삭 삼진(三鎭)뿐 입니다. 진기진(鎭冀鎭)과 위박진(魏博鎭)이 그와 함께 하지 않는다면, 유진은 아무 것도 할 수 없습니다. 중신을 보내 왕원규(王元逵)와 하홍경(何弘敬)을 알아듣게 타이르십시오. '하삭은 변란이 있은 이래, 여러 성상께서 그 지위를 물려주어 세습하도록 허락했었다. 이미 고사(故事)가 되었고, 또 택로하고는 다르다. 지금 조정이 택로에 군대를 보내려고 하는데, 다시 또 금군(禁軍)을 산동에 보내고 싶지 않다. 거기 산동의 3주 중에 소의군에 속해 있는 곳을 진기진과 위박진에 맡겨 공격하게 하겠다'고 하시고, 아울러 장사들에게 두루 '적이 평정되는 날 후하게 관작과 상을 내리겠다'고 하십시오. 만일 두 진(鎭)이 명을 따르고, 옆에서 관군을 저지하거나 방해하지 않는다면, 유진은 반드시 사로잡을 수 있을 것입니다"

황제가 기뻐하면서 "내가 이덕유와 의견이 같다. 보장하건데 후회가 없을 것이다"라고 말했다. 드디어 유진을 토벌하기로 결정했다. 군신 중에 말을 했던 자가 더 말하지 않았다. 황제가 이덕유에게 조서의 초안을 쓰도록 했다. 왕원규를 택로북면초토사(澤潞北面招討使)로, 하홍경을 남면초토사(南面招討使)로 삼았다.

왕원규가 조서를 받은 날로 출병해 조주(趙州)에 주둔했다. 황제가 형부시랑 이회(李回)를 보내 하북 3진에게 베풀고 위로했다. 유주(幽州)로 하여금 가을을 틈타 일찍 회골(回鶻)을 평정하게 하고, 진기진과 위박진 두 진은 일찍 택로를 평정하게 했다.

이회가 하삭에 도착했다. 하홍경, 왕원규, 장중무(張仲武)가 모두 무장[105]을 갖추고 교외에서 길의 왼편에 서서 맞이했다. 감히 사람을 시켜 말고삐를 당기지[106] 못하게 했으며, 천자의 사자[制使]가 먼저 가도록 양보했다. 중흥 이래로 없던 일이었다. 이회가 말을 잘 하고 담력이 있어 삼진(三鎭)이 조서를 받들지 않은 일이 없었다.

○ 구사량(仇士良)이 좌위상장군 내시감(左衛上將軍 內侍監)으로 벼슬자리에서 물러났다.[107] 그의 무리들이 사저로 돌아가는 것을 배웅할 때 구사량이 권세와 총애를 견고히 얻는 방법을 가르쳐주었다.

"천자를 한가하게 해서는 안된다. 항상 사치와 화려한 것으로 그 눈과 귀를 즐겁게 해서 나날이 새롭고 다달이 풍성하게 해주어, 더는 다른 일을 할 겨를이 없게 해야 한다. 그런 뒤에 우리들이 뜻한 바를 얻을 수 있다.

황제가 독서를 하거나 유생과 친하고 가깝게 지내는 것을 삼가하고 못하게 해야 한다. 황제가 전 세대의 흥망성쇠를 보고, 마음으로 근심하고 두려움을 알게 되면, 우리를 멀리 하고 배척한다"

그의 패거리들이 절하고 사례하고 떠나갔다.

---

105) 櫜鞬 고건 : 화살과 활을 꽂아 등에 지는 물건

106) 控馬 공마 : 말의 고삐를 당김

107) 致仕 치사 : 나이가 많아 자리에서 물러감

갑자(甲子) 4년(844년)

8월에 진기진과 위박진에서 형주(邢州) 명주(洺州) 자주(磁州) 세 주가 항복했다고 보고했다. 재상이 들어와서 하례했다. 이덕유가 "소의의 근본은 모두 산동에 있는데, 세 주가 항복하면, 상당[소의군]은 하루도 안되어 변란이 일어날 것입니다"라고 말했다. 황제가 "곽의(郭誼)가 유진 일의 주모자[108]인데, 반드시 유진을 효수해 스스로 속죄하려고 할 것이다" 하니, 이덕유가 "참으로 성상의 예측과 같을 것입니다"라고 했다.

얼마 안되어 과연 곽의가 유진을 베고 유진의 종족을 잡아다가 그들을 모두 죽이고, 유진의 머리를 함에 넣어가지고 와서 항복했다. 재상들이 들어와 하례했다. 황제가 "곽의는 마땅히 어떻게 처리해야 하겠는가?"라고 하자, 이덕유가 "어리석은[騃] 젊은이일 뿐입니다. 군대를 믿고 명령을 거역한 일, 모두 곽의가 그 일의 주모자입니다. 형세가 고립되고 힘이 꺾이자, 또 유진을 팔아서 상(賞)을 요구하는 것입니다. 그러한데도 죽이지 않는다면, 어떻게 사악한 사람을 징계하겠습니까? 마땅히 여러 군대가 경내로 오면, 곽의 등을 함께[幷] 죽이십시오"라고 대답했다. 황제가 "짐의 뜻 또한 그러하다" 하고는, 곽의 등이 경사에 이르자, 모두 목을 베었다.

---

108) 謀主 모주 : 주모자

온공(溫公)이 말한다.

“회서(淮西)에서의 동중질(董重質)과 소의에서의 곽의에게는 오원제(吳元濟)와 유진(劉縝)이 광대의 손에 있는 나무로 만든 허수아비와 같을 뿐이었다. 저 두 사람은 처음에는 남에게 반란하도록 권하고, 끝내는 주인을 팔아 이익을 엿보았으니, 참으로 그들의 죄는 죽이고도 남는다. 그러나 헌종(憲宗)은 앞에서 그들을 쓰고, 무종(武宗)은 뒤에 그들을 죽였으니, 어리석은 신으로서는 모두 실책이라고 생각한다.

어째서인가? 간사한 사람에게 상을 주는 것은 의리가 아니고, 항복한 사람을 죽이는 것은 신의가 아니기 때문이다. 의리와 신의를 잃고 어떻게 나라를 다스리겠는가?

옛날에 한(漢) 광무제(光武帝) 때는 죽이는 것을 멈추고, 왕랑(王郞) 유분자(劉盆子)가 (항복하기를) 기다렸다[待]. 그들이 힘을 다하지 않으면 항복하지 않을 것을 알았기 때문이다.

번숭(樊崇) 서선(徐宣) 왕원(王元) 우감(牛邯)의 무리는 어찌 반란을 조장한 사람이 아니겠는가? 광무제는 죽이지 않고 용서했다. 이미 그들의 항복을 받았으므로, 다시 죽일 수 없기 때문이다. 만약 그들을 사면해주고 난 후, 다시 달아나서 반란을 일으킨다면, 그 때는 죽여도 참으로 할 말이 없을 것이다. 곽의 등의 경우, 죽는 것을 면해주고 먼 지방으로 유배보내서, 수명이 다할 때[109]까지 돌아오지 못하게

---

109) 沒齒 몰치 : 수명이 다할 때까지, 한 평생

하는 것이 옳았다. 그를 죽인 것은 잘못이다"

을축(乙丑) 5년(845년)

이덕유가 정권를 잡은지 오래 되자, 애증에 따라 (일을 처리 하니) 사람들이 많이 그를 원망했다.

병인(丙寅) 6년(846년)

봄에 황제의 병이 오랫동안 낫지 않았다. 궁정 안팎에서 근심하고 두려워했다. 처음 헌종(憲宗)이 이기(李錡)의 첩을 들여 광왕(光王) 이이(李怡)를 낳았다. 이이가 어렸을 때 궁중에서는 모두 지혜롭지 못하다고 여겼다. 태화(太和) 이후로 스스로 더욱 재능을 숨겼다.110)

황제의 병이 위독해지자, 여러 환관들이 몰래 궁중에서 계책을 정해 이이를 황태숙으로 세우고 이름을 이침(李忱)으로 고쳤다. 태숙으로 백관을 만날 때, 얼굴 가득히 죽음을 슬퍼했다. 옳고 그름을 판단해 일을 하고, 모두 이치에 합당했다. 사람들이 비로소 숨은 덕이 있는 것을 알았다.

○ 3월, 황제가 붕어하고 선종(宣宗)이 즉위했다. 선종은 본래 이덕유가 전횡하는 것을 싫어했는데, 즉위한 날 이덕유가 책문을 올렸다. 끝나고 나서 (황제가) 좌우에게 "마침[適] 나에게 가까이 있던 자가 태위가 아니던가? 나를 돌아볼 때마다 내 모발이 오싹해졌다"111)라고 말했다.

---

110) 韜匿 도익 : 감추다, 숨기다

○ 여름 4월 신미(辛未), 초하루에 황제가 처음 정사를 처리했다. 문화시랑 동평장사 이덕유를 동평장사 형남절도사(荊南節度使)로 임명했다. 이덕유가 정권을 잡은지 오래되어, 중요한 지위에서 공이 있었다. 모두 그를 갑자지 파직시키지는 않을 것이라 여겼는데, 그 소식을 듣고서 놀라지 않은 자가 없었다.

111) 洒浙 쇄절 : 물을 붓다, 쇄(洒) 뿌릴, 떨, 놀랄. 절(浙) 물이름

원 문

卷之四十七

唐紀

穆宗皇帝 在位四年, 壽三十

辛丑長慶元年

翰林學士李德裕 吉甫之子也。以中書舍人李宗閔 嘗對策, 譏切其父, 恨之。宗閔又與翰林學士元稹 爭進取 有隙。自是 德裕 宗閔 各分朋黨, 更相傾軋, 垂四十年。

○幽州軍士作亂, 囚節度使張弘淸, 推朱克融 爲留後。

○成德兵馬使王庭湊 殺節度使田弘正, 自稱留後。

○自定兩稅法以來, 錢日重, 物日輕, 民所輸三倍其初。詔百官, 議革其弊。戶部尙書楊於陵 以爲:「錢者 所以權百貨, 貿遷有無, 所宜流散 不應蓄聚。今宜 使天下輸稅課者, 皆用穀帛, 廣鑄錢, 而禁滯積及出塞者 則錢日滋矣。」朝廷從之, 始令兩稅 皆輸布絲纊, 獨鹽酒課用錢。

壬寅二年。

春 上之初卽位也，兩河略定。蕭俛 段文昌以為：「天下已太平，漸宜銷兵。請密詔天下軍鎮有兵處，每歲 百人之中限八人逃死。」上方荒宴，不以國事為意，遂可其奏。軍士落藉者衆，皆聚山澤為盜，及朱克融 王庭湊作亂 一呼，而亡卒皆集。詔 徵諸道兵 討之。諸道兵旣少，皆臨時召募，烏合之衆。故每戰多敗。又凡 用兵舉動 皆自禁中，授以方略。朝令夕改，不知所從，不度可否。故 雖以諸道十五萬之衆，裵度 元臣 宿望，烏重胤 李光顔 皆當時名將，討幽鎮，萬餘之衆 屯守踰年，竟無成功，財竭力盡。崔植 杜元潁 王播為相，皆庸才，無遠略。 史憲誠旣逼殺田布，朝廷不能討。遂幷朱克融 王庭湊 以節鉞授之。由是 再失河朔，訖于唐亡 不能復取。

癸卯三年

以牛僧孺為中書侍郎 同平章事。時 牛僧孺與李德裕 皆有入相之望。德裕出為浙西觀察使，八年不遷，以為李逢吉排己，引僧孺為相。由是 牛李之怨 愈深。

○五月，以尙書左丞柳公綽 為山南東道節度使。公綽過鄧縣，有二吏，一犯贓 一舞文。衆謂公綽，必殺犯贓者。公綽判曰：「贓吏犯法 法在，奸吏亂法 法亡。」竟誅舞文者。

甲辰四年

春 初 柳泌等 既誅，方士稍復因左右 以進，上餌其金石之藥。有處士 張皐者上疏 以為:「神慮澹 則血氣和，嗜慾勝則疾疹作。藥以攻疾　無疾，不可餌也。先帝信方士妄言，餌藥致疾，豈得復循其覆轍乎?」

◯上崩。敬宗卽位。

◯上視朝每晏。左拾遺劉栖楚 進言曰:「陛下嗣位之初，當宵衣求理，而嗜寢樂色，日宴方起，梓宮在殯，鼓吹日喧，令聞未彰，惡聲遐布。臣恐福祚之不長。請碎首玉階，以謝諫職之曠。」遂以額叩龍墀，見血不已。上命中使　宣慰令歸。

◯時　李逢吉用事。所親厚者張又新　李仲言　李續之　李虞劉栖楚　姜洽　及張權輿　程昔範。又有從而附麗之者。時人目之 為八關十六子。

◯秋 七月，夏綏節度使李祐 入為左金吾大將軍，進馬百五十四，上却之。侍御史溫造 於閤內 奏彈:「祐違敕 進奉。請　論如法。」詔釋之。祐謂人曰:「吾夜半　入蔡州城，取吳元濟，未嘗心動。今日 膽落於溫御史矣。」

敬宗 在位二年，壽十八

乙巳寶曆元年

正月，上遊幸無常，昵比羣小。視朝　月不再三，大臣罕得進見。三月，浙西觀察使李德裕獻 丹扆六箴。一曰 宵衣，以視朝稀晚。二曰 正服，以諷服御乖異。三曰 罷獻，以諷徵求玩好。四曰 納誨，以諷侮棄讜言。五曰 辯邪，以諷信任群小。六曰 防微，以諷輕出遊幸。上優詔 荅之。

丙午二年

春 正月 裴度自興元入朝，以度為司空 同平章事。度在中書，左右忽白失印。聞者失色，度飮酒自如。頃之，左右白復於故處得印，度不應。或問其故，度曰:「此 必吏人盜之，以印書券耳。急之 則投諸水火，緩之 則復還故處。」人服其識量。

◯上遊戲無度。狎暱羣小，善擊毬，好手搏。性復褊急，宦官小過 動遭捶撻。皆怨且懼。十二月 辛丑 上夜獵 還宮，與宦官 劉克明 及擊毬軍將蘇佐明等 二十八人飮酒。上酒酣，入室更衣，殿上燭忽滅。蘇佐明等弑上於室內，橋稱上旨，以絳王悟 權勾當軍國事。知樞密王守澄 以衛兵，迎江王涵 立之，是為文宗。

◯上 自為諸王時，深知兩朝之弊。及卽位，勵精求治，去奢從儉。詔 宮人非有職掌者 皆出之，出三千餘人。五坊鷹犬 準元和故事，量留校獵外 悉放之。敬宗之世 每月 視朝不過一二， 上復舊制，每奇日未嘗不視朝，中外翕然相賀，以為太平可冀。

文宗皇帝 在位十三年，壽三十三

戊申太和二年

自元和之末 宦官益橫。建置天子 在其掌握。威權出 人主之右，人莫敢言。三月 上親策制擧人 賢良方正。昌平劉蕡對策，極言其禍。其略曰:「陛下宜先憂者，宮闈將變，社稷將危，天下將傾，海內將亂。」又曰:「陛下
將杜簒弑之漸 則居正位，而近正人，遠刀鋸之賤，親骨鯁之直。輔相得以專其任，庶職得以守其官。柰何以褻近五六人，總天下大政? 禍稔蕭墻，姦生帷幄。臣恐曹節 侯覽復生於今日。」又曰:「忠賢 無腹心之寄，閽寺 恃廢立之權，陷先帝 不得正其終，致陛下 不得正其始。」又曰:「陛下何不 塞陰邪之路 屛褻狎之臣 制侵陵迫脅之心 復門戶掃除之役? 戒其所宜戒，憂其所宜憂!」考官馮宿等見劉蕡策，皆歎服，而畏宦官，不敢取。詔下，物論囂然稱屈。李郃曰:「劉蕡下第，我輩登科，能無厚顔!」乃上疏，以為:「蕡所對策，漢魏以来 無與為比。乞回臣所授，以旌蕡直。」不報。

庚戌四年

正月，李宗閔引薦牛僧孺同平章事。於是 二人相與排擯李德裕之黨，稍稍逐之。

辛亥五年

上與宋申錫謀誅宦官，申錫引吏部侍郎王璠 為京兆尹，以密旨諭之，璠泄其謀。鄭注 王守澄知之，誣告申錫謀立漳王，貶申錫為開州司馬，申錫竟卒於貶所。

○西川節度使李德裕奏:「吐蕃維州副使悉怛謀 請降, 已遣兵 入據其城。具奏其狀, 且陳出師之利。」事下尚書省 集百官議, 皆請如德裕策。牛僧孺曰:「比来 修好, 約罷戍兵。中國御戎, 守信為上。」上以為然。詔德裕, 以其城歸吐蕃, 執悉怛謀及所與偕来者悉歸之。吐蕃盡誅之於境上, 極其慘酷。德裕 由是, 怨僧孺益深。

壬子六年

十一月, 以段文昌 為西川節度使。西川監軍王踐言 入知樞密, 數為上言:「縛送悉怛謀 以快虜心, 絶後来降者, 非計也。」上亦悔之, 尤牛僧孺失策。附李德裕者 因言:「僧孺與德裕有隙, 害其功。」上益踈之。僧孺內不自安。會 上御延英, 謂宰相曰:「天下何時當太平, 卿等亦有意於此乎?」僧孺對曰:「太平無象。今四夷不至交侵, 百姓不至流散, 雖非至理, 亦謂小康。陛下若別求太平, 非臣等所及。」退謂同列曰:「主上責望 如此, 吾曹 豈得久居此地乎?」因累表請罷。以僧孺 同平章事 充淮南節度使。

温公曰:「君明臣忠, 上令下從。俊良在位, 佞邪黜遠。禮脩樂舉, 刑清政平, 姦宄消伏, 兵革偃戢, 諸侯順附, 四夷懷服, 時和年豐, 家給人足, 此太平之象也。于斯之時, 閽寺專權 脅君於內, 弗能遠也。藩鎮阻兵 陵慢於外, 弗能制也。士卒殺逐主帥 拒命自立, 弗能詰也。軍旅歲興, 賦斂日急, 骨肉縱横於原野, 杼軸空竭於里閭。而僧孺謂之太平, 不亦誣乎?當文宗求治之時,僧孺任居丞弼，進則偷安取容　以竊位，退則欺君誣世以盜名，罪孰大焉！

癸丑七年

以兵部尙書李德裕　同平章事。德裕入謝，上與之論朋黨事，德裕 因 得以排 其所不悅者。

○杜牧憤河朔三鎭之桀驁，而朝廷議者專事姑息。乃作書，名曰罪言。大略以為:「國家 自天寶盜起，河北百餘城 不得尺寸之用。人望之若回鶻 吐蕃，無敢窺者。齊 梁 蔡 被其風流，因亦為寇，未嘗五年間不戰，焦焦然七十餘年矣。今上策 莫如先自治，中策 莫如取魏，最下策 為浪戰，不計地勢，不審攻守，是也。」又傷府兵廢壞，作原十六衛，以為:「國家始踵隋制，開十六衛。自今觀之，設官 最言無謂者，其十六衛乎！本原事迹，其實天下之大命也。貞觀中內以十六衛，蓄養戎臣，外開折衝果毅府　五百七十四，以儲兵伍。有事 則戎臣提兵居外，無事 則放兵居內。三時耕稼，一時治武，籍藏將府，伍散田畝，力解勢破，人人自愛。雖有蚩尤為帥，亦不可使為亂耳。及其居外也，緣部之兵 被檄乃來，斧鉞在前，爵賞在後，飄暴交捽，豈暇異圖！雖有蚩尤為帥，亦無能為叛也。開元末 愚儒奏章曰:『天下文勝矣，請罷府兵。』武夫奏章曰:『天下力彊矣，請搏四夷。』於是 府兵內剷，邊兵外作。戎臣兵伍 湍奔矢往，內無一人矣。尾大中乾，成燕偏重，而天下掀然　根萌燼燃矣。由此觀之，戎臣兵伍 豈可一日 使出落鈐鍵哉。然 為國者不能無兵，居外則叛，居內則篡。使外不叛 內不篡，古今已還 法術最長，其置府立衛乎!」

甲寅八年

上欲以李仲言 為諫官，寘之翰林。李德裕曰:「不可。」上曰:「李逢吉薦之，朕不欲食言。」對曰:「逢吉身為宰相，乃薦奸邪，以誤國，亦罪人也。」上曰:「然　　則別除一官。」對曰:「亦不可。」上顧王涯，涯對曰:「可。」德裕揮手，止之。上回顧適見，色殊不懌而罷。內敕出，德裕同平章事 充山南西道節度使。德裕見上 自陳，請留京師。乃以德裕 為兵部尚書。李宗閔言:「李德裕制命 已行，不宜自便。」於是 復以德裕 為鎮海節度使。時 德裕 宗閔各有朋黨，互相擠援，上患之。每歎曰:「去河北賊 易，去朝中朋黨 難!」

溫公曰:「夫君子小人之不相容，猶氷炭之不可同器而處也。故君子得位 則斥小人，小人得勢 則排君子，此 自然之理也。然 君子進賢，退不肖，其處心也公，其指事也實。小人譽其所好，毀其所惡，其處心也私，其指事也誣。公且實者 謂之正直，私且誣者 謂之朋黨。在人主所以辯之耳。是以 明主在上，度德而敘位，量能而授官，有功者賞，有罪者刑。奸不能惑，佞不能移。夫 如是則朋黨 何自而生哉! 彼昏主則不然。明不能燭，強不能斷，邪正竝進，毀譽交至，取舍不在於己，威福潛移於人。於是 讒慝得志，而朋黨之議 興矣。夫 木腐而蠹生，醯酸而蜹集。故 朝廷有朋黨 則人主當自咎，而不當以咎羣臣也。文宗苟患羣臣之朋黨，何不察其所毁譽者 為誣 為實，所進退者 為賢 為不肖，其心 為公 為私，其人 為君子 為小人。苟實也，賢也，公也，君子也，匪徒用其言，又當進之。誣也，不肖也，私也，小人也，匪徒棄其言，又當刑之。如是 雖使之為朋黨，孰敢哉？釋是 不為，乃怨羣臣之難治，是猶不種不芸，而怨田之蕪也。朝中之黨 且不能去，况河北賊乎！

乙卯九年

初 宋申錫獲罪，宦官益橫。上外雖包容，內不能堪。李訓鄭注既得幸，揣知上意，訓因進講，數以微言動上。上見其才辯，意訓可與謀大事。且以訓 注皆因五王守澄以進，冀宦官不之疑，遂密以誠告之。訓 注 遂以誅宦官 為己任。二人相挾，朝夕計議。所言於上，無不從，聲勢烜赫。於是平生絲恩髮怨，無不報者。所惡朝士，皆指目為二李之黨，貶逐，無虛日。班列殆空。以鄭注為鳳翔節度使。李訓雖因注得進，及勢位俱盛，心頗忌注，謀欲中外協勢 以誅宦官，故出注於鳳翔，其實 俟既誅宦官，幷圖注也。

○以御史中丞舒元輿 為刑部侍郎。李訓為禮部侍郎 並同平章事。訓起流人，期年 致位宰相，天子傾意任之。

○李訓 鄭注密言於上，請除王守澄。冬 十月 遣中使李好古，就第 賜酖殺之。訓 注 本因守澄進，卒謀而殺之，人皆快守澄之受誅，而疾訓 注之陰狡。於是 元和之逆黨 略盡矣。

○十一月 戊辰，王守澄葬於滻水。鄭注奏請 令內臣中尉以下，盡集滻水送葬。注因闔門，令親兵斧之，使無遺類。訓與其黨謀曰:「如此事成 則注專有其功，不若先期 誅宦者，已而 幷注去之。」壬戌 上御紫宸殿，百官班定。韓約奏稱:「左金吾廳事後石榴，夜有甘露。」先命宰相， 及兩省官 詣左仗視之，良久而還，訓奏:「臣與衆人驗之，殆非眞甘露。」上顧左右，中尉仇士良 魚志弘帥諸宦者，徃視之。士良等至左仗，視甘露，風吹幕起，見執兵者甚衆，又聞兵仗聲。士良等驚駭，奔詣上 告變。訓見之，遽呼金吾衛士上殿。宦者曰:「事急矣。請陛下還宮。」卽迎上 扶升輿，決後殿罘罳，疾趨北出。金吾兵已登殿，幷京兆邏卒御史臺從人，皆登殿，縱擊宦官。流血 呼寃，死傷者十餘人。訓知事不濟，脫走。士良等命禁兵 出閤門 討賊，殺王涯等。兩省 及金吾吏卒千餘人 塡門爭出，死者六百餘人。士良等分兵，閉宮門，索諸司 討賊黨。諸司吏卒 及民酤販在中者 皆死，又千餘人。王涯 賈餗 舒元輿 皆收繫斬之。

○仇士良等使人齎密敕，授鳳翔監軍張仲淸，使斬鄭注，滅其家。自是 天下事 皆決於北司，宰相行文書而已。宦官氣益盛，迫脅天子，下視宰相，陵暴朝士如草芥。每延英議事，士良等 動引訓 注，折宰相。鄭覃 李石曰:「訓 注 誠爲亂首，但不知訓 注 始因何人 得進!」宦者稍屈，搢紳賴之。

丙辰開成元年

上自甘露之變，意忽忽不樂。兩軍毬鞠之會，什減六七，雖宴享音伎雜遝盈庭，未嘗觧顏。閑居 或徘徊眺望，或獨語歎息。至是 上於延英，謂宰相曰:「朕每與卿等論天下事則不免愁。」對曰:「為理者，不可以速成。」上曰:「朕每讀書，恥為凡主。」李石曰:「方今內外之臣，其間小人尙多 疑阻，顧陛下 更以寬御之。」上復謂宰相曰:「我與卿等論天下事，有勢未得行者，退 但飮醇酒 求醉耳。」對曰:「此 皆臣等之罪也。」

丁巳二年

夏 四月，上對柳公權等於便殿。上擧衫袖，示之曰:「此衣已三澣矣。」衆皆美上之儉德，公權獨無言。上問其故，對曰:「陛下貴為天子，富有四海，當進賢，退不肖，納諫諍，明賞罰，乃可以致雍熙。服澣濯之衣，乃末節耳。」

戊午三年

春 三月，裴度薨。上恠度無遺表，問其家，得半藁，以儲嗣未定為憂，言不及私。度身貌不踰中人，而威望遠達四夷，四夷見唐使，輒問度老少用捨。以身繫國家輕重，如郭子儀者，二十餘年。

○十一月，上有疾，少間，坐思政殿，召當直學士周墀，賜之酒，因問曰:「朕可方前代何主?」對曰:「陛下堯舜之主也。」上曰:「朕豈敢比堯舜? 所以問卿者，何如周赧 漢獻耳。」墀驚曰:「彼亡國之主，豈可比聖德?」上曰:「赧獻受制於彊諸侯，今朕受制於家奴，以此言之，朕殆不如。」因泣下霑襟。墀伏地流涕。自是 不復視朝。

己未四年

春 正月，上崩。中尉仇士良等 立潁王為皇太弟，是為武宗。

○九月 以李德裕 為門下侍郎 同平章事。德裕入謝，言於上曰:「致理之要，在於辯羣臣之邪 正。夫 邪 正二者，勢不相容。正人指邪人為邪，邪人亦指正人為邪。人主辯之甚難。臣以為，正人如松栢，特立不倚。邪人如藤蘿，非附他物，不能自起。故正人一心事君，而邪人競為朋黨。先帝深知朋黨之患，然所用 卒皆朋黨之人。良由執心不定 故姦邪得乘間而入也。夫宰相不能人人忠良，或為欺罔，主心始疑。於是旁詢小臣，以察執政。如德宗末年 所聽任者 惟裵延齡輩，宰相署敕而已。此政事所以日亂也。陛下誠能慎擇賢才 以為宰相，有姦罔者 立黜去之。常令政事 皆出中書，推心委任。堅定不移 則天下何憂不理哉!」又曰:「先帝於大臣 好為形迹，小過皆含容不言，日累月積，以至禍敗，玆事大誤。願陛下以為戒，臣等有罪，陛下當面詰之，事苟無實，得以辯明，若其有實，辭理自窮。小過則容其悛改，大罪則加之誅譴。如此君臣之際，無疑間矣。」上嘉納之。

武宗 在位六年，壽三十三

癸亥會昌三年

春　三月，李德裕追論　維州悉怛謀事云：「維州據高山絶頂。三面臨江，在戎虜平川之衝，是漢地入兵之路。自為吐蕃所陷，號曰，無憂城。從此得併力於西邊，更無虞於南路，憑陵近甸，旰食累朝。臣初到西蜀，外揚國威，中緝邊備，其維州熟臣信令，空壁来歸。臣始受其降，南蠻震慴，山西八國皆願內屬。當時　不與臣者　望風疾臣，詔　臣執送悉怛謀等，令彼自戮，絶忠欵之路，快兇虐之情。從古以来，未有此事。乞追奬忠魂，各加褒贈。詔　贈悉怛謀　右衛將軍。」

温公曰：「論者多疑維州之取舍，不能決牛　李之是非。臣以為昔荀吴圍鼓，鼓人或請以城叛，吴弗許曰，『或以吾城叛，吾所甚惡也，人以城来，吾獨何好焉！吾不可以欲城　而邇奸。』使鼓人　殺叛者，而繕守備。是時唐新與吐蕃修好。而納其維州，以利言之　則維州小　而信大。以害言之　則維州緩　而關中急。然則為唐計者，宜何先乎？　悉怛謀在唐則為向化，在吐蕃　不免為叛臣，其受誅也，又何矜焉！且德裕所言者　利也。僧孺所言者　義也。匹夫徇利而忘義，猶耻之，况天子乎！譬如鄰人有牛，逸而入於人家。或勸其兄歸之，或勸其弟攘之。勸歸者曰：「攘之不義也，且致訟。」勸攘者曰：「彼嘗攘吾羊矣，何義之拘?　牛大畜也，鬻之可以富家。」以是觀之，牛李之是非端可見矣。

○仇士良 以左衛上將軍 內侍監，致仕。其黨送歸私第。士良教以固權寵之術，曰:「天子不可令閑，常宜以奢靡，娛其耳目　使日新月盛，無暇更及他事。然後，吾輩可以得志。愼勿使之讀書 親近儒生。彼見前代興亡，心知憂懼 則吾輩踈斥矣。」其黨拜謝而去。

甲子四年

八月，鎭 魏奏邢 洺 磁三州降。宰相入賀。李德裕曰:「昭義根本盡在山東。三州降　則上黨　不日有變矣。」上曰:「郭誼　稹謀主也，必梟劉稹　以自贖。」德裕曰:「誠如聖料。」未幾，誼果斬稹，收稹宗族　盡殺之，函稹首降。宰相入賀。上曰:「郭誼　宜如何處之?」德裕對曰:「劉稹　騃孺子耳。阻兵拒命，皆誼為之謀主。及勢孤力屈，又賣稹以求賞。此而不誅，何以懲惡。宜及諸軍在境，幷誼等　誅之。」上曰:「朕意亦以為然。」郭誼等至京師，皆斬之。

温公曰:「董重質之在淮西，郭誼之在昭義，吳元濟　劉稹如木偶人在伎兒之手耳。彼二人者 始則勸人為亂，終則賣主 規利。其死固有餘罪。然憲宗用之於前，武宗誅之於後。臣愚以為，皆失之。何則? 賞奸 非義也，殺降非信也。失義與信，何以為國! 昔 漢光武待王郎 劉盆子，止於不死。知其非力竭則不降故也。樊崇 徐宣 王

元 牛邯之徒 豈非助亂之人乎! 而光武弗殺。蓋以既受其降 則不可復誅故也。若既赦 而復逃亡叛亂 則其死固無辭矣。如誼等免死，流之遠方，沒齒不還 可矣。殺之非也。

乙丑五年
李德裕秉政日久，頗徇愛憎，人多怨之。

丙寅六年
春， 上疾久未平，中外憂懼。初 憲宗納李錡妾，生光王怡。怡幼時 宮中皆以為不慧。太和以後 益自韜匿。及上疾篤，諸宦官密於禁中定策，立怡為皇太叔，更名忱。太叔見百官，哀戚滿容。裁決庶務 咸當於理。人始知有隱德焉。

〇三月，帝崩。宣宗卽位。宣宗素惡德裕之專。卽位之日，德裕奉冊，既罷，謂左右曰:「適近我者，非太尉耶? 每顧我，使我毛髮灑淅。」

〇夏 四月 辛未 朔，上始聽政。以門下侍郎 同平章事李德裕 同平章事充荊南節度使。德裕秉權日久，位重有功，衆不謂其遽罷。聞之，莫不驚駭。

통감절요 48권

당기(唐紀) 선종(宣宗)

재위 13년, 수(壽) 50

정묘(丁卯) 대중(大中) 원년(847년)

처음에 이덕유(李德裕)가 정권을 잡자, 백민중(白敏中)을 데려다 한림학사로 삼았다. 무종(武宗)이 붕어하자, 이덕유가 권세를 잃었는데, 백민중이 상 하(上 下)에서 원망하는 것을 틈타 힘을 기울여 그를 배척했다. 백민중이 정권을 잡자, 이덕유에게 경시당한 자들을 순서를 무시하고 모두 등용했다. 이덕유는 곧 조주사마(潮州司馬)로 좌천되었다.

무진(戊辰) 2년(848년)

2월에 지제고(知制誥) 영호도(令狐綯)를 한림학사로 삼았다. 황제가 일찍이 태종이 찬술한 『금경록(金鏡錄)』을 영호도에게 주고, 그에게 그것을 읽으라고 했다. '난리까지 나게 될 때에는, 일찍이 못난 자[不肖]에게 맡기지 않은 적이 없었다. 잘 다스려질 때에는 일찍이 충성스럽고 현명한 자에게 맡기지 않은 적이 없었다'고 읽자, 황제가 멈추게 하고 "무릇 태평을 이루려고 한다면, 마땅히 이 말을 으뜸으로 해야 한다"고 말했다. 또한 『정관정요(貞觀政要)』를 병풍에 쓰고, 매번 공경의 표시로 두 손을 마주잡으며[拱手], 정색하고 그것을 읽었다.

가을 9월, 이덕유를 다시 좌천시켜 애주사호(崖州司戶)로 삼았는데, 죽었다.

기사(己巳) 3년(849년)

윤(閏) 10월에 재상이 하황(河湟)을 함락시키고 수복(收復)했다. 존호를 올리기를 청하니, 황제가 "헌종(憲宗)은 항상 하황(河湟)을 수복할 뜻이 있었으나, 당시 중원에서 전쟁을 했기 때문에 이루지 못하고 붕어하셨다. 지금은 곧 선제의 뜻을 이루어낸 것일 뿐이다"라고 말했다.

갑술(甲戌) 8년(854년)

가을 9월에 황제가 원북(苑北)에서 사냥을 하다 나무꾼을 만났다. 그 현(縣)에 대해 물으니, "경양(涇陽) 사람입니다"라고 대답했다.

"현령이 누구인가?"

"이행언(李行言)입니다"

"다스리는 것이 어떠한가?"

"성품이 고집스럽습니다. 강도 몇 사람이 군인의 집에 숨은 적이 있었는데, 그를 수색해서, 끝내 편들어주지[與] 않고, 모두 그들을 죽였습니다"

황제가 돌아와서 그 이름을 쪽지[帖][1]에 써서 침전의 기둥에 붙였다.

겨울 10월에 이행언이 해주자사(海州刺史)에 제수되었다. 조정에 들어와 사례했다. 황제가 그에게 금인(金印)과 자색 관복[2]을 하사하면서, "경은 자색 옷을 입게 된 이유를 아는가?"라고 물었다. "알지 못합니다" 하니, 황제가 침전 기둥의 첩[帖]을 가져다가 그에게 보여주라고 명령했다.

◯ 황제가 한림학사 위오(韋澳)를 불러 시를 논한다는 핑계로 좌우를 물리고 그에게 "최근에 외간에서 내시의 권세를 어떻다고 말하는가?"고 물었다. 그는 "폐하께서 위엄으로 근절시키시니[斷], 전(前) 왕조와 비교할 정도는 아닙니다"라고 대답했다. 황제가 눈을 감고 손을 흔들며 말하기를 "전혀 아니다, 전혀 아니다. 아직도 두려움이 있다"고 했다.

황제가 또 일찍이 영호도와 모의해 환관들을 다 죽이려고 했다. 영호도는 지나쳐서[濫] 무고한 자들에게까지 (피해를) 끼칠까 걱정해서 비밀리에 "다만 죄가 있는 자는 내버려두지[捨] 말고, 결원이 생겨도 메우지 마십시오. 자연스

---

1) 帖 첩 : 기둥이나 벽에 써 붙이는 글귀, 휘장, 장부

2) 金紫 금자 : 금으로 만든 인장과 자주빛의 인끈, 즉 고관의 인장과 인끈. 전(轉)하여 재상, 귀현

럽게 점점 줄어들어 다 없어지게 될 것입니다"라고 진언했다. 환관이 그 상주문(上奏文)을 몰래 봤다. 이 때문에 더욱 조정의 선비들과 서로 미워하니, 남과 북의 관청[3]이 물과 불 같았다.

을해(乙亥) 9년(855년)

2월에 예천령(醴泉令) 이군석(李君奭)을 회주자사(懷州刺史)로 임명했다. 그(임명하기) 전에 황제가 위수(渭水) 가에서 사냥[校獵][4]을 했는데, 부로(父老) 10여 명이 불사(佛祉)에 모여 있었다. 황제가 그들에게 물었더니, "예천의 백성입니다. 현령 이군석은 훌륭한 정치를 했는데, 관리평가[考][5]가 만기가 되어 그만두게 되었습니다. 관부에 가서 머무르기를 청하고, 여기서 부처에게 기도해서 소원이 이루어지기를 바랄 뿐입니다"고 했다.

회주자사(懷州刺史) 자리가 비게 되자, 황제가 손수 글을 써서 이군석을 제수하니, 재상들이 이유를 알지[測] 못했다. 이군석이 들어와 사례하자, 황제가 이 일을 들어 권유하고 힘쓰라고 장려했다. 그제서야 사람들이 그 이유를 알았다.

---

3) 南北司 남북사 : 남사(南司)는 백관(조정의 신료), 북사(北司)는 환관의 관아(官衙)

4) 校獵 교렵 : 짐승이 도망하지 못하도록 담을 쌓고 하는 사냥

5) 考 고과 : =고과(考課). 학생 관리 등의 성적을 조사함

정축(丁丑) 11년(857년)

황제는 바르게 간언하는 것을 듣기 좋아했다. 무릇 간관은 일을 논의하고, 문하성은 글을 올려 논박을 거부[封駁]했는데, 이치에 참으로 합당하면, 자주 뜻을 굽혀 그들을 따랐다. 대신의 상소문을 받으면, 반드시 향을 피우고 손을 씻고 읽었다.

무인(戊寅) 12년(858년)

황제가 방사(方士)[6]의 약을 복용해 조급증과 갈증이 나타났다.

○ 황제가 조서를 내려 "자사는 반드시 그들에게 경사에 오도록 하고, 밖에서 (바로 밖으로) 옮기지 말라. 얼굴을 맞대고, 그들의 능력 여부를 살핀 다음에 제수하겠다"고 했다. 영호도가 일찌기 그의 오랜 친구를 인주자사(鄰州刺史)로 임명해 옮겼는데, 지름길로 갈 수 있는[7](경사에 오지 않으면 빨리 갈 수 있는) 관부였다. 상이 그가 사례해 올린 표문을 보고, 영호도에게 물으니, "그 길이 가까워서, 보내고 맞이하는 일을 줄였을 뿐입니다"라고 대답했다.

상은 "짐은 자사에 적임이 아닌 자가 많으면, 백성에게 해가 되기 때문에 하나하나 그들을 접견해서, 그 베풀고 계획 세우려는[施設] 것을 묻고, 그 우열을 가려 쫓아내기도

---

6) 方士 방사 : 신선의 술법을 닦는 사람

7) 便道 편도 : =첩경(捷徑). 지름길, 편리한 길

하고, 승진시키기도[黜陟] 하려고 했다. 황제의 명령이 이미 내렸는데, 바로 법을 폐지[廢格]하고 쓰지 않으니, 권력이 (재상에게) 있다고 할만 하구나"라고 했다. 이때 날이 추웠는데, 영호도는 땀이 흘러 두터운 겉옷에 배었다.

황제가 조정에 나와서는 빈객과 같이 여러 신하들을 대접했다. 비록 좌우의 근신[近習]이라도 게으른 모습을 일찍이 보인 적이 없었다. 매번 재상이 일을 아뢸 때 옆에 한 사람도 서있는 사람이 없어도, 위엄으로 우러러 쳐다볼 수가 없었다.

아뢰는 일이 끝나면, 갑자기 기뻐하며 말하기를 "한담(閑談)을 할 수 있다"고 했다. 그리고는 마을[閭閻]의 자잘구레한 일을 묻거나, 혹 궁중의 놀이나 잔치에 관한 일까지 말하지 않은 것이 없었다.

15분[8] 남짓[許]에 다시 얼굴을 단정히 하고 "경들은 잘하라. 짐이 항상 두려워하는 것은, 경들이 짐의 뜻을 저버릴 경우 후일 다시는 서로 만날 수 없을 것이라는 것이다"라고 말했다. 그리고는 일어나서 내전으로 갔다.

영호도는 사람들에게 "나는 10년동안 정사를 맡았고, 가장 승은을 입었다. 그러나 연영전(延英殿)에서 일을 아뢸 때마다, 매번 땀으로 옷이 젖지 않은 적이 없었다"고 말했다.

---

8) 一刻 일각 : 15분, 또는 14분25초

기묘(己卯) 13년(859년)

황제가 도사의 약을 먹고 등에 등창이 생겨 8월에 붕어했다. 선종은 성품이 확실하게 파악하고 침착하게 결단했다. 사사로움이 없이 법을 집행했고, 물 흐르듯이 간언을 따랐다. 벼슬과 상 주는 것을 거듭 아꼈다. 공손하고 정중했으며[謹], 절약 근검했고, 백성과 만물에게 은혜를 베풀고 사랑했다. 때문에 사람들은 당(唐)이 멸망할 때까지, 대중(大中) 연간의 정치를 생각하고 기리며, 그를 작은 태종이라고 불렀다.

병인(丙寅)일에 의종(懿宗)이 즉위했다.

의종(懿宗) 재위 14년, 수(壽) 31

경진(庚辰) 함통(咸通) 원년(860년)

절동(浙東)의 도적 구보(裘甫)가 상산(象山)을 공격해 함락시켰다. 절동이 소란스러워졌다. 안남도호(安南都護) 왕식(王式)이 그를 토벌해 평정했다.

무자(戊子) 9년(868년)

서주(徐州)의 변방 수비병사 방훈(龐勛)이 난을 일으켰다. 무리가 10만에 이르렀다. 강승훈(康承訓)이 주야적심(朱耶赤心)과 그를 토벌해 평정했다. 주야적심에게 이국창(李國昌)이라는 성명을 내려주고, 대동군절도사(大同軍節度使)로 삼았다.

계사(癸巳) 14년(873년)

가을 7월, 황제가 붕어하고 희종(僖宗)이 즉위했다.

희종(僖宗) 재위 15년, 수(壽) 27

갑오(甲午) 건부(乾符) 원년(874년)

황제의 나이가 어리니, 정권이 신하들에게 있었다. 남아(牙=衙)와 북사가 서로 대립했다[矛盾]. 의종(懿宗) 이래로 사치가 날로 심해지고 전쟁이 그치지 않았다. 더욱 각박하게 세금을 거뒀다. 관동에는 해마다 홍수와 가뭄이 들었는데도, 주현에서는 사실대로 아뢰지 않고, 상하 관리는 서로 덮어버렸다[蒙].

백성들은 떠돌다 굶어죽어도[流殍] 호소할[控訴] 곳이 없어, 모여 도적이 되어 소재지에서 봉기했다. 이 해에 박주 사람 왕선지(王仙芝)가 처음으로 무리 수천을 모아 장원(長垣)에서 봉기했다.

을미(乙未) 2년(875년)

황제가 진왕(晉王)일 때 소마방사(小馬坊使) 전영자(田令孜)가 총애를 받았다. 즉위하자 지추밀(知樞密)을 시켰다가, 마침내 발탁해 중위(中尉)로 삼았다. 황제가 이때 나이가 14세였는데, 오로지 노는 것만을 일삼고, 정사는 모두 전영자에게 맡겼다.

○ 황소(黃巢) 또한 무리 1천여 명을 모아 왕선지에게 호

응했다. 황소와 왕선지는 젊어서 모두 개인적으로 소금 파는 일을 했다. 황소는 말타기와 활쏘기[騎射]를 잘하고, 호협한 기개[9]를 좋아했다. 경전[書傳]을 대충 섭렵했고, 여러 번 진사시에 응시했으나 순서에 들지 못했다.

마침내 도적이 되어 왕선지와 함께 주현(州縣)을 습격해 노략질하고 산동을 휩쓸고 다녔다. 백성 중에 무거운 세금으로 고통을 겪는 자들이 다투어 그들의 한패거리가 되었다. 몇 달 사이에 무리가 수만에 이르렀다.

무술(戊戌) 5년(878년)

봄에 사타병마사(沙陀兵馬使) 이국창(李國昌)의 아들 이극용(李克用)이 기병해서 대동방어사(大同防禦使) 단문초(段文楚)를 죽이고 스스로 유후(留後)를 자칭했다.

○ 초토사(招討使) 증원유(曾元裕)가 황매(黃梅)에서 왕선지를 크게 격파해 5만여 명을 죽였다. 추격해 왕선지를 참수해 그 머리를 수레로 보냈다.

○ 황소가 박주(亳州)를 공격했으나 함락시키지 못했다. 상양(尙讓)이 왕선지의 남은 무리를 이끌고 그에게 왔다. 황소를 왕으로 추대하고, 충천대장군(衝天大將軍)이라 불렀다.

○ 왕영(王郢)의 난(亂) 때, 임안(臨安)사람 동창(董昌)이

---

9) 任俠 임협 : 호협한 기개, 협기(俠氣)

사는 곳에서 자위조직[土團][10]을 만들어 적을 토벌하고 공을 세웠다. 석경도지병마사(石鏡都知兵馬使)에 임명했다[補].

기해(己亥) 6년(879년)

봄에 고변(高駢)이 황소를 공격해 여러번 그를 격파했다. 황소가 마침내 광남(廣南)으로 갔다. 겨울에는 황소가 영남(嶺南)에 있었는데, 사졸 중에 전염병[11]에 걸려 죽은 자가 10명 중 3, 4명이었다. 그 무리들이 북쪽으로 돌아가서 대사를 도모하자고 권하니, 황소가 그것을 따랐다.

11월에 황소가 북쪽으로 양양(襄陽)에 갔는데, 산남동도절도사(山南東道節度使) 유신용(劉臣容)에게 크게 격파 당했다. 황소가 상양(尙讓)과 남은 무리를 거두어 강을 건너 동쪽으로 가서, 요(饒) 신(信) 지(池) 선(宣) 흡(歙) 항(杭) 등 15주를 전전하며 노략질을 했다. 무리가 20만에 이르렀다.

경자(庚子) 광명(廣明) 원년(880년)

가을 7월, 황소가 채석(采石)에서 강을 건너 천장(天長) 육합(六合)을 포위했다. 군사의 사기가 매우 높았다. 정묘일(丁卯日)에 황소가 동도(東都)를 함락시켰다. 유수(留守) 유윤장(劉允章)이 백관을 거느리고 맞이하고 알현했다. 황소

10) 土團 토단 : 토착민들이 만든 무장단체

11) 罹瘴疫 이장역 : 풍토병, 전염병

가 성으로 들어가 노고를 물었을 뿐이었지만, 마을이 편안해졌다[晏然].

임오일(壬午日)에 적들이 동관(潼關)을 공격하니, 동관(潼關) 위의 병사들이 모두 무너졌다. 전영자(田令孜)가 황제를 받들고 금광문(金光門)으로 나가고, 황소가 마침내 장안으로 들어갔다.

○ 황제가 낙곡(駱谷)으로 갔다. 봉상절도사(鳳翔節度使) 정전(鄭畋)이 황제를 길에 있는 숙사[次]에서 알현하고, 천자에게 봉상에 머물 것을 청했다. 황제가 "짐은 큰 도적과 가까이[12] 있고 싶지 않다"고 하면서, "흥원(興元)으로 가서 징병해 수복을 도모하겠다"고 말했다. 임진일(壬辰日)에 황소가 황제에 즉위했다. 국호를 대제(大齊)라고 하고, 연호를 금통(金統)으로 고쳤다.

○ 정전이 봉상으로 돌아가 성과 참호를 정비하고, 병장기를 수선하고 사졸을 훈련시켰다. 몰래 이웃 도(道)와 약속해 병사를 합쳐 적을 토벌하기로 했다. 군세가 크게 떨쳤다.

○ 전영자가 황제에게 성도(成都)로 갈 것을 권하니, 황제가 그 말을 따랐다.

---

12) 密邇 밀이 : 바짝, 가까이

신축(辛丑) 중화(中和) 원년(881년)

3월에 황소가 그 장수 상양과 왕파(王播)를 보내 군사 5만을 거느리고 봉상을 공격하게 했다. 정전이 당홍부(唐弘夫)에게 복병해서 그들을 공격하게 했다. 적을 용미파(龍尾陂)에서 크게 패배시키고, 수급 2만여 급을 베었다. 엎어진 시체가 수십 리에 이어졌다. 정전이 천하의 번진에 격문을 돌리고, 번진의 병사들과 합쳐 적을 토벌했다.

이때 천자는 촉(蜀)에 있었는데, 황제의 명령이 통하지 않았다. 천하에서는 조정이 다시 세력을 떨칠 수 없을 것으로 생각했는데, 정전의 격문을 받자, 다투어 군사를 내어 그에게 호응했다. 적이 두려워 감히 다시는 경서(京西)를 엿보지 못했다. 얼마 안되어, 봉상사마(鳳翔司馬) 이창언(李昌言)이 난리를 일으키니, 정전이 행재소[13]로 달아났다가 죽었다.

○ 황소가 임명한 동주방어사(同州防禦使) 주온(朱溫)이 주(州)를 들어 항복하니, 전충(全忠)이라는 이름을 내렸다.

○ 황소 군사의 기세가 아직 강하니, 하중(河中) 유후(留後) 왕중영(王中榮)이 그것을 근심했다. 행영도감(行營都監) 양복광(楊復光)에게 "안문(雁門)의 이복야(李僕射)는 날래고 용감하며, 강한 군대를 가지고 있습니다. 그 또한 나라를 위해 목숨 바칠[徇國] 뜻이 있으니, 조정의 뜻으로 그를 부

13) 行在所 행재소 : 황제가 지방에 머물 때 정무를 보는 임시 관청

르면, 반드시 올 것입니다. 온다면 적을 평정 못할 일이 없습니다"라고 말했다. 왕탁(王鐸)이 하중(河中)에 있었는데, 곧 직접 쓴 조서[14]로 이극용(李克用)을 불렀다. 11월에 이극용이 사타사람 1만7천 명을 이끌고 하중으로 달려왔다.

계묘(癸卯) 3년(883년)

2월에 이극용이 건갱(乾阬)으로 진군해 하중(河中) 역정(易定) 충무(忠武)의 군대와 합세했다. 상양 등이 15만 무리를 거느리고 양전파(梁田陂)에 주둔해 다음날 오전부터 해질 무렵[晡][15]까지 크게 싸웠다. 적의 군대가 크게 패했다.

3월에 이극용이 위교(渭橋)로 진군해 황소의 군대와 위수(渭水) 남쪽에서 싸웠다. 하루에 3번 싸웠는데 모두 이겼다. 의성(義成) 의무(義武) 등 여러 군대가 이어서 계속 오니, 적의 군대가 대부분 달아났다.

4월에 이극용 등이 광태문(光泰門)으로 경사(京師)에 들어왔다. 황소가 힘써 싸웠으나 이기지 못하자 궁실을 불태우고 달아났다. 이극용은 이 때 나이가 28세로 여러 장수들 중 가장 어렸는데, 황소를 격파하고 장안을 회복하는데 공이 제일이었다. 군의 세력도 가장 강하니, 여러 장수들이 모두 그를 두려워 했다.

이극용은 한쪽 눈이 애꾸눈이었는데[微眇], 당시 사람들이 '외눈박이 용'이라고 말했다. 조서를 내려 이극용을 하동

14) 墨勅 묵칙 : =묵조(墨詔). 직접 쓴 조서

15) 晡 포 : 해질 무렵, 신시(申時), 오후 4시 전후, 저녁 무렵

절도사로 삼았다. 조서를 내려 황소가 아직 평정되지 않았다고 하고, 전충(全忠)에게 동북면도초토사(東北面都招討使)를 내렸다.

갑진(甲辰) 4년(884년)

봄 2월에 이극용이 황소를 추격해서 중모(中牟)까지 갔다. 분격해 공격해서 그를 크게 격파했다. 상양이 그 부하들을 이끌고 항복했다.

○ 6월에 무녕(武寧)의 장수 이사열(李師悅)과 상양이 황소를 추격해 하구(瑕丘)까지 가서 그를 패배시켰다. 황소는 부하가 거의 없게 되자, 달아나 낭호곡까지 갔다. 황소의 생질 임언(林言)이 황소와 형제, 처자의 머리를 베어서 항복했다.

○ 가을 7월에 이극용이 진양(晉陽)에 와서 병사들을 크게 정돈하고[治], 사자에게 표문을 받들게 해서 행재소로 보냈다. 스스로 아뢰기를 "황소를 격파한 큰 공이 있지만, 주전충(朱全忠)의 계책[圖]에 당해 겨우 자신만 모면할 수 있었습니다. 바라건대 사자를 보내 조사하고[按問], 병사를 내어 토벌할 수 있도록 해주십시오"라고 했다.

이때 조정은 큰 적이 비로소 평정되어 무사안일[姑息]에만 힘쓰고 있었는데, 이극용의 표문을 받자 크게 두려워했다. 사자[中使][16]를 보내, 두텁게 은혜를 베푼 조서[17]를 내려 화해케 했다.

◯ 전영자가 더욱 교만해지고 제멋대로 하면서 천자의 명령[制]을 금하고, 주관하고 결단할 수 없게 했다. 황제가 그의 전횡을 걱정해 때때로 좌우와 이야기하다 눈물을 흘렸다.

을유(乙酉) 광계(光啓) 원년(885년)
봄 2월에 천자의 수레가 경사에 도착했다.

◯ 진(秦)의 종권(宗權)이 채주(蔡州)에서 황제를 칭했다.

◯ 이극용이 표문을 올려 전영자를 주살할 것을 청하자, 조서를 내려 화해하라고 했으나 이극용이 듣지 않았다.

12월 이극용이 진격해 경성을 압박하니, 전영자가 밤에 천자를 모시고 개원문(開遠門)으로 나가 봉상으로 갔다. 처음에 황소가 장안의 궁실을 불태우고 떠났고, 여러 도의 병사들이 성으로 들어와 마음대로 노략질하며, 관청[18]과 민가 열에 6, 7을 불태웠다. 경조윤(京兆尹) 왕휘(王徽)가 매년 고치고 수리했으나[補葺], 겨우 하나 둘을 완비했을 뿐이었다. 이 때에 다시 난병들이 불태우고 노략질하니 남은 것[19]이 없었다.

---

16) 中使 중사 : 궁중에서 보내는 사신, 내밀(內密)하게 보내는 사신, 내사(內使)
17) 優詔 우조 : 우악(優渥)한(은혜가 두터운) 조서
18) 府寺 부시 : 부(府) 관청. 시(寺) 관청. 공무를 집행하는 곳, 절, 부처를 모시는 곳, 환관, 내시
19) 孑遺 혈유 : 나머지, 잔여

병오(丙午) 2년(886년)

봄 정월에 이극용이 군대를 하중으로 돌렸다. 왕중영과 함께 표문을 올려 천자의 수레[大駕]가 환궁하기를 청하고, 전영자의 죄상으로 인해 그를 주벌할 것을 청했다. 전영자가 황제에게 흥원(興元)으로 갈 것을 청했다. 따르지 않자, 그날 밤 전영자가 군사를 이끌고 궁으로 들어가 황제를 위협해 보계(寶鷄)로 가게 했다. 재상과 조정의 신하들은 모두 알지 못했다.

이때 전영자가 권력을 농단해 두번이나 파천(播遷)하기에 이르게 되자, 천하가 모두 분해하고 그를 미워했다. 주매(朱玫) 이창부(李昌符)가 병사를 이끌고 천자의 수레[乘輿]를 바짝 추격했다.

○ 3월에 천자의 수레가 흥원에 도착했다. 주매가 봉상의 백관을 압박해서 양왕(襄王) 온(熅)을 받들어 임시 감군국사(監軍國事)로 삼았다. 주매의 부장 왕행유(王行瑜)가 주매를 목 베고, 양왕(襄王) 온(熅)을 붙잡아서 죽였다. 조서를 내려서 왕행유를 정난절도사(靜難節度使)로 삼았다.

정미(丁未) 3년(887년)

전류(錢鏐)를 항주자사(杭州刺史)로 삼았다.

○ 전영자의 관작을 삭탈하고 단주(端州)로 장기유배를 보냈다.

○ 8월, 고병(高駢)의 부장 양행밀(楊行密)이 회남유후(淮

南留後)를 자칭했다.

무신(戊申) 문덕(文德) 원년(888년)

황제의 병이 위급해지자[20] 관군용사(觀軍容使) 양복공(楊復恭)이 수왕(壽王) 걸(傑)을 황태제로 세웠다.

계묘일(癸卯日)에 황제가 붕어하자 소종(昭宗)이 즉위했다. 신체와 용모가 훤칠하고 부족함이 없었으며[粹], 영민하고 기백이 있었다. 희종이 위엄과 명령을 떨치지 못해, 조정이 날로 낮아졌기 때문에, 전날의 공적을 회복하려는 뜻이 있었다. 대신을 높이고 예우하고, 현자와 준걸들을 꿈꾸고 그리워하니, 즉위한[踐阼] 초기 조정 안팎에서 기뻐했다[欣欣].

소종(昭宗) 재위 16년, 수(壽) 38

기유(己酉) 용기(龍起) 원년(889년)

주전충(朱全忠)이 진종권(秦宗權)을 크게 격파하고 그를 참수했다. 주전충이 채주(蔡州)를 점령하고 군대의 기세가 더욱 커졌다.

경술(庚戌) 대순(大順) 원년(890년)

황제가 번저에 있을 때 평소 환관을 싫어했다. 즉위하고

---

20) 大漸 대점 : 임금의 병세가 위독해짐

나자 양복공(楊復恭)이 (왕을) 도와 공을 세운 것을 믿고, 하는 일에 대부분 법도가 없자, 상의 뜻이 불편했다. 정사를 대부분 재상과 의논했다.

○ 여름 4월에 주전충이 "이극용은 끝내 국가의 걱정이 될 것이니, 지금 그가 패한 기회를 틈타야 합니다. 신이 청컨대 변(汴) 활(滑) 맹(孟)의 3군을 이끌고, 하북(河北)의 3진(鎭)과 함께 그를 제거하겠습니다"라고 말했다.

장준(張濬)은 "선제(先帝)께서 두번이나 산남(山南)으로 파천(播遷)한 것은 사타가 한 일입니다. 신은 항상 그들과 하삭(河朔)이 서로 겉과 속이 되어 조정에서 제어할 수 없을까 걱정됩니다. 지금 양하(兩河)의 번진이 모두 그를 토벌하자고 청하니, 이것은 천년에 한번 있을 기회입니다. 바라건대 폐하께서 신에게 병권을 주신다면, 한달이면 평정할 수 있을 것입니다"라고 했다. 황제가 그 말을 따랐다.

○ 5월에 조서로 이극용의 관작을 삭탈하고, 장준을 하동행영초토제치선위사(河東行營招討制置宣慰使)로 임명했다.

○ 관군이 음지관(陰地關)으로 나가자 싸우지 않고 달아났다. 장준이 또 이극용을 패배시키자, 이극용이 표문을 올려 억울함을 호소했다.

신해(辛亥) 2년(891년)

이극용을 사면했다. 조서를 내려 그의 관작을 모두 회복시켜주고, 진양(晉陽)으로 돌아오게 했다.

○ 8월에 왕건(王建)이 서천유후(西川留後)를 자칭했다.

임자(壬子) 경복(景福) 원년(892년)

5월에 양행밀(楊行密)이 여러 번 손유(孫儒)의 군대를 격퇴하고, 손유를 진(陳)에서 사로잡아 참수해 그 머리를 경사로 보냈다. 손유의 부하들 대부분이 양행밀에게 항복했다.

이전에 양주(楊州)는 부유함에서 천하제일이었다. 당시 사람들은 양주가 첫번째이고, 익주(益州)가 두번째라고 말했다. 진언(秦彦) 필사탁(畢師鐸) 손유(孫儒) 양행밀(楊行密)의 전쟁을 겪자, 장강과 회수(江淮) 사이 동서 천리 땅이 쓸어내듯 다 없어졌다.

○ 8월에 양행밀을 회남절도사淮南節度使)로 삼았다. 회남(淮南)은 6년이나 전쟁을 겪었기 때문에, 백성들[士民][21]이 (유민이 되어) 돌아다니거나 이주해서 거의 없었다. 양행밀이 처음 부임해 와서 장수와 관리들에게 불과 비단 몇 자[尺]와 돈 수백을 내려줬을 뿐이었다.

그래서 부지런히 일하고 검약해야 비용을 충당할 수 있었다. 공적인 연회가 아니면 음악을 연주하지 않았고, 떠도는 자들[流散]을 불러 위무하고, 요역과 세금을 가볍게 해 주었다. 몇 년이 안가서, 공적으로나 개인적으로 부유해져서 거의 평화가 이어졌던[承平]의 옛 시절을 회복했다.

---

21) 士民 사민 : 인민, 선비와 백성, 도덕을 닦고 학예를 배우는 사람

계축(癸丑) 2년(893년)

봄 정월에 이무정(李茂貞)을 산남서도절도사(山南西道節度使)로 삼고, 투주자사(渝州刺史) 유빈(柳玭)을 노주자사(瀘州刺史)로 삼았다. 유씨(柳氏)는 유공작(柳公綽) 이후부터 대대로 효제와 예법으로 사대부들에게 숭상되었다. 유빈이 어사대부가 되자, 상이 그를 재상으로 삼고 싶어했다. 환관들이 그를 미워했기 때문에, 견책[謫] 당해 오랫동안 외지에 있었다. 유빈이 일찍이 그 자제에게 경계해서 말했다.

"문벌이 높은 것은 두려워해야 할 일이다. 믿어서는 안 된다. 출세해서 처신[22]하는데 한 가지 일이라도 잘못하는 것이 있다면, 다른 사람보다 무거운 죄를 받게 되니, 죽어서 지하에서 선조를 뵐 수가 없다. 이것이 두려워해야 하는 이유이다.

문벌이 높으면 교만한 마음이 쉽게 생기고, 일가가 번성하면 다른 사람에게 질투를 받는다. 행실이 아름답고 재주가 충만[實]해도, 사람들이 그를 믿지 않고, 조금이라도 잘못[疵類][23]이 있으면, 모두 그를 손가락질 한다. 이것이 믿어서는 안 되는 이유이다. 때문에 부귀한 집안의 자제[24]는 마땅히 부지런히 학문을 닦고, 힘껏 행실을 닦아도 겨우 다

22) 行己 행기 : 세상살이의 몸가짐, 처신(處身)

23) 疵類 자류 : 자(疵) 흠. 류(類) 마디, 과오, 잘못, 허물

24) 膏粱子弟 고량자제 : 부귀한 집안, 진미를 먹는 집안의 자제. 고량(膏粱) 살찐 고기와 상등의 곡식

른 사람과 견줄 수 있을 뿐이다"

○ 이무정이 공(功)을 믿고 교만하고 방자하니, 황제가 노해 그를 토벌하려고 했다. 두양능(杜讓能)에게 명령해 그 일을 전담하게 했다.

○ 9월에 담왕(覃王) 사주(嗣周)를 초토사(招討使)로 삼고, 병사 3만을 이끌고 흥평(興平)에 주둔하게 했다. 이무정이 왕행유(王行瑜)와 약속해 병사 6만을 합쳐 그들과 대치하니, 금군이 모두 멀리서 보기만 하고도 도망갔다. 이무정 등이 승세를 타고 진군해서 삼교(三橋)까지 오니, 경사가 크게 떨었다.

갑인(甲寅) 건녕(乾寧) 원년(894년)

봄 정월에 우산기상시(右散騎常侍) 정계(鄭綮)를 예부시랑 동평장사(禮部侍郞 同平章事)로 삼았다. 정계는 해학[25]을 좋아했다. 헐후시(歇後詩)[26]를 많이 지어 세상일을 비웃었다[27].

황제가 그에게 심오한 데가 있다 여기고, 손수 위계를 적은 장부[班簿][28]에 적어두었다가[注], 그를 재상으로 삼는다

25) 詼諧 회해 : =해학(諧謔) 실없이 하는 농담, 익살

26) 歇後詩 헐후시 : 일종의 은어시(隱語詩)

27) 譏嘲 기조 : 기(譏) 나무랄, 충고할, 간언할. 조(嘲) 비웃다, 조롱하다

28) 班簿 반부 : 반(班) 나눌, 차례, 자리, 지위, 위계, 줄, 반, 행열. 부(簿) 장부, 회계부, 홀

고 명령했다. 듣는 자들이 크게 놀랐다. 조당(朝堂)의 관리가 가서 알리니, 정계가 웃으며 "여러분들은 크게 잘못했소! 가령 천하에 더 이상 아무도 없더라도 정계에게 올 것이 아니요!"라고 말했다.

관리가 "황제의 특별한 뜻이 있었습니다"라고 하니, 정계는 "과연 이와 같다면, 어찌 사람들이 비웃지 않겠는가?[奈何]"라고 했다. 조금 있다 하객들이 오자, 정계가 머리를 긁적이며[搔], "헐후(歇後) 정계가 재상이 되었으니 세상일은 알만하다"고 말했다. 여러 번 사양했으나, 받아들여지지 않아 일을 보게 되었다.

을묘(乙卯) 2년(895년)

왕행유(王行瑜) 이무정 한건(韓建)이 각각 정예병사 수천을 이끌고 와서, 조정에 들어왔다. "남아와 북사[29]는 서로 붕당을 만들어 조정을 무너뜨리고 문란하게 하고 있습니다. 위소도(韋昭度)는 서천(西川) 토벌의 실책이 있고, 이계(李谿)는 재상이면서 사람들의 마음을 화합시키지 못하고 있습니다. 청컨대 그들을 주살하십시오"라고 주청했다. 황제가 아직 그 일을 허락하지 않았는데, 이날 왕행유 등이 위소도와 이계를 도정역(都亭驛)에서 죽였다.

○ 이극용이 번한병(蕃漢兵)을 대대적으로 일으켰고, 남

---

29) 南北司 남북사 : 남아(南衙, 남사南司) 관리가 정무 보는 관아. 북사(北司) 환관이 일하는 관아

하해서 왕행유 등을 토벌했다. 황제가 이극용에게 조서를 내려 일단 이무정은 사면해주고, 힘을 아울러서[併] 왕행유를 토벌하라고 했다. 11월에 이극용이 진격해 사주(邪州)를 압박하니 왕행유가 성을 버리고 달아났다. 이극용이 추격해서 그를 참수했다.

○ 12월에 이극용을 높여 진왕(晉王)의 작위를 주었다.

3년에 이무정이 경사를 범했다. 황제가 태원(太原)으로 가려고 하자, 한건이 화주(華州)로 파천할 것을 청하니 황제가 그것을 따랐다. 이무정이 드디어 장안으로 들어왔다. 중화(中和) 연간 이후 수리한 궁실과 시장, 가게가 불타서 모두 없어졌다.

○ 전류(錢鏐)가 월주(越州)를 점령하고, 동창(董昌)을 참수했다. 전류를 진해절도사(鎭海節度使)로 삼았다.

정묘(丁卯) 4년(897년)

왕심지(王審知)가 복건(福建)에서 유후(留後)를 자칭했다.

무오(戊午) 광화(光化) 원년(898년)

이무정과 주전충(朱全忠)이 모두 병사를 내어 천자를 맞이하려 했다. 8월에 천자의 수레[車駕]가 경사로 돌아왔다.

경인(庚寅) 3년(900년)

최윤(崔胤)을 문하시중 동평장사(門下侍中 同平章事)로 삼고, 조정을 모두 맡겼다. 처음 최윤은 환관을 모두 주살하려고 황제와 몰래 모의했다. 환관들이 매우 두려워했다.

황제가 화주에서 돌아오고 나서부터, 실의해[30] 즐거워하지 않았고, 자주 술을 흠뻑 마시고 기쁨과 노여움이 일정하지 않으니, 좌우에서 더욱 자신을 위태롭게 여겼다. 그리하여 중위(中尉) 유계술(劉季述)과 왕중선(王仲先), 추밀사(樞密使) 왕언범(王彦範)과 설제악(薛齊偓) 등이 폐립시키려고 몰래 모의하고, 병사를 이끌고 선화문으로 갑자기 뛰어 들어갔다[突入]. 유계술은 "폐하께서 천자의 자리[大寶][31]를 싫어하고 게을리하시니, 조정 안팎의 민심은 태자가 감국(監國)하시기를 원합니다. 청컨대 폐하께서는 동궁을 지키십시오"[32]라고 말했다.

그리고는 상을 부축해 황후와 함께 손수레[輦]에 태웠다. 궁녀[33]와 모시고 따르는 자 겨우 10여 명이었다. 소양원(少陽院)으로 갔는데, 유계술이 은 채찍으로 땅에 그리면서[畫] 상의 죄 수십가지를 열거했다. 그리고는 그 문을 잠그고[鎖], 쇠를 녹여 땜질하고[錮], 담에 구멍을 내서 음식만 통하게 했다.

유계술 등이 조서를 사칭해 태자 유(裕)에게 감국(監國)을 시켰다가, 곧 황제로 즉위시켰다.

---

30) 忽忽 홀홀 : 실의한 모양, 갑자기, 사물을 돌아보지 아니하는 모양, 실신한 모양

31) 大寶 대보 : 천자의 지위, 아주 귀중한 보배, 임금의 옥새

32) 保頤 보이 : 보(保) 보전할, 지킬, 편할. 이(頤) 턱, 어조사-의미가 없음

33) 嬪御 빈어 : 천자의 침석(枕席)에서 시중드는 궁녀, 천자의 첩

주전충이 난리 소식을 듣고 대량(大梁)에 왔다. 유계술이 그 양자 유희도(劉希度)를 보내 주전충에게 가서 당(唐)나라 사직을 옮긴[輸] 일을 허락해달라고 했다. 이진(李振)이 주전충에게 유계술을 죽이라고 권유했다.

주전충이 곧 유희도를 가두고, 이진을 경사로 보내 일을 염탐하게[詗] 했다. 최윤이 몰래 사람을 보내 신책지휘사(神策指揮使) 손덕소(孫德昭)를 설득해 유계술 등을 죽이라고 했다.

신유(辛酉) 천복(天復) 원년(901년)

봄 정월 초하루[朔]에 왕중선(王仲先)이 조정에 들어오니, 손덕소가 그를 잡아 참수했다. 최윤이 이에 상을 맞이해 장락문루로 모시고[御], 백관을 거느리고 축하말씀을 올리는데, 주승회(周承誨)가 유계술과 왕언범을 사로 잡아서 뒤쫓아 왔다. 당시에 힐책하다가 이미 다스리는 몽둥이[亂挺]에 쓰러져서 죽었고[斃], 설제악은 우물에 빠져 죽었는데, 꺼내서 목을 베었다. 네 사람 집안을 멸족시켰다.

○ 봉상절도사(鳳翔節度使) 이무정(李茂貞)이 조정에 왔다. 작위를 높여 기왕(岐王)을 삼았다.

○ 최윤은 환관이 병권을 담당하는 것 때문에 결국은 바로 팔꿈치나 겨드랑이 같은[肘腋][34] 측근에게서 우환이 생

34) 肘腋 주액 : 팔꿈치와 겨드랑이

길 것이라고 여겼다. 이무정에게 넌지시 암시해[諷], 병사 3천을 경사에 남겨 숙위에 충당하라고 했다.

이 때 주전충과 이무정에게는 각각 천자를 끼고 제후에게 호령하려는 마음이 있었다. 주전충은 황제를 동도(東都)로 가게 하려 했고, 이무정은 황제를 봉상(鳳翔)으로 가게 하려 했다. 최윤은 모의가 누설되어, 일이 급하게 되었다고 생각했다.

주전충에게 글을 보내 비밀 조서를 받았다고 하고, 주전충에게 병사를 데리고 와서 천자의 수레를 모시라고 했다. 또 "지난날 천자께서 제자리로 돌아오신 것[返正]은 모두 영공께서 잘 도모[圖]하신 것인데, 봉상(鳳翔)에서 먼저 조정에 오면, 그 공을 빼앗기는 겁니다. 지금 빨리 오지 않으면 반드시 죄인이 될 것입니다. 어찌 이 공을 다른 사람의 것이 되게 하고, 또 토벌을 당할 것입니까?"라고 했다. 주전충이 글을 받고 10월에 크게 거병해 대량을 출발했다.

○ 주전충이 하중(河中)에 도착해 표문을 올려 천자께서 동도(東都)로 행차할 것을 요청했다. 경사가 크게 놀랐다.

11월에 중위(中尉) 한전회(韓全誨) 등이 궁전 앞에 병사를 늘어놓고[陳], 봉상(鳳翔)으로 행차할 것을 청했다. 황제는 어쩔 수가 없었다. 이에 황후와 비빈, 여러 왕 1백여 명과 함께 모두 말에 오르니, 통곡소리가 끊이지 않았다. 한전회 등이 마침내 궁성을 불태우고, 천자의 수레는 봉상으로 행차했다.

임술(壬戌) 2년(902년)

11월에 주전충이 진격해서 봉상을 공격했다. 이무정이 나가 싸웠으나 여러번 패배했다. 비축한 곡식 등[儲峙]이 이미 다 고갈되었다. 황제가 이에 이무정 등을 불러 주전충과 화해하는 일을 논의했다.

계해(癸亥) 3년(903년)

정월에 이무정이 단독으로 황제를 알현했다. 한전회 등을 죽이고, 주전충과 화해해서 천자의 수레를 받들어 경사로 돌아가겠다고 청했다. 황제가 기뻐했다. 바로 한전회를 잡아 참수하고, 한전회 등의 머리를 자루에 담아 사자를 보내 주전충에게 보여주었다. 이때 봉상에서 죽인 환관이 이미 72명이었는데, 주전충이 경조윤에게 밀령을 내려서 또 90명을 체포해 죽이게 했다.

갑자일(甲子日)에 천자의 수레가 봉상을 나와 주전충의 군영으로 갔다가, 기사일(己巳日)에 장안으로 들어갔다.

○ 최윤이 아뢰었다.

"건국 초기, 태평이 이어질 때에는 환관이 병권을 담당하거나 정사에 참여[預政]하지 못했습니다. 천보(天寶) 연간 이후, 환관들이 점점 번성해졌고, 정원(貞元) 말에는 우림위(羽林衛)를 나누어 좌우 신책군을 만들었는데, 호위와 시종에 편하기 때문에, 처음으로 환관에게 그것을 주관하게 하고, 법으로 2천 명을 정했습니다[定制].

이때부터 (환관들이) 중요하고 비밀을 지켜야 하는 정무

[機密][35]에 참여하고 장악해 백관의 권한을 빼앗고, 상하가 임시변통으로 꾸려가면서[彌縫][36], 함께 불법한 일을 저지르게 되었습니다. 크게는 번진과 짜고 선동해 국가를 기울고 위태롭게 했고, 작게는 관직과 옥사의 일을 팔아 조정을 좀먹으니, 왕실이 쇠퇴하고 혼란하게 되었습니다.

오로지[職] 이런 이유로, 그들을 근절하지 않으면, 화는 끝내 그치지 않을 것입니다. 청컨대 환관[內諸司]을 모두 그만두게 하고[罷], 그 사무는 3공 9경의 관청[省寺]으로 모두 되돌려 보내고, 여러 도의 감군(監軍)을 모두 대궐 아래로 소환하십시오"

황제가 그 말을 따랐다.

이 날, 주전충이 병사를 데리고 제오가범(第五可範) 이하 수백 명을 내시성으로 몰아넣고, 모두 죽였다. 원통함을 호소하는 소리가 내외에 진동했다[徹]. 또 사자를 내보내 조서로 소재지에서 잡아서 죽이라고 했다. 청소를 맡을 어린이, 늙은 환관 30인 만을 남겼다.

온공(溫公)이 말한다.

"환관이 권력을 잡아 국가의 우환이 된지는 그 내력이 오래 되었다. 대개 궁궐을 출입하며, 임금이 어릴 때부터 장성할 때까지 그와 함께 가깝고 허물없이[親狎] 지낸다. 이는 삼공(三公) 육경(六卿)이 조정에 나가 알현하려면 때

---

35) 機密 기밀 : 중요하고 비밀

36) 彌縫 미봉 : 임시변통으로 꾸려감, 기움

가 있고, 엄숙하고 삼가는[憚]것과는 같지 않다.

그들 중에는 또 타고난 성품이 판별력이 있고, 민첩하고 영리하며[37], 말을 잘하고, 안색을 잘 살펴서 마음과 취향을 받들어 맞추는 자가 있었다. 명령을 받으면 어기고 거스를 걱정이 없고, 일을 시키면 만족하다고 칭할만한 효과가 있었다.

스스로 뛰어난 지혜를 가진 임금이라도, 혼자서 물정을 파악하고, 깊고 원대한 염려와 근심을 하지 않는다면, 모시고 받드는 자 외에는 일을 맡기지 않게 되니, 가까운 자는 날로 친해지고, 멀리 있는 자는 날로 소원해지기 마련이다.

달콤한 말과 겸손한 말로 청한다면, 때때로 따르게 된다. 차츰차츰 스며들고 피부에 닿는 하소연[38]를 하면, 때로는 받아들이게 된다. 이리하여 승진이나 축출, 형벌이나 상을 주는 권력이 점점 근신들에게 옮겨가게 되나, 스스로는 알지 못한다. 진한 술[39]을 마시면 그 맛을 즐기다가 취하는 것을 잊는 것과 같다. 승진과 축출, 형벌이나 상을 주는 권한이 옮겨갔는데, 국가가 위태롭고 어지럽지 않은 적은 없었다.

동한(東漢)이 쇠퇴할 때 환관이 교만하고 전횡했다고 가장 이름이 났다. 그러나 (이는) 모두 임금의 권한을 빌려

---

37) 儇利 현리 : 현(儇) 총명하다, 빠르다, 날래다. 리(利) 날카롭다

38) 浸潤膚受之愬 침윤부수지소 : 물처럼 스며들어 피부에 와닿는 하소연(『논어(論語)』 「안연편」)

39) 醇酒 순주 : 진한 술, 섞인 것이 없는 순수한 술

의지하고 기대는, 임금 곁에 있는 소인[40]들의 짓으로, 천하를 혼탁하고 어지럽게 했다.

천자를 위협해서 영아를 제어하듯이[制] 하고, 폐위하고 놔두는 것이 그 손아귀에 달려 있었다. 동으로 가고 서로 가는 것이 그 의도에서 나왔다. 천자가 그들을 두려워하기를, 호랑이를 타고 살모사에게 감긴[挾] 것처럼 한 일이, 당대(唐代)와 같은 적은 없었다. 그러한 까닭은 다른 것이 아니다. 한(漢)나라 때는 병권을 쥐지 못했고, 당(唐)나라 때는 병권을 쥐었기 때문이었다.

태종은 전대(前代)의 폐단을 살펴서[監], 환관을 매우 억제하고 4품을 넘을 수 없게 했다. 명황(明皇 =玄宗)이 처음으로 구법(舊法)을 무너뜨리고[隳], 이들을 높여주고[崇], 이들의 세력을 키워주었다[長]. 만년에는 고력사(高力士)에게 상소문[章奏]을 살펴보고 결정하게 했고, 그리고 장수와 재상의 진퇴에 이르기까지, 때때로 그와 함께 의논했다. 태자 왕공으로부터 모두가 그를 두려워해서 섬기니, 환관이 이때부터 번성하게 되었다.

중원이 어지러워지게 되자[41] 숙종(肅宗)이 영무(靈武)에서 병사를 거두었다. 이보국(李輔國)은 동궁(東宮)에서 오랫동안 부리던[隷] 자였다. 군(軍)의 계책에 참여시켰는데, 총애가 지나치니 교만해져서 다시 제어할 수 없게 되었다. 마

40) 城社 성사 : = 성호사서(城狐社鼠). 성안에 사는 여우와 사당에 사는 쥐. 임금 곁의 소인을 비유

41) 板蕩 판탕 : 정치를 잘못해 나라가 어지러워짐

침내 사랑하는 아들[肅宗]과 자애로운 아버지[玄宗]가 모두 감싸줄[庇] 수 없게 되었고, 근심하다가 가슴 두근거리는[悸] 병으로 죽었다.

대종(代宗)이 즉위해서 여전히 전철을 밟으니, 정원진(程元振) 어조은(魚朝恩)이 이어서 요직에서 권력을 잡고, 형벌주고 상 내리는 권력을 도둑질해서 농락했다. 총명을 막고 가리고, 천자를 걸어놓은 겉옷[委裘]같이 여겼고, 재상을 머슴처럼 능멸했다.

이 때문에 내전(來瑱)이 조정에 왔다가 참소로 죽임을 당했다. 토번이 국도의 오십리, 오백리[郊甸][42] 깊숙이까지 침략했으나, 숨기고 아뢰지 않아 허겁지겁 어찌할 줄 모르다가[狼狽][43] 섬주(陝州)로 파천하게 되었다. 이광필(李光弼)은 두려워하고 의심하고, 분하고 답답해서 그 생을 마쳤고, 곽자의(郭子儀)는 배척당하고 파직되어 집에 있었는데, 조상의 분묘[44]를 보전할 수 없었다. 복고회은(僕固懷恩)은 억울하고 원통함을 호소할 수 없어 마침내 공훈(勳庸)을 버리고 다시 반란을 일으켰다.

덕종(德宗) 즉위 초에 자못 기강을 떨쳐 환관을 점점 물리쳤으나[絀], 되돌아가서[返] 흥원(興元) 연간부터는 여러 장수들을 시기해서, 이성(李晟)과 혼감(渾瑊)을 믿을 수 없

---

42) 郊甸 교전 : 교(郊) 국도사방 50리 이내의 땅. 전(甸) 왕도 주위 5백리 이내의 지역, 천자 직할지

43) 狼狽 낭패 : 허겁지겁해 어찌할 줄을 모름, 넘어짐, 거꾸러짐, 실패함

44) 丘壟 구롱 : 선영(先塋), 언덕, 무덤, 분묘

다고 여기고, 그 병권을 모두 빼앗아 두문장(竇文場)과 곽선명(霍仙鳴)을 중위(中尉)로 삼아 그들에게 숙위를 맡게 했다. 이때부터 천자가 잡아야 할 병권[45]이 그들의 손아귀에 떨어졌다.

헌종(憲宗) 말년에 토돌승최(吐突承璀)가 적자를 폐위하고 서자를 세우려고 해 진홍지(陳弘志)의 변란이 일어났다. 보력(寶曆) 연간에는 (천자가) 여러 소인들과 친하고 허물없이 지내니, 유극명(劉克明) 소좌명(蘇佐明)이 반역 했다.

그 뒤에 강왕(絳王) 및 문종(文宗) 무종(武宗) 선종(宣宗) 의종(懿宗) 희종(僖宗) 소종(昭宗)의 여섯 황제가 모두 환관에게 옹립되어 즉위하니, (환관이) 권력을 잡았고, 더욱 교만해지고 방자해졌다. 왕수징(王守澄) 구사량(仇士良) 전영자(田令孜) 양복공(楊復恭) 유계술(劉季述) 한전회(韓全誨)가 그 괴수가 되어 '정책국로(定策國老)'라 자칭하고, 천자를 문하생[門生]으로 여겼다. 뿌리가 깊고 꼭지[蔕]가 단단해져서 약으로 치료할 수 없었다.[46]

문종은 그러한 것을 깊이 분하게 여겨 내심 그들을 제거하려 했으나, 송신석(宋申錫)의 현명함으로도 여전히 어찌할 수 없었고, 오히려 그들에게 화를 당했다. 하물며 이훈(李訓)과 정주(鄭注) 같이 언행이 이랬다저랬다 하는[47] 소

---

45) 大阿 대아 : =대아(大牙), 천자 또는 장군이 세우는 아기(牙旗, 대장군의 기), 깃대를 상아로 장식한 천자기

46) 膏肓 고황 : 주(註) 고(膏)는 심장 아래, 황(肓) 흉부 횡격막(膈) 위. 『춘추좌전(春秋左傳)』에 황(肓)의 위, 고(膏)의 아래는 치료할 수 없다고 했다

인배들이 하루아침의 속임수로 여러 대에 굳어진 무리들을 없애려고 했다가, 마침내 궁궐[禁中]길에 피를 뿌렸다[涉]. 성(省)의 문에 시체가 쌓였으며, 공경 대신은 목을 나란히 해서 죽임을 당했고, 온 집안[闔門]이 도륙당하고, 가문이 멸족되었다.

천자는 드러내서 말할 수 없어[48] 술 마시며 울고, 숨을 죽이고, 자신을 주(周) 난왕(赧王)과 한(漢) 헌제(獻帝)에 비교했다. 역시 슬프지 않은가! 선종(宣宗)은 엄숙하고 의지가 강하며, 명철하게 살폈지만, 그래도 눈을 감고 머리를 흔들면서, 스스로 그들이 두렵다고 말했다.

하물며 의종(懿宗), 희종(僖宗)은 교만하고 사치스러웠고, 소리와 여색, 격구와 사냥으로 자신이 원하는 것을 충족시키니, 정사를 모두 그들에게 위임했다. 그들을 아버지라 부른 것은 참으로 괴이할 것[怪]도 없다. 도적들이 궁궐을 더럽히고, 두번이나 양주(梁州)와 익주(益州)로 파천한 것은 모두 전영자가 한 짓이었다.

소종(昭宗)이 그 치욕을 이겨내지 못하고, 깨끗이 청소해 버리려고 힘썼으나, 맡긴 자가 적임자가 아니었고, 바른 방법으로 시행하지 못했다. 처음에는 장준(裝濬)의 군이 평양에서 무너져[覆], 발호한 이극용의 형세를 더해 주었고, 양복공(楊復恭)은 산남으로 망명해 송문통(宋文通)에게 신하

---

47) 反覆 반복 : 언행을 이랬다 저랬다 함, 배반함, 되풀이함, 엎어짐, 또 뒤집어짐, 본디로 돌아감

48) 陽瘖 양음 : 양(陽) 겉, 볕, 양지. 음(瘖) 주(註) 말할 수 없다

가 되지 않으려는 마음을 열어주었다.

끝내는 궁궐의 뜰에서 교전하고, 화살이 천자의 의복을 스쳤다. 사성(莎城)으로 흘러들어갔고[漂流], 떠돌아다니다가 화음에 머물렀다[寓]. 동내(東內)에서는 유폐되는 모욕을 당했고, 위협당해서 기양(岐陽)으로 옮겨졌다. 최창하(崔昌遐)가 어찌 할 수 없어 다시 주전충을 불러서 그들을 토벌하게 했다.

병사를 늘어세워 성을 포위하니, 다시 추위와 더위의 어려움을 겼었다[罹]. 천자의 음식[御膳]이 마른 양식[糗糒][49]도 부족했고, 왕후가 굶주림과 추위 때문에 쓰러졌다. 그런 후에 한전회가 죽임을 당하고, 천자의 수레가 동쪽으로 나와 그 무리들을 전멸시키니, 남은 자[孑遺]가 없었다. 당(唐)의 종묘사직이 이 때문에 빈 터가 되었다.

그런즉, 환관의 화는 명황[玄宗]에게서 시작되어 숙종(肅宗) 대종(代宗) 대에서 커졌고, 덕종(德宗)에게서 이루어지고, 소종(昭宗)에게서 극(極)에 달했다. 『역경(易經)』에서 '서리를 밟으면, 단단한 얼음을 밟게 되는 날이 올 것이다'라고 했다. 국가를 다스린다[爲]는 것은 미세한 데서 방지하고, 점점 커지는 것을 막는 것이니, 그 시작을 삼가하지 않을 수 있겠는가! 이것이 그 우환이 된다는 것을 밝혀서 더욱 드러낸 것이다.

그 나머지 어진 자와 능력 있는 자를 해치고, 난리를 일

---

49) 糗糒 구비 : 주(註) 건량(乾糧) 마른 양식

으켜 화를 이르게 하고, 관직을 팔고 옥사를 팔고[鬻獄], 군대를 방해해 패배시키고[沮敗], 백성들을 갈취해 해를 끼친[蠹害] 것은 다 들 수 없다.

무릇 환관[50]은 삼왕(三王)의 시대부터 있었고, 『시경(詩經)』과 『예기(禮記)』에 실려 있다. 궁녀 방[閨闥][51]의 (출입을) 삼가하게 하고, 내외의 말을 통하게 하는 바로써, 어찌 없을 수 있겠는가!

항백(巷伯)이 악을 미워한 일, 환관 피(披)가 임금을 섬긴 일, 정중(鄭衆)이 상을 사양한 일, 여강(呂彊)이 직간을 한 일, 조일승(曹日升)이 환란을 구한 일, 마존량(馬存亮)이 난리를 그치게[弭] 한 일, 양복광(楊復光)이 도적을 토벌한 일, 엄준미(嚴遵美)가 권력을 피한 일, 장승업(張承業)이 충성을 다한 일 같으면, 그 중에 어찌 어질고 능력 있는 자가 없다고 하겠는가!

돌아 보건데, 임금이 그들과 함께 정사를 모의해 사대부를 등용하거나 물러나게 하고, 그들에게 천자의 권력[威福]을 갖게 해서, 사람을 흔들게[動] 해서는 마땅히 안된다는 것일 뿐이다. 과연 혹 죄가 있으면, 작은 죄는 형벌을 내리고, 큰 죄는 죽이고, 관대하게 용서하는 바가 없어야 한다.

이와 같다면, 비록 그들에게 전횡하라고 하더라도 누가 감히 하겠는가! 착하고[臧] 착하지 않음을 살피지 않고, 옳고 그름을 가리지도 않고서, 풀을 후리쳐 베듯이[薙]하고,

---

50) 寺人 시인 : 주(註) 시인은 엄관(閹官, 내시)이다.

51) 閨闥 규달 : 궁녀의 방, 부인의 처소

짐승사냥 하듯이 한다면, 난리가 없을 수 있겠는가!

이 때문에 원소(袁紹)가 앞에서 일을 하고 동탁(董卓)이 한(漢)나라를 약하게 만들었고(만들었듯이), 최창하(崔昌遐)가 뒤에서 그것을 답습하고, 주(朱)씨가 당(唐)을 찬탈한 것이다.

비록 한 때의 분함을 통쾌하게 풀었지만, 나라가 따라서 망했으니, 이것은 옷의 때[垢]가 더럽다고 그것을 불태운 것이고, 나무의 좀이 싫어서 그것을 베어버린 것이다. 그 일이 해가 될 것이고, 어찌 더 많은 해가 되지 않겠는가? 공자가 말하기를 '사람이 되어 어질지 않다고 그를 심하게 미워하면, 난을 일으킨다'고 했다. 이것을 말함이다"

갑자(甲子) 천우(天祐) 원년(904년)

봄 정월에 주전충(朱全忠)이 비밀리에 표문을 올려 '최윤(崔胤)이 마음대로 권력을 좌지우지해 나라를 어지럽히고, 군신을 이간질한다'고 하고, 그 일당 정원규(鄭元規) 진반(陳班) 등과 함께 모두 주살했다. 아장(牙將) 구언경(寇彥卿)을 보내 표문을 바치고, 빈기(邠岐)의 군대라 칭하고, 왕성 주변(畿甸)[52]에서 위협하면서[逼], 상에게 낙양으로 천도할 것을 요청했다.

임술일(壬戌日)에 천자의 수레가 장안을 출발하자, 주전충이 장정범(張廷範)을 어영사(御營使)로 삼아 장안의 궁실

52) 畿甸 기전 : 왕성(王城) 주변 사방 5백리의 땅

과 백관의 관사 및 민간의 집들을 헐었다[毁]. 장안이 이 때문에 마침내 폐허가 되었다. 상이 낙양이 이르자 주전충이 장현휘(蔣玄暉)를 시켜 그를 시해했다. 휘왕(輝王)을 세워 황태자로 삼았다.

○ 전유(錢鏐)에게 오월왕(吳越王)의 작위를 주었다.

소선제(昭宣帝). 시호(諡號)는 애제(哀帝). 재위 3년, 수(壽) 17세

을축(乙丑) 천우(天祐) 2년(905년)

오월에 혜성(彗星)이 하늘 끝까지 길게 미치니[竟] 점치는 사람이 "임금과 신하가 모두 재앙을 겪을 것이니, 마땅히 주살(誅殺)로 거기에 따르십시오"라고 말했다.

○ 6월에 주전충은 물러난[貶] 조정의 선비 30여 명을 백마역에 모이게 해서, 하루 저녁에 모두 죽이고, 시체를 황하에 던졌다. 예전에 이진(李振)은 여러번 진사과의 관리시험에 응시했으나, 끝내 순번 내에 들지 못했기 때문에 조정의 높은 관리들[53]을 매우 미워했다. 주전충에게 "이 무리들은 항상 자신들을 청류(淸流)라고 하니, 마땅히 그들을 황하에 던져 탁류(濁流)가 되게 하십시오"라고 말했다. 주전

53) 搢紳 진신 : 홀(笏)을 조복의 대대(大帶)에 꽂음, 의관속대(衣冠束帶)한 사람, 전(轉)하여 높은 벼슬아치. 진(搢) 꽂다. 신(紳) 큰 띠

충이 웃으며 그를 따랐다.

○ 오왕(吳王) 양행밀이 죽었다. 그 아들 양악(楊偓)이 스스로 홍농군왕(弘農郡王)에 즉위했다.

○ 주전충을 상국(相國)으로 삼고, 양왕(梁王)으로 작위를 올려주고, 공이 있는 신하에게 주는 구석(九錫)을 내렸다.

거란(契丹)의 선조는 당(唐) 소종(昭宗) 천복(天復) 원년, 거란의 흔덕근가한(痕德董可汗)이 야율아보기(耶律阿保機)를 이리근(夷离董)[54]으로 삼은 때부터이다. 처음에 염제(炎帝)의 후손을 '갈오토(葛烏免)'라 했는데, 대대로 북녘 사막[朔漠]에 웅거해 동호(東胡)라고 불렸다. 흉노의 묵특선우(冒頓單于)가 습격해 그들을 격파하자, 남은 무리들이 선비산(鮮卑山)을 지키며 살았다.

위(魏)나라 청룡(靑龍) 연간 중에 유주자사(幽州刺史) 왕웅(王雄)이 그 추장 비능(比能)을 죽이니, 부하들이 흩어져 황수(潢水)로 옮겼다. 추장 막나(莫那)에 이르러 요서(遼西)로 옮겼으며, 9대째 전했는데[九傳], 모용황(慕容皝)에게 격파되어, 그 족속을 셋으로 나누어 우문(宇文) 고막해(庫莫奚) 거란(契丹)이라 했다.

원위(元魏) 초기에 그 족속이 점점 늘고 퍼졌다. 그리고 거란의 추장 기수(奇首)는 황하와 토하(土河)의 사이에 살

54) 주(註) 이리근(夷离董)은 부족의 군정(軍政)과 민정(民政)을 장악하며, 중국의 사상(使相)과 같다.

면서, 8명의 아들을 두었는데, 각각 스스로 거느리는 부(部)를 만들었다. 고구려와 유연(柔然)부족이 모의해 그들을 공격하자, 대추장 막불하물우(莫弗賀勿于)가 두려워서 부락(민) 3천 수레[乘]를 인솔해 위(魏)에 귀부를 요청하니, 백랑수(白狼水) 동쪽에 살게 했다.

당(唐) 초기에 대추장을 대하씨(大賀氏)라 불렀는데, 승병(勝兵)55)이 8만 명 있었다. 정관(貞觀) 연간 중에 태종이 고구려를 정벌할 때 수령 굴가(窟哥)가 신하로서 조정에 왔다[來朝]. 조서를 내려 그 땅을 10주로 나누고, 그 부족장을 자사(刺史)로 삼으라고 하니, 굴가(窟哥)를 송막도독(松漠都督)으로 임명하고, 이씨 성을 하사하고, 그 족속을 통솔해 다스리게 했다.

굴가가 죽자 그 손자 이진충(李盡忠)이 모반했다. 무후(武后)가 군사 20만을 보내 여러 해 싸워서 마침내[乃] 함락시켰다. 남은 족속들이 돌궐에 귀부했다.

개원(開元) 연간에 이진충(李盡忠)의 사촌아우 이실활(李失活)이 항복을 청하자, 조서를 내려 다시 그를 도독(都督)으로 삼았다. 이실활(李失活)은 사고(沙固)에게 전했는데, 사고(沙固)가 아관(衙官) 가돌간(可突干)에게 살해 당하자, 아우 울우(鬱于)가 뒤를 이었고, 울우(鬱于)가 죽자, 아우 돌우(咄于)가 뒤를 이었다.

가돌간(可突干)이 다시 그를 축출하니, 부족 사람들이 함

---

55) 勝兵 승병 : 당장 작전에 참가 시킬 수 있는 병사

께 돌우의 아우 소고(卲固)를 세웠는데, 가돌간이 소고를 죽이고, 굴열(屈列)을 세워 돌궐을 따르게 했다. 유주자사(幽州刺史) 장수규(張守珪)가 가돌간을 토벌해 죽였다. 조서를 내려 그 별부장(別部長) 과절(過折)에게 북평왕(北平王) 작위를 주어 대하씨(大賀氏) 여러 부족을 통솔하게 했다.

가돌간의 일당 아리(雅里)가 과절(過折)을 죽이고 적련조리(迪輦組里)를 세워 조오가한(阻午可汗)으로 삼고, 호칭을 요련씨(遙輦氏)로 고쳤다. 아리(雅里)는 스스로 질랄부(迭剌部)를 만들어 조오극한(阻午可汗)를 보필해 정치를 했다. 처음으로 제도를 세우고, 관직을 설치하고, 땅을 나누었으며, 나무에 새겨서 언약[契]을 만들고, 땅에 구멍을 파서 우리[牢]를 만들었다.

아리(雅里)라는 자는 본래 기수(寄首)의 후예이다. 황하가에 살았고, 심길씨(審吉氏)라고 불렀다. 씨(氏) 질랄(迭剌)을 바꾸었는데, 처음 발흥했던 땅인 세리(世里)를 번역하면, 야율(耶律)이라고 하기 때문에, 그것을 성(姓)으로 했다.

천보(天寶) 4년에 조서를 내려 조오(阻午)에게 이회수(李懷秀)라는 성명을 내려주고, 그에 따라 송막도독(松漠都督)을 시켰는데, 회수가 얼마 안가서 모반했다. 조서를 내려 다시 별부장(別部長) 해락(楷落)에게 공인왕(恭仁王)의 작위를 주고, 이회수를 대신하게 했는데, 해락(楷落)이 자칭 거란 왕이라고 했다.

마침 안록산이 모반해 조공이 막히고 끊어져, 그 세대의 순서는 자세히 알 수 없다. 혹자가 말하길 '그 나라에는 8부(部)가 있는데, 항상 그 한 부(部)의 대인을 추대해 깃발과 북을 세우고, 호령을 주관하게 한다' 고 했다. 그러나 그들이 칭한 야란가한(耶瀾可汗) 굴수(屈戍)와 파란가한(巴剌可汗) 습이(習爾)의 부류는 어느 부족의 대인인지 모른다.

이 해에 습이(習爾)가 죽고, 그 일가인 흠덕(欽德)이 즉위했다. 이 사람이 흔덕근가한(痕德堇可汗)이다. 흔덕근(痕德堇)의 시대에는 여러 부족이 대부분 미약했으나, 아리(雅里) 이후부터 질랄부(迭剌部)는 대대로 요련씨(遙輦氏)의 이리근(夷离菫)이 그 국정을 장악했다.

아리의 아들은 비첩(毗牒)인데, 비첩은 해령(頦領)을 낳고, 해령은 누리사(耨里思)를 낳았다. (누리사는) 도량이 크고 욕심이 적으며 명령이 엄정하니, 사람들이 많이 따랐고, 부족이 더욱 강성해졌다. 누리사는 살랄덕(薩剌德)을 낳았고, 살랄덕은 균덕실(匀德實)을 낳았는데, 백성들에게 농사[稼穡]를 가르쳤고, 가축을 잘 길렀다. 부족이 이 때문에 여유롭고 부유해졌다.

균덕실은 살랄적(撒剌的)을 낳았는데, 처음으로 백성들에게 쇠 담굼질하는 법[鼓鑄]을 가르쳤다. 그 아우 술란은 또 군사를 잘 거느리니[用兵], 우(于) 궐(厥) 실위(室韋) 해(奚) 습(霫)이 두려워하고 복종했다. 처음으로 성읍과 집을 지어 거주했고, 뽕나무와 삼을 심고 길러서[樹藝] 직물을 짰다.

아보기(阿保機)는 살랄적의 장남이다. 어릴 때의 이름은 철리지(啜里只)인데, 태어나면서부터 영특하고 남달랐다. 처음에 달마융사리(撻馬狘沙里)가 되었는데, 중국의 호종관(扈從官)과 같은 것이다.

여러 번 공을 세웠고, 나라 사람들이 그에게 감복해 아주

사리(阿主沙里)라고 불렀다. 이때부터 대질열부이리근(大迭烈府夷离菫)에 제수되어, 군대를 마음대로 부릴 수 있었다. 마침내 실위(室韋)와 우(于) 및 궐(厥) 해(奚)의 여러 나라를 크게 격파했다.

○ 천복(天復) 2년 아보기가 하동(河東)을 공격하고 9군(郡)을 함락시켰다.

○ 천복 3년 10월에 거란이 아보기를 우월총지국사(于越總知國事)로 삼고, 마침내 용화주(龍化州)에 동루(東樓)를 만들었다.

○ 소선제(昭宣帝) 천우(天祐) 2년 가을 8월에 진왕(晉王) 이극용(李克用)이 거란에 사자를 보냈다.

9월에 거란의 아보기가 기병 7만을 데리고 운중(雲中)에 와서 진왕(晉王)과 만났다. 형제가 되기를 약속하고 연회를 베푸니, 매우 기뻐했다. 이극용이 이 기회를 이용해 군대를 함께 회동해서 진군했다. 유인공(劉仁恭)을 공격해서, 여러 주(州)를 함락시키고, 그 백성을 모두 이주시켰다.

다시 함께 기일을 정해 주전충을 공격하자고 하니, 아보기가 그것을 허락했다. 혹자가 이극용에게 회동할 때 틈을 타서 아보기를 잡으라고 권유했다. 이극용이 허락하지 않으면서 "원수와 적이 아직 멸망하지 않았는데, 오랑캐에게 신의를 잃는다면 스스로 망하는 길"이라고 말했다. 아보기가 떠나고 나서 그것을 들었다. 곧 맹약을 배신하고 다시 주전충에게 붙었다. 이극용이 이 때문에 그를 원망했다.

병인(丙寅) 천우(天祐) 3년(906년)

봄 2월에 주전충이 사자를 거란에 보냈다.

11월에 거란의 아보기가 해(奚)와 습(霫)을 공격했고, 여진의 여러 부족이 그에게 항복했다. 12월 거란의 흔덕근가한(痕德菫可汗) 흠덕(欽德)이 죽었다.

○ 정묘(丁卯) 봄 정월에 그 부하들이 아보기에게 가한(可汗)이 될 것을 청하자, 아보기가 이에 단을 설치하라고 명령하고, 하늘에 고하고 황제에 즉위했다. 북재상 소할랄(蕭轄剌)과 남재상 야율구리사(耶律歐里思)가 그 휘하를 거느리고 존호를 올리며 말하기를 '천황제(天皇帝)'라 하고, 황후 술율씨(述律氏)를 '지황후(地皇后)'라고 했다. 아보기가 이름을 억(億)으로 고쳤다. 갈로(曷魯)에게 군대를 총괄하게 하고, 이 해를 원년으로 했다.

무진(戊辰) 2년 10월에 명왕루(明王樓)를 만들었다.

병자일(丙子日)에 연호를 신책(神冊)으로 고치고, 크게 사면령을 내렸다. 아들 배(倍)를 세워 태자로 삼았다.

병술(丙戌)에 연호를 천현(天顯)으로 고쳤다.

발해(渤海)를 멸망시켜 동단국(東丹國)이라 고치고, 아들 배(倍)를 인황왕(人皇王)으로 삼아 그곳에 살게 했다. 7월 거란주 억(億)이 부여(夫餘)에서 죽었다. 묘호(廟號)를 태조라고 하고, 시호(諡號)를 대성신열천황제(大聖神烈天皇帝)라고 했다.

원 문

卷之四十八

唐紀

宣宗 在位十三年，壽五十

丁卯大中元年

初 李德裕執政，引白敏中 為翰林學士。及武宗崩，德裕失勢，敏中乘上下之怒，竭力排之。敏中秉政，凡德裕所薄 皆不次用之。德裕尋貶潮州司馬。

戊辰二年

二月，以知制誥令狐綯 為翰林學士。上嘗以太宗所撰金鏡録 授綯，使讀之。至亂 未嘗不任不肖，至治 未嘗不任忠賢。上止之，曰:「凡求致太平，當以此言為首。」又書貞觀政要於屛風，每正色 拱手而讀之。

○秋 九月，再貶李德裕 為崖州司戶，卒。

己巳三年

閏 十月, 宰相以克復河湟, 請上尊號。上曰:「憲宗常有志復河湟, 以中原方用兵, 未遂而崩, 今乃克成先志耳。」

甲戌八年

秋 九月, 上獵於苑北, 遇樵夫。問其縣。曰:「涇陽人也。」「令為誰?」, 曰:「李行言。」「為政何如?」, 曰:「性執。有強盜數人, 匿軍家。索之, 竟不與, 盡殺之。」上歸, 帖其名於寢殿之柱。冬十月 行言除海州刺史, 入謝, 上賜之金紫, 問曰:「卿知所以衣紫乎?」對曰:「不知。」上命取殿柱之帖, 示之。

◯上召翰林學士韋澳, 託以論詩, 屏左右 與之語曰:「近日外間謂 內侍權勢如何?」對曰:「陛下威斷, 非前朝之比。」上閉目搖手, 曰:「全未 全未! 尚畏之在。」上又嘗與令狐綯 謀盡誅宦官, 綯恐濫及無辜, 密奏曰:「但有罪勿捨, 有闕勿補, 自然漸耗 至於盡矣。」宦者竊見其奏, 由是 益與朝士相惡。南北司如水火矣。

乙亥九年

二月, 以醴泉令李君奭 為懷州刺史。初 上校獵渭上, 有父老以十數, 聚於佛祠。上問之, 對曰:「醴泉百姓也。縣令李君奭有異政。考滿當罷, 詣府乞留, 故此祈佛, 冀諧所願耳。」及懷州刺史闕, 上手筆除君奭, 宰相莫之測。君奭入謝, 上以此獎厲, 衆始知之。

丁丑十一年

上樂聞規諫。凡諫官論事，門下封駁。苟合於理　多屈意從之。得大臣章疏，必焚香盥手　而讀之。

戊寅十二年

上餌方士藥，已覺躁渴。

◯上詔：刺史毋得外徙，必令至京師，面察其能否然後，除之。令狐綯嘗徙其故人　為隣州刺史，便　道之官。上見其謝上表，以問綯。對曰：「以其道近，省送迎耳。」上曰：「朕以刺史多非其人，　為百姓害故，欲一一見之，訪問其所施設，知其優劣，以行黜陟。而詔命既行，直廢格不用。宰相可謂有權。」時　方寒，綯汗透重裘。上臨朝，接對羣臣，如賓客。雖左右近習，未嘗見其有惰容。每宰相奏事，旁無一人立者，威嚴不可仰視。奏事畢，忽怡然曰：「可以閒語矣。」因問閭閻細事，或談宮中遊宴，無所不至。一刻許，復整容曰：「卿輩善為之。朕常恐卿輩負朕，後日不復得再相見。」乃起入宮。令狐綯謂人曰：「吾十年秉政，最承恩遇，然每延英奏事，未嘗不汗霑衣也。」

己卯十三年

上餌道士藥，疽發於背，八月崩。宣宗性明察沈斷，用法無私，從諫如流，重惜官賞，恭謹節儉，惠愛民物。故　大中之政，訖於唐亡，人思詠之，謂之小太宗。

丙申懿宗卽位

懿宗 在位十四年, 壽三十一

庚辰咸通元年
浙東賊裘甫 攻陷象山, 浙東騷動, 安南都護王式 討平之。

戊子九年
徐州戍卒龐勛作亂, 衆至十萬。康承訓與朱邪赤心, 討平之。赤心賜姓名李國昌, 以為大同軍節度使。

癸巳十四年
秋 七月, 上崩。僖宗卽位。

僖宗 在位十五年, 壽二十七。

甲午乾符元年
上年少, 政在臣下。南牙北司 互相矛楯。自懿宗以来, 奢侈日甚, 用兵不息, 賦歛愈急。關東連年水旱, 州縣不以實聞, 上下相蒙, 百姓流殍, 無所控訴, 相聚為盜, 所在蜂起。是歲 濮州人王仙芝 始聚衆數千, 起於長垣。

乙未二年
上之為晉王也, 小馬坊使田令孜有寵。及卽位, 使知樞密, 遂擢為中尉。上時年十四, 專事遊戲, 政事一委令孜。

○黃巢亦聚衆千餘人，應王仙芝。巢少與仙芝　皆以販私鹽為事。巢善騎射，喜任俠。粗涉書傳，屢擧進士不第。遂為盜　與仙芝，剽掠州縣，橫行山東。民之困於重斂者，爭歸之。數月之間，衆至數萬。

戊戌五年

春　沙陀兵馬使李國昌之子　克用起兵，殺大同防禦使段文楚，自稱留後。

○招討使曾元裕　大破王仙芝於黃梅，殺五萬餘人，追斬仙芝傳首。

○黃巢方攻亳州未下。尙讓帥仙芝餘衆歸之，推巢為主，號衝天大將軍。

○王郢之亂，臨安人董昌，以土團　討賊有功，補石鏡都知兵馬使。

己亥六年

春 高駢擊黃巢，屢破之。巢遂趣廣南。冬 黃巢在嶺南，士卒罹瘴疫，死者什三四。其徒勸之北還，以圖大事，巢從之。十一月　黃巢北趣襄陽，　山南東道節度使劉巨容大破之。巢與尙讓收餘衆，渡江東走，轉掠饒 信 池 宣 歙 杭等十五州，衆至二十萬。

庚子廣明元年

秋 七月，黃巢自采石渡江，圍天長 六合，兵勢甚盛。丁卯 黃巢陷東都，留守劉允章帥百官迎謁。巢入城，勞問而已，閭里晏然。壬午 賊攻潼關，關上兵皆潰。田令孜奉帝，自金光門出，黃巢遂入長安。

◯上趣駱谷。鳳翔節度使鄭畋謁上於道次，請車駕留鳳翔。上曰：「朕不欲密邇巨寇。且幸興元，徵兵以圖收復。」壬辰，巢卽皇帝位。國號大齊，改元金統。

◯鄭畋還鳳翔，完城塹，繕器械，訓士卒，密約鄰道，合兵討賊。軍勢大振。

◯田令孜勸上 幸成都，上從之。

辛丑中和元年

三月， 黃巢遣其將尙讓 王播，帥衆五萬，寇鳳翔。畋使唐弘夫，伏兵擊之。賊大敗於龍尾陂。斬首二萬餘級，伏尸數十里。鄭畋傳檄天下蕃鎭，合兵討賊。時天子在蜀，詔令不通。天下謂朝廷不能復振，及得畋檄，争發兵應之。賊懼不敢復窺京西。未幾鳳翔司馬李昌言作亂，畋奔行在而薨。

◯黃巢所署 同州防禦使朱溫，擧州 降，賜名全忠。

◯黃巢兵勢尙强。河中留後王重榮患之，謂行營都監楊復光曰：「鴈門李僕射 驍勇，有强兵。彼亦有徇國之志，誠 以朝旨 召之，必來。来則 賊不足平矣。」王鐸在河中。乃墨敕召李克用。十一月 克用將沙陀萬七千人，趣河中。

癸卯三年

二月，李克用進軍乾阬，與河中 易定 忠武 軍合。尙讓等將十五萬衆，屯于梁田陂。明日 大戰 自午至晡，賊衆大敗。三月 克用進軍渭橋，與黃巢軍 戰于渭南。一日三戰皆捷。義成 義武等 諸軍繼之，賊衆大奔。四月 克用等 自光泰門 入京師。黃巢力戰不勝，焚宮室遁去。克用時年二十八，於諸將最少，而破黃巢 復長安，功第一。兵勢最強，諸將皆畏之。克用一目微眇，時人 謂之獨眼龍。詔 以克用 為河東節度使。詔 以黃巢未平，加全忠 東北面都招討使。

甲辰四年

春 二月， 克用追及巢於中牟，奮擊大破之。尙讓帥其衆降。

◯六月，武寧將李師悅 與尙讓，追黃巢至瑕丘，敗之。巢衆殆盡。走至狼虎谷。巢甥林言 斬巢兄弟妻子首 以降。

◯秋 七月，李克用至晉陽。大治甲兵，遣使 奉表 詣行在。自陳:「有破黃巢大功，為朱全忠所圖，僅能自免。乞遣使按問，發兵誅討。」時 朝廷 以大寇初平，方務姑息。得克用表，大恐。但遣中使，賜優詔 和解之。

◯田令孜益驕橫，禁制天子，不得有所主斷。上患其專，時語左右而流涕。

乙巳光啓元年
春 二月，車駕至京師。

◯秦宗權稱帝 於蔡州。

◯李克用表請誅令孜。詔 和解之，克用不聽。十二月 克用進逼京城，令孜夜奉天子，自開遠門 出幸鳳翔。初 黃巢焚長安宮室 而去，諸道兵入城 縱掠，焚府寺 民居什六七。京兆尹王徽 累年補葺，僅完一二。至是 復為亂兵焚掠，無孑遺矣。

丙午二年
春 正月，李克用還軍河中，與王重榮 同表請大駕還宮，因罪狀田令孜，請誅之。令孜請上幸興元，不從，是夜 令孜引兵入宮，劫上幸寶雞。宰相朝臣皆不知。時 田令孜弄權，再致播遷。天下共忿疾之。朱玫 李昌符引兵，追逼乘輿。

◯三月，車駕至興元。朱玫逼鳳翔，百官奉襄王熅 權監軍國事。玫部將王行瑜斬玫，執襄王熅 殺之。詔 以行瑜 為靜難節度使。

丁未三年
以錢鏐 為杭州刺史。

◯削田令孜官爵，長流端州。

○八月，高駢部將楊行密 自稱淮南留後。

戊申文德元年

上疾大漸，觀軍容使楊復恭，立壽王傑，為皇太弟。癸卯上崩。昭宗卽位。體貌明粹，有英氣。以僖宗威令不振，朝廷日卑，有恢復前烈之志。尊禮大臣，夢想賢傑，踐阼之始，中外欣欣焉。

昭宗 在位十六年，壽三十八

己酉龍紀元年

朱全忠大破秦宗權 斬之。全忠既克蔡州，兵勢益盛。

庚戌大順元年

上在藩邸，素嫉宦官。及卽位 楊復恭恃援立功，所為多不法。上意不平，政事多謀於宰相。

○夏 四月，朱全忠上言：「克用終為國患。今因其敗，臣請帥汴 滑 孟三軍 與河北三鎮，共除之。」張濬曰：「先帝再幸山南，沙陀所為也。臣常慮 其與河朔 相表裏，致朝廷不能制。今兩河藩鎮 共請討之，此千載一時。但乞陛下付臣兵柄，旬月可平。」上從之。

○五月 詔：削奪克用官爵，以濬為河東行營招討制置宣慰使。

◯官軍出陰地關，不戰而走。張濬又敗。克用上表訴寃。

辛亥二年
賜克用，詔：悉復其官爵，使歸晉陽。

◯八月，王建 自稱西川留後。

壬子景福元年
五月，楊行密屢敗孫儒兵，擒儒於陳。斬之，傳首京師。儒衆多降於行密。先是 楊孫富庶甲天下。時人稱 揚一 益二。及經 秦 畢 孫 楊 兵火之餘，江淮之間，東西千里 掃地盡矣。

◯八月，以楊行密 為淮南節度使。淮南被兵六年，士民轉徙幾盡。行密初至，賜與將吏，帛不過數尺，錢不過數百。而能以勤儉 足用，非公宴 未嘗舉樂。招撫流散，輕傜薄斂。未及數年，公私富庶，幾復承平之舊。

癸丑二年
春 正月，以李茂貞 為山南西道節度使。以渝州刺史柳玭為瀘州刺史。柳氏自公綽以来，世以孝弟禮法 為士大夫所宗。玭為御史大夫，上欲以為相，宦官惡之，故久謫於外。玭嘗戒其子弟曰：「凡門地高 可畏，不可恃也。立身行己 一事有失 則得罪 重於他人。死 無以見先人 於地下，此 其所以可畏也。門高 則驕心易生，族盛 則為人所嫉，懿行實才 人未之信。小有疵纇，衆皆指之。此 其所以不可恃也。

故 膏粱子弟 學宜加勤，行宜加勵，僅得比他人爾。」

○李茂貞恃功 驕橫。上怒欲討之，命杜讓能 專掌其事。

○九月，以覃王嗣周 為招討使，帥兵三萬 軍于興平。茂貞約王行瑜 合兵六萬，以拒之。禁軍皆 望風奔潰。茂貞等乘勝 進至三橋。京師大震。

甲寅乾寧元年

春 正月，以右散騎常侍鄭綮 為禮部侍郎 同平章事。綮好詼諧，多為歇後詩，譏嘲時事。上以為有所蘊，手注班簿，命以為相。聞者大驚。堂吏往告之，綮笑曰:「諸君大誤！使天下更無人，未至鄭綮。」吏曰:「特出聖意。」綮曰:「果如是，柰人笑何?」既而，賀客至。綮搔首言曰:「歇後鄭五 作宰相，時事可知矣。」累讓，不獲，乃視事。

乙卯二年

王行瑜 李茂貞 韓建各將精兵數千 入朝，奏 稱南北司互有朋黨，墮紊朝政。韋昭度 討西川 失策，李谿 作相 不合衆心。請誅之。上未之許。是日 行瑜等殺昭度 谿於都亭驛。

○李克用大舉蕃漢兵 南下，討王行瑜等。上詔 克用令且赦茂貞，併力討行瑜。十一月，克用進逼分州，行瑜棄城 走，克用追斬之。

○十二月，進克用爵晉王。三年 李茂貞犯京師，帝將幸太原，韓建請幸華州，上從之。茂貞遂入長安。自中和以來

所葺宮室市肆 燔燒 俱盡。

◯錢鏐克越州，斬董昌，以鏐 為鎮海節度使。

丁巳四年
王審知自稱 福建留後。

戊午光化元年
李茂貞與朱全忠 皆欲發兵迎天子。八月，車駕還京師。

庚申三年
以崔胤 為門下侍郎 同平章事，專制朝政。初 崔胤 與上密謀盡誅宦官。宦官益懼。上自華州還，忽忽不樂，多縱酒，喜怒不常，左右尤自危。於是 中尉 劉季述 王仲先，樞密使王彥範 薛齊偓等 陰謀廢立。乃引兵 突入宣化門。季述進曰:「陛下厭倦大寶，中外羣情願太子監國，請陛下保頤東宮。」乃扶上與后同輦，嬪御 侍從者 纔十餘人。適少陽院，季述以銀撾畫地，數上罪數十，乃銷其門，鎔鐵錮之。穴墻以通飲食。季述等矯詔，令太子裕 監國，尋使卽皇帝位。朱全忠聞亂，至太梁。季述遣 其養子希度 詣全忠，許以唐社稷 輸之。李振勸全忠誅季述。全忠乃囚希度，遣振如京師 詗事。崔胤密遣人，說神策指揮使孫德昭 誅季述等。

辛酉天復元年

春 正月 朔，王仲先入朝，孫德昭擒斬之。崔胤乃迎上，御長樂門樓，帥百官稱賀，周承誨擒劉季述 王彦範繼至。方詰責，已為亂梃所斃。薛齊偓赴井死 出而斬之。滅四人之族。

◯鳳翔節度使李茂貞入朝，進爵 岐王。

◯崔胤以宦官典兵，終為肘腋之患，諷茂貞 留兵三千 於京師，充宿衛。時 朱全忠 李茂貞 各有挾天子 令諸侯之意，全忠欲上幸東都，茂貞欲上幸鳳翔。胤知謀泄 事急，遺朱全忠書，稱被密詔，令全忠 以兵迎車駕。且言:「昨者 返正 皆令公良圖，而鳳翔先入朝，抄取其功，今不速来，必成罪人，豈惟功為他人所有，且見征討矣。」全忠得書，十月 大舉兵，發大梁。

◯朱全忠至河中，表請 車駕幸東都，京師大駭。十一月，中尉韓全誨等 陳兵殿前，請幸鳳翔。上不得已，乃與皇后妃嬪 諸王百餘人 皆上馬。慟哭聲不絕。全誨等遂火宮城，車駕幸鳳翔。

壬戌二年

十一月，朱全忠進攻鳳翔。李茂貞出戰 累敗，儲峙已竭。上乃召李茂貞等議 與全忠和。

癸亥三年

正月，茂貞獨見上。請 誅韓全誨等，與朱全忠和，奉車駕還京。上喜。卽收全誨斬之。遣使，囊全誨等首，以示全忠。時 鳳翔所誅宦官 已七十二人，朱全忠又密令京兆，捕誅九十人。甲子 車駕出鳳翔，幸全忠營，已巳 入長安。

○崔胤奏:「國初承平之時，宦官不典兵預政，天寶以来 宦官寖盛。貞元之末，分羽林衛，為左右神策軍，以便衛從，始令宦官主之，以二千人為定制。自是參掌機密奪百司權。上下彌縫 共為不法。大則構扇藩鎮 傾危國家，小則賣官鬻獄， 蠹害朝政。王室衰亂，職此之由。不翦其根，禍終不已。請悉罷內諸司，使其事務 盡歸之省寺，諸道監軍 俱召還闕下。」上從之。是日 全忠以兵，驅第五可範已下數百人於內侍省，盡殺之。寃號之聲 徹於內外。又出使者，詔所在收捕誅之。止，留黃衣幼弱者三十人，以備洒掃。

温公曰:「宦者用權 為國家患 其来久矣。蓋 以出入宮禁，人主自幼及長，與之親狎，非如三公六卿 進見有時可嚴憚也。其間 復有性識儇利 語言辯給， 善伺候顏色，承迎志趣。受命 則無違忤之患，使令 則有稱愜之效。自非上智之主 燭知物情 慮患深遠 侍奉之外 不任以事， 則近者日親，遠者日疎。甘言卑辭之請 有時而從，浸潤膚受之愬 有時而聽。於是 黜陟 刑賞之政，潛移於近習 而不自知。如飲醇酒，嗜其味 而忘其醉也。黜陟 刑賞之柄移，而國家不危亂者，未之有也。東漢之衰，宦官最名驕橫。然 皆假人主之權，依憑城社，以濁亂天下。未有 能劫脅天子 如制嬰兒 廢置在手 東西出其意 使天子畏之 若乘虎狼 而挾蛇虺 如唐世者也。所以然者，非他。漢不握兵，唐握兵 故也。太宗監前世之弊，深抑宦官，無得過四品。明皇始墮舊章，是崇是長。晩節 令高力士 省決章奏，乃至進退將相 時 與之議，自太子王公，皆畏事之。宦官自此熾矣。及中原板蕩，肅宗收兵靈武，李輔國 以東宮舊隷，參預軍謀，寵過而驕，不復能制。遂至愛子慈父　皆不能庇，以憂悸終。代宗踐祚，仍遵覆轍。程元振 魚朝恩相繼用事，竊弄刑賞，壅蔽聰明。視天子如委裘，陵宰相如奴虜。是以 来瑱入朝，遇讒賜死。吐蕃深侵郊甸，匿不以聞，致狼狽幸陜。李光弼危疑 憤鬱，以隕其生。　郭子儀擯廢家居，不保丘壟。僕固懷恩寃抑無訴，遂棄勳庸，更為叛亂。德宗初立，頗振綱紀，宦官稍絀。而返 自興元，猜忌諸將，以李晟 渾瑊爲不可信，悉奪其兵，而以竇文場 霍仙鳴 爲中尉，使典宿衛。自是 大阿之柄 落其掌握矣。憲宗末年，吐突承璀欲廢嫡立庶，以成陳弘志之變。寶歷　狎暱羣小，劉克明 蘇佐明爲逆。其後 絳王及文 武 宣 懿 僖 昭六帝 皆爲宦官所立，勢益驕橫。王守澄 仇士良 田令孜 楊復恭 劉季述 韓全誨 爲之魁傑。自稱定策國老，目天子爲門生。根尋蔕固，疾成膏肓，不可救藥矣。文宗深憤其然，志欲除之，以宋申錫之賢，猶不能有所爲 反受其殃。況李訓 鄭注 反覆小人，欲以一朝譎詐之謀　翦累世膠固之黨，遂至涉血禁塗，積尸省戶。公卿大臣 連頸就誅， 闔門屠滅。天子陽瘖縱酒， 飲泣吞氣，自比赧獻。不亦悲乎！ 以宣宗之嚴毅明察，猶閉目搖首，自謂畏之。況懿 僖之驕侈，苟聲色毬獵，足充其欲， 則政事一以付之。呼之以父，固無怪矣。賊汙宮闕，兩幸梁益，皆令孜所為也。昭宗不勝其恥，力欲清滌，而所任不得其人，所行不由其道。始 則張濬覆軍於平陽，增李克用跋扈之勢，復恭亡命於山南，啓宋文通不臣之心，終則兵交闕庭，矢及御衣，漂泊莎城。流寓華陰，幽辱東內，刼遷岐陽。崔昌遐無如之何，更召朱全忠 以討之。連兵圍城，再罹寒署，御膳不足於糗糒，王侯斃踣於飢寒。然後 全誨就誅，乘輿東出，翦滅其黨，靡有孑遺。而唐之廟社 因以丘墟矣。然則宦者之禍 始於明皇，盛於肅 代，成於德宗，極於昭宗。易曰:「履霜，堅氷至。」為國家者 防微杜漸，可不愼其始哉！ 此其為患 章章尤著者也。自餘傷賢害能， 召亂致禍，賣官鬻獄，沮敗師徒，蠹害烝民，不可徧舉。夫寺人之官，自三王之世，載於『詩·禮』，所以謹閨闥之禁，通內外之言，安可無也。如巷伯之疾惡，寺人披之事君，鄭衆之辭賞，呂彊之直諫，曹日升之救患，馬存□之弭亂，楊復光之討賊，嚴遵美之避權，張承業之竭忠，其中豈無賢才乎！ 顧 人主不當 與之謀議政事 進退士大夫 使有威福 足以動人耳。果或有罪，小則刑之，大則誅之，無所寬赦。如此，雖 使之專橫，孰敢哉！ 豈可 不察臧否 不擇是非 欲草薙 而禽獮之？能無亂乎？是以 袁紹行之於前，而董卓弱漢，崔昌遐襲之於後，而朱氏簒唐。雖快一時之忿，而國隨以亡。是猶惡衣之垢 而焚之，惡木之蠹 而伐之。其為害 豈不益多哉！孔子曰:『人而不仁，疾之已甚，亂也。』斯之謂矣。」

甲子天祐元年

春 正月，朱全忠密表，崔胤專權 亂國，離間君臣。幷其黨 鄭元規 陳班等 皆誅之。遣牙將寇彥卿 奉表，稱邠□兵 逼畿甸，請上遷都 洛陽。壬戌 車駕發長安，全忠 以張廷範 為御營使，毁長安宮室百司 及民間廬舍。長安 自是 遂丘墟矣。上至洛陽，全忠使蔣玄暉 弑之，立輝王 為皇太子。

◯封錢鏐 為吳越王。

昭宣帝在位四年 壽十七

乙丑天祐二年

五月，彗星長竟天，占者曰:「君臣俱災，宜誅殺以應之。」

◯六月，全忠聚朝士貶官者 三十餘人，於白馬驛，一夕 盡殺之，投尸於河。初 李振屢舉進士，竟不中第。故深嫉搢紳之士。言於全忠曰:「此輩常自謂清流，宜投之黃河，使為濁流。」全忠笑 而從之。

◯吳王楊行密薨。其子偓，自立 為弘農郡王。

◯以朱全忠 為相國， 封梁主，加九錫。契丹之先 自唐昭宗 天復元年，契丹痕德董可汗 以耶律阿保機 為夷離董。

初　炎帝之裔，曰葛烏兎。世雄朔漠，號東胡。匈奴冒頓單于襲破之，餘衆保鮮卑山。魏靑龍中，幽州刺史王雄　殺其酋比能，衆散徙潢水。至酋莫那遷于遼西，九傳，而為慕容皝所破，分其衆為三，曰宇文，曰庫莫奚，曰契丹。元魏初，衆稍滋蔓，而契丹酋奇首　居黃河　上河之間。有子八人，各自為部。高句驪　柔然　謀擊之，大酋莫弗賀勿于懼，率部落三千乘，請附于魏。因居白狼水東。唐初　大酋　號大賀氏，有勝兵八萬。貞觀中，太宗伐高麗，首領窟哥来朝，詔　分其地　為十州，以其部長　為刺史，拜窟哥　為松漠都督。賜姓李氏，統領其衆。窟哥死，其孫盡忠叛，武后遣師十二萬，連年　乃克。餘衆附于突厥。開元中，盡忠從弟　失活請降，詔　復以為都督。失活傳沙固，沙固為衙官可突干所殺，弟　鬱于嗣。鬱于死，弟咄于嗣，可突干復逐之。部人共立咄于之弟邵固，可突干殺邵固，而立屈列，以附于突厥。幽州刺史張守珪　討殺可突干。詔　封其別部長過折　為北平王，以統大賀氏諸部。可突干之黨　雅里殺過折，而立迪輦組里　為阻午可汗。改號遙輦氏。雅里自為迭剌部，輔阻午　以為政。始立制度，設官分地，刻木為契，穴地為牢焉。雅里者，本寄首之後。居潢河濱，號審吉氏，及易氏迭剌，因譯其始興之地　世里　為耶律，而姓之。天寶四年，詔賜阻午姓名曰，李懷秀，仍為松漠都督。懷秀尋叛，詔　更封別部長楷落　為恭仁王，以代懷秀。楷落自稱契丹王。會安祿山反，朝貢阻絶，其世次　莫得而詳。或言:「其國凡八部，常推其一部大人　建旗鼓，以主號令。」然　其所稱　耶瀾可汗　屈戌　巴剌可汗　習爾之類，不知何部大人也。是年習爾死，其族人欽德立，是為痕德可汗。痕德菫之世 諸部多微。而迭剌部 自雅里以後，世為遙輦氏夷离菫 掌其國政。雅里子曰，毗牒。毗牒生頦領，頦領生耨里思。大度寡欲，令嚴衆附，部益盛強，耨里思生薩剌德，薩剌德生匀德實，教民稼穡，善畜牧，部以殷富，匀德實生撒剌的，始教民皷鑄。其弟巡瀾 又善用兵，于厥室韋奚霫畏服之。初築城邑屋廬 以居，樹藝桑麻 以織組焉。阿保機 撒剌的長子也。小字啜里只生，而英異。初為撻馬狘沙里，猶中國扈從官也。數立功，國人服之，號為阿主沙里。至是，授大迭烈府夷离菫，得專用兵，遂大破室韋 于厥 及奚諸國。

◯天復二年 阿保機寇河東，陷九郡。

◯天復三年 十月，契丹 以阿保機 為于越，總知國事，遂作東樓 于龍化州。

◯昭宣帝天祐二年 秋 八月，晉王李克用 遣使如契丹。九月 契丹阿保機 以騎兵七萬 會晉王于雲中。約為兄弟，宴甚驩。克用因與會師，進擊劉仁恭，拔數州，盡徙其民。復期共擊朱全忠。阿保機許之。或勸克用，乘間拘阿保機于會。克用不許曰:「讎敵未滅，而失信夷狄，自亡之道也。」阿保機既去，聞之乃背盟，更附朱全忠，克用由是怨之。

丙寅天祐三年

春 二月，朱全忠遣使 如契丹。十一月，契丹阿保機 侵奚霫，女真諸部降之。十二月，契丹 痕德菫可汗欽德死。

○丁卯 春 正月，其衆請 阿保機為可汗。阿保機 乃命設壇告天，卽皇帝位。北宰相蕭轄剌，南宰相耶律歐里思率其下，上尊號曰，天皇帝。后 述律氏曰，地皇后。阿保機更名 億。以曷魯 總軍事。是為元年。戊辰二年 十月，作明王樓。丙子 改元神冊，大赦。立子倍為太子。丙戌 改元天顯，滅渤海。改為東丹國，以子倍為人皇王，居之。七月，契丹主億，卒于扶餘。廟號太祖。謚曰，大聖神烈天皇帝。

통감절요 49권

5대기(五代紀)–후량기(後粱紀)[1]

태조황제(太祖皇帝) 재위 7년, 수(壽) 61

정묘(丁卯) 당(唐) 천우(天祐) 4년(907년)

3월에 당(唐) 소선제(昭宣帝)가 어찰(御札)[2]을 내려 양(梁)나라에 선위했다. 양(梁)왕이 이름을 황(晃)으로 개명하고, 황제에 즉위해 국호를 양(梁)이라고 했다. 황제를 제음왕(濟陰王)으로 받들었다.

○ 이 때 오직 하동(河東) 봉상(鳳翔) 회남(淮南)만이 천우(天祐)를 칭하고, 서천(西川)은 천복(天復) 연호(年號)를 칭했고, 나머지는 모두 양(梁)의 정삭(正朔)을 받아[稟] 신하를 칭하고 공물을 바쳤다.

○ 촉(蜀)왕이 진(晉)왕에게 글을 보내 "청컨대 각각 한 방면의 황제가 되어 주온(朱溫)이 평정되기를 기다렸다가 당(唐) 종실을 찾아[訪] 그를 세우고 난 뒤, 물러나 변경[藩服][3]으로 돌아갑시다"라고 말했다. 진(晉)왕이 글을 보내

---

1) 시대개관 : 5대10국(五代十國)은 907년 주전충(朱全忠)에 의해 당 왕조가 멸망하고, 후량(後粱)의 건국부터 약 60년간의 분열기간을 말한다. 960년 후주(後周)의 무인 조광윤(趙匡胤)이 송(宋)왕조를 개창하면서 5대10국의 혼란은 막을 내렸다. 5대10국 시기 화북(華北)에서는 다섯 왕조(5대: 후량-후당-후진-후한-후주(後梁-後唐-後晉-後漢-後周)가 흥망성쇠를 거듭했으며, 장강 유역의 남쪽에서는 10개의 왕조(10국: 전촉, 오, 남당, 남한, 민, 후촉, 오월, 북한, 초, 형남(前蜀, 吳, 南唐, 南漢, 閩, 後蜀, 吳越, 北漢, 楚, 荊南)가 세워졌다. 화북의 5대는 당 말 절도사들의 번진통치구조를 이어받아 군벌로 이어지는 무인(武人)의 기풍이 강했고, 장강 유역의 10국은 화북의 5대 왕조 보다 상대적으로 안정된 정치를 이룩하며 강남 경제와 문화발전에 기여했다.

2) 御札 어찰 : 입금이 친히 쓴 서면. 전(轉)하여 조서(詔書)

"이 생명에 맹세컨대, 감히 절개를 잃을 수는 없다"며 제의를 거절했다.[4]

○ 기(岐)왕은 군을 대단히 관대하게 다스리고, 사졸을 간이하게 대했다. 이 때문에 사람들이 마음으로 좋아했다. 그러나 군을 다스림에는 기율이 없었다. 당(唐)이 망했다는 소식을 들었으나, 병사들이 약하고[羸] 땅이 오그라들어[蹙] 감히 황제를 칭하지 못했다.

○ 양(粱)이 무안절도사(武安節度使) 마은(馬殷)을 초(楚)왕으로 삼았다.

○ 오(吳)왕 유(鏐)를 오월(吳越)왕으로 삼았다.

○ 청해절도사(淸海節度使) 유은(劉隱)을 남해(南海)왕으로 삼았다.

○ 위무절도사(威武節度使) 왕심지(王審知)를 민(閩)왕으로, 권지형남유후(權知荊南留後) 고계창(高季昌)을 절도사로 삼았다.

---

3) 藩腹 번복 : 후(侯) 전(甸) 남(男) 채(采) 위(衛) 만(蠻) 이(夷) 진(鎭) 번(藩)의 순으로, 번복(藩腹)은 구복의 하나. 왕궁에서 5천리 되는 땅, 변경

4) 주(註) 이극용(李克用)이 황소(黃巢)를 평정하고 큰 공을 세우자, 당(唐) 소종(昭宗)이 진왕(晉王)으로 분봉했다. 후에 그 아들 존욱(存勖)이 세습해 마침내 양(粱)국을 멸망시키고, 국호를 당(唐)이라고 했다. 이가 장종(莊宗)이다. 촉(蜀)왕 왕건(王建)은 당(唐) 소종이 촉왕으로 임명했는데, 후에 당 장종에게 멸망 당했다. 맹지상(孟知祥)이 다시 그 땅을 점거했는데, 송조(宋朝)에 와서 나라가 없어졌다

○ 9월 촉왕이 황제로 즉위, 국호를 대촉(大蜀)이라 했다.

○ 양(梁)이 보평절도사(保平節度使) 강회정(康懷貞)을 보내 병사 8만을 이끌고, 노주(潞州)를 공격하게 했다. 진(晉)나라 소의절도사(昭義節度使) 이사소(李嗣昭)가 성문을 닫고 막아 지켰다. 강회정이 밤낮으로 공격했으나 반 달 동안 함락시키지 못했다.

이에 (강회정은) 노주성 아래에 다시 두 겹의 성을 쌓아 안에서 달아나거나 돌격하는 것을 막고, 밖으로는 원병이 오는 것을 막았다. 이것을 일러 사이에 끼어놓은 울타리[夾寨][5]라고 했다. 참호를 파서 그것을 지켰다.

○ 거란[6]

무진(戊辰) (908년)

정월에 진(晉)왕 이극용(李克用)이 죽고, 그 아들 이존욱(李存勗)이 이어서 진왕이 되었다. 진왕이 여러 장수들과 회의를 할 때 말했다.

"상당과 노주는 하동의 울타리이자 덮개[藩蔽]이다. 상당이 없다면, 하동도 없는 것이다. 또 주온(朱溫)이 꺼리는 것은 오직 선왕 뿐이었다. 내가 새로 즉위했다는 말을 들으면, (내가 아직) 어린아이라 군대의 일에 익숙하지 못할 것

---

5) 夾寨 협채 : 협(夾) 낄. 채(寨) 나무 우리, 더 쌓은 울타리, 사이에 끼어놓은 울타리

6) 주(註) 야율아보기(耶律阿保機)가 나라를 세운 원년이다

이라고 여길 것이니, 반드시 교만하고 나태한 마음이 생길 것이다.

만약 정예병을 뽑아 속도를 배가해 그곳으로 달려가 그들이 생각하지 못한 곳에서 나선다면, 반드시 그를 격파할 수 있을 것이다. 위세를 잡고 패권을 정하는 것은 이 한 번의 거사에 달려있다. 놓칠 수 없다”

진왕이 병사들을 대대적으로 사열한 뒤 주덕위(周德威) 등을 거느리고 진양(晉陽)을 출발했다. 진격해 곧바로 협채(夾寨)에 도착했다. 참호를 메우고 성채를 불태우고 북을 치고 함성을 지르며 들어가니, 양(梁)나라 군사들이 크게 무너져 남쪽으로 달아났다. 죽거나 달아난 장교와 사졸들이 1만을 헤아렸다. 버리고 간 물자와 군량, 병기가 산처럼 쌓여 있었다.

양주(梁主)는 협채를 지키지 못했다는 소식을 듣고 크게 놀랐다. 곧 탄식하면서, “아들을 낳으려면 마땅히 이아자(李亞子)[7]와 같아야 할 것이다. 이극용은 죽지 않은 것이다. 내 자식은 개돼지와 같을 뿐이다”라고 말했다.

○ 진왕이 진양으로 돌아가 병사를 쉬게 하고 상을 내렸다. 주현에 명령해 어질고 재능 있는 자를 천거하게 하고, 탐욕스럽고 잔인한 자를 쫓아냈다. 조세를 관대히 하고, 의지할 곳 없고 가난한 자들을 어루만지며 원통함을 풀어주었다. 나쁜 짓과 도둑을 금지하니, 경내가 크게(잘) 다스려

7) 李亞子 이아자 : 주(註) 존욱(存勖)의 어릴 때 이름[小名]

졌다.

○ 회남(淮南)의 장호(張顥)가 홍농위왕(弘農威王)을 시해하고, 그 아우 융연(隆演)을 세워 유후(留後)로 했다.

○ 거란 야율아보기가 이름을 억(億)으로 고쳤다. 2년이다.

기사(己巳) (909년)
양(梁)의 군주가 낙양으로 천도했다.

신미(辛未) (911년)
3월에 양(梁) 청해절도사(淸海節度使) 남평양왕(南平襄王) 유은(劉隱)이 죽었다. 그 아우 유암(劉巖)이 지위를 세습했다.

○ 8월에 연(燕)왕 유수광(劉守光)이 황제로 즉위하고, 국호를 대연(大燕)이라 했다.

○ 진(晉)왕이 연(燕)왕 유수광이 황제를 칭했다는 소식을 들었다. 크게 웃으며 "그의 10년을 기다렸다가 내가 마땅히 그 솥[鼎]에 대해서 물어야겠다"고 말했다.

○ 거란주(契丹主) 5년이다.

임신(壬申) (912년)
양(梁) 군주의 병이 더욱 심해졌다. 근신들에게 "내가 천하를 경영한지 30년이다. 뜻밖에 태원의 남은 첩 자식[孽]이 다시 이처럼 번창하는구나! 내가 보건대 그 뜻이 작지 않다. 하늘이 다시 나의 시대를 빼앗을 것인가? 내가 죽으면 여러 자식들은 그의 적수가 되지 못하니, 나는 묻힐 곳이 없을 것이다"라고 말했다. 그 때문에 목이 메어 끊어졌다가 다시 살아났다.

○ 양(粱)의 고계창(高季昌)은 몰래 형남(荊南)을 점거할 뜻을 가졌다. 이에 강릉 외곽을 쌓는다고 아뢰고 더욱 넓혔다.

○ 양(粱)의 영(郢)왕 우규(友珪)의 하인 풍정악(馮廷諤)이 양(粱) 군주를 시해했다. 우규가 황제에 즉위했다.

○ 거란주 야율억(耶律億) 6년. 그 아우 랄갈(剌葛) 등이 다시 난을 모의했으나 풀어주고 벌주지 않았다.

균왕(均王) 재위 11년, 수(壽) 36

계유(癸酉) (913년)

양(粱) 조암(趙巖)이 사명을 받들고 대량(大粱)에 왔다. 균(均)왕 우정(友貞)이 몰래 그와 함께 우규(友珪)를 죽이려고 모의했다. 조암은 "이 일의 성패는 초토(招討) 양영공(楊令公)에 달려있을 뿐입니다. 그의 한 마디로 초군(楚軍)을 회유할 수 있다면, 우리 일은 바로 해결됩니다"라고 말했다.

균왕은 이에 심복 마신교(馬愼交)를 위주(魏州)로 보내 양사후(楊師厚)에게 "영왕(郢王)이 시해하고 찬탈해 인망이 대량(大梁)을 따르고 있습니다. 공이 만약 이 기회를 이용해 성공한다면, 이는 세상에 없는 공(功)이 될 것입니다"라고 설득했다. 양사후가 이에 그 장수 왕순현(王舜賢)을 보내 낙양에 가서 몰래 원상선(袁象先)과 모의하게 했다.

경인(庚寅)일 아침, 원상선이 금병(禁兵) 수천명을 이끌고 궁중으로 쳐들어갔다. 우규가 변고를 듣고, 처 장씨 및 풍정악과 북원루(北垣樓) 아래로 달아나 성을 넘어가려 했다. 스스로 면할 수 없음을 헤아리고, 풍정악에게 명령해 먼저 처를 죽이고, 다음에 자신을 죽이라고 했다. 풍정악 또한 자살했다.

원상선과 조암이 전국보(傳國寶)를 가지고 대량에 와서 균왕을 맞이했다. 왕이 "대량은 국가가 창업된 곳이다. 왜 반드시 낙양이어야 하는가?"라고 말했다. 이에 대량에서 황제로 즉위했다. 이름을 굉(鍠)으로 고쳤다가, 다시 전(瑱)으로 고쳤다.

○진(晉)나라 이사원(李嗣源)이 병사를 나누어 연(燕)지역을 순행했다. 산후(山後) 8주가 모두 그에게 항복했다. 진격해 유주(幽州)를 압박했다. 진왕이 여러 군대를 독려해 4면에서 성을 공격해 점령하고, 유인공 및 그 처첩을 사로잡았다. 유수광은 처자를 거느리고 달아났다.

진왕이 유주(幽州)로 들어갔다. 왕이 당시 연회를 베풀었는데, 장수와 관리들이 유수광을 사로잡아 마침 도착했다.

왕이 그에게 "주인이 어찌 이리 심하게 객을 피하는가?"라고 말했다. 왕이 장서기(掌書記) 왕함(王緘)에게 명령해 노포[8]를 기초하게 했다. 왕함이 고사를 알지 못해 삼베에다 글을 쓰고, 사람을 보내 끌고 다니게 했다.

○ 거란 군주의 아우 랄갈(剌葛) 등이 배반했는데, 그 무리를 주살하고 그는 풀어주었다.

을해(乙亥) (915년)

2월에 양(梁) 위박(魏博)군이 난리를 일으켜 절도사 하덕륜(賀德倫)을 위협하고, 진(晉)나라에 구원을 요청했다. 진왕이 병사를 이끌고 진격해 임청(臨淸)에 주둔하고, 유심(劉鄩)과 강을 끼고 진을 쳤다.

○ 양(梁)의 군주는 종실을 꺼리고 멀리했다. (정사를) 오로지 조암 및 덕비(德妃)의 형제 장한정(張漢鼎) 장한걸(張漢傑)과 종형제 장한윤(張漢倫) 장한융(張漢融)에게 맡겼다. 모두를 가까운 직책[近職]에 두고, 논의에 참여케 했다. 조암 등이 세력에 기대어 권력을 농간해 관직과 옥사를 팔고, 옛 장수와 재상들을 이간질했다.

경상(敬翔)과 이진(李振)은 비록 정권을 잡고 있었으나, 말하는 것이 쓰여지지 않았다. 이진은 매번 병을 핑계대고 일에 참여하지 않으면서, 조암과 장씨의 족속을 피했다. 정

---

8) 露布 노포 : =노판(露板). 봉하지 아니한 문서, 전승한 보도를 널리 알리기 위해 포백에 써서 장대 위에 걸어 누구나 볼 수 있게 한 것

치가 날로 어지러워져 망하게 되었다.

병자(丙子) (916년)

봄 2월에 양(梁)의 군주가 여러 번 유심(劉鄩)을 재촉해 진(晉)왕과 싸우게 했다. 유심의 군대가 크게 패배했다. 왕단(王檀)이 비밀리에 상소했는데, 관서의 병사를 징발해 진양을 습격하자고 청했다. 양의 군주가 그 계책을 따랐다. 병사들이 진양에 가서 밤중에 급히 공격하니 성이 거의 함락될 뻔 한 적이 3~4차례였다.

소의절도사(昭義節度使) 이사소(李嗣昭)가 아장(牙將) 석군립(石君立)을 보내 그들을 구원했다. 양나라 병사 중 죽거나 다친 자가 10명 중 2, 3명이었다. 왕단이 병사를 이끌고 크게 노략질하고 돌아왔다.

양 군주는 유심이 패했고, 또 왕단이 공을 세우지 못했다는 말을 듣고 탄식하며 "내 일이 끝났구나!"라고 말했다.

○ 거란 군주가 연호를 신책(神冊)으로 고쳤다.

무인(戊寅) (918년)

봄, 진(晉) 군대가 운(鄆) 복(濮)까지 침략해 갔다가 돌아왔다.

양(梁) 경상(敬翔)이 상소했다.

"국가가 매년 전쟁에서 패배해 강역이 날로 오그라들고 있습니다. (그런데) 폐하께서는 깊은 궁중에 계시면서, 함께 일을 의논하는 자들이 모두 좌우의 측근들이니, 어찌 적국과의 승부를 헤아릴 수 있겠습니까? 선제 때에는 오랫동안[奄] 하북을 점유했었고, 호걸의 장수를 친히 거느리셨는데도 오히려 뜻을 얻지 못했습니다. 지금 적이 운주(鄆州)까지 왔는데도 폐하께서는 유념하지 않으시고, 반드시 인재가 부족한 것 같다고 하시고 계십니다. 바라건대 변방에서 스스로 공을 세우겠습니다"

상소가 아뢰어지자 조암과 장씨의 무리들은 경상이 원망한다고 말했다. 양(梁) 군주가 마침내 (상소를) 받아들이지 않았다.

○ 오(吳)나라 서지고(徐知誥)가 회남절도행군부사(淮南節度行軍副使)가 되었다. 서지고는 오(吳)왕을 지극히 공손히 섬겼고, 사대부를 겸손하게 대접했으며, 백성들을 관대하게 다스렸고, 검소하게 스스로를 단속했다.

오왕의 명령으로 천우(天祐) 13년 이전에 체납된[逋] 세금을 모두 덜어주고[蠲], 나머지는 풍년을 기다려서 내게 했다. 현명하고 재주 있는 자를 구하고, 바른 간언9)을 받아들였다. 간사하고 교활한 자를 제거했으며, 청탁을 막았다.

이에 선비와 백성들이 기뻐해 마음이 돌아왔다. 비록 노련한 장수10)나 사나운 사내라도 기뻐하고 감복하지 않은 자가 없었다. 송제구(宋齊丘)를 모주(謀主)로 삼았다. 이 때

---

9) 規諫 규간 : 바른 간언

10) 宿將 숙장 : 경험이 많은 장수, 노련한 장수

문에 강회 사이의 빈 땅이 모두 개간되었고, 뽕나무와 산뽕나무가 들에 가득해 나라가 부강해졌다.

○ 거란 군주, 공자의 사당[廟]를 짓고 친히 배알했다.

기묘(己卯) (919년)

오(吳)나라 서온(徐溫)은 스스로 권력은 큰데 지위는 낮다고 생각했다. 오왕에게 건국해 황제를 칭하고, 정치를 하자고 권했다. 오왕이 허락하지 않았다. 여름에 오국(吳國)왕으로 즉위했다.

○ 촉(蜀)의 군주 왕건(王建)이 죽고, 태자 연(衍)이 황제에 즉위했다.

○ 진(晉)왕이 위주(魏州)에 가서 무리 수만을 징발해 덕승(德勝)의 북성(北城)을 넓혔다. 날마다 양(梁)나라 사람들과 싸웠다. 크고 작은 싸움이 1백여 차례였는데, 서로 승부가 나지 않았다.

우사군사(右射軍使) 석경당(石敬瑭)이 양(梁)나라 사람들과 하연(河壖)에서 싸웠을 때, 양(梁)나라 사람들이 석경당을 공격해 그 말의 안장을 끊었다. 횡충병마사(橫衝兵馬使) 유지원(劉知遠)이 타고 있던 말을 그에게 주었다. 자신은 안장이 끊긴 말을 타고, 천천히 가면서 최후까지 남아 적을 방어했다[殿][11]. 양(梁)나라 사람들은 복병이 있을까 주저해

---

11) 殿 전 : 후군, 후진의 군대, (註) 이것은 병가에서 가장 어려운 일이라고 여긴다. 아군이 패했는데, 적이 추격해오면 후미에서 적을 방어하는 일이다.

감히 추적하지 못해 모두 벗어날 수 있었다. 석경당이 이 때문에 그를 친애했다.

○ 거란이 요양(遼陽)에 성을 쌓았다.

위의 후량(後粱)은 2명의 군주, 모두 17년이었다.

용감한 자가 아니면 할 수 없다.

후당기(後唐紀)

장종(莊宗) 재위 3년, 수(壽) 35세

계미(癸未) (923년)

여름 4월, 진(晉)왕이 황제로 즉위하고, 국호를 대당(大唐)이라 했다.

양(梁)의 군주가 단응(段凝)을 보내 하상(河上)에서 대군을 감독하게 했는데, 경상(敬翔)과 이진(李振)이 그의 파직을 자주 요청했다. 양(梁)의 군주가 "단응은 아직 잘못이 없다"고 하자, 이진이 "그가 잘못이 있기를 기다린다면, 사직이 위태로워집니다"라고 했다.

단응이 이에 조암과 장씨들에게 후하게 뇌물을 보내 초토사(招討使)가 되기를 요청했다. 경상과 이진이 강하게 불가하다고 간쟁했으나, 조암과 장씨들은 임명을 주장했다. 끝내 왕언장(王彦章)을 대신해 북면초토사(北面招討使)에 임명되었다. 노장[宿將]들이 분노하고 사졸들 또한 복종하지 않았다.

○ 8월에 양(梁)의 우선봉지휘사(右先鋒指揮使) 강연효(康延孝)가 1백여 기를 거느리고 당(唐)으로 도망왔다. 당

(唐)의 군주가 사람들을 물리치고 강연효에게 양(梁)의 사정을 물었다. 강연호가 대답했다.

"양(梁)은 영토도 좁지 않고, 병력도 적지 않습니다. (그러나) 그 행하는 일을 살펴보면, 결국 반드시 패망할 것입니다. 근래에 또 듣자하니, 여러 길로 출병한다 하고, 10월에 크게 거병하기로 결정했다고 합니다. 외람됩니다만[竊], 신이 양(梁)의 군대를 살펴보면, 모이면 적지 않지만, 분산되면 많지 않습니다.

바라건대 폐하께서는 용사를 기르고 힘을 축적하셔서 그들의 병력이 분산되기를 기다렸다가, 정예 기병 5천 명을 거느리고 운주(鄆州)로부터 곧 바로 대량(大梁)으로 가십시오. 가짜 임금을 사로잡는다면, 한 달[旬月]이면 천하는 평정될 것입니다"

당(唐)의 군주가 크게 기뻐했다.

○ 당 군주는 양(梁)이 크게 군대를 일으켜 여러 길로 들어와 공격하고자 한다는 말을 듣고, 여러 장수들을 불러 회의했다. 곽숭도(郭崇韜)가 대답했다.

"단응(段凝)은 본래 장수의 자질이 있는 자가 못됩니다. 중요한 일에 당하면[臨機] 계책을 결정하지 못합니다. 두려워할 만한 상대가 못됩니다. 양(梁)에서 항복해 온 자들은 모두 '대량(大梁)에는 군대가 없다'고 말합니다.

폐하께서 만약 군대를 남겨두어 위주(魏州)를 수비하고, 양유(楊劉)를 굳건히 지키게 하시고, 스스로는 정예병을 거느리고 운주와 합세해 멀리 달려서 변(卞)으로 쳐들어간다면, 그들의 성안은 이미 텅 비어 있을 것입니다. 그들은 반드시 멀리서 보기만 해도[望風] 스스로 궤멸될 것이니, 만약 가짜 임금이 목을 내준다면, 여러 장수들은 스스로 항복할 것입니다"

당의 군주는 "이는 참으로 나의 뜻과 부합한다. 대장부가 잘되면 왕이 되고, 잘못되면 포로가 되는 것이다. 나는 결행하기로 결심했다"고 말했다.

겨울 10월에 당 군주는 대군을 거느리고 황하를 건너 운주(鄆州)에 이르렀다. 양(梁) 군대를 만나 한바탕 싸워 패퇴시키고, 추격해 중도(中都)에 다달았다. 그 성을 포위하니 성에 수비가 없었다. 잠시 후 양 군대가 포위를 뚫고 나오자, 왕언장(王彦章)을 사로잡아 목베었다.

○ 강연효가 속히 대량(大梁) 점령을 청하자, 이사원이 말했다.

"군대는 신속함을 중하게 여깁니다. 지금 왕언장이 잡힌 것을 단응은 반드시 알지 못할 것입니다. 이곳은 대량과의 거리가 매우 가깝고, 앞에 산과 험한 곳이 없습니다. 방형으로 진을 치고[方陳] 거리낌없이 마음대로 갈 수 있습니다[12]. 밤낮으로 행군 속도를 배가해서 간다면 이틀 밤[信宿][13]이면 도착할 수 있습니다. 단응이 아직 하수가를 떠나

12) 橫行 횡행 : 제멋대로 함, 모로 감, 거리낌 없이 마음대로 돌아다님

13) 信宿 신숙 : 신(信) 이틀 밤을 연이어 자는 것. 2~3일을 가리키기도 함. 숙(宿) 잘

지 않을 때, 우정(友貞)은 이미 우리에게 사로잡힐 것입니다. 강연효의 말이 옳습니다"

당의 군주가 그의 말에 따랐다. 명령을 내리자, 여러 군대가 모두 기뻐 날뛰며 출전하기를 원했다.

양의 군주가 사람을 시켜 단응에게 군대를 출동시킬 것을 재촉했는데, 단응이 사직하자, 군사들이 모두 도망해 숨었다. 양 군주는 밤낮으로 눈물을 흘리며 어찌할 줄을 몰랐다. 전국보(傳國寶)를 침실 안에 두었는데, 갑자기 잃어버렸다. 이미 좌우 사람들이 훔쳐가서 당나라 군대를 맞이했다.

양 군주는 황보린(皇甫麟)에게 "이씨는 우리와 대대로 원수지간이다. 도리상 항복할 수도 없고, 머리를 내밀고 저들의 칼과 톱을 기다릴 수도 없다. 나는 자결할 수 없으니, 경이 나의 목을 자르라"고 말했다. 황보린이 울면서 마침내 양주를 시해하고, 그리고는 자살했다.

○ 양주(梁主)는 사람됨이 온화하고 공손하며 검약했고, 술과 여색에 빠지는[荒淫] 잘못도 없었다. 다만 조암과 장씨들을 총애하고 신임해 임금의 권력[威福]을 마음대로 쓰게 했다. 경상, 이진 같은 옛 신하들을 버리고 멀리해 그 말을 쓰지 않아서 멸망하게 된 것이다.

○ 당주(唐主)가 사신을 보내 양(梁)의 멸망을 오와 촉에 알렸다. 두 나라가 모두 두려워했다.

엄가구(嚴可求)가 "듣건대 당주(唐主)는 처음 중원을 얻고 마음과 기세가 교만해져서, 아랫사람을 다스리는 데에 법도가 없다고 합니다. 장차 몇 년이 지나지 않아 내란이 일어날 것입니다. 우리(가 할 일은) 다만 말을 겸손히 하고 예물을 후하게 보내면서, 국경을 보존하고, 백성을 편안하게 해주면서 기다리는 일 뿐입니다"라고 말했다.

당주(唐主)는 어려서부터 음악과 율동을 잘했다. 그러므로 광대[伶]들 중에 총애를 받는 자가 많았고, 항상 좌우에서 모셨다. 당주가 때때로 스스로 얼굴에 분과 먹을 바르고[傅][14], 광대들과 뜰에서 놀이[戲]를 해 유(劉)부인을 기쁘게 했다.

당주(唐主)는 광대를 자처하고, 광대이름[優名]을 이천하(李天下)라 했다. 여러 광대들이 궁중을 출입하면서 사대부들을 모욕하고 농락했다. 여러 신하들이 분노하고 미워했으나 감히 (노여운) 기색을 드러내지 못했다.

○ (하남윤河南尹) 장전의(張全義)가 당주(唐主)에게 낙양으로 천도할 것을 청하자, 그의 말을 따랐다.

○ 거란. 천찬(天贊) 2년이다.

갑신(甲申) (924년)

정월에 당(唐)이 기(岐)왕을 바꿔 진(秦)왕에 분봉했다.

○ 2월에 당주(唐主)가 남교(南郊)에서 제사지내고, 크게 사면령을 내렸다. 곽숭도가 먼저 군대를 위로하는 돈 10만 민을 헌납했다. 당주는 궁전 안 창고[內府]의 재물이 산처

---

14) 傅 부 : 스승, 도울, 분 바를. 부분(傅粉) 분 바를

럼 쌓여 있는데도 내려주려 하지 않으면서, "내가 진양(晉陽)에다 스스로 저축한 것이 있으니, 조용사(租庸使)에게 천자의 수레[輦]로 실어오게 해서 돕겠다"고 말했다. 이에 군사들 모두 바라던 것에 차지 않아 비로소 원망하고 한스러워 하고 이반할 마음이 생겼다.

○ 당(唐)의 곽숭도는 지위는 장상을 겸하고 다시 군대[節旄]를 거느리게 되어, 천하를 자신의 임무로 삼고 권력이 임금과 같아졌다[侔]. 이 때문에 안에서는 총애 받는 신하들이 그를 미워했고, 밖에서는 오랜 공신들이 원망했다.

○ 4월에 진(秦)의 충경왕(忠敬王) 이무정(李茂貞)이 죽었다. 유언으로 그 아들 계엄(繼曮)을 권지봉상군부사(權知鳳翔軍府事)로 삼아줄 것을 주청했다.

○ 거란의 소아고지(肖阿古只)가 당(唐)의 유울주(幽蔚州)를 공격했다. 당나라가 이사원을 보내 성덕(成德)에 주둔해 방어했다.

을유(乙酉) (925년)

당주(唐主)는 성품이 강하고 이기는 것을 좋아했고, 권력이 신하에게 있는 것을 바라지 않았다. 낙양으로 들어간 뒤에 광대와 환관의 참소를 믿고, 노장들을 꺼리고 멀리했다.

○ 9월에 당주(唐主)가 재상들과 촉(蜀) 정벌을 의논했다. 위(魏)왕 계급(繼岌)을 서천사면행영도통(西川四面行營都統)으로 임명하고, 곽숭도를 동북면행영도초토제치등사(東北面

行營都招討制置等使)로 임명해 군대의 일을 모두 그에게 맡겼다.

무신(戊申)일에 대군이 서쪽으로 가서 산관(散關)에 들어가 속도를 배로 해 진군했다. 왕승첩(王勝捷)이 봉주(鳳州) 흥주(興州) 문주(文州) 부주(扶州) 4주(州)의 인장과 부절을 가지고 항복하고 맞이했다. 나머지 성과 진(鎭) 모두 멀리서 보고 진심으로 복종했다[款附].[15]

마침내 성도(成都) 바짝 가까이 진군하자, 촉(蜀)왕이 관을 수레에 싣고 구슬을 입에 물고 나와서 항복했다. 대군이 성도로 들어가자 곽숭도는 군사들이 침해하거나 노략질하는 것을 금지시키니, 시장에서는 물건 펼쳐논 것을 고치지 않았다.[16] 출병해 촉을 점령하기까지 모두 70일이었다.

○ 12월에 민(閩)왕 왕심지(王審知)가 죽었다. 아들 왕연한(王延翰)이 위무유후(威武留後)를 자칭했다.

○ 이때 성도(成都)는 비록 항복했지만, 촉 지방에 도적들이 떼로 일어나서 산과 숲을 가득 채웠다. 곽숭도는 대군이 떠나고 나면 더욱 후환이 생길까 두려워했다. 임환(任圜) 장균(張筠)에게 길을 나누어 토벌하라고 명령했다. 이 때문에 오래 머무르며[17] 돌아오지 않으니, 당주(唐主)가 환

---

15) 款附 관부 : =관복(款服). 진심으로 복종하다

16) 市不改肆 시불개사 : 시장에 늘어놓은 것을 고치지 않았다. 사(肆) 늘어놓을, 가게 벌릴, 방자할

17) 淹留 엄류 : 오래 머무름

관 향연사(向延嗣)를 보내 그를 재촉했다. 곽숭도가 그를 거만하게 대했다. 향연사가 돌아와서 "곽숭도가 권력을 오로지 하니, 왕께서는 몸을 범과 이리의 입에 맡기고 계십니다"라고 말했다.

당주가 마언규(馬彦珪)에게 성도로 말을 달려가서 곽숭도의 거취를 살펴보게 했다. 황후가 스스로 교서(敎書)를 써서 계급(繼岌)에게 주어 곽숭도를 죽이고, 맹지상(孟知祥)을 서천절도사로 삼게 했다.

○ 거란주 억이 병술년 부여에서 죽었다. 묘호를 태조황제라 했다. 이 해에 연호를 천현(天顯)으로 바꾸었다. 둘째 아들 덕광이 즉위하니 이가 태종이다.

명종(明宗) 재위 8년, 수(壽) 67

병술(丙戌) (926년)

정월 당(唐) 위(魏)왕 계급이 성도로 출발하려고 할 때, 마언규(馬彦珪)가 왔다. 황후의 교서를 계급에게 보였다. 계급이 임무를 의논하자며 곽숭도를 불렀다. 계급은 그를 피해 누대에 올라갔다. 곽숭도가 막 계단을 오르는데, 계급의 시종인 이환(李環)이 그 머리를 쳐서 죽이고[撾], 그 아들 곽정회(郭廷誨)도 함께 죽였다.

○ 당(唐) 조재예(趙在禮)가 업(鄴)에서 모반했다. 이사원(李嗣源)에게 명령해 그를 토벌하게 했다. 3월에 이사원이 업도(鄴都)에 가서 새벽[18]에 성을 공격하기로 군에 명령을

내렸다.

이날 밤 종마직군사(從馬直軍士) 장파패(張破敗)가 난을 일으켰다. 병사들을 이끌고 크게 함성을 지르며 도장(都將)을 죽이고 막사를 불태웠다. 다음날 새벽 난을 일으킨 병사들이 중군을 위협했다.

이사원(李嗣源)은 그들을 꾸짖으며 "너희들은 무엇을 하고자 하는가?"고 물었다. 병사들은 "장사들은 주상(主上)을 10년 동안 따르면서, 백번 싸웠고, 천하를 얻었습니다. 지금 주상은 은혜를 버리고 위엄을 부리면서[任], '성을 함락한 다음에는 위박의 군사들을 묻어 죽여야 할 것이다'라고 합니다. 우리들은 처음에는 배반할 마음이 없었고, 단지 죽음을 두려워했을 뿐입니다. 지금 많은 사람의 의견은 성중(城中)과 합세해 여러 도(道)의 군사를 격퇴하는 것입니다. 청컨대 주상(主上)은 하남에서 황제를 하시게 하고, 영공(令公)께서는 하북의 황제가 되어, 군사와 백성의 주군(主君)이 되어주십시오"라고 대답했다.

이사원이 눈물을 흘리며 그들을 깨우치고 달랬으나, 따르지 않았다. 이사원이 (위로) 아뢰는 일은 모두 이소영(李紹榮)에게 저지당해[遏], 통할 수가 없었다. 이사원이 이로 말미암아 주저하고 두려워했다.

석경당(石敬瑭)은 "무릇 일이란 과감하게 결정하면 성공하고, 머뭇거리면 실패합니다"라고 말했다. 강의성(康義誠)

---

18) 詰旦 힐단 : 힐조(=詰朝). 새벽. 힐(詰) 꾸짖을, 물을, 다스릴, 경계할, 조사할, 새벽에

도 "주상이 무도해 군사와 백성이 원망하고 노여워하고 있습니다. 공은 백성을 따르면 살고, 절의를 지키면 죽을 것입니다"라고 말했다.

이사원이 이에 안중회(安重誨)에게 격문을 돌려 군사를 모으게 했다. 세력이 대단히 커졌다. 이소영이 당주(唐主)에게 관동에 가서 그를 불러 위무[19]하라고 청했다. 당주가 그것을 따랐다.

당주가 만승진(萬勝鎭)에 도착해 이사원이 이미 대량을 점령하고, 여러 군대가 이반했다는 소식을 들었다. 그 낯빛에 기가 꺾임[20]이 보였다. 높은 곳에 올라가 탄식하며 "내가 성공하지 못하겠구나"라고 말했다. 즉시 군대를 돌리라고 명령하고 낙양으로 돌아갔다.

4월에 종마직지휘사(從馬直指揮使) 곽종겸(郭從謙)이 난을 일으키자, 가까운 신하와 노장들이 모두 갑옷을 벗고 달아나 숨어버렸다. 얼마 뒤 당주가 날아오는 화살에 맞았는데, 잠깐 만에 곧 죽었다.

○ 이 날 이사원이 앵자곡에 이르러 그 소식을 듣고 통곡하고 여러 장수들에게 "주상이 평소 군사의 마음을 얻었으나, 여러 소인배들에게 가려지고 미혹되어 이 지경이 되었다. 지금 나는 어디로 갈 것인가?"라고 말했다.

을축(乙丑)일에 이사원이 낙양으로 들어갔다. 백관들이

---

19) 招撫 초무 : 불러서 위로함

20) 沮喪 저상 : 기가 꺾임

세번 상소문[21]을 올려 이사원에게 나라를 관리할 것을 청했다. 이사원이 마침내 그것을 허락하고, 영구[柩]앞에서 황제에 즉위했다.

○ 당주(唐主)는 글을 읽을 수 없었다. 사방에서 아뢰는 일은 모두 안중해에게 읽게 했는데, 안중해 또한 다 이해하지 못했다. 그래서 "원컨대 전(前) 왕조의 시강(侍講)과 시독(侍讀), 근래의 직숭정(直崇政), 직추밀원(直樞密院)에 준거해[倣] 문학하는 신하를 선발하시고, 그들과 더불어 일을 함께 하셔서 비답[應對]에 대비하소서"라고 주청했다. 이에 단명전학사(端明殿學士)를 두었다. 한림학사(翰林學士) 풍도(馮道)와 조봉(趙鳳)이 그것을 맡았다.

○ 소무절도사 왕연한(王延翰)이 대민(大閩)국왕이라 자칭했다.

정해(丁亥) (927년)

봄 정월에 풍도와 최협(崔協)이 모두 중서시랑 동평장사(中書侍郞 同平章事)가 되었다.

○ 가을 8월에 초(楚)왕 은(殷)이 처음으로 나라를 세웠다.

○ 11월에 오왕이 황제에 즉위했다. 오나라 승상 서온(徐

21) 牋 전 : 상소, 종이, 장계, 편지,

溫)이 죽었다. 오주가 그의 아들 지고(知誥)를 도독중외제군사(都督中外諸軍事)로 삼았다.

○ 거란, 태종(太宗) 덕광(德光)이 즉위하고, 천현(天顯) 2년이라 칭했다.

무자(戊子) (928년)

12월에 형남절도사(荊南節度使) 고계흥(高季興)이 죽었다. 그의 아들 종회(從誨)를 권지군부사에 임명했다.

거란, 천현 3년이다.

기축(己丑) (929년)

9월 당주(唐主)가 풍도에게 '해마다 곡식이 풍년이 드니, 사방이 무사하다'는 것을 가만히 언급했다. 풍도가 대답했다.

"신이 항상 기억하는 일이 있습니다. 옛날 선황제의 막부에 있을 때, 사명을 받들고 중산(中山)에 간 일이 있습니다. 정형(井陘)의 험한 길을 지났는데, 신은 말이 넘어질까 걱정해 고삐를 열심히 꽉 잡았고, 다행히 잘못이 없었습니다. 평탄한 길에 이르자 고삐를 놓고 스스로 편히 여겼는데, 아, 잠깐 사이에 엎어져서 떨어졌습니다. 무릇 천하를 다스리는 일도 역시 이와 같습니다"

당주(唐主)가 깊이 그럴 것이라고 여겼다. 당주가 또 풍도에게 "금년에 풍년이 들긴 했지만, 백성들이 풍족한가?"

고 물었다.

"농가는 그 해에 흉년이 들면 유민이 되어 굶어죽고, 그 해에 풍년이 들면 곡식 값이 싸져서 손해를 봅니다. 풍년이든 흉년이든 모두 근심[病]이 되는 것이니, 오직 농가만이 그러합니다.

신이 기억하건대, 진사 섭이중(聶夷中)이 시(詩)를 써서 말하기를 '2월에 새 명주실[新絲]을 팔고, 5월에 새 곡식을 내다 판다[糶=糶]. 눈앞의 상처는 치료할 수 있으나, 마음[心頭]의 살은 도려내버리는 것 같다'고 했습니다. 말이 비록 비루하고 속되지만[鄙俚], 농가의 실상을 자세히 설명하고 있습니다.[22] 농민은 사민(四民)[23]중 가장 고생하니, 군주가 이를 알지 않으면 안 됩니다"

○ 거란, 천현(天顯) 4년이다.

경인(庚寅) (930년)

당(唐) 이전에 충무절도사(忠武節度使) 장연랑(張延朗)이 공부상서의 일을 하면서, 삼사사(三司使)를 맡았다. 삼사사(三司使)의 명칭이 이때부터 시작되었다.

○ 11월 초(楚)왕 은(殷)이 죽고, 아들 희성(希聲)이 세습했다. 선왕의 유명(遺命)이라 말하고, 건국했던 법을 버리고

---

22) 曲盡 곡진 : 자세히 설명함, 마음과 힘을 다함

23) 四民 사민 : 사 농 공 상(士 農 工 商), 모든 백성

번진(藩鎭)으로서의 옛 제도를 회복했다. 당주(唐主)가 희성을 무안정강절도사(武安靜江節度使)로 삼았다.

○ 거란, 천현(天顯) 5년이다.

임진(壬辰) (932년)

3월에 오월(吳越)의 무숙왕(武肅王) 전류(錢鏐)가 죽었다. 나이가 81세였다. 둘째 아들 전관(傳瓘)이 즉위했다.

○ 가을 7월에 당(唐) 무안정강절도사 희성이 죽었다. 육군사(六軍使) 원전(袁詮)과 반약(潘約) 등이 희범(希範)을 낭주(浪州)에서 맞이해 즉위시켰다.

계사(癸巳) (933년)

봄 정월에 민(閩)왕 연균(延鈞)이 황제에 즉위했다. 국호를 대민(大閩)이라 했다.

○ 3월, 당(唐) 맹지상(孟知祥)을 동서천절도사(東西川節度使)로 임명하고, 촉(蜀)왕을 시켰다.

○ 11월 당주(唐主)가 죽었다. 당주는 성품이 시기하지 않고, 다른 사람과 다투지 않았다. 등극한 해에 이미 60세가 넘었었다. 매일 밤 궁중에서 향을 피우면서 "저는 오랑캐인으로, 변란 때문에 사람들에게 추대되었습니다. 원컨대 하늘은 빨리 성인을 낳아 백성의 주인이 되게 하소서"라고 하늘에 축원했다.

재위 8년인데, 해마다 곡식이 누차 풍년이 들고, 전쟁은 드물었다. 다섯 왕대(代)와 비교하면, 대체적으로 소란하던 세상이 다소 안정되었던 시기[24]라고 할 수 있겠다.

○ 12월 송(宋)왕 종후(從厚)가 황제에 즉위했다. 이 사람이 민제(閔帝)이다. 연호를 응순(應順)으로 고쳤다.

노(潞)왕[25] 재위가 2년

갑오(甲午) (934년)

당(唐) 봉상절도사겸시중(鳳翔節度使兼侍中) 노왕(潞王) 이종가(李從珂)는 석경당(石敬瑭)과 함께 어려서부터 명제(明帝)를 따라 정벌다니면서 공을 세웠고, 사람들에게 명망이 있었다. 주홍소(朱弘昭)와 풍빈(馮贇)은 본래 두 사람보다 지위와 명망이 훨씬 뒤떨어졌는데, 하루아침에 조정의 권력을 잡게 되자, 모두 그들을 시기했다. 이 때문에 노왕이 의심하고 두려워했다.

○ 윤월(閏月), 촉(蜀)의 장수와 관리들이 촉왕 맹지상(盟知祥)에게 칭제하라고 권유했다. 맹지상이 성도에서 황제에 즉위했다.

---

24) 小康 소강 : 소란했던 세상이 조금 안정됨, 잠깐 무사함, 조금 편안함, 조금 자산이 있어 지내기 곤란하지 않음

25) 주(註) 이름은 종가(從珂). 명제(明帝)의 양자(養子)다. 본성(本姓)은 왕씨(王氏). 민제(閔帝)를 폐위시키고, 스스로 즉위했다. 석경당(石敬瑭)이 모반하자 분신했다. 역사에서는 폐제(廢帝)라고 한다

○ 당(唐) 노왕이 조정을 시기해 소통할 수 없게 되자[阻], 이웃 도(道)에 격문을 보내 “주홍소 등이 선제의 병이 위독한 틈을 타 장자를 죽이고 작은 아들을 세워, 조정의 권력을 마음대로 하고 있다. 지금 내가 조정에 들어가 군주 곁의 악인들을 청산할 것이다”라고 말했다.

3월에 노왕이 대장의 깃발과 북을 세우고, 군대를 정돈해 동쪽으로 갔다. 당주(唐主)가 노왕이 섬주(陝州)에 도달했다는 소식을 듣고, 놀라고 걱정하면서 어찌할 줄을 몰랐다. 이날 저녁 당주(唐州)가 50기를 거느리고 현무문(玄武門)을 나가 위주(衛州)로 가서, 자사(刺史) 왕홍지(王弘贄)에게 의지했다.

○ 당(唐) 노왕이 장교(蔣橋)에 도달했다. 풍도 등이 모두 상소[牋]를 올려 황제에 오를 것을 권유했다. 태후의 명령으로, 어린 황제(少帝)를 폐위해 악왕(鄂王)을 삼고, 노왕을 널[柩]앞에서 즉위시켰다.

○ 당주(唐主)가 다시 재상을 임명하려 했다. 신임하고 가까운 자에게 조정의 신하 중 재상으로 마땅한, 명성과 인망 있는 자를 물으니 모두 노문기(盧文紀)와 최거검(崔居儉)이라고 대답했다. 당주(唐主)가 결정할 수 없었다. 그래서 그 이름들을 유리병에 넣고 밤에 향을 태우면서 하늘에 기원했다. 그리고는[且] 젓가락으로 그것을 집으니, 먼저 노문기가 나왔다. 드디어 그를 재상으로 삼았다.

○ 당주(唐主)와 석경당(石敬瑭)은 모두 용맹하게 잘 싸

웠고, 측근으로서 명종(明宗)을 모셨다. 그러나 마음으로는 경쟁했고, 평소 서로 좋아하지 않았다. 황제에 즉위하자, 석경당이 부득이하게 조정에 들어갔는데, 그를 하동절도사(河東節度使)로 삼았다.

○ 촉(蜀)의 군주가 죽자, 태자 인찬(仁贊)이 황제에 즉위하고, 이름을 창(昶)이라 고쳤다.

○ 거란주 덕광(德光)의 천현(天顯) 9년이다.

을미(乙未) (935년)

6월 당(唐) 하동절도사(河東節度使) 석경당이 진(鎭)으로 돌아오고 나서, 몰래 스스로 보전할 계책을 세웠다.

○ 오나라 서지고(徐知誥)가 승진해 제(齊)왕에 봉(封)해졌다.

위의 후당(後唐)은 네 군주이고, 모두 13년이다.

후진기(後晉紀)

고조(高祖) 재위 7년, 수(壽) 51세

병신(丙申) (936년)

봄 정월에 당주(唐主)가 천춘절(千春節) 연회를 베풀었는데, 진(晉)의 장(長)공주가 술잔을 올려 축수를 하고, 연회가 끝나면 진양으로 돌아가겠다고 말했다. 당주(唐主)가 술에 취해 "어찌 더[且] 머물지 않고 빨리 돌아가는가? 석랑(石郎)과 모반하려는가?"라고 말했다. 석경당이 그 소식을 듣고는 더욱 두려워했다.

○ 처음에 당주(唐主)는 석경당의 진(鎭)을 운주(鄆州)로 옮기려 했는데, 이송(李崧)과 여기(呂琦) 등이 모두 안된다고 강력하게 간언했다. 설문우(薛文遇)는 "하동은 옮겨도 역시 배반하고, 옮기지 않아도 역시 배반할 것입니다. 조만간에 있을 일이니, 먼저 일을 도모하는 것이 낫습니다"고 말했다.

당주가 크게 기뻐하며 "경의 말이 특히[殊] 내 맘을 시원하게 해주는구나! 성공하든 실패하든, 나는 그 일을 결행하겠다"고 말했다. 즉시 제수하는 항목을 만들고, 학사원에 명령[制]을 초안하게 해서 석경당을 천평절도사(天平節度使)로 삼았다. 명령이 내려지자, 양반[兩班=文武班]이 서로 돌아보고 낯색이 변했다.

석경당은 의심이 들고, 두려워 장수, 보좌들과 논의했다. 그는 "내가 다시 하동에 올 때, 주상께서 죽을 때까지 다른 사람[代]을 제수하지 않겠다고 면전에서[面] 허락하셨는데, 지금 갑자기 이러한 명령을 내리다니! 마땅히[得] 금년 천춘절에 공주에게 말씀한 바와 같지 않은가? 내가 난을 일으키지 않으면, 조정에서 출병할 것이니, 어찌 속수무책으로 길에서 죽겠는가?"라고 말했다.

도압아(都押衙) 유지원(劉知遠)이 "명공께서는 오랫동안 병사를 거느리면서, 사졸의 마음을 얻었고, 지금 형세가 유리한 땅을 차지하고 있고, 군사와 말들이 정예이고 강합니다. 만약 병사를 부르고[稱] 격문을 돌린다면, 황제의 업(業)을 이룰 수 있습니다. 어찌 하여 한 장의 명령서로 스스로를 호랑이의 입에 던진다는 것입니까?"라고 말햇다.

장서기(掌書記) 상유한(桑維翰)은 "거란 주(主)의 부락이 가까이 운주(雲州)와 응주(應州)에 있으니, 공께서 참으로 정성을 들이고 절의를 굽혀서 그를 섬기십시오. 만일 위급한 일이 있으면, 아침에 부르면 저녁에 올 것이니, 어찌 성공하지 못할 것을 근심하겠습니까?" 하였다.

석경당이 드디어 뜻을 결정하고, 당주(唐主)에게 "양자(養子)는 사직을 이어서는 안됩니다. 청컨대 허왕(許王)에게 전위하소서!"라고 표문을 올렸다. 당주가 그 표문을 손수 찢어서 땅에 던지면서, 석경당의 관작을 삭탈하고, 장경달(張敬達)을 태원사면배진사(太原四面排陳使)를 겸임케 해 여러 장수들을 거느리고 토벌하도록 명령했다.

석경당이 밀사를 보내 거란에 구원을 요청했다. 상유한(桑維翰)에게 표문을 초안하게 했는데, 거란 주에게 신(臣)이라 칭하면서, 또 아버지를 섬기는 예로 섬길 것을 청하고, 일이 성공하면 노룡(盧龍)의 한 도(道)와 안문관(鴈門關) 이북의 여러 주를 떼어내 그에게 줄 것을 약속했다.

유지원이 "칭신(稱臣)은 할 수는 있다고 해도, 아버지의 예로 섬기는 것은 너무 지나칩니다. 금과 비단을 후하게 주어도 그 군사를 충분히 끌어들일[致]수 있습니다. 땅을 허락할 필요도 없습니다. 다른 날 크게 중국의 후환이 될까 걱정됩니다. 그것을 후회해도 어쩔 수 없게 될 것입니다"라고 간언했으나, 석경당이 따르지 않았다. 표문이 거란에 이르자 거란주가 크게 기뻐하고, 중추(中秋)를 기다려서 나라를 기울여 달려가 구원하겠다고 허락했다.

○ 9월에 거란 주가 5만 기병을 거느리고 30만이라 칭하면서, 양무곡(楊武谷)에서부터 남하했다. 깃발이 50여 리에 끊이지 않았다. 진양(晉陽)에 이르러 분수(汾水) 북쪽의 호북구(虎北口)에 주둔하고, 당나라 기병장 고행주(高行周) 부언경(符彦卿)과 교전했다. 석경당이 이에 유지원을 출병시켜 돕도록 보냈다. 당 군이 크게 패했다.

장경달이 사자를 보내 당의 패전을 알리자, 당주(唐主)가 크게 두려워했다. 조서를 내려 친히 정벌에 나섰으나, 여러 군은 봉상에서 추대한 이후, 교만하고 사나워져서 부릴 수가 없었다. 부언요(符彦饒)는 그들이 반란할까 두려워 감히 그들을 군법으로 단속하지 못했다.

당주가 하양(河陽)에 이르자, 속으로 북으로 출정할 것을 꺼려 다만 밤낮으로 거나하게 술에 취해 슬프게 노래했다. 신하들이 혹 그에게 북으로 출정할 것을 권하면 "경들은 말하지 말라. 석랑이 나의 간담을 땅에 떨어지게 했다"고 말했다.

○ 11월에 거란주가 석경당에게 "내가 3천 리를 난리에 달려 왔으니, 반드시 성공할 것이다. 너의 기운과 풍모, 견식과 도량을 보니 참으로 중원의 주인이다. 내가 너를 천자로 세우고자 한다"고 말했다. 석경당이 서너번 사양했으나, 장수와 관리들이 다시 황제에 오를 것을 권하자, 마침내 허락했다.

거란 주가 책봉하는 글을 써서 석경당을 대진(大晉)황제로 임명하니, 석경당이 이날 황제에 즉위했다. 유주(幽州)와 계주(薊州) 등 16개 주를 떼어 거란에게 주었다. 그러고도 해마다 비단 30만 필을 보내기[輸]로 허락했다. 명령해서 장흥(長興) 7년을 고쳐서 천복(天福) 원년이라고 했다.

○ 당주(唐主)가 또 송심건(宋審虔) 등 네 명의 장수와 다시 하양(河陽)으로 향할 것을 논의했는데, 장교들이 이미 급한 문서[飛狀]를 보내 진주(晉主)를 맞이하니, 당주가 마침내 전국보(傳國寶)를 지니고 현무루(玄武樓)에 올라가서

스스로 분신했다.

정유(丁酉) (937년)

진(晉)이 이숭(李崧)을 중서시랑 동평장사(中書侍郞 同平章事)로 임명하고, 추밀사(樞密使)를 충원해 상유한에게 추밀사를 겸하게 했다. 이때 진(晉)이 새로 천하를 얻으니, 번진이 대부분 아직 복종하지 않았고, 혹 복종하더라고 돌아서 기울어지니[反仄] 불안했다. 전란을 겪은 뒤라서 관의 창고가 다[殫] 고갈되고, 민간이 곤궁했는데, 거란의 요구[徵]는 만족함[厭][26]이 없었다.

상유한이 진주(晉主)에게 '정성을 들이고 원한을 버려서 번진을 어루만지고, 후한 예로 겸양해서 거란을 받들며, 병졸을 훈련시키고 병기를 수리해 무비를 닦고, 농업과 양잠에 힘써서 창고를 충실히 하며, 상거래를 보급해[通] 재화를 풍족하게 할 것'을 권유했다. 몇 년 사이에 중국이 조금씩 안정되었다.

○ 3월에 진주(晉主)가 대량(大梁)으로 천도할 것을 계획했다. 상유한이 그래서 진주(晉主)에게 "대량은 북쪽으로 연 조(燕 趙)와 통하고, 남쪽으로 장강과 회수와 통하므로, 물과 육지에서 나오는 것이 모두 모여들어 물자가 풍부합니다"라고 말했다. 진주(晉主)가 마침내 조서를 내려 동쪽

---

26) 厭 염 : 만족할, 싫을, 가득 찰, 실컷 먹을

으로 순행했다.

○ 여름 4월에 진주(晉主)가 변주(汴州)에 이르렀다.

○ 8월에 오주가 조서를 내려 제(齊)에 선위하니, 제(齊)왕 고(誥)가 금릉에서 황제에 즉위했다. 크게 사면령을 내리고, 연호를 승원(昇元)으로 고치고, 국호를 당(唐)이라 했다. 오주를 높여 양황(讓皇)이라고 했다.

무술(戊戌) (938년)

윤달에 민주(閩主)가 죽자, 그 숙부 연희(延羲)가 스스로 민국(閩國)왕이라 칭하고, 희(曦)로 이름을 고쳤다.

○ 8월에 진(晉)나라가 풍도(馮道)에게 수사도(守司徒)와 시중(侍中)을 겸하게 하고, 중서성에 조서를 내려 지인(知印)[27]을 다만[止] 상상(上相)에게 맡기라고 했다. 이로 말미암아 큰 일 작은 일을 가리지 않고, 다 풍도에게 맡겼다.

진주(晉主)가 일찍이 군사 계략을 묻자, "정벌하는 큰일은 성상께서 마음으로 혼자서 결단하는데 달려있습니다. 신은 서생이라 오직 역대에 이루어놓은 규칙을 삼가 지킬 줄만 알 뿐입니다"라고 대답했다. 진주(晉主)가 옳다고 여겼다.

---

27) 知印 지인 : 자기의 직임(職任)에 관계되는 문서에 책임의 소재를 밝히기 위해 인장을 찍는 일

○ 거란이 연호를 회동(會同)으로 고쳤다.

경자(庚子) (940년)

민주(閩主) 희(曦)가 즉위했는데, 그는 교만하고 음란하고 가혹했다. 건주자사(建州刺史) 연정(延政)이 자주 그 점을 글로 간언했다. 이에 형제가 서로 시기와 원한이 쌓여 군대를 동원해 서로 공격했다. 서로 이기기도 하고 지기도 했다. 복주(福州)와 건주(建州) 사이에 드러난 해골이 잡초처럼[莽] (여기저기) 있었다.

○ 당(唐)[28] 창고 관리가 연말에 남은 곡식이라고 1만석을 바치자, 당주(唐主)는 "출납의 숫자가 있는데, 참으로 백성의 재물을 착취하고 군량을 깎아낸 것이 아니면, 어떻게 남을 수 있겠는가?"라고 말했다.

○ 진(晉)의 이숭(李崧)이 "여러 주(州)의 창고 양식에 회계 이외의 것으로 남는 것이 자못 많습니다"라고 아뢰었다. 진주(晉主)는 "법 외로 백성에게 세금을 거두는 것은 죄가 법을 부정하게 적용[枉]하는 것과 같다. 창고관리는 특별히 그 죽음을 용서하니[貸], 각각 통렬히 징계하라"고 지시했다.

28) 남당(南唐)이다.

○ 황소(黃巢)가 장안을 침범한 이래, 천하가 살육의 전쟁을 벌인지 수십년이 지난 후에 여러 나라가 각각 땅을 나눠가지게 되고 전쟁이 조금씩 그쳤다. 당주(唐主)가 즉위하자 양자강과 회수 지방에 해마다 풍년이 들고, 병사의 식량이 남게 되었다. 여러 신하들이 다투어 "폐하께서 중흥시키셨습니다. 지금 북방에 어려움이 많으니, 마땅히 출병해서 옛 강토를 회복해야 합니다"라고 건의했다.

당주는 "나는 어려서부터 군대에서 자랐다. 전쟁에서 목격한 백성이 당하는 심한 피해를 차마 다시 말로 하지 못한다. 가령 저들의 백성이 편안하면, 우리 백성 또한 편안할 것이니, 또 무엇을 바라겠는가?"라고 대답했다.

○ 진(晉) 성덕절도사(成德節度使) 안중영(安重榮)이 거란의 신하임을 수치스럽게 여겨 수천 자의 표문을 올렸다. 대체로 진주(晉主)가 거란을 아버지처럼 섬기고, 중국을 고갈시켜 만족하지 못하는 오랑캐에게 아첨하는 것을 배척하는 내용이었다. 상유한이 비밀리 상소했다.

"폐하께서 진양(晉陽)의 난을 벗어나 천하를 차지하신 것은 모두 거란의 공 때문입니다. 그것을 저버려서는 안 됩니다. 말하는 자들이 해마다 비단을 바치는 것을 소모시키고 좀먹는다고 말합니다. 몸을 낮추고 겸손한 것을 굴욕이라고 말합니다. 자못 전쟁이 이어져 그치지 않고, 재앙이 뭉쳐서[結] 해결되지 않으면, 재물도 힘도 다 없어질 텐데, 소모되고 좀먹는 것과 어느 것이 더 심하겠습니까?

무력을 쓴다면, 장수와 관리, 공신들이 당장의 편안함29)

만을 지나치게 바랄 것이고, 변방의 번진과 먼 곳에 있는 군(郡)들은 교만하고 자만해져서 아랫사람이 윗사람을 능멸하고 교체할 것[30]인데, 그 굴욕 중 어느 것이 더 크겠습니까?

신이 원컨대, 폐하께서는 농사지으면서 전술을 익히도록 훈련시키고, 군사를 기르고, 백성을 쉬게 하고, 나라 안에 걱정이 없고, 백성에게 여력이 생기기를 기다린 연후에, 틈을 살펴서 움직인다면, 자못[動] 반드시 성공할 것입니다"

○ 오월왕 홍좌(弘佐)가 왕에 즉위했다.

임인(壬寅) (942년)

여름 4월 한(漢) 고조(高祖)가 죽자, 진(秦)왕 홍도(弘度)가 황제에 즉위하고, 이름을 분(玢)으로 고쳤다.

○ 6월 진주(晉主)가 죽자, 풍도와 경연광(景延廣)이 논의해 국가에 어려움이 많으니 마땅히 장자를 세워야 한다고 하고, 이에 광진윤(廣晉尹) 제(齊)왕 중귀(重貴)[31]를 받들어 후사로 삼았다. 이날 제(齊)왕이 황제에 즉위하니, 경연광이 자신의 공이라고 여기고 비로소 권력을 잡았다.

---

29) 姑息 고식 : 당장의 편안함만 취함

30) 下陵上替 하능상체 : 아랫사람이 윗사람을 능멸하여 교체함

31) 주(註) 중귀(重貴)는 제(帝) 형(兄)의 아들이다

○ 진주(晉主)가 즉위하자, 대신들이 논의해 표문을 올려 '칭신(稱臣)'하며 상(喪)중임을 거란에 알릴[告哀] 것을 의논했다. 경연광이 편지를 써서 손자를 칭하되, 신하를 칭하지 않게 해달라고 청했다. 거란이 크게 화를 냈다. 사자를 보내 꾸짖었으나, 경연광이 거듭 불손한 말로 답서를 보냈다.

거란의 노용절도사(盧龍節度使) 조연수(趙延壽)[32]가 중국의 진(晉) 황제를 대신하고 싶어서 자주 진(晉)을 공격하라고 거란을 설득했다. 거란 주가 그렇게 하겠다고 했다.

○ 거란, 회동(會同) 5년이다.

계묘(癸卯) (943년)

봄에 당주(唐主)가 방사(方士)의 영약(靈藥)을 먹고 점점 조급증이 생겼다. 2월에 당주의 등에 종기가 났다. 제(齊)왕 경(璟)을 불러 들어와 병간호하게 했다. 당주가 경(璟)에게 "내가 금석약을 먹은 것은 수명을 늘리려는 것이었는데, 오히려 생명을 버리게 됐다. 너는 그것을 경계해라"하고 이르고는, 이날 저녁 죽었다. 원종(元宗)이 즉위했다.

○ 민(閩)왕 연정(延政)이 건주(建州)에서 황제를 칭하고, 국호를 대은(大殷)이라고 했다.

---

32) 주(註) 연수(延壽)는 원래 당(唐)나라 사람인데, 진 초(晉 初)에 거란의 포로가 되었다

○ 한(漢)의 진(晉)왕 홍희(弘熙)가 황제에 즉위하고, 이름을 성(晟)으로 고쳤다.

○ 진(晉) 상유한이 여러 번 공손한 말로 거란에 사죄할 것을 요청했으나, 매번 경연광에게 저지 당했다. 진주(晉主)는 경연광이 결정해 황제로 책봉되게 한 공이 있다고 생각했기에 총애가 여러 신하 중 으뜸이었다. 또 숙위병을 총관리하고 있기 때문에, 대신들이 감히 그와 다투지 못했다.

하동절도사(河東節度使) 유지원(劉知遠)은 경연광이 반드시 외적의 침략[寇]을 유발할[致] 것이라고 생각했으나, 그가 지금 요직에 있으면서 권력을 좌지우지하고 있었기에 두려워 감히 말하지 못했다. 다만 군대를 더 모집해서 거란의 침공에 대비했다.

거란 주가 산후(山後)와 노용(盧龍)의 군대 5만 명을 모아 조연수(趙延壽)에게 장수가 되게 하고, 중국 경략을 맡기면서 "만약 그것을 얻으면 너를 황제로 세우겠다"고 말했다. 이에 거란을 위해 진력해 중국을 점령할 계책을 세웠다.

○ 거란, 회동(會同) 6년이다.

갑진(甲辰) (944년)

정월에 거란이 패주(貝州)를 함락시켰다. 이때 경연광이 용병[用兵]과 방략, 호령을 모두 하고, 재상 이하는 모두 참여하지 못했다. 경연광이 권세를 믿고 기세를 부리고, 여러 장수들을 능멸하고 모욕했으나, 천자도 제재하지 못했다.

○ 민(閩)나라 공신도지휘사(拱宸都指揮使) 주문진(朱文進)이 민(閩)왕 희(曦)를 시해했다.

○ 어떤 사람이 진주(晉主)에게 "폐하께서 북적(北狄)을 막고 천하를 안정시키고자 하신다면, 상유한이 아니면 안 됩니다"라고 말했다. 이에 다시 추밀원(樞密院)을 설치하고, 상유한을 중서령(中書令) 겸 추밀사(樞密使)로 임명했다. 크고 작은 일을 가리지 않고 모두 그에게 맡기니, 몇 달 사이에 조정이 다소 다스려졌다.

○ 거란이 침입하자, 진주(晉主)는 다시 유지원에게 명령해 산동에서 군대를 모집하게 했는데, 모두 기한이 지나도 오지 않았다. 진주(晉主)는 그에게 딴 생각이 있는지 의심했다. 곽위(郭威)가 유지원에게 근심하는 기색이 있음을 보고, 유지원에게 "하동(河東)은 산과 강이 험고하고 풍속이 무력을 숭상하며, 땅에 전마(戰馬)도 많습니다. 조용하면 부지런히 농사를 짓고, 움직이면 군대를 훈련시키셨으니, 이는 패왕의 밑천입니다. 어찌 걱정하십니까?"라고 말했다.

○ 거란, 회동(會同) 7년이다.

을사(乙巳) (945년)
거란이 다시 크게 거병해 침입했다가 크게 패배하고 북

쪽으로 돌아갔다.

○ 거란이 해마다 침입하니 중국의 백성들은 명령을 받아 분주히 돌아다니고[33], 변방의 백성들은 피로 땅을 더럽혔다.[34] 상유한이 진주(晉主)에게 다시 거란에 화친을 청해 국가의 우환을 화해로 풀자고[紓] 했다.

○ 진주(晉主)가 양성(陽城) 승리 후에는 천하에 근심할 일이 없다고 여기고, 더욱 심하게 교만하고 사치해졌다. 풍옥(馮玉)이 세력을 믿고 권력를 농간했고, 사방에서 보낸 뇌물이 그 문(門)에 폭주했다. 이로 말미암아 조정의 정사가 더욱 무너졌다.

○ 거란, 회동(會同) 8년이다.

병오(丙午) (946년)

11월에 거란 주가 대대적으로 거병해 진(晉)을 침략했다. 진주(晉主)가 두위(杜威)를 상장군으로 임명했는데, 두위는 이수정(李守貞) 송언균(宋彥筠)과 함께 거란에 항복할 것을 모의했다.

거란 주가 이들을 속여 말하기를 "조연수는 위세와 명망이 본래 부족해서, 중국의 황제가 되지 못할까 걱정된다.

---

33) 奔命 분명 : 명령에 의해 분주히 돌아다님

34) 塗地 도지 : 피 같은 것을 땅에 발라 더럽힘

너희가 과연 항복한다면, 마땅히 너희를 황제로 삼아야 겠다"고 했다. 두위가 기뻐하고 마침내 항복했다. 군사들에게 갑옷을 벗으라고 명령했다. 군사들이 모두 통곡하고, 통곡 소리가 언덕과 들판에 진동했다.

장언택(張彦澤)이 행군 속도를 배로 해서 빨리 달려서 밤에 백마진(白馬津)을 건너 날이 밝기 전에 봉구문(封丘門)을 나와, 관문의 수비병을 베고 들어가서 진주(晉主)를 개봉부(開封府)로 옮겼다.

○ 거란, 회동(會同) 9년이다.

위 후진은 두 임금(二主)이었고, 모두 11년이다.

원 문

卷之四十九
　　五代紀
　　後梁紀

　　太祖皇帝 在位七年，壽六十一

丁卯唐天祐四年
三月，　唐昭宣帝降御札，禪位于梁。梁王更名晃，卽皇帝位，國號梁，奉帝為濟陰王。

○是時 惟河東 鳳翔 淮南稱天祐，西川稱天復年號，餘皆稟梁正朔，稱臣奉貢。

○蜀王遺晉王書云:「請各帝一方，俟朱温旣平，乃訪唐宗室立之，退歸藩服。」晉王復書，不許曰:「誓於此生，靡敢失節。」

○岐王治軍甚寬。待士卒簡易，由是衆心悅服。然御軍無紀律，及聞唐亡，以兵羸地蹙，不敢稱帝。

○梁以武安節度使 馬殷為楚王。

○以吳王鏐 為吳越王。

○以清海節度使劉隱 為南海王。

○以威武節度使王審知 為閩王。以權知荊南留後高季昌 為節度使。

○九月，蜀王卽皇帝位，國號大蜀。

○梁遣保平節度使康懷貞將兵八萬，攻潞州，晉昭義節度使李嗣昭閉城拒守。懷貞晝夜攻之，半月不拔。乃於潞州城下，更築重城，內以防奔突，外以拒援兵，謂之夾寨，塹而守之。

○契丹
耶律阿保機 始建國 元年

戊辰 晉 岐 淮南 稱唐 天祐 五年，梁 開平 二年. 蜀 高祖 王建 武成 元年. 是歲 西川 稱蜀 凡五國，五鎭.

○晉 正月，晉王克用薨。其子存勗嗣為晉王。晉王與諸將謀曰:「上黨 潞州 河東之藩蔽。無上黨，是無河東也。且朱溫所憚者，獨先王耳。聞吾新立，以為童子未閑軍旅，必有驕怠之心。若簡精兵，倍道趣之，出其不意，破之必矣。取威定霸，在此一舉，不可失也。」晉王大閱士卒，帥周德威等，發晉陽進兵，直抵夾寨。填塹燒寨，鼓譟而入，梁兵大潰，南走。失亡將校士卒以萬計，委棄資糧器械，山積。梁主聞夾寨不守，大驚， 既而歎曰：「生子當如李亞子，克用為不亡矣。至如吾兒，豚犬耳。」

○晉王歸晉陽，休兵行賞。命州縣，舉賢才，黜貪殘，寬租賦，撫孤窮，伸寃濫，禁姦盜，境內大治。

○淮南張顥弑弘農威王，立其弟隆演 為留後。

○契丹
耶律阿保機 改名 億. 二年.

己巳 梁主遷都洛陽。

辛未
三月，梁清海節度使 南平襄王劉隱卒，其弟岩襲位。

○八月，燕王守光 卽皇帝位，國號大燕。

○晉王聞燕王守光稱帝，大笑曰：「俟彼十年，吾當問其鼎。」

◯契丹主 五年。

壬申

梁主疾增甚，謂近臣曰：「我經營天下三十年，不意太原餘孽 更昌熾如此。吾觀其志不小，天復奪我年。我死，諸兒非彼敵也，吾無葬地矣。」因咽哽，絶而復蘇。

◯梁 高季昌潛有據 荊南之志，乃奏 築江陵外郭，增廣之。

◯梁郢王友珪 僕夫 馮庭諤 弑梁主，友珪卽帝位。

◯契丹主耶律億六年

均王 在位十一年，壽三十六

癸酉

梁 趙巖 奉使 至大梁。均王友貞 密與之謀 誅友珪。巖曰：「此事成敗，在招討楊令公耳。得其一言諭禁軍，吾事立辦。」均王乃遣腹心馬慎交，之魏州，說楊師厚曰：「郢王簒弑，人望屬在大梁，公若因而成之，此 不世之功也。」師厚乃遣其將王舜賢，至洛陽，陰與袁象先謀。庚寅 旦 袁象先帥禁兵數千人，突入宮中。友珪聞變，與妻張氏及馮廷諤，趍北垣樓下，將踰城，自度不免，令廷諤先殺妻，次殺己，廷諤亦自殺。象先 巖齎傳國寶，詣大梁，迎均王。王曰：「大梁 國家創業之地，何必洛陽？」乃卽帝位於大梁。

◯更名鍠，又更名瑱。晉李嗣源分兵，徇燕。山後八州 皆下之。進逼幽州。晉王督諸軍，四面攻城克之，擒劉仁恭及其妻妾，守光帥妻子 亡去。晉王入幽州。王方宴，將吏擒守光 適至。王詰之曰:「主人何避客之深耶?」王命掌書記王緘，草露布，緘不知故事，書之於布，遣人曳之。

◯契丹主 弟剌葛等反，誅其黨而釋之。

乙亥

二月，梁 魏博軍亂，刼節度使賀德倫，求援於晉。晉王引兵，進據臨清，與劉鄩 夾河為營。

◯梁王踈忌宗室，專任趙巖 及德妃 兄弟 張漢鼎 漢傑，從兄弟 漢倫 漢融，咸居近職，參預謀議。巖等依勢弄權，賣官鬻獄，離間舊將相。敬翔 李振 雖為執政，所言多不用。振每稱疾，不預事，以避趙 張之族，政事日紊，以至於亡。

丙子

春 二月， 梁主屢趣劉鄩，與晉王戰，鄩兵大敗。王檀密疏，請發關西兵，襲晉陽。梁主從之，兵至晉陽，夜急攻之，城幾陷者數四。昭義節度使李嗣昭 遣牙將石君立 救之。梁兵死傷者 什二三。王檀引兵大掠而還。梁主聞劉鄩敗，又聞王檀無功，歎曰:「吾事去矣!」

○契丹主 改元神冊

戊寅

春　晉兵侵掠至鄆濮　而還。梁敬翔上疏曰:「國家連年喪師，疆域日蹙。陛下居深宮之中，所與計事者，皆左右近習，豈能量敵國之勝負乎?　先帝之時，奄有河北，親御豪傑之將，猶不得志。今敵至鄆州，陛下不能留意。必若乏才，乞於邊陲自效。」疏奏，趙　張之徒，言翔怨望，梁主遂不用。

○吳　徐知誥　為淮南節度行軍副使。知誥事吳王盡恭，接士大夫以謙，御衆以寬，約身以儉。以吳王之命，悉蠲天祐十三年以前逋稅，餘俟豐年　乃輸之。求賢才，納規諫，除姦猾，　杜請託。於是，士民翕然歸心，雖宿將悍夫，無不悅服。以宋齊丘　為謀主。由是　江淮間　曠土盡闢，桑柘滿野，國以富強。

○契丹主　作孔子廟　親謁之。

己卯

吳徐溫　自以權重　而位卑，勸吳主建國，稱帝而治，吳王不許。夏　卽吳國王位。

○蜀主王建殂，太子衍卽皇帝位。

◯晉王如魏州，發徒數萬，廣德勝北城，日與梁人爭，大小百餘戰，互有勝負。右射軍使石敬瑭　與梁人，戰于河壖。梁人擊敬瑭，斷其馬甲。横衝兵馬使劉知遠　以所乘馬　授之，自乘斷甲者，徐行為殿。梁人疑有伏，不敢迫，俱得免。敬瑭以是親愛之。

◯契丹城遼陽。

右(上)後梁二主，共一十七年。

後唐紀

莊宗 在位三年，壽三十五

癸未
夏　四月，晉王卽皇帝位。國號大唐。梁主遣段凝，監大軍於河上。敬翔　李振屢請罷之。梁主曰:「凝未有過。」振曰:「俟其有過　則社稷危矣。」凝乃厚賂趙　張，求為招討使，翔振力爭，以為不可。趙　張主之，竟　代王彦章　為北面招討使。於是　宿將憤怒，士卒亦不服。

◯八月，梁　右先鋒指揮使康延孝，帥百餘騎，来奔。唐主屏人，問延孝　以梁事。對曰:「梁朝地　不為狹，兵不為少。然　迹其行事，終必敗亡。近又聞　欲數道出兵，決以十月大舉。臣竊觀梁兵，聚則不少，分則不多。願陛下養勇蓄力，以俟其分兵，帥精騎五千，自鄆州直抵大梁，擒其僞主，旬月之間，天下定矣。」唐主大悅。

○唐主聞梁人欲大舉，數道入寇，召諸將會議。郭崇韜對曰:「段凝本非將材，不能臨機決策，無足可畏。降者皆言:『大梁無兵。』陛下若留兵 守魏，固保楊劉，自以精兵 與鄆州 合勢，長驅入汴，彼城中既空虛，必望風自潰。苟僞主授首 則諸將自降矣。」唐主曰:「此 正合朕意。丈夫得則為王，失則為虜。吾行決矣。」冬 十月，唐主以大軍濟河，至鄆州。遇梁兵，一戰敗之。追至中都 圍其城，城無守備。少頃 梁兵潰圍出，擒王彦章 斬之。

○康延孝請亟取大梁。李嗣源曰:「兵貴神速。今彦章就擒，段疑未必之知。此去大梁至近，前無山險，方陳横行，晝夜兼程，信宿可至。段疑未離河上，友貞已為吾擒矣。延孝之言是也。」唐主從之。令下，諸軍皆 踴躍願行。梁主使人 促段凝軍，既辭，皆亡匿。梁主日夜涕泣，不知所為，置傳國寶於卧內，忽失之，已為左右竊之，迎唐軍矣。梁主謂皇甫麟曰:「李氏吾世讎，理難降，首不可俟彼刀鋸。吾不能自裁，卿可斷吾首。」麟泣，遂弑梁主，因自殺。

○梁主為人 温恭儉約，無荒淫之失。但寵信趙 張，使擅威福，踈棄敬 李，舊臣不用其言。以至於亡。

○唐主遣使，以滅梁 告吳 蜀。二國皆懼。嚴可求曰:「聞唐主始得中原，志氣驕滿，御下無法，不出數年，將有內變。吾但當卑辭厚禮，保境安民 以待之耳。」唐主幼善韻律 故伶人多有寵，常侍左右。唐主或 時自傅粉墨，與優人共戲於庭，以悅劉夫人，優名 謂之李天下。諸伶出入宮掖，侮弄搢紳，羣臣憤嫉，莫敢出氣。

○張全義請唐主 遷都洛陽，從之。

○契丹

甲申
正月，唐 以岐王改 封秦王。

○二月，唐主祀南郊 大赦。郭崇韜首獻勞軍錢十萬緡。唐主內府之財 山積，不肯給賜曰:「吾晉陽 自有儲積，可令租庸輦取，以相助。」於是 軍士皆不滿望，始怨恨有離心矣。

○唐郭崇韜位兼將相，復領節旄，以天下為己任，權侔人主。由是 嬖倖疾之於內，勳舊怨之於外。

○四月，秦忠敬王 李茂貞卒。遺奏 以其子繼曮 權知鳳翔軍府事。

○契丹 肖阿古只寇唐幽蔚州
唐遣李嗣源，鎮成德 禦之。

乙酉
唐主性剛好勝，不欲權在臣下。入洛之後，信伶宦之讒，頗踈忌宿將。

○九月，唐主與宰相 議伐蜀。以魏王繼岌 充西川四面行營都統。崇韜充東北面行營都招討制置等使，軍事悉以委之。戊申 大軍西行入散關，倍道而進。王承捷 以鳳 興 文 扶四州印節，迎降。自餘城鎮，皆望風欵附。遂進兵逼成都，蜀主輿櫬銜壁 出降。大軍入成都，崇韜禁軍士侵掠，市不改肆。自出師 至克蜀，凡七十日。

○十二月，閩王審知卒。子延翰 自稱威武留後。

○時成都雖下，而蜀中盜賊羣起，佈滿山林。崇韜恐大軍既去，更為後患。命 任圜 張筠 分道招討。以是 淹留未還。唐主遣宦者向延嗣 促之。崇韜待之倨，延嗣歸言:「崇韜專權，王寄身 於虎狼之口。」唐主遣馬彥珪，馳詣成都，觀崇韜去就。皇后自為教，與繼岌，令殺崇韜。以孟知祥 為西川節度使。

○契丹主億 丙戌年 卒于扶餘。廟號太祖皇帝 是年改天顯，

次于德光立，是爲太宗

明宗 在位八年，壽六十七。

丙戌
正月， 唐魏王繼岌，將發成都，馬彦珪至。以皇后教示繼岌，繼岌命召崇韜 計事。繼岌登樓 避之。崇韜方升階，繼岌從者李環 撾碎其首，幷殺其子廷誨。

◯唐 趙在禮反于鄴。命李嗣源討之。三月，嗣源至鄴都，下令軍中，詰旦攻城。是夜 從馬直軍士張破 敗作亂，帥衆大譟，殺都將 焚營舍。詰旦亂兵逼中軍，嗣源叱而問之曰：「爾曹欲何為?」對曰：「將士從主上十年，百戰以得天下。今主上棄恩，任威 云：『克城之後，當盡阬魏博之軍。』我輩初無叛心，但畏死耳。今衆 誠欲與城中合勢，擊退諸道之軍。請 主上帝河南，令公帝河北， 為軍民之主。」嗣源泣諭之，不從。嗣源所奏，皆為李紹榮所遏，不得通。嗣源由是 疑懼。石敬瑭曰：「夫事成於果決，而敗於猶豫。」康義誠曰：「主上無道，軍民怨怒，公從衆則生，守節則死。」嗣源 乃令安重誨 移檄，會兵軍勢，大盛。李紹榮請唐主，幸關東 招撫之。唐主從之。唐主至萬勝鎮，聞嗣源已據大梁，諸軍離叛。神色沮喪，登高歎曰：「吾不濟矣。」卽命旋師，歸入洛城。四月 從馬直指揮使郭從謙作亂。近臣宿將 皆釋甲潛遁。俄而 唐主為流矢所中，須臾遂殂。

○是日 李嗣源至罌子谷 聞之 慟哭。謂諸將曰:「主上素得士心，正為群小蔽惑，致此。今吾將安歸乎?」己丑， 嗣源入洛陽。百官三上牋，請嗣源監國。嗣源乃許之，於柩前，卽皇帝位。

○唐主目不知書。四方奏事，皆令安重誨 讀之。重誨亦不能盡通。乃奏:「願倣前朝侍講 侍讀。 近代 直崇政 樞密院。選文學之臣 與之共事 以備應對。乃置端明殿學士。以翰林學士 馮道 趙鳳 為之。

○昭武節度使王延翰 自稱大閩國王。

丁亥

春 正月，馮道 崔協，竝為中書侍郎 同平章事。

○秋 八月，楚王殷 始建國。

○十一月， 吳王卽皇帝位。吳丞相 徐溫卒，吳主以其子知誥 都督中外諸軍事。

○契丹太宗德光立 仍稱 天顯二年

戊子 十二月 荊南節度使高季興卒，命其子從誨 權知軍府事。

契丹天顯三年

己丑　九月，唐主與馮道　從容語及:「年穀屢登，四方無事。」道曰:「臣常記　昔在先皇幕府，奉使中山，歷井陘之險。臣憂馬蹶，執轡甚謹，幸而無失。逮至平路，放轡自逸，俄至顛隕。凡為天下者　亦猶是也。」唐主深以為然。又問道:「今歲雖豐，百姓贍足否?」道曰:「農家歲凶　則死於流殍，歲豐　則傷於穀賤，豐凶皆病者，惟農家為然。臣記，進士聶夷中　詩云:『二月　賣新絲，五月　糶新穀，醫得眼前瘡，剜却心頭肉。』詩雖鄙俚，曲盡田家之情狀。農於四人之中　最為勤苦。人主不可不知也。」

○契丹　天顯四年
庚寅，唐以前　忠武節度使張延朗　行工部尚書　充三司使。三司使之名　自此始。

○十一月，楚王殷卒。子希聲襲位。稱遺命，去建國之制，復藩鎮之舊。唐主以希聲　為武安靜江節度使。

○契丹　天顯五年
壬辰　三月，吳越　武肅王錢鏐卒。年八十一。中子傳瓘立。

○秋　七月，唐　武安靜江節度使馬希聲卒。六軍使袁詮　潘約等　迎希範於朗州，而立之。

癸巳
春　正月，閩王鈞卽皇帝位，國號大閩。

○三月，唐以孟知祥 為東西川節度使 蜀王。

○十一月，唐主殂。唐主性不猜忌，與物無競，登極之年，已踰六十。每夕 於宮中 焚香祝天曰：「某胡人 因亂 為衆所推，願天早生聖人，為生民主。」在位八年 年穀屢豐 兵革罕用，校於五代，粗為小康。

○十二月，宋王從厚 卽皇帝位。是爲閔帝。改元應順。

○契丹主 天顯六年
　　潞王 在位二年。

甲午

唐 鳳翔節度使 兼侍中 潞王從珂 與石敬瑭，少從明帝征伐，有功名，得衆心。朱弘昭 馮贇位望 素出二人下 遠甚，一旦 執朝政，皆忌之。潞王 由是疑懼。

○閏月，蜀將吏，勸蜀王知祥 稱帝，知祥 卽皇帝位 于成都。

○唐 潞王既與朝廷猜阻。乃移檄鄰道，言：「朱弘等 乘先帝疾亟，殺長，立少，專制朝權。今從珂將入朝，以清君側之惡。」三月 潞王建大將旗鼓，整衆而東。唐主聞潞王至陜，憂駭，不知所為。是夕 唐主以五十騎，出玄武門 至衛州，依刺史王弘贄。

○唐 潞王至蔣橋。馮道等 皆上牋 勸進。太后下令，廢少帝 為鄂王，令潞王 卽位於柩前。

○唐主欲更命相。問所親信，以朝臣 聞望 宜為相者。皆以盧文紀 崔居儉 對。唐主不能決。乃寘其名於琉璃瓶，夜焚香祝天，且以箸挾之。首得文紀，遂以為相。

○唐主與石敬瑭 皆 以勇力 善鬪，事明宗為左右。然心競，素不相悅。帝卽位，敬瑭不得已入朝，乃 復以為河東節度使。

○蜀主殂。太子仁贊 卽皇帝位，更名昶。

○契丹主 德光天顯九年
乙未 六月，河東節度使石敬瑭 既還鎭，陰為自全之計。

○吳徐知誥 進封齊王。

右(上)後唐四主，共一十三年。

後晋紀

高祖 在位七年，壽五十一。

丙申

春 正月，唐主 以千秋節 置酒，晉國 長公主上壽，畢 辭歸晉陽，唐主醉曰：「何不且留，遽歸？ 欲與石郎反邪？」石敬瑭聞之，益懼。

◯初 唐主欲使敬瑭，移鎮鄆州。李崧 吕琦等 皆力諫，以為不可。薛文遇曰：「河東 移亦反 不移亦反，在旦暮耳。不若先事圖之。」唐主大喜曰：「卿言 殊豁吾意，成敗 吾決行之。」卽為除目，付學士院，使草制，以敬瑭 為天平節度使。制出，兩班相顧失色。敬瑭疑懼，謀於將 佐曰：「吾之再来河東也，主上面許，終身不除代。今忽有是命，得 非如今年千秋節 與公主所言乎？ 我不興亂，朝廷發之。安能束手 死於道路乎？」都押衙劉知遠曰：「明公久將兵，得士卒心，今據形勝之地，士馬精彊。若稱兵傳檄，帝業可成。柰何 以一紙制書，自投虎口乎？」掌書記桑維翰曰：「契丹主部落 近在雲應，公誠能推心，屈節事之，萬一有急，朝呼夕至。何患無成？」敬瑭意遂決。表唐主， 養子不應承祀，請傳位許王。唐主手裂其表 抵地，制 削奪敬瑭官爵，以張敬達 兼太原四面排陳使，率諸將，討之。敬瑭遣間使，求救於契丹。令桑維翰草表，稱臣於契丹主。且請以父禮 事之，約事捷之日 割盧龍一道 及鴈門關以北諸州，與之。劉知遠諫曰：「稱臣可矣，以父事之，太過。厚以金帛 賂之，自足以致其兵。不必許以土田。恐異日 大為中國之患。悔之無及。」敬瑭不從。表至契丹，契丹主大喜，許俟中秋 傾國赴援。

○九月, 契丹主將五萬騎 號三十萬, 自揚武谷而南, 旌旗不絕 五十餘里。至晉陽, 屯於汾北之虎北口, 與唐 騎將高行周 符彥卿合戰。敬瑭 乃遣劉知遠 出兵助之, 唐兵大敗。敬達遣使, 告敗於唐, 唐主大懼, 下詔 親征。諸軍 自鳳翔推戴以来, 驕悍, 不為用。符彥饒恐其為亂, 不敢束之以法。唐主至河陽, 心憚北行。但 日夕酣飲 悲歌, 羣臣或勸其北行 則曰:「卿輩勿言, 石郎使我心膽 墮地。」

○十一月, 契丹主謂石敬瑭曰:「吾三千里來 赴難, 必有成功。觀汝氣貌識量, 真中原之主也。吾欲立 汝為天子。」敬瑭辭讓 數四, 將吏復勸進, 乃許之。契丹主作冊書, 命敬瑭 為大晉皇帝。是日 卽皇帝位。割幽 薊十六州 以與契丹, 仍 許歲輸帛三十萬匹。制 改長興七年 為天福元年。

○唐主又與宋審處等四將議, 復向河陽, 而將校皆已飛狀, 迎晉主, 唐主遂携傳國寶, 登玄武樓, 自焚。

丁酉

晉以李崧為中書侍郎 同平章事 充樞密使。桑維翰 兼樞密使。時 晉新得天下, 藩鎮多未服從。或雖服從, 反仄不安。兵火之餘, 府庫殫竭, 民間困窮, 而契丹徵求無厭。維翰勸晉:「推誠 棄怨 以撫藩鎮。卑辭厚禮 以奉契丹。訓卒繕兵 以修武備。務農桑 以實倉廩。通商賈 以豐貨財。」數年之間 中國稍安。

○三月，晉主謀徙都大梁。桑維翰 因說晉主：「以大梁北控燕趙，南通江淮，水陸都會，資用富饒。」晉主乃下詔 東巡。

○夏 四月，晉主至汴州。

○八月，吳主下詔，禪位于齊。齊王誥 卽皇帝位 于金陵。大赦 改元 昇元。國號唐。尊吳主曰：讓皇。

戊戌
閏月，閩主殂。其叔父延義 自稱閩國王，更名曦。

○八月， 晉以馮道守司徒 兼侍中。詔 中書，知印止委上相。由是 事無巨細 悉委於道。晉主嘗訪以軍謀，對曰：「征伐大事 在聖心獨斷。臣書生 惟知謹守歷代成規而已。」晉主以為然。

契丹 改元 會同。

庚子
閩主曦既立，驕淫苛虐。建州刺史延政 數以書諫之。於是兄弟積相猜恨，治兵相攻，互有勝負，福建之間 暴骨如莽矣。

○唐倉吏歲終獻羨餘萬石。唐主曰：「出納有數，苟非掊民刻軍，安得羡餘邪?」

◯晉 李崧奏:「諸州倉糧 於計帳之外，所餘頗多。」上曰:「法外稅民 罪同枉法。倉吏特貸其死，各痛懲之。」

◯自黃巢犯長安以来，天下血戰 數十年。然後 諸國各有分土，兵革稍息。及唐主卽位，江淮 比年豐稔，兵食有餘。羣臣爭言:「陛下中興，今 北方多難，宜出兵 恢復舊疆。」唐主曰:「吾少長軍旅，見兵之 為民害 深矣，不忍復言。使彼民安 則吾民亦安矣。又何求焉!」

◯晉 成德節度使安重榮 恥臣契丹，上表數千言。大抵 斥晉主父事契丹，竭中國 以媚無厭之虜。桑維翰密上疏曰:「陛下免於晉陽之難 而有天下， 皆契丹之功也。不可負之。議者 以歲致繒帛 謂之耗蠹，有所卑遜 謂之屈辱。殊不知 兵連而不休，禍結 而不解，財力將匱。耗蠹 孰甚焉? 用兵 則武吏 功臣 過求姑息，邊藩遠郡 得以驕矜，下陵上替。 屈辱 孰大焉? 臣願陛下訓農習戰，養兵息民，俟國無內憂，民有餘力 然後，觀釁而動，動必有成矣。」

◯吳越王 弘佐卽王位。

壬寅
夏 四月，漢高祖殂，秦王弘度卽皇帝位，更名玢。

○六月，　晉主殂，馮道與景延廣，議以國家多難，宜立長君，乃奉廣晉尹，齊王　重貴爲嗣。是日，齊王卽皇帝位，延廣以為己功，始用事。

○晉主之初卽位也，大臣議奉表稱臣，告哀於契丹。景延廣請致書，稱孫而不稱臣。契丹大怒，遣使来責讓，延廣復，以不遜語，荅之。契丹盧龍節度使　　趙延壽，欲代晉帝中國，屢說契丹擊晉，契丹主頗然之。

○契丹
齊王 在位四年

癸卯
春　唐主餌方士靈丹，浸成躁急。二月，唐主疽發背，召齊王　璟，入侍疾，唐主謂璟曰:「吾餌金石始欲益壽，乃更傷生，汝宜戒之。」是夕，殂，元宗卽位。

○閩王 延政稱帝於建州，國號大殷。

○漢晉王 弘熙卽皇帝位，更名晟。

○晉桑維翰屢請遜辭以謝契丹，每為延廣所沮。晉主以延廣，有定策功故，寵冠群臣。又捴宿衛兵故，大臣莫能與之爭。河東節度使劉知遠知延廣必至寇，而畏其方用事，不敢言，但益募兵，以備契丹。契丹主乃集山後及盧龍兵五萬人，使趙延壽將之，委延壽經略中國，曰：「若得之，當立汝為帝。」由是為契丹盡力，畫取中國之策。

○契丹
甲辰 正月，契丹陷貝州。時，用兵 方略 號令，皆出延廣，宰相以下，皆無所預。延廣乘勢使氣，陵侮諸將，雖天子亦不能制。

○閩拱宸都指揮使 朱文進，弑閩王曦。

○或謂晉主曰：「陛下欲禦北狄，安天下，非桑維翰不可。」乃復置樞密院，以維翰為中書令 兼樞密使，事無大小，悉以委之，數月之間，朝廷差治。

○契丹之入寇也，晉主再命劉知遠，會兵山東，皆後期不至，晉主疑其有異圖。郭威見知遠有憂色，謂知遠曰：「河東山河險固，風俗尚武，士多戰馬，靜則勤稼穡，動則習軍旅，此霸王之資，何憂乎?」

○契丹
乙巳 契丹復大舉入寇，大敗北歸。

○契丹連歲入寇，中國疲於奔命，邊民塗地，桑維翰屢勸晉主，復請和於契丹，以紓國患。

○晉主自陽城之捷，謂天下無虞，驕侈益甚。馮玉乘勢弄權，四方賂遺，輻湊其門。由是，朝政益壞。

○契丹

丙午　十一月，契丹主大擧入寇，晉主以杜威為上將。威與李守貞　宋彦筠，謀降契丹。契丹主紿之曰:「趙延壽威望，素淺，恐不能帝中國。汝果降者，當以汝為之。」威喜遂降。命軍士釋甲，軍士皆慟哭聲，振原野。張彦澤倍道疾驅，夜度白馬津，未明，自封丘門，斬關而入，遷晉主於開封府。

○契丹

右(上) 後晉二主，共十一年。

통감절요 50권

후한기(後漢紀) 고조(高祖)

재위 2년, 수(壽) 54

정미(丁未) (947년)

봄 정월 초하루[朔]. 거란 주가 대량(大梁)에 와서 진주(晉主)를 부의후(負義侯)로 삼고, 황룡부(黃龍府)에 두었다.

○ 거란 주가 오랑캐의 기병을 풀어 사방으로 내보내 말을 기른다는 것을 명분으로 교대로 노략질하게 하고, 이것을 '풀과 곡식을 타작한다'[打草穀]고 말했다. 장정들은 칼날에 죽고, 노약자들은 구덩이와 계곡에 버려졌다. 동서의 경기지방[兩畿][1] 및 정주(鄭州) 활주(滑州) 조주(曹州) 복주(濮州)의 수 백리 사이에 재물과 가축이 거의 없어졌다. 내

1) 兩畿 양기 : 경기지방, 천자가 다스리는 천자의 땅 천리

외가 원망하고 분해했다. 비로소 거란을 고통으로 여기고 걱정하며, 모두 그들을 내쫓고 싶어했다.

○ 진(晉) 유지원(劉知遠)은 하동(河東)에 있었는데, 여러 진(鎭) 중 가장 부유하고 강했다. 보병과 기병이 5만 명 가까이 되었다. 진주(晉主)가 거란과 원한을 맺게 되자, 유지원은 그 때문에 반드시 위태로울 것이라는 것을 알았으나, 일찍이 논의하거나 간언하지는 않았다.

거란이 여러 번 깊이 들어왔지만, 유지원은 처음부터 맞아서 막거나, 들어와서 구원할 뜻이 없었다. 거란이 변주(汴州)에 들어왔다는 소식을 듣자, 유지원은 병사를 나누어 사방 경계를 지켜 침략에 방어했다.

이에 장수와 보좌관들이 유지원에게 존호(尊號)를 칭하고 사방을 호령하라고 권유했다. 유지원이 허락하지 않자, 군사들이 모두 "지금 거란이 경성을 함락하고 천자를 붙잡았으니, 천하에 주인이 없습니다. 천하의 주인이 될 자는 우리 왕이 아니면 누구이겠습니까? 마땅히 먼저 지위와 존호를 정하시고, 그 후에 출병하십시오"라고 건의했다.

○ 2월 신미일(辛未日)에 유지원이 황제에 즉위했다. 스스로 차마 진(晉)국을 바꿀 수 없다고 하고, 또 개운(開運)[2]이란 연호의 명칭[年號 名]을 싫어해서 다시 천복(天福) 12년이라고 불렀다.

---

2) 開運 개운 : 후진(後晋) 출제(出帝), 제왕(齊王) 석중귀(石重貴)의 연호

○ 동방에 도둑떼가 크게 일어나니, 거란 주가 측근들에게 "나는 중국 사람들이 이렇게 제어하기 어려울 줄 몰랐다"고 말했다. 진(晉)의 백관을 불러 그들에게 "날씨가 더워져가니 내가 오래 머무르기가 어렵다"고 알려주고, 소한(蘇翰)을 절도사로 삼았다.

거란이 건국해 국호를 요(遼)라고 했다. 요주(遼主)가 대량(大梁)을 출발했다. 진(晉)의 문무 여러 관리 중에 따르는 자가 수천 명이었다. 관부 창고의 재물을 모두 싣고 갔다.

○ 요주(遼主)가 살호림(殺胡林)에 도착해서 죽었다. 그 나라 사람들이 그 배를 갈라 소금 몇 되를 가득 채우고 수레에 싣고 북쪽으로 떠났다. 진(晉)나라 사람들이 그것을 '황제고기절임[帝羓]'이라고 했다.

○ 초왕(楚王) 희범(希範)이 죽자, 장수와 보좌들이 그 아우 희광(希廣)을 옹립했다.

○ 진주(晉主)가 태원(太原)을 출발해 음지관(陰地關)에서 진주(晉州) 강주(絳州)로 나갔다. 사홍조(史弘肇)가 택주(澤州)를 공격하자고 아뢰었다. 사홍조는 사람됨이 침착하고 굳세며, 말이 적고, 엄정하게 군대를 다스렸다. 가는 곳에서 반드시 이겼다. 진주(晉主)가 진양(晉陽)에서부터 안전하게 행군해 낙양과 변주(卞州)로 들어간 것과, 병사들이 칼날에 피를 묻히지 않은 것은 모두 사홍조의 힘 때문이었다. 진주는 이때문에 그를 의지하고 아꼈다.

○ 소한(蘇翰)은 진주가 병사를 데리고 남쪽으로 갔다는

소식을 듣고 북쪽으로 돌아가고자 했으나, 중국에 주인이 없으면 반드시 큰 난리가 일어날 것이라고 걱정했다. 이때 당(唐) 명종(明宗)의 아들 허왕(許王) 종익(從益)이 왕숙비(王淑妃)와 함께 낙양에 있었는데, 소한이 맞이해 그를 황제로 삼았다.

○ 6월에 오월(吳越)의 충헌(忠獻)왕 홍좌(弘佐)가 죽었다. 유언한 명령에 따라서 승상 홍종(弘倧)을 진해진동절도사(鎮海鎮東節度使)로 삼았다.

○ 진주가 낙양에 도착했다. 정주방어사(鄭州防禦使) 곽종의(郭從義)에게 먼저 대량(大梁)에 들어가 궁을 깨끗이 하라고 하면서, 밀령으로 이종익과 왕숙비를 죽이라고 명령했다.

○ 진주가 대량(大梁)에 도착했다. 다시 변주(汴州)를 동경으로 하고, 국호를 '한(漢)'으로 고쳤다. 그리고 연호를 천복(天福)이라고 칭하면서 "나는 차마 진(晉)을 잊지 못하겠다"고 말했다.

○ 요(遼) 대동(大同) 원년(元年) 9월. 세종(世宗) 올욕(兀欲)이 이름을 완(阮)으로 고쳤다. 천록(天祿) 원년.

무신(戊申) (948년)

봄 정월에 진주가 병이 들었다[不豫]. 소봉길(蘇逢吉) 양빈(楊邠) 사홍조(史弘肇) 곽위(郭威)를 들어오게 해서 고명(顧命)을 받게 하고, "승우(承祐)는 유약하므로, 후사를 경들에게 맡기겠다"고 했다. 2월에 황자 승우를 세워 주왕(周王)으로 삼고 황제에 즉위시켰다.

○ 겨울 10월에 형남절도사(荊南節度使) 남평문헌왕(南平文獻王) 고종회(高從誨)가 죽었다. 그 아들 보융(保融)이 유후(留後)를 맡았다.

○ 요(遼) 천록(天祿) 2년. 요주(遼主) 완은 태조의 태자 인황왕(人皇王) 배(倍)의 아들인데, 효화장헌황제(孝和莊憲皇帝)이다.

은(隱)황제 재위 3년, 수(壽) 20

경술(庚戌) (950년)

여름 4월에 한(漢)나라 조정에서는 거란이 가까이 들어와서 노략질하고, 하북을 휩쓸고 다니니[橫行], 여러 번진에 각각 스스로 지키라고 했는데, 막아내는 자가 없었다. 명령해[制] 곽위(郭威)를 업도유수(鄴都留守) 천웅절도사(天雄節度使)로 삼고, 추밀사(樞密使)는 전처럼 하도록 했다. 좌감문위장군(左監門衛將軍) 곽영(郭榮)을 천웅아내도지휘사(天雄衙內都指揮使)로 삼았다. 곽영의 본래 성씨는 시씨(柴氏)이고, 아버지는 수예(守禮)이다. 곽위 아내의 오빠인데, 곽위(郭威)에게 아들이 없어 이때 양자로 삼았다.

○ 한주(漢主)가 즉위한 이래 양빈(楊邠)은 중요한 정무를 총괄하고, 곽위는 정벌을 주관했으며, 사홍조(史弘肇)는

숙위(宿衛)를 맡았고, 왕장(王章)은 재부를 담당했다. 이 때문에 국가가 대체로 안정되었다.

왕장(王章)은 급하고 각박하게 세금을 거두었다. 소금과 명반[礬], 술 누룩의 금법을 범하는 자가 있으면 아주 적은 양[3]이라도 죄 주어서 모두 죽였다. 왕장은 특히 문신들을 좋아하지 않았다. 일찍이 "이들에게 주판을 쥐어주어도 가로세로[縱橫]를 알지 못하니, 등용한들 무슨 도움이 되겠는가?"라고 말했다.

사홍조가 말하기를 "국가를 안정시키는 것은 장창과 대검에 달려있다. 어찌 모필[4]을 쓰겠는가?" 하자, 왕장이 "모필이 없다면 재부는 무엇으로 산출하겠는가?"라고 했다. 이리하여 장수와 재상들에게 틈이 생기기 시작했다.

○ 한주(漢主)가 점점 장성하자, 대신들에게 제어 받는 것을 싫어했고, 불평이 쌓여 누를 수 없게 되었다. 좌우가 틈을 타서 한주(漢主)에게 "양빈 등이 오로지 제멋대로 하니, 끝내는 난을 일으키게 될 것입니다"라고 그들을 참소했다. 한주(漢主)가 그것을 믿고 마침내 양빈 등을 죽일 계획을 했다.

11월 병자일(丙子日)에 양빈 등이 입조하자, 병사 수십 명이 광정전에서 나와 동쪽 처마 아래[廡下]에서 양빈 사홍

3) 錙銖 涓滴 치수 연적 : 치수(錙銖) 무게의 단위, 수(銖)는 1양(兩)의 24분의1, 적은 양(量), 근소(僅少)한 양(量). 연적(涓滴) 수량이 적은 물

4) 毛錐 모추 : 모필의 아칭(雅稱), 붓

조 왕장을 죽였다. 한주(漢主)가 공봉관(供奉官) 맹업(孟業)에게 밀조를 싸서[齎] 주고, 전주(澶州) 및 업도(鄴都)로 보내 왕은(王殷)과 곽위, 왕준(王峻)을 죽이라고 했다.

곽위가 곽숭위(郭崇威)와 조위(曹威) 및 여러 장수들을 불러 양빈 등의 억울한 죽음과 밀조에 있는 상황을 말했다. 또 "나와 여러 공들이 가시덤불을 헤치고 선제를 따라 천하를 얻었고, 고아를 맡긴 임무를 받아서, 있는 힘을 다해 국가를 지켰습니다. 지금 여러 공들이 이미 죽었으니, 내가 무슨 마음으로 혼자 살겠습니까?"라고 말했다.

곽숭위 등이 모두 울면서 "천자는 나이가 어리니, 이는 반드시 좌우의 여러 소인들이 한 일입니다. 원컨대 공을 따라서 입조해 스스로 호소하고 간신들을 소탕해서[蕩滌], 조정을 깨끗이 하겠습니다. 사자 한 명에게 죽임을 당할 수는 없습니다"라고 말했다.

그리하여 곽위가 그 양자 영(榮)을 업도를 지키게 남기고, 곽숭위에게 기병을 이끌고 앞서 달려가게 하고, 자신은 대군을 이끌고 그들을 뒤이어 갔다[繼]. 봉구(封丘)에 도착했다. 인심이 흉흉하고 두려워했다. 한주(漢主)가 모용언초(慕容彦超) 등을 보내 병사를 이끌고 가서 그들을 막게 했다. 모용언초 등이 싸워서 패배하자, 마침내 돌아왔다.

이날 한주(漢主)는 군사들을 위로하러 나갔는데, 싸움에서 패배한 난병들에게 시해 당했다.

곽위가 영춘문으로 들어왔다. 정해일(丁亥日)에 백관을 거느리고 태후에게 문안 드리며[起居][5], "군국의 일이 많으니[殷], 청하옵건대 일찍 후사를 세우소서"라고 갖추어 주청했다. 태후가 아랫 사람에게 알리는 글[誥]을 내리고, 한주(漢主)의 아우 하동절도사(河東節度使) 빈(贇)을 맞아 황제로 즉위시켰다.

○ 무평절도사(武平節度使) 마희악(馬希萼)이 초왕(楚王) 희광(希廣)을 공격해서 죽이고, 자칭 무안정강영원등군절도사(武安靜江寧遠等軍節度使)라고 했다.

○ 요주(遼主)가 침략하자 한(漢) 태후는 곽위에게 명령해 대군을 거느리고 그를 치게 했다. 12월에 곽위가 대량을 출발해 전주(澶州)에 머물렀다.

계축일(癸丑日) 새벽에 출발하려 할 때, 장사 수천 명이 갑자기 크게 소리를 질렀다. 곽위가 문을 닫으라고 명령했다. 장사들이 담을 넘고 지붕에 타고 들어와서 "모름지기[須] 시중 자신은 천자를 만들었지만, 장사들은 이미 유씨(劉氏)와 원수가 되었으니, 세울 수 없습니다"라고 말했다. 어떤 자는 황색 깃발을 찢어 곽위의 몸에 씌어주고 함께 그를 안아 떠받들고[扶抱], 만세를 불렀다. 땅이 진동했다. 그리고는 곽위를 모시고[擁] 남쪽으로 갔다. 곽위가 이에 태후에게 글을 올려 한(漢)나라 종묘를 받들 것이며, 태후를 어머니로 섬기겠다고 청했다.

기미일(己未日)에 태후가 훈계의 글[誥] 내려 빈(贇)을 폐위시켜 상음공(湘陰公)으로 삼고, 시중 곽위를 감국(監國)으

5) 起居 기거 : 문안, 생활, 행동거지, 임금의 언행을 기록하는 관리

로 삼았다. 백관과 번진(藩鎭)에서 계속 서로 표문을 올려 (왕위에) 오를 것을 권유했다.

위의 후한(後漢)은 2명의 군주, 모두 4년이다.

후주기(後周紀) 태조(太祖)

재위 3년, 수(壽) 52

신해(辛亥) (951년)

봄 정월에 한(漢)의 감국(監國)이 황제에 즉위하고, 국호를 주(周)라 했다.

처음에 한(漢)나라 하동절도사(河東節度使) 겸 중서령(中書令) 유숭(劉崇)은 은제(隱帝)가 시해되었다는 소식을 듣고 기병해 남쪽으로 가려 했는데, 상음공(湘陰公)을 맞이해 즉위시켰다는 말을 듣고는 그쳤다. "내 아이가 황제가 되었으니, 내가 또 무엇을 바라겠는가?"라고 말했다. 빈(贇)이 폐위되자, 유숭이 진양에서 황제에 즉위하고, 이름을 민(旻)으로 고쳤다. 여전히 연호 건우(乾祐)를 사용했다.[6]

○ 처음에 주주(周主)가 하중(河中)을 토벌해 사람들에게 촉망 받았었다. 이곡(李穀)이 이때 전운사였는데, 주주(周主)가 여러 번 할 말을 숨기면서[微言][7] 넌지시 변죽을 울렸지만[諷][8], 이곡은 다만 남의 신하로서의 절의를 다할 것

---

6) 주(註) 이것이 북한(北漢)이다.

7) 微言 미언 : 미묘(微妙)한 말, 함축(含蓄)이 있는 말, 수수께끼, 은어(隱語)

8) 諷 풍 : 변죽을 울릴, 넌지시 비유함, 다른 사물에 가탁해 말함

이라고 대답했다. 주주(周主)가 이 때문에 그를 현명하다고 여겼다. 즉위하자 먼저 그를 등용해서 재상으로 삼았다.

이때 나라가 처음 세워져서 사방에 일이 많았다. 왕준(王峻)은 밤낮으로 아는 것을 다하려고 마음을 다 바치니, 군사의 계책에 도움이 된 것이 많았다. 범질(范質)은 명민하고 기억력이 좋았으며[9], 삼가하고 법도를 지켰고, 이곡(李穀)은 침착하고 의지가 강하며, 재능과 경륜[10]이 있어 주주(周主)의 앞에서 논의할 때 말씨[辭氣]가 의분에 넘쳤고[慷慨], 잘 비유해서 깨닫게 해주었다.

○ 당주(唐主)가 변호(邊鎬)를 보내 호남을 평정하게 하고, 변호를 무안절도사(武安節度使)로 삼았다.

○ 요(遼), 목종(穆宗) 경(璟) 응력(應曆) 원년

임자(壬子) (952년)

주주(周主)가 입추부터 중풍[風痹]에 걸렸다. 병 때문에 먹고 마시는 것과 걸음걸이[步趨]에 장애가 있었다.

○ 요(遼), 응력(應曆) 2년

---

9) 彊記 강기 : 잘 기억함, 기억력이 강함

10) 器略 기략 : 기(器) 재능, 도량, 그릇으로 여길 훌륭한 인재, 그릇. 략(略) 다스리다, 경륜을 펼치다, 빼앗다

갑인(甲寅) (954년)

봄 정월에 주에서 진(晉)왕 영(榮)에게 시중(侍中) 판내외병마사(判內外兵馬使)를 겸임하게 했다. 이때 군신들이 주주를 알현하는 일이 드물어서 조정 안팎이 두려워했는데, 진(晉)왕이 병권을 맡았다는 말을 듣고, 민심이 점점 안정되었다.

임진일(壬辰日), 주주가 죽고, 진(晉)왕이 황제에 즉위했다.

○ 북한주(北漢主)는 태조가 승하(晏駕)했다는 소식을 듣고, 대단히 기뻐하고 대대적으로 거병해 침략하려는 계획을 세웠다. 사신을 보내 요(遼)에 병사를 요청했다.

○ 2월에 요주(遼主)는 그 장수 양곤(楊袞)에게 만여 기를 거느리고 진양(晉陽)으로 가게 했다. 북한주(北漢主)가 친히 군사 3만 명을 이끌고 거란과 남쪽 노주(潞州)를 향해 갔다. 주주(周主) 세종(世宗)은 북한주(北漢主)가 침략했다는 말을 듣고, 친히 병사를 이끌고 그것을 막으려 했다.

군신들이 모두 "유숭은 평양에서 달아난 이후 세력이 위축되고 기세가 꺾였습니다. 반드시 감히 친히 오지는 못할 것입니다. 폐하께서 새로 즉위하셨고, 산릉(山陵)에 갈 날짜가 잡혀 있으니, 민심이 흔들리기 쉽습니다. 마땅히 가볍게 움직여서는 안됩니다. 장수에게 명령해 막게 하십시오"라고 말했다.

세종은 "유숭은 우리의 국상을 다행으로 여기고, 짐이 나이 어리고 새로 즉위한 것을 가벼이 여겨 천하를 삼킬 마음이 생겼다. 반드시 친히 올 것이다. 짐이 가지 않을 수 없다"고 말했다.

을유일(乙酉日)에 주주(周主)가 대량(大梁)을 출발했다. 임진일(壬辰日)에 택주(澤州)를 지나다 주(州)의 동북쪽에서 묵었다. 북한주(北漢主)는 주주(周主)가 온 것을 알지 못해 노주(潞州)를 지나면서도 공격하지 않고, 병사를 이끌고 남쪽으로 갔다.

이날 저녁 고평(高平)의 남쪽에 주둔했는데, 주주(周主)가 무장한 말[11]을 타고 친히 진영에 와서 전투를 독려했다. 교전한지 얼마 되지 않아 번애능(樊愛能)과 하휘(何徽)가 기병을 이끌고 먼저 달아나니, 우군(右軍)이 무너졌다. 보병 1천여 명이 갑옷을 벗고 만세를 부르며 북한(北漢)에 항복했다. 주주(周主)는 형세가 위급한 것을 보고, 스스로 병사를 이끌고 친히 화살과 돌을 무릅쓰고 전투를 독려했다.

태조황제는 이때 숙위장(宿衛將)[12]이었는데, 동렬(同列)들에게 "임금이 이처럼 위태로운데, 우리들이 어찌 죽음을 바치지 않을 수 있겠는가?"라고 말했다. 또 장영덕(張永德)에게 말하기를 "적의 기세가 교만하니 힘써 싸우면 격파할 수 있다"고 했다. 그리고는 몸소 사졸들의 앞장에 서서 달려가며 그 칼날을 무릅쓰니, 병사들이 마침내 죽을 힘을 다해 싸워 일당백을 하지 않는 자가 없었다.

북한(北漢)의 병사들이 위세에 눌려 굴복했다.[13] 이때 남

---

11) 介馬 개마 : 갑옷 입은 말, 무장한 말

12) 주(註) 태조황제(太祖皇帝)는 송 태조(宋 太祖) 조광윤(趙匡胤)을 말한다

풍이 더욱 강해졌는데, 주(周)나라 병사가 분투해서 싸우니, 북한 군이 크게 패배했다. 추격해 고평에 이르니, 쓰러져있는 시체[僵尸]가 산과 골짜기에 가득했고, 임금이 쓰는 물건[14]과 군대의 짐[輜重], 기계와 여러 가축이 너무 많이 버려져 다 기록할 수 없었다.

○ 주(周)나라 번애능 등이 주(周)의 군대가 크게 이겼다는 말을 듣고 사졸들과 다시 돌아왔다. 주주(周主)는 번애능 등을 죽여 군정을 정돈[肅]하고자 했다. 곧 번애능과 하휘 및 휘하의 군리 이상 70여 명을 붙잡아 "너희들은 모두 여러 조정의 노련한 장수[宿將]들이다. 싸울 수 없었던 것이 아닌데, 소문만 듣고 달아난 것은 다른 것이 아니다. 바로 짐을 기이한 재물로 여기고, 유숭에게 팔려고 한 것일 뿐이다"라고 꾸짖고, 모두 참수했다.

이때부터 교만한 장수와 게으른 병사들이 비로소 두려운 것을 알아서, 당장 편한 것만을 취하는 정책[政][15]을 안하게 됐다.

○ 주(周) 태사(太師) 중서령(中書令) 영문의왕(瀛文懿王) 풍도(馮道)가 죽었다. 풍도는 어려서 효도하고 부지런해 이름이 알려졌고, 당(唐) 장종(莊宗) 때 비로소 귀인이 되고 벼슬자리에 올랐다. 이때부터 여러 조정에 걸쳐서, 장상(將

---

13) 披靡 피미 : 남의 위력에 눌리어 굴복함

14) 御物 어물 : 임금이 쓰는 물건

15) 政 정 : 부역(국가의 노역), 정사, 정치, 법, 구실, 바로잡을

相) 3공(三公) 3사(三師)의 지위에서 떠나지 않았다.

사람됨은 청렴하고 검소하며 관대했다. 사람들은 그가 기뻐하는지, 성내는지를 헤아리지 못했다. 익살을 잘 부렸고[16], 꾀[智]가 많았으며, 영고성쇠[17]를 용납하고 받아들였다. 일찍이 『장락노서(長樂老叙)』를 지어 여러 조정에서 영예롭게 대우받은 상황을 자술했다. 당시 사람들이 모두 그를 도덕적이고 사려 깊은 사람[18]으로 추앙했다.

온공(溫公)이 말한다.

"하늘과 땅의 위치가 만들어지자, 성인은 이를 준칙으로 해서 예를 제정하고 법을 세웠다. 집안에서는 부부의 예법을 세우고, 밖으로는 군신의 예법을 세웠다. 아내는 남편을 좇아 죽을 때까지 바꿔서는 안 되고, 신하는 임금을 섬기되, 죽을 때까지 두 마음을 품어서는 안된다는 것이다. 이는 사람이 지켜야할 도리 중 큰 도리이다. 만약 그것을 무너뜨리면 혼란이 막대해진다.

범질(范質)은 풍도에 대해 '후덕하고 옛 학문을 연구하고, 재주가 크고 도량이 뛰어나다. 비록 왕조가 바뀌었으나 사람들을 이간질하는 말을 안했다. 큰 산과 같이 우뚝 솟아서 옮길 수가 없다'고 칭찬했다.

신이 생각하기에 바른 여자는 두 지아비를 쫓지 않고, 충

16) 滑稽 골계 : 재치가 있어 말이 유창함, 익살

17) 浮沈 부침 : 물속에 가라앉음과 뜸. 전(轉)하여 영고성쇠

18) 德量 덕량 : 도덕과 사려(思慮), 너그럽고 어진 도량(度量)

신은 두 임금을 섬기지 않는다. 여자가 되어 바르지 않으면, 비록 화려한 색깔처럼 아름답다 해도, 의복을 잘 만드는 손재주가 있다 해도, 어질다고 할 수 없다. 신하가 되어서 충성스럽지 않으면, 비록 재주와 지혜가 많더라도, 또 정치의 치적이 뛰어나더라도, 귀하다 할 수 없다. 왜냐하면 큰 절도가 이미 훼손되었기 때문이다.

풍도는 재상으로서, 여관[逆旅]에 들렀다 가는 객[過客]을 보는 것처럼 다섯 왕조와 여덟 성씨를 거쳤다. 아침에는 원수거나 적이었는데, 저녁에는 군신관계가 되었다. 얼굴을 바꾸고 말을 바꾸면서도 일찍이 부끄러워한 적이 없었다. 큰 절의가 이와 같은데, 비록 작은 선행이 있다고 한들 어찌 칭찬할 수 있겠는가?

혹자는 말하길 '당(唐) 왕실이 망하고부터 군웅이 힘을 다투었고, 제왕이 흥하고 망했는데, 오래간 것은 10여 년이고 짧은 것은 3, 4년이었다. 비록 충성과 지혜가 있더라도, 이를 어찌해야 할 것인가? 신하의 절개를 잃은 자는 풍도 한 사람이 아닌데, 어찌 오직 풍도에게만 죄를 물을 수 있겠는가?'라고 했다.

신이 생각하건대, 충신은 공적인 일을 내 집 일처럼 근심하고, 위태로움을 보면 목숨을 바친다. 임금에게 잘못이 있으면 강력하게 간쟁해 힘껏 막고, 나라가 패망하면 절의를 다해[竭] 목숨을 바쳐야 한다[效]고 생각한다. 지혜로운 선비는 나라에 도(道)가 있으면 나타나고, 나라에 도(道)가 없으면 숨거나 혹은 산림에 자취를 감춘다. 혹은 하급관리가 되어 편안하고 한가롭게 지낸다.19)

지금 풍도의 높은 지위와 총애는 3사(三師) 중 으뜸이었고, 권력과 임무는 여러 재상 중 으뜸이었다. 나라가 존재하면 겸허한 태도로[20] 팔짱 끼고 침묵하며 자리를 차지하고, 하는 일 없이 녹만 타먹었다.[21] 나라가 망하면 보전을 도모하고, 구차하게 죽음을 면하고, 맞이해 알현하고 임금에 즉위하라고 권유했다. 임금은 뒤를 이어 흥하고 망했으나, 풍도의 부귀는 그대로였으니, 이는 곧 간신보다 더 하다[尤]. 어찌 다른 사람과 비교될 수 있겠는가?

혹자는 '풍도가 난세에 몸을 보전하고 해를 멀리 할 수 있었으니, 이 또한 덕행[賢]이다'라고 말했다. 신이 생각하건대, 군자에게는 자신을 희생해 인(仁)을 이룸[22]은 있으나, 살기를 구해서 인을 해치는 일은 없다. 어찌 오로지 몸을 보전해 재앙을 멀리한 것을 덕행이라 할 수 있겠는가?

도척(盜跖)은 병으로 죽었고, 자로(子路)는 그 몸이 젓갈이 되는 형벌에 처해졌다. 과연 누가 덕행이 있었는가? 그러나[抑] 이는 다만 풍도의 잘못만은 아니다. 당시의 임금 또한 책임이 있다.

왜냐하면 (품행이) 바르지 않은 여자는, 보통의 선비라면

---

19) 優遊 우유 : 한가로운 모양, 과단성이 없는 모양, 고지식한 모양

20) 依違 의위 : 겸허한 태도, 마음이 확정되지 아니한 모양, 꾸물거려 망설이는 모양, 독단하지 않음

21) 素餐 소찬 : =시위소찬(尸位素餐), 벼슬에 있으면서 그 직책을 다하지 못하고, 녹만 타먹는 사람

22) 殺身成仁 살신성인 : 자기 몸을 희생해 인(仁)을 이룸, 세상을 위해서 목숨을 바침

그녀와 가정을 꾸리는 것을 수치로 여긴다. 충성스럽지 않은 사람은 중간되는 임금이라도 그를 신하로 삼는 것을 수치스럽게 여긴다. 그 사람이 전 왕조의 재상이었는데, 그 충성으로 말하자면, 임금을 배반하고 원수를 섬기는 것이다. 그 지혜로 말하자면, 사직을 폐허로 만들었다.

(그런데) 나중에 임금이 된 자가 죽이거나 버리지 않고, 곧 다시 등용해 재상으로 삼은 것이다. 그가 또 어찌 기꺼이 나에게 충성하려고 하겠으며, 쓸모가 있겠는가? 때문에 말하길 '다만 풍도의 잘못만이 아니다. 역시 당시 임금에게도 책임이 있다'고 한 것이다"

주주(周主)가 중론과 달리 북한(北漢)을 격파하자, 이때부터 정사에 크고 작은 일 없이 모두 친히 결정했다. 백관은 아래에서 받아서 이를 뿐이었다.

○ 처음에 숙위하는 병사들은 여러 조정을 서로 계승하자, 당장 눈앞에 편한 것만을 추구하는 데에 힘써서 가려뽑는 것[23]을 원하지 않고, 사람의 마음을 두렵게 하거나 상하게 하려고 하지 않았다.

이 때문에 대부분 파리하거나 늙은이였다. 다만 교만하고 노둔해서[蹇], 명령을 받들지 않거나[24] 실로 받들 수가 없었다. (그들은) 매번 큰 적을 만날 때마다 도망가지 않으면

---

23) 簡閱 간열 : 가림, 살펴봄, 조사함

24) 用命 용명 : 윗사람의 명령을 받음

바로 항복했다. 나라를 잃은 까닭 또한 대부분 이것 때문이었다.

주주(周主)는 고평의 전투를 통해 비로소 그 폐단을 알고, 근신들에게 "무릇 군사는 정예화에 힘써야지, 많은 수에 힘쓰면 안 된다. 지금 농부 1백 명으로 갑사 한 명을 기를 수 없는데, 어찌 백성의 고혈을 짜내어 이 쓸모없는 것들을 부양하겠는가? 또 건장한 자와 나약한 자를 구분하지 않으니, 군사들에게 권면할 것이 없다"고 말했다.

이에 여러 군을 대대적으로 조사해 정예한 자는 상군(上軍)으로 올리고, 파리하고 약한 자는 내쫓으라고 명령했다. 또 날래고 용맹한 군사는 대부분 여러 번진에서 길러졌다고 생각해, 조서를 내려 천하의 장사를 모집해 모두 대궐로 보내라고 했다.

송(宋) 태조황제에게 명령해 그 중 뛰어난 자를 선발해 전전제반(殿前諸班)[25]을 만들었다. 그 기병과 보병의 여러 군대는 각각 장수에게 명령해 선발하도록 했다. 이 때문에 사졸이 근래에 비할 데가 없이 정예이고 강해서, 사방을 정벌할 때 가는 곳마다 모두 이겼다. 선발해 훈련한 공 때문이었다.

○ 북한주(北漢主)가 죽고 아들 승균(承鈞)이 즉위해서

---

25) 殿前諸班 전전제반 : 조광윤이 거느린 부대의 이름. 전(殿)은 최후까지 남아서 적을 방어하는 것, 전(前)은 전군(前軍)으로 선봉의 군대, 제(諸)는 지어(之於)의 합자. 반(班)은 여러 부대

이름을 '균(鈞)'으로 고쳤다. 북한(北漢) 효화제(孝和帝)는 성품이 효성스럽고 공손했다. 제위를 계승하자 정치를 부지런히 했다. 백성을 사랑하고 선비를 예우하니 경내가 대략 안정되었다.

세종(世宗) 재위 6년, 수(壽) 39

을묘(乙卯) (955년)

주(周) 세종(世宗)은 광명(廣明) 연간 이후 중국이 날로 위축되는 것을 항상 분하게 여겼다. 고평에서 이기고 나자 분개해[26] 천하를 평정할 뜻이 있었다.

○ 주(周) 세종(世宗)이 재상들에게 말했다.

"짐은 매번 잘 다스리는 방법을 생각했지만, 그 요점을 깨닫지 못해서, 잘 때에도 먹을 때에도 잊어버리지 못한다. 또 당 진(唐 晉) 이래로 오 촉 유 병(吳 蜀 幽 幷)에 모두 천자의 은덕이 막히고, 하나로 합할[混] 수가 없게 되었다.

마땅히 근신들에게 명령해 임금 노릇의 어려움과 신하 노릇이 쉽지 않음을 논하는 글[「위군난위신불이론(爲君難爲臣不易論)」] 및 변방을 개척하는 책략[「개변책(開邊策)」]을 논한 책을 짓게 하라. 짐이 장차 보겠다"

비주낭중(比部郎中) 왕박(王朴)이 책문을 올렸다.

---

26) 慨然 개연 : 분개하는 모양, 대단히 슬퍼하는 모양

"중국이 오 촉 유 병(吳 蜀 幽 幷)을 잃은 것은 모두 도(道)를 잃었기 때문입니다. 반드시 지금 잃어버린 원인을 먼저 살핀 다음에 찾는 방법을 알 수 있습니다. 처음 잃었을 때를 보면, 임금은 어리석고 신하는 간사하지 않은 적이 없었습니다. 군사는 교만하고, 백성은 곤궁하고, 간사한 무리는 안에서 번성하고[熾], 군인들은 밖에서 제멋대로 해, 작은 것이 커지고 미미한 것이 쌓여서 분명하게 드러나게[著] 된 것입니다.

지금 그것을 찾고자 하신다면, 한 바를 되돌려보는 것이 가장 좋습니다. 무릇 어진 자를 등용하고, 못난 자[不肖]를 물리치는 것은 그 재능을 거두는 행위이고, 은덕과 정성과 신의는 그 마음을 묶으려는 행위입니다. 공 있는 자에게 상을 주고, 죄 있는 자에게 벌을 주는 것은 그 힘을 다하게 하려는 행위입니다. 사치를 없애고 쓰임을 절약하는 것은 그 재물을 풍족하게 하려는 행위이며, 때에 맞게 부리고 세금을 줄여주는 것은 그 백성을 번성하게[阜] 하려는 행위입니다.

여러 인재들이 이미 모이고, 정사가 이미 잘 다스려지고, 재물의 쓰임이 이미 충실하고, 사민이 이미 의지하기를 기다려서, 그 연후에 거병해 쓴다면 공을 이루지 못할 것이 없습니다. 저쪽 사람들이 우리에게 공격할 형세가 있다는 것을 본다면, 그 실정을 아는 자는 반드시 간첩이 되기를 원할 것이고, 그 산천[지형]을 아는 자는 길잡이[27]가 되기를 원할 것입니다. 민심이 돌아오면, 하늘의 뜻도 반드시 따라올 것입니다.

무릇 공격해 빼앗는 방법은 반드시 쉬운 곳을 먼저 해야 합니다. 당(唐)과 우리가 접한 국경이 거의 2천 리여서, 그 형세는 어지럽히기 쉽습니다. 어지럽히려면, 마땅히 준비가 없는 곳에서 시작해야 합니다. 동쪽을 대비하려 하면 서쪽을 어지럽히고, 서쪽을 대비하려 하면 동쪽을 어지럽혀야 합니다. 저들은 반드시 구원하느라 달리고 달릴[奔走] 것입니다. 달리고 달리는 사이에, 그 허실(虛實)과 강약(强弱)을 알 수 있습니다.

그런 뒤에 실(實)을 피하고 허(虛)를 공격하고, 강한 곳을 피하고 약한 곳을 공격해야 합니다. 모름지기 대대적으로 거병하지 말고 우선[且] 경무장한 군사로 그들을 어지럽힌다면, 남쪽 사람들은 나약하고 겁이 많기 때문에 작은 경보를 들어도 반드시 군대를 다 들어 구원할 것입니다.

군대가 자주 움직이면, 백성들이 피폐해지고 재력이 고갈됩니다. (그리하여) 전군을 움직이지 못하게 되었을 때, 우리가 빈틈을 타서 빼앗을 수 있습니다. 이와 같으면 강북의 여러 주(州)는 모두 우리의 차지가 될 것입니다. 강북을 얻고 나서 저들의 백성을 써서 우리 법을 시행하면, 강남 또한 쉽게 얻을 수 있을 것입니다.

강남을 얻으면 파촉(巴蜀)은 격문만 돌려도 평정됩니다. 남방이 평정되면 연(燕)지역은 반드시 멀리서 바라만 보고도 와서 귀의할 것입니다. 만약 그들이 오지 않을 경우, 병

---

27) 嚮導 향도 : 길잡이

사를 옮겨서 공격하면 자리를 말듯이[席卷] 쉽게 평정할 수 있습니다.

오직 하동(河東)만은 필사적인 도적들이어서 은혜와 신의로 회유할 수 없습니다. 반드시 강한 병사로 그들을 제어해야 합니다. 그러나 그들도 고평에서 패하고부터 힘이 고갈되고 기세가 꺾여 변방의 우환이 되지 못합니다. 마땅히 그것은 잠시[且] 뒤에 도모해야 합니다. 천하가 평정되기를 기다린 연후 틈을 엿봐서 한번 거병한다면, 사로잡을 수 있습니다.

지금 사졸들은 정예병으로 훈련되어 있고, 갑옷과 무기는 준비되어 있으며, 아랫사람들은 법을 두려워하고, 여러 장수들은 힘을 다 바치고 있으니, 1년 뒤에는 출병할 수 있습니다. 마땅히 여름과 가을부터 축적해 변방을 충실하게 해야 합니다"

세종이 기뻐하며 받아들였다. 이때 군신들이 대부분 일상적인 것을 지키고, 안일을 추구해[28] 대답에 취할 만한 것이 적었다. 오직 왕박(王朴)만이 정신이 준엄하고 기상이 굳세며 계책이 있고 판단을 잘했다. 계획하는 것이 모두 세종의 뜻에 맞았다. 세종이 이 때문에 그 그릇과 식견을 중히 여겼다.

---

28) 偸安 투안 : 구차하게 안일함

병진(丙辰) (956년)

정월(正月) 경자일(庚子日)에 주(周) 세종이 회남(淮南)을 친정(親征)하겠다는 조서를 내렸다. 귀덕절도사(歸德節度使) 이중진(李重進)에게 명령해 병사를 이끌고 먼저 정양(正陽)으로 가게 했다. 이곡(李谷)이 수주(壽州)를 공격했으나 오랫동안 함락시키지 못했다. 당(唐)의 유언정(劉彦貞)이 병사를 이끌고 와서 구원했다. 이중진이 회수(淮水)를 건너 정양(正陽)의 동쪽에서 맞아 싸워 그들을 크게 격파하고, 유언정을 참수했다.

○ 이때 강회(江淮)지방이 오랫동안 평안해서 백성들이 전투훈련을 받지 않았다. 유언정이 패하고 나자 당(唐)나라 사람들이 크게 두려워했다. 황보휘(皇甫暉)와 요봉(姚鳳)이 퇴각해 청류관(淸流關)을 지켰다.

병진일(丙辰日)에 주(周) 세종이 수주성(壽州城) 아래에 이르러 여러 군대에게 수주를 포위하라고 명령했다. 2월에 세종이 태조황제에게 속도를 두 배로 해서 가서 청류관을 습격하도록 명령했다. 황보휘 등이 산 아래에 진을 치고, 당시 선봉대와 싸우고 있었는데, 태조황제가 병사를 이끌고 산 뒤에서 나가니, 황보휘 등이 크게 놀라서 달아났다. 저주(滁州)로 들어가 다리를 끊고 스스로 지키고자 했다.

태조황제가 말에 뛰어올라 병사들을 지휘하며 물을 건너 곧바로 성 아래에 이르자, 황보휘 등이 "사람은 각각 그 주인을 위하니, 원컨대 대열을 갖추고 싸우기를 허용해주시오"라고 말했다. 태조황제가 웃으면서 그것을 허락했다.

황보휘가 군을 정돈하고 나오자 송 태조황제께서 말의 목을 잡고 돌진해 들어가며, “나는 단지[止] 황보휘를 잡을 것이니, 다른 사람은 내 적이 아니다!”라고 크게 고함을 질렀다. 손수 검으로 황보휘의 머리를 맞춰 산채로 사로잡고, 아울러 요봉을 사로잡아, 마침내 저주(滁州)를 함락시켰다.

후에 세종이 한림학사(翰林學士) 두의(竇儀)를 보내 저주의 창고에 있는 재물[29]을 장부에 적도록[籍] 했는데, 송 태조황제가 친한 관리를 보내서 창고 안의 비단을 가져오게 했다. 두의가 말하기를 “공이 처음 성을 함락했을 때는 비록 창고를 기울여서 가져가도 해가 되지 않지만, 지금은 이미 장부에 적어서 관물이 되었습니다. 조서가 없으면 가져갈 수 없습니다”고 했다. 송 태조황제가 이 때문에 두의를 중시했다.

○ 처음에 주(周)의 유사(劉詞)가 표문을 보내 그의 막료인 계인(薊人) 조보(趙普)가 쓸만한 재주가 있다고 천거했다. 마침 저주가 평정되자 범질이 조보를 천거해 저주군사판관(滁州軍事判官)으로 삼았다. 송 태조황제가 그와 얘기해보고 기뻐했다.

송 태조황제의 위세와 명성이 날로 높아갔다. 매번 진영(陳營)에 갈 때 반드시 번영[30]으로 장식해 말을 꾸미고, 갑옷과 무기를 산뜻하게 표시나게 했다. 혹자가 “이와 같이

---

29) 帑藏 탕(노)장 : =탕고(帑庫). 화폐를 넣어두는 곳집

30) 繁纓 번영 : 마소의 배에 걸치는 배대 끈

하면 적이 알아볼 것입니다"라고 말했다. 송 태조황제는 "나는 참으로 그들이 알아보게 하고자 할 뿐이다"라고 대답했다.

○ 당주(唐主)는 군대가 자주 패배하자, 망할까 두려워했다. 이에 종모(鍾謨)와 이덕명(李德明)을 보내 표문을 받들고 가게 해서, 신하를 칭하고 화평을 청했다. 종모와 이덕명은 본래 말을 잘했는데, 주(周) 세종이 그들이 유세하려 하는 것을 알고, 병사를 성대하게 진열시키고서 그들을 만났다.

그리고는 "나는 육국[31]의 어리석은 임금이 아니다. 어찌 너희의 구설로 바뀔 수 있겠는가? 돌아가서 너희 임금에게 말하라! 빨리 와서 짐을 알현하고 두 번 절하고 잘못을 사과하면 아무 일이 없을 것이다. 그렇지 않으면 짐이 금릉성(金陵城)에 가서 만나 관부의 창고를 빌어서 군을 위로할 것이니, 너희 군신이 후회하지 않을 수 있겠는가?"라고 말했다. 종모와 이덕명이 두려워 벌벌 떨면서[32] 감히 말을 못했다.

○ 당주가 다시 이덕명과 손성(孫晟)을 사자로 보내 주(周) 세종에게 '황제의 칭호를 없애고, 수주(壽州) 호주(濠州) 사주(泗州) 초주(楚州) 광주(光州) 해주(海州) 6주의 땅

31) 六國 6국 : 전국시대(戰國時代) 말기(末期), 장의(張儀)의 외교술에 넘어가서 연 제 한 위 조 초(燕 齊 韓 魏 趙 楚) 6국(六國)의 합종이 깨진 것을 말함

32) 戰慄 전율 : 두려워서 벌벌 떨다

을 할양하고, 거기다가 해마다 금과 비단 1백만을 보내겠으니, 군대를 철수'시켜주기를 요구했다.

세종은 회남(淮南) 땅은 이미 절반을 주(周)나라가 차지했고, 여러 장수들의 승전보가 날마다 이르므로, 강북의 땅을 다 얻으려고 허락하지 않았다. 이덕명이 주(周)의 병사가 날로 진군하는 것을 보고 "당주(唐主)는 폐하의 병력이 이와 같이 성대하다는 것을 알지 못합니다. 원컨대 5일간만 정벌[誅]을 늦추어주시고, 신을 돌아갈 수 있게 해주신다면, 당주(唐主)에게 아뢰어 강북의 땅을 모두 바치게 하겠습니다"고 주청했다.

세종이 이를 허락하고, 당주(唐主)에게 조서를 내렸다. 그 대략은 "다만 황제의 칭호를 남겨둔다고 해서 어찌 그 겨울의 추위가 달라지겠는가[爽]?[33] 만약 사대하는 마음을 굳건히 한다면, 남을 압박해서 끝내 험한 곳으로 들어가게 하지는 않을 것이다"라는 것이었다.

또 말하기를 "여러 군(郡)이 모두 오기를 기다려 대군을 즉시[立] 철수시키겠다. 말은 여기에 다했으니 다시 번거롭게 말하지 않겠다. 만약 그러지 않겠다고 말하면, 청컨대 여기에서 끊겠다"고 했다.

이덕명이 세종의 위엄과 덕망 및 갑병의 강함을 칭찬하고 당주에게 강북의 땅을 할양할 것을 권하니, 당주(唐主)가 크게 노해 이덕명을 저자에서 참수했다. 제주(齊主) 이

---

33) 爽 상 : 어긋나다. 다르다(差)

경달(李景達)에게 병사를 거느리고 주(周)를 막으라고 명령했다. 이경달이 병사 2만을 거느리고 과보(瓜步)에서 장강을 건너 육합(六合)에서 20여 리 떨어진 곳에 목책을 세우고 진군하지 않았다.

여러 장수들이 공격하려 하자 송 태조황제는 "저들이 목책을 세워 스스로 견고하게 한 것은 우리를 두려워하기 때문이다. 지금 우리 군대는 2천이 되지 않으니, 만약 가서 그들을 공격하면 저들이 우리 군이 적은 것을 보게 될 것이다. 저들의 공격을 기다리는 것이 낫다. 반드시 격파할 수 있다"고 했다.

며칠 있다가 당(唐)이 출병해 육합으로 나오자 송 태조황제가 분투해서 그들을 크게 격파했다. 죽이거나 사로잡은 것이 거의 5천 명이었다. 당군은 아직 1만여 명이 남아 있었는데, 달아나서 강을 건너려고 배에 타려고 다투다가 빠져 죽은 자도 매우 많았다. 이에 당(唐)의 정예병이 거의 다 죽었다.

이 싸움에서 사졸 중 힘을 다 내지 않는 자들이 있었다. 송 태조황제는 겉으로 전쟁을 독려하는 체 하면서, 검으로 (그 자들의) 갓[皮笠]을 쪼갰다[斫]. 다음 날 갓을 두루 조사해 갓에 검의 흔적이 있는 사람 수십명을 모두 참수했다. 이 때문에 부대의 병사들 중 감히 죽을 힘을 다하지 않는 자가 없게 됐다.

○ 주(周)가 태조황제를 정국절도사(定國節度使) 겸 전전도지휘사(殿前都指揮使)로 삼았다.

정사(丁巳) (957년)

주(周)의 군대가 수춘(壽春)을 포위했으나, 여러 해 동안 함락시키지 못했다. 의견을 말하는 자들이 당(唐)의 원병이 아직 강하다고 하고, 많은 자들은 군대의 철수를 요청했다. 세종이 주저했다. 이곡은 병이 들어 집에 있었다. 2월에 세종이 범질과 왕부(王溥)에게 그와 논의하게 했다.

이곡이 "수춘은 위태롭고 곤궁해서, 격파되는 것은 조석간에 달려 있습니다. 만약 황제[34]께서 친히 정벌에 나선다면, 장사들은 다투어 분발할 것이고, 원병은 떨고 두려워할 것입니다. 성 안에서 망할 것을 알게 되면, 반드시 항복할 것입니다"라고 상소를 올렸다. 세종이 기뻐했다.

○ 2월 을해일(乙亥日)에 주주(周主) 세종은 대량(大梁)을 출발했다. 이전에 주(周)가 당(唐)과 싸울 때, 당(唐) 수군이 예리하고 민첩해 주(周)나라 사람들은 그들을 대적할 수 없었다. 세종이 매번 그것을 한스럽게 여겼다.

수춘(壽春)으로부터 돌아와 대량성(大梁城) 서쪽 변수 가에 전함 수백 척을 만들고, 당(唐)의 항복한 병사들에게 명령해 북쪽 사람들에게 수전을 가르치게 했다. 수개월 후에 자유자재로 거침없이[35] 출몰해 거의[殆] 당(唐)나라 군대를 이겼다.

---

34) 鑾駕 난가 : 난(鑾) 천자가 타는 수레, 천자가 타는 수레의 말고삐에 다는 방울. 가(駕) 천자의 수레

35) 縱橫 종횡 : 거침없이 오가거나 이리저리 다님

이때가 되자, 우효위대장군(右驍衛大將軍) 왕환(王環)에게 명령해 수군 수천을 거느리고, 민하(閔河)로부터 영수(潁水)를 따라 회수(淮水)로 들어가게 했다. 당(唐)나라 사람들이 그것을 보고 크게 놀랐다.

임진일(壬辰日) 아침에 세종이 조보(趙步)에 주둔하고, 여러 장군들이 당(唐)의 자금산 목책의 방위시설[紫金山寨][36]을 공격해 크게 격파했다. 죽이거나 생포한 자가 1만여 명이었다.

갑진일(甲辰日)에 세종이 수춘성 북쪽에서 병력을 과시했다[耀]. 당(唐)의 청해절도사(淸淮節度使) 유인섬(劉仁贍)이 병이 심해 사람을 알아보지 못했다. 감군사(監軍使) 주정구(周廷構) 등이 유인섬의 표문을 만들고, 유인섬을 메고 성을 나와 항복했다. 여름 4월에 주(周) 세종이 대량으로 돌아왔다.

○ 겨울 10월에 주(周) 세종이 대량을 출발했다. 11월 호주(濠州)에 도착해 당(唐)의 군대를 동구(洞口)에서 크게 격파했다. 5천여 급(級)을 참수하고, 2천여 명이 항복했다. 이어서 북을 치고 행군해 동쪽으로 가니, 지나는 곳마다 모두 항복했다. 당(唐) 군대가 퇴각해 청구(淸口)를 지켰다.

무오일(戊午日) 아침 세종이 스스로 친위군을 거느리고 회수(淮水) 북쪽에서 진군했다. 송 태조황제에게 명령해 보병과 기병을 거느리고 회수 남쪽에서 전진하도록 했다. 여

---

36) 寨 채 : 울짱, 울타리, 나무우리, 목책으로 둘러싼 방위시설, 작은 성채

러 장군들은 수군을 인솔해 중류에서 진격해 함께 당(唐)의 군대를 추격했다. 노획한 전함은 불사르거나 침몰시켰는데, 남은 것이 3백여 척이었다. 병사들 중 살해되고 빠져 죽고 남은 자가 7천여 명이었다. 회수(淮水)에 떠 있던 당(唐)의 전함은 이리하여 다 없어졌다.

무오(戊午) (958년)

3월에 주(周) 세종이 영란진(迎鑾鎭)에 갔다. 강 입구에 이르러 자주 수군을 보내 당(唐)의 군대를 공격해 격파시켰다. 당주(唐主)가 세종이 강 위에 있다는 소식을 듣고, 끝내는 남쪽으로 건너올 것이라고 두려워했다. 또 칭호를 강등해 번진을 칭한다는 것을 수치스럽게 여겼다.

병부시랑(兵部侍郎) 진각(陳覺)을 보내 표문을 올렸다. 태자 홍기(弘冀)에게 전위하고, 그 (아들)에게 중국의 명령을 따르도록 하겠다고 요청했다. 이 때 회수(淮水) 남쪽으로는 오직 여주(廬州) 서주(舒州) 기주(蘄州) 황주(黃州)가 아직 항복하지 않고 있었다.

진각이 영란[迎鑾鎭]에 도착해 주(周) 군대의 강성함을 보고 세종에게 사뢰기를, "사람을 보내 강을 건너가 4주(州)의 땅을 바칠 표문을 받아오겠습니다. 강을 구획해 경계로 삼고, 전쟁을 그쳐주십시오"라고 청했다. 말과 뜻이 매우 애절했다.

세종은 "본래 짐이 군대를 일으킨 것은, 다만[止] 강북을 얻으려는 것이었다. 지금 너희의 임금이 나라를 들어 들어와 복속[37]한다 하니, 내가 다시 무엇을 원하겠는가?"고 말했다. 진각이 감사의 말을 하고 절하고 물러갔다.

그의 관속인 유승우(劉承遇)를 금릉으로 보냈다. 세종이 당주(唐主)에게 글을 내려 황제를 칭하고, 강남국의 군주에게 공손히 말하고[問], 위로하며 받아들였다. 당주가 다시 유승우를 보내 표문을 올리고, 강북 4주를 바치고, 해마다 공물 수천만을 바치겠다고 했다. 이리하여 강북이 모두 평정되고, 14개 주(州)와 6십 개의 현(縣)을 얻었다.

이 달에 변구를 깊이 파서 황하의 물줄기를 끌어다 회수에 도달하게 했다. 그리하여 황하와 장강, 회수에 배[38]가 비로소 통하게 됐다.

○ 5월에 당(唐) 군주는 주(周)라는 높은 이름[諱][39]을 피해서, 이름을 경(景)으로 고쳤다.

○ 남한(南漢)의 중종(中宗)이 죽자, 장자 위왕(衛王) 계흥(繼興)이 황제에 오르고, 이름을 창(鋹)으로 고쳤다.

기미(己未) (959년)

주(周)의 회남(淮南)에 기근이 들자, 세종이 명령해 쌀을 꾸어주도록[貸] 했다. 어떤 사람이 '백성들이 가난해서 갚지 못할까 걱정된다'고 말했다. 세종은 "백성은 나의 자식이다. 어찌 자식이 위험한 처지에 처해 있는데[40], 아비가 그것을

---

37) 內附 내부 : 들어와 복속함, 속국이 됨
38) 舟楫 주즙 : 배와 삿대, 배의 전체
39) 諱 휘 : 높은 이의 이름, 꺼릴, 숨길

해결해주지 못하겠는가? (빌려주는 마음에) 어찌 그들이 반드시 갚기를 요구하는데 있겠는가?"라고 말했다.

○ 요(遼), 응력(應曆) 9년

○ 주(周) 세종이 북쪽 변방이 아직 수복되지 않았다고 하고, 창주(滄州)로 행차하려고 했다. 그 날 보병과 기병 수만을 거느리고 곧장 거란과의 국경으로 달려갔다. 거란의 수비하는 장수가 모두 성을 들어 항복했다. 관남(關南)이 모두 평정되었다.

○ 6월에 당주(唐主)가 갖춘 공물을 바치려고 그 아들 기공(紀公) 종선(從善)과 종모(鍾謨)를 함께 들여보냈다. 주주(周主)가 종모에게 "강남도 병사를 훈련시키고[治] 수비를 닦고 있는가?"를 물었다. 종모는 "이미 신하로 대국을 섬기는데 감히 다시 하지 못하고 있습니다"라고 대답했다. 황제가 말했다.

"그렇지 않다. 예전에는 원수이고 적이었지만, 지금은 한 가족이다. 나와 너의 나라와는 이미 대의가 정해졌다. 보장하건대 다른 염려는 없을 것이다. 그러나 사람의 일[人生]이란 기약하기 어려운 법이다. 후세가 되면 일이 (어떻게 될지) 알지 못한다. 돌아가서 너의 임금에게 말하라. 가능하다면 나의 세대에 성곽을 완성하고 병장기를 수리하며, 요해처를 점거하고 수비해서, 자손을 위한 계책을 세우라고

40) 倒懸 도현 : 거꾸로 매닮, 대단히 괴로워함, 위급한 처지에 처함

하라"

종모가 돌아가서 당주(唐主)에게 아뢰었다. 당주가 이에 금릉에 성을 쌓고, 여러 주의 성 중에서[之] 완전하지 못한 것을 수리하고[葺], 변방의 수비병[戍兵]이 적으면 더 보태라고 했다.

온공(溫公)이 말한다.

"어떤 사람이 내게 '오대의 제왕 중 당(唐) 장종(莊宗)과 주(周) 세종은 모두 무용이 뛰어난[41] 것으로 칭송받는데, 두 왕 중 누가 나은가[賢]'를 물었다. 내가 그에 대답했다.

'장종은 전쟁을 잘한 사람이다. 그 때문에 약한 진(晉)의 힘으로 강한 양(梁)을 이겼다. (그러나) 그것을 얻은지 수년이 못되어 안팎이 이반해 자신의 몸 둘 곳이 없었다. 이는 용병의 기술은 알지만, 천하를 다스리는 도를 알지 못했기 때문이다.

세종은 신의 있는 호령으로 군신을 다스리고, 바른 도리[正義]로 여러 나라의 왕들을 구했다. 환(環)은 항복하지 않았기 때문에 상을 받았고, 유인섬(劉仁贍)은 견고히 수비했다고 포상을 받았다. 엄속(嚴續)은 충성을 다 바쳤기 때문에 목숨을 보존했고, 촉(蜀)의 병사들은 뒤엎고 되돌렸기 때문에[反覆] 죽게 되었다. 풍도(馮道)는 절개를 잃었기 때문에 버려졌고, 장미(張美)는 사사로운 은혜라서, 소원하게

41) 英武 영무 : 무용이 뛰어남

대했다.

강남이 미처 항복하지 않자, 친히 화살과 돌을 무릅쓰고 기필코 함락시킬 날을 정했다[期]. 항복한 뒤에는 그들을 자식과 같이 사랑해서, 마음을 쏟아주고, 말을 지극하게 해주고, 그들을 위해 먼 일까지 배려해주었다. 큰 규모와 큰 도량을 (비교하면), 장종(莊宗)을 어찌 같은 해[日]라고 말할 수 있겠는가?

『서경(書經)』에서 '편벽됨이 없거나 패거리만듦이 없으면 왕도는 광대하다'[42]고 했다. 또 말하기를 '큰 나라는 그의 힘을 두려워하고, 작은 나라는 그의 덕을 그리워한다'고 했는데, 세종이 이에 가깝다'"

주주(周主)가 황자 종훈(宗訓)을 세워 양왕(梁王)으로 삼았다.

계사일(癸巳日)에 주주(周主) 세종이 죽었다. 세종이 번진에 있을 때 재능을 숨기는데[43] 많이 힘썼는데, 즉위해 고평에서 적을 격파하자, 사람들이 비로소 그의 뛰어난 무예에 감탄했다.

그가 군을 다스릴 때에는 호령이 엄하고 확실해 사람들이 감히 범하지 못했다. 성을 공격하고 적과 대치할 때, 화살과 돌이 그 좌우에 떨어지자, 사람들이 아연실색했으나, 세종은 얼굴을 거의[略] 움직이지 않았다. 중요한 일을 당

---

42) 蕩蕩 탕탕 : 넓은 모양, 광대한 모양, 평이한 모양, 쉬운 모양

43) 韜晦 도회 : 재덕을 숨기고 감춤. 도(韜) 감춤. 회(晦) 감출

해서[應機] 책략을 결정할 때에는 사람들의 의표(意表)44)를 찔렀다.

또 정치를 부지런히 했고, 백관들의 장부와 문서를 지나가듯이 읽어도 기억하지 못하는 것이 없었다. 범법을 적발하고, 숨긴 것을 들추어내고, 귀신같이 총기 있게 살폈다. 한가하면 유학자를 불러 전대의 역사를 읽고 대의를 토론45)했다.

성격이 현악기[絲]와 관악기[竹], 진기한 완구를 좋아하지 않았다. 항상 말하기를, 태조가 왕준 왕은의 죄악을 키워 군신(君臣)간의 분별을 이루지[終] 못하게 되었다고 했다. 그런 고로 여러 신하에게 과오가 있으면 면전에서 책망했고 승복하면 즉 그를 사면해주었다. 공이 있으면 후히 상을 주었다.

문무를 섞어서[參] 등용하고, 각각 그 능력을 다하게 하니, 사람들이 그 명석함을 두려워하고, 그 은혜를 그리워하지 않은 자가 없었다. 그런 고로 적을 격파하고 땅을 넓히고, 향하는 곳마다 앞을 막는 자가 없었다.

그러나 너무 엄격하게 법을 운영했다. 여러 신하들이 직무를 수행하면서 조금이라도 해내지[擧] 못하는 일이 있으면, 가끔[往往]46)이지만, 극형에 처했다. 비록 본디 재능과 명성이 있는 자일지라도 관대함을 베풀지 않았고, 얼마 안

---

44) 意表 의표 : 뜻밖, 의외

45) 商確 상확 : 상의해 확정함

46) 往往 왕왕 : 가끔, 때때로

되어[尋] 그것을 후회했다.

말년에 점점 관대해졌다. 승하[登遐]한 날[47], 먼 곳에서건 가까운 곳에서건 슬퍼하고 그리워했다.

○ 갑오일(甲午日)에 유조(遺詔)를 공포했고, 양왕(梁王) 종훈(宗訓)을 황제에 즉위시키라고 명령했다. 이때 그의 나이 7세였다.

○ 주(周) 세종이 해마다[仍歲] 정벌을 했는데, 송 태조황제는 자주[累] 큰 공을 세웠다. 게다가[加] 법령이 엄하고 확실했기 때문에 병사들이 두려워하고 복종했다. 공제(恭帝)가 어리니, 조정 안팎으로 세인의 마음[物情][48]이 모두 태조에게 귀의하고, 은밀히 추대의 뜻이 생겨나고 있었다.

공제(恭帝)[49] 재위 반년, 송(宋)에 선위했다.

경오(庚申) (960년)

정월에 진교역(鎭定驛)에서 "하동(河東)의 유균(劉鈞)이 요(遼)의 군대와 결탁해 들어와 노략질 한다"고 아뢰었다. 주주(周主)가 송 태조에게 북쪽으로 가서 정벌하라고 명령했다. 진교역에 이르자, 여러 장군들이 (그를) 옹립하고 남

47) 登遐之日 등하지일 : 승하, 임금이 죽다

48) 物情 물정 : 세인의 마음, 사물의 본질, 사물의 상태, 세상형편, 세상의 정세

49) 주(註) 공제(恭帝)는 이름이 종훈(宗訓), 세종(世宗)의 장자(長子)이다

쪽으로 돌아가자고 촉구했다.

인화문(仁和門)으로 들어가서, 송 태조는 공관으로 돌아갔다. 재상 범질(范質)등이 숭원전(崇元殿)에 와서 문무 여러 관료를 불렀다. 오후 3-4시[晡][50]가 되자 행열[班][51]이 정해졌다. 주(周) 공제(恭帝)가 안에서 조서를 내렸다.

"하늘이 백성[蒸民]을 낳고, 임금[司牧]을 세웠다. (요 순) 두 황제가 오직 공적으로 선위했고, 삼왕(三王 : 하夏 은殷 주周) 때에는 때를 틈타 천명을 바꾸니[革命], 그 끝은 하나이다. 나 후예인 어린 아들은 불행한 때를 만나서[遭] 인심은 이미 떠나가고, 천명이 돌아갈 곳이 생겼다. 그대 귀덕군절도사 전전도점검(歸德軍節度使 殿前都點撿) 조모(趙某)는 천자[上聖]의 바탕[姿]을 천품으로 하고[禀], 뛰어난 무용[神武][52]과 지략을 지녔다. 우리 고조를 보좌하면서, 황천을 감동시켰고[格], 세종을 뒤따라 다니며 섬기고[逮事], 큰 정사를 총괄한[53] 공적이 있다. 동쪽을 정벌하면, 서쪽이 (이쪽으로 안온다고) 원망하니, 그 공적이 성대하다[懋].[54]

천지의 귀신은 덕이 있는 자에게 흠향하고, 송사를 잘한다는 칭송[55]은 지극히 어진 자에게로 돌아간다. 하늘에 순

---

50) 晡 포 : 오후 3~4시 사이

51) 班 반 : 자리, 지위, 위계, 행열, 나눌, 차례

52) 神武 신무 : 뛰어난 무용(武勇)

53) 納麓 납록 : 록(麓)은 록(錄)이다. 순임금은 대록(大錄)으로 하여금 모든 정사를 맡게 했다. 이후에 납록은 큰 정사를 총괄한다는 것을 가리킨다.

54) 懋 무 : 성대하다, 아름답다, 힘쓰다, 노력하다

55) 謳歌 구가 : 많은 사람들이 칭송하여 노래함

응하고 인심에 따라서, 요임금이 순임금에게 선양한 것을 본받는 것이다. 무거운 짐을 벗는 것과 같다. 나는 그대의 손님이 될 것이다. 아, 삼가 공경하노라[欽]! 천명을 공경하고[祗] 두려워 하노라!"

선휘사(宣徽使)가 송 태조를 인도해 용지(龍墀)[56]에 나가 명령을 듣고, 끝나자[訖], 재상들이 송 태조를 곁에 끼고 대전(大殿)에 오르게 했다. 동쪽 담[57]에서 어복(御服)을 입고 보좌에 올랐다. 여러 군신들이 그를 향해[朝] 하례했다. 조서를 내려 주(周) 현덕(顯德) 7년을 고쳐, 건륭(建隆) 원년으로 하고, 국호를 대송(大宋)이라 했다. 정월 5일이었다.

---

56) 龍墀 용지 : 용상 앞의 계단, 지(墀) 지대뜰

57) 東序 동서 : 동쪽 담

원 문

卷之五十

後漢紀

高祖 在位二年，壽五十四

丁未

春 正月 朔，契丹主至大梁。以晉主 為負義侯，置於黃龍府。

○契丹主 縱胡騎 四出，以牧馬 為名分，番剽掠，謂之打草穀。丁壯斃於鋒刃，老弱委於溝壑。自東西兩畿 及鄭 滑曹 濮數百里間 財蓄殆盡。於是 內外怨憤，始患苦契丹。皆思逐之矣。

○晉劉知遠在河東，富强冠諸鎮。步騎至五萬人。晉主與契丹結怨，知遠知其必危，而未嘗論諫。契丹屢深入，知遠初無邀遮 入援之志。及聞契丹入汴，知遠分兵，守四境，以防侵軼。於是 將佐勸知遠 稱尊號，以號令四方。知遠不許。軍士皆曰：「今契丹陷京城，執天子。天下無主，主天

下者 非我王 而誰? 宜先正位號, 然後 出師。」

◯二月 辛未, 晉知遠卽皇帝位。自言未忍改晉國, 又惡開運之名, 乃更稱 天福十二年。

◯東方羣盜大起。契丹主謂左右 曰:「我不知中國之人難制如此。」復召晉百官, 諭之曰:「天時向暑, 吾難久留。」蕭翰為節度使。契丹建國, 號遼。遼主發大梁, 晉文武諸司從者 數千人。盡載府庫之實以行。

◯遼主至殺胡林而卒。國人剖其腹, 實鹽數斗, 載之北去。晉人謂之帝羓。

◯楚王希範卒。將佐奉 其弟希廣 立之。

◯晉主發太原 自陰地關 出晉 絳。史弘肇奏 克澤州。弘肇為人 沈毅 寡言。御衆 嚴整, 所向必克。晉主 自晉陽 安行 入洛 及汴, 兵不血刃。皆弘肇之力也。晉主 由是 倚愛之。

◯蕭翰聞 晉主擁兵 而南, 欲北歸, 恐中國無主必大亂。時唐明宗子 許王從益 與王淑妃 在洛陽。翰迎而立之, 以為帝。

◯六月, 吳越 忠獻王弘佐卒。遺令 以丞相弘倧 為鎮海東節度使。

◯晉主至洛陽, 命鄭州防禦使郭從義, 先入大梁, 清宮。密令殺李從益 及王淑妃。

○晉主至大梁。復以汴州 為東京，改國 號曰漢。仍稱 天福年，曰：「余 未忍忘晉也。」

○遼 大同元年

戊申
春 正月，晉主不豫。召蘇逢吉 楊邠 史弘肇 郭威，入受顧命。曰：「承祐幼弱，後事託在卿輩。」二月，立皇子 承祐為周王，卽皇帝位。

○冬 十月，荊南節度使 南平文獻王高從誨卒。其子保融知留後。

○遼 天祿二年

隱皇帝 在位三年，壽二十

庚戌
夏 四月，漢朝以契丹近入寇，橫行河北。諸藩鎭各自守，無捍禦之者。制：以郭威為鄴都留守 天雄節度使，樞密使如故。以左監門衛將軍郭榮 為天雄衙內都指揮使。榮本姓柴，父守禮。郭威之妻兄也，威未有子，時 養以為子。

○漢主自卽位以來，楊邠總機政，郭威主征伐，史弘肇典宿衛，王章掌財賦。以是國家粗安。章聚斂刻急，有犯鹽礬酒麯之禁者，錙銖涓滴，罪皆死。章尤不喜文臣，嘗曰：「此輩 授之握筭，不知縱橫，何益於用?」史弘肇曰：「安定國

家 在長槍大劍, 安用毛錐?」章曰:「無毛錐 則財賦 何從可出?」於是 將相始有隙。

◯漢主年益壯, 厭為大臣所制, 積不能平。左右因乘間, 譖之於漢主。云:「邠等專恣, 終當為亂。」漢主信之, 遂謀誅邠等。十一月 丙子, 邠等入朝, 有甲士數十, 自廣政殿出, 殺邠 弘肇 章於東廡下。漢主遣 供奉官孟業, 齎密詔, 詣澶州 及鄴都, 殺王殷 郭威 王峻。郭威召郭崇威 曹威 及諸將, 告以楊邠等寃死, 及有密詔之狀。且曰:「吾與諸公 披荊棘 從先帝 取天下, 受託孤之任, 竭力以衛國家。今諸公已死, 吾何心獨生?」郭崇威等皆泣曰:「天子幼冲, 此 必左右群小所為。願從公入朝自訴, 盪滌鼠輩, 以清朝廷。不可為單使所殺。」郭威乃留其養子榮, 鎮鄴都, 命郭崇威, 將騎兵前驅, 自將大軍繼之。至封丘, 人情恟懼。漢主遣慕容彥超等, 將兵拒之。彥超等 戰敗 遂還。是日 漢主出勞軍, 兵敗為亂兵所殺。郭威自迎春門入。丁亥, 帥百官, 起居太后, 具奏 稱軍國事般, 請 早立嗣君。太后誥 迎漢主弟 河東節度使贇 卽皇帝位。

◯武平節度使馬希蕚攻楚王希廣殺之, 自稱武安靜江寧遠等軍節度使。

◯遼主入寇。漢太后命郭威, 將大軍 擊之。十二月, 威發大梁, 館于澶州。癸丑 旦, 將發, 將士數千人 忽大譟。威命閉門。將士踰垣登屋 而入, 曰:「天子須侍中, 自為之。將士已與劉氏為仇, 不可立也。」或裂黃旗, 以被威體, 共扶抱之，呼萬歲　震地。因擁威南行。威乃上太后牋，請奉漢宗廟，事太后為母。己未，太后誥　廢贇為湘陰公，以侍中威　監國。百官藩鎮　相繼上表　勸進。

右(上)後漢二主　共四年

後周紀

太祖　在位三年，壽五十二

辛亥
春　正月，漢監國威　卽皇帝位。國號　周。

◯初　漢河東節度使　兼中書令劉崇聞　隱帝遇害，欲起兵南向，聞迎立湘陰公，乃止。曰:「吾兒為帝，吾又何求?」及贇廢，崇乃卽皇帝位於晉陽，更名　旻，仍用乾祐年號。

◯初　周主討河中，已為人望。所屬李穀時　為轉運使，周主數以微言　諷之，穀　但以人臣　盡節　為對。帝　以是　賢之。卽位　首用為相。時　國家新造，四方多故。王峻夙夜盡心，知無不為，軍旅之謀　　多所裨益。範質明敏彊記，謹守法度。李穀沈毅　有器略。在周主前　論議，辭氣忼慨，善譬喻以開主意。

◯唐主遣　邊鎬　平湖南，以鎬為武安節度使。

壬子

周主自入秋，得風痺疾，害於食飲 及步趨。

甲寅

春 正月，周加晉王 榮，兼侍中 判內外兵馬事。時 羣臣希得見周主，中外恐懼，聞晉王典兵，人心稍安。壬辰 周主殂。晉王卽皇帝位。

○北漢主聞太祖晏駕，甚喜，謀大擧入寇，遣使請兵于遼。

○二月，遼遣其將楊衮，將萬餘騎 如晉陽。北漢主 自將兵三萬，與契丹南 趣潞州。周主世宗聞 北漢主入寇，欲自將兵 禦之。羣臣皆曰：「劉崇 自平陽遁走以来，勢蹙氣沮，必不敢自来。陛下新卽位，山陵有日。人心易搖，不宜輕動，宜 命將 禦之。」世宗曰：「崇 幸我大喪，輕朕年少新立，有呑天下之心。此 必自来。朕不可不往。」乙酉 周主發大梁。壬辰 過澤州，宿於州東北。北漢主 不知周主至，過潞州不攻，引兵而南。是夕 軍於高平之南。周主介馬 自臨陣督戰。合戰未幾，樊 愛能 何徽 引騎兵 先遁，右軍潰。步兵千餘人解甲 呼萬歲，降于北漢。周主見兵勢危，自引兵，親犯矢石 督戰。宋太祖皇帝 時，為宿衛將，謂同列曰：「主危如此，吾屬何得不致死?」又謂張永德曰：「賊氣驕，力戰可破也。」乃身先士卒，馳犯其鋒，士卒死戰，無不一當百。北漢兵披靡。時南風益盛，周兵爭奮，北漢兵大敗。追至高平，僵尸滿山谷，委棄御物 及輜重 器械 雜畜 不可勝紀。

○周樊 愛能等聞 周兵大捷，與士卒 稍稍 復還。周主欲誅樊 愛能等 以肅軍政。卽收愛能 徽 及所部軍吏以上 七十餘人，責之曰:「汝輩皆 累朝宿將，非不能戰，今望風奔逃者 無他。正 欲 以朕 為奇貨，賣與劉崇耳。」悉斬之。自是 驕將惰卒 始知所懼，不行姑息之政矣。

○周 太師中書令 瀛文懿王 馮道卒。道 少以孝謹，知名。唐莊宗世 始貴顯。自是 累朝不離 將 相 三公 三師之位。為人清儉寬弘，人莫測其喜慍，滑稽多智，浮沈取容。嘗著長樂老敍，自述累朝榮遇之狀。時人徃徃 皆以德量，推之。

温公曰:「天地設位， 聖人則之，以制禮立法。內有夫婦，外有君臣，婦之從夫，終身不改。臣之事君，有死無貳。此人道之大倫也。苟 或廢之，亂莫大焉。范質稱馮道 厚德 稽古 宏材 偉量，雖朝代遷貿，人無間言，屹若巨山，不可轉也。臣愚以為 正女不從二夫，忠臣不事二君。為女不正，雖復華色之美 織姙之巧，不足賢矣。為臣不忠，雖復才智之多，治行之優，不足貴矣。何? 則大節已虧故也。道之為相 歷五朝八姓，若逆旅之視過客。朝為仇敵，暮為君臣。易面變辭，曾無愧怍。大節如此，雖有小善，庸足稱乎? 或以為「自唐室之亡，群雄力爭。帝王興廢 遠者十餘年，近者四三年。雖有忠智，將若之何? 當是之時，失臣節者 非道一人，豈得獨罪道哉?」臣愚以為 忠臣憂公 如家，見危致命。君有過則强諫力爭。國敗亡則竭節效死。智士邦有道則見，邦無道則隱。或滅迹山林，或優游下僚。今道尊寵則冠三師。權任則首諸相。國存則依違拱黙，竊位素餐。國亡則圖全苟免，迎謁勸進。君則興亡接踵，道則富貴自如茲。乃姦臣之尤安得與他人為比哉? 或謂:『道能全身遠害於亂世。斯亦賢已。』臣謂君子有殺身成仁，無求生害仁。豈專以全身遠害為賢哉? 然則盜跖病終，而子路醢，果誰賢乎? 抑 此非特道之愆也。時君亦有責焉。何則? 不正之女， 中士羞以為家。不忠之人，中君羞以為臣。彼相前朝，語其忠則反君事讎。語其智則社稷為墟， 後来之君不誅不棄。乃復用以為相。彼又安肯忠於我，而能獲其用乎? 故曰, 非特道之愆，亦時君之責也。」

周主違衆議破北漢。自是 政事無大小 皆親決。百官受成於上而已。

○初 宿衛之士 累朝相承，務求姑息。不欲簡閱 恐傷人情。由是 羸老者居多，但驕蹇 不用命，實不可用。每遇大敵，不走 卽降。其所以失國，亦多由此。周主因高平之戰，始知其弊。謂侍臣曰:「凡 兵務精，不務多。今以農夫百 未能養甲士一。奈何浚民之膏澤，養此無用之物乎! 且健 懦不分，衆無所勸。」乃命大簡諸軍，精銳者升之上軍，羸弱者斥去之。又 以驍勇之士 多為諸藩鎮所蓄。詔募天下壯士 咸遣詣闕。命宋太祖皇帝，選其尤者 為殿前諸班，其騎步諸軍 各命將帥 選之。由是 士卒精强 近代無比。征代四方，所向皆捷。選練之力也。

○北漢主殂。子承鈞立，更名鈞。北漢 孝和帝 性孝謹。既嗣位，勤於為政，愛民禮士，境內粗安。

世宗 在位六年，壽三十九

乙卯
周 世宗常憤廣明以来 中國日蹙。及高平既捷，慨然 有削平天下之志。

○周 世宗謂宰相，曰:「朕每思致治之方，未得其要，寢食不忘。又自唐 晉以来，吳 蜀 幽 幷 皆阻聲教，未能混一。宜命近臣，著『為君難 為臣不易論』及『開邊策』一篇， 朕將覽焉。」比部郎中王朴，獻策以為:「中國之失吳蜀 幽 幷，皆由失道。今必先觀 所以失之之原，然後知所以取之之術。其始失之也，莫不以君暗臣邪。兵驕民困 姦黨內熾 武夫外橫，因小致大，積微成著。今欲取之，莫若反其所為而已。夫進賢 退不肖 所以收其才也。恩德誠信所以結其心也。賞功罰罪 所以盡其力也。去奢節用 所以豐其財也。時使 薄斂 所以阜其民也。俟群才既集，政事既治，財用既充，士民既阜，然後舉而用之，功無不成矣。彼之人觀 我有必取之勢 則知其情狀者 願為間諜。知其山川者 願為鄕導。民心既歸 天意必從矣。凡攻取之道 必先其易者。唐 與吾接境 幾二千里，其勢易擾也。擾之，當以無

備之處 為始，備東則擾西，備西則擾東。彼則奔走 而救之。奔走之間 可以知其虛實强弱。然後避實擊虛，避强擊弱，未須大舉，且以輕兵擾之。南人懦怯，聞小有驚，必悉師以救之。師數動 則民疲而財竭，不悉師 則我可以乘虛取之。如此江北諸州 將悉為我有。既得江北 則用彼之民，行我之法，江南亦易取也。得江南 則巴蜀可傳檄 而定。南方既定 則燕地 必望風內附。若其不至，移兵攻之，席卷可平矣。惟河東必死之寇，不可以恩信誘。必當 以强兵制之。然彼自高平之敗，力竭氣沮，必未能為邊患，宜且以為後圖。俟天下既平，然後伺間一舉 可擒也。今士卒精練，甲兵有備，羣下畏法，諸將效力。期年之後 可以出師。宜自夏秋 蓄積 實邊矣。」世宗欣然 納之。時群臣多守常偷安，所對 少有可取者。惟 朴 神峻氣勁，有謀能斷。凡所規畫 皆稱世宗意。上 由是 重其器識。

丙辰

正月 庚子，周世宗 下詔：親征淮南。命歸德節度使李重進，將兵先赴正陽。李谷攻壽州，久不克。唐 劉彥貞引兵救之。李重進度淮，逆戰於正陽東，大破之，斬彥貞。

◯是時 江淮久安，民不習戰。彥貞既敗，唐人大恐。皇甫暉 姚鳳退 保清流關。丙辰 周世宗至壽州城下。命諸軍 圍壽州。二月 世宗命宋太祖皇帝，倍道 襲清流關。皇甫暉等陳於山下。方與前鋒戰，宋太祖皇帝引兵出山後，暉等大驚走 入滁州，欲斷橋自守。太祖皇帝躍馬 麾兵，涉水，直抵城下。暉曰:「人各為其主，願容成列 而戰。」宋太祖皇帝笑 而許之。暉整衆 而出。宋太祖皇帝擁馬頸，突陳而入，大呼曰:「吾止取皇甫暉，他人非吾敵也!」手劒擊暉中腦，生擒之。幷擒姚鳳，遂克滁州。後 世宗遣翰林學士竇儀，籍滁州帑藏。宋太祖皇帝遣親吏，取藏中絹。儀曰:「公 初克城時 雖傾藏取之，無傷也。今旣籍 為官物。非有詔書不可得也。」宋太祖皇帝 由是 重儀。

○初 周 劉詞遺表 薦 其幕僚 薊人趙普，有才可用。會 滁州平，范質薦普，為滁州軍事判官。宋太祖皇帝與語 悅之。宋太祖皇帝威名日盛。每臨陳，必繁纓飾馬，鎧仗鮮明，或曰:「如此，為敵所識。」宋太祖皇帝曰:「吾固欲其識之耳。」

○唐主兵屢敗，懼亡。乃遣鍾謨 李德明，奉表稱臣，来請平。謨 德明 素辯口。周世宗知 其欲遊說，盛陳甲兵 而見之。曰:「我非六國愚主。豈汝口舌 所能移邪? 可歸 語汝主! 亟来見朕，再拜謝過 則無事矣。不然，朕欲 往 觀金陵城 借府庫 以勞軍。汝君臣 得無悔乎?」謨 德明戰栗，不敢言。

○唐主復使李德明 孫晟，言於周世宗，請去帝號，割壽 濠泗 楚 光 海六州之地，仍歲輸金帛百萬，以求罷兵。世宗以淮南之地 已半為周有，諸將捷奏 日至，欲盡得江北之地，不許。德明見周兵日進，奏稱:「唐主不知陛下兵力如此之盛。願寬臣五日之誅得歸，白唐主，盡獻江北之地。」

世宗乃許之。賜唐主詔書。其略曰:「但存帝號，何爽歲寒。倘堅事大之心，終不迫人于險。」又曰:「俟諸郡之悉来，卽大軍之立罷。言盡於此。更不煩云。苟曰未然，請從玆絶。」德明稱 世宗威德 及甲兵之强，勸唐主 割江北之地。唐主大怒，斬德明於市，命齊王景達將兵以拒周。景達將兵二萬，自瓜步濟江，距六合二十餘里，設柵不進。諸將欲擊之，宋太祖皇帝曰:「彼設柵自固，懼我也。今吾衆不滿二千，若徃擊之 則彼見吾衆寡矣。不如俟其来 而擊之。破之必矣。」居數日，唐出兵趣六合，宋太祖皇帝奮擊大破之，殺獲近五千人， 餘衆尚萬餘。走度江爭舟，溺死者甚衆。於是唐之精卒盡矣。是戰也，士卒有不致力者。宋太祖皇帝 陽為督戰，以劒斫其皮笠，明日徧閱皮笠，有劒跡者數十人。皆斬之。由是部兵莫敢不盡死。

◯周 以宋太祖皇帝 為定國節度使 兼殿前都指揮使。

丁巳

周兵圍壽春，連年未下。議者 以唐援兵 尚强，多請罷兵。世宗疑之。李穀寢疾在第。二月 世宗使范質 王溥，就與之謀。穀上疏以為:「壽春危困，破在旦夕。若鑾駕親征 則將士爭奮，援兵震恐，城中知亡，必可下矣。」世宗悅。

◯二月 乙亥，周世宗發大梁。先是 周與唐戰，唐水軍銳敏，周人無以敵之。世宗每以為恨，返自壽春，於大梁城西汴水側 造戰艦數百艘，命唐降卒 教北人水戰。數月之後縱横出沒，殆勝唐兵。至是 命右驍衛大將軍王環，將水軍

數千 自閔河 沿潁 入淮，唐人見之，大驚。壬辰 旦 世宗軍于趙步。諸將擊唐紫金山寨，大破之。殺獲萬餘人。甲辰 世宗耀兵 于壽春城北。唐清淮節度使劉仁贍 病甚，不知人。監軍使周廷構等 作仁贍表，舁仁贍出城 降。夏 四月世宗還大梁。

○冬 十月，周世宗發大梁，十一月，至濠州，大破唐兵於洞口，斬首五千餘級，降卒二千餘人。因 皷行而東，所至皆下。唐兵退保清口。戊午 旦 世宗自將親軍，自淮北進。命宋太祖皇帝 將步騎 自淮南進。諸將以水軍 自中流進共追唐兵。所獲戰船 燒沈之，餘得三百餘艘。士卒殺溺之，餘得七千餘人。唐之戰船在淮上者 於是 盡矣。

戊午
三月，周世宗如迎鑾鎮，屢至江口。遣水軍 擊唐兵 破之。唐主聞世宗在江上，恐遂南渡。又恥降 號稱藩，乃遣兵部侍郎陳覺 奉表，請傳位 於太子弘冀，使聽命於中國。時淮南 惟 盧 舒 蘄 黃 未下。覺至迎鑾，見周兵之盛，白世宗 請:「遣人渡江，取表，獻四州之地，畫江為境，以求息兵。」辭旨甚哀。世宗曰:「朕本興師，止 取江北。今爾主能舉國內附，朕復何求?」覺拜謝 而退，遣其屬劉承遇 如金陵。世宗賜唐主書，稱皇帝:「恭問江南國主。慰納之。」唐主復遣承遇，奉表，獻江北四州，歲輸貢物數十萬。於是江北悉平。得州十四 縣六十。是月 浚汴口，導河流，達於淮。於是 江淮舟檝始通。

◯五月 唐主避周 諱 更名景。

◯南漢中宗殂。長子衛王繼興 卽帝位。更名鋹。

己未

周 淮南饑，世宗命 以米貸之。或曰：「民貧，恐不能償。」世宗曰：「民吾子也，安有子倒懸 而父不為之解哉？安在責其必償也?」

◯遼 應曆九年

周 世宗 以北鄙未復，將幸滄州。卽日 帥步騎數萬，直趨契丹之境。契丹守將，皆舉城降。於是 關南悉平。

◯六月，唐主遣其子 紀公 從善 與鍾謨，俱入貢。周主問謨曰：「江南亦治兵，修守備乎?」對曰：「既臣事大國，不敢復爾。」周主曰：「不然。曏時則為仇敵，今日則為一家。吾與汝國大義已定，保無他虞。然 人生難期。至於後世則事不可知。歸語汝主。可及吾時，完城郭，繕甲兵，據守要害，為子孫計。」謨歸以告唐主。唐主乃城金陵，凡諸州城之不完者 葺之，戍兵少者 益之。

温公曰：「或問臣：『五代帝王，唐莊宗 周世宗 皆稱英武二主。孰賢?』臣應之曰：「莊宗善戰者也。故 能以弱晉勝強梁。既得之， 曾不數年，外內離叛，置身無所。誠由知用兵之術 不知為天下之道故也。世宗 以信令 御羣臣，以正義 責諸國。王環 以不降 受賞，劉仁贍 以堅

守 蒙褒，嚴續 以盡忠 獲存。蜀兵 以反覆 就誅，馮道 以失節 被棄，張美 以私恩 見踈。江南未服 則親犯矢石，期於必克。既服 則愛之如子，推誠盡言 為之遠慮。其宏規大度，莊宗豈得同日語哉。」書曰:『無偏無黨，王道蕩蕩。』又曰:『大邦畏其力，小邦懷其德』世宗近之矣。

周主立皇子宗訓 為梁王。癸巳，周主世宗殂。世宗在藩，多務韜晦，及卽位 破高平之寇，人始服其英武。其御軍 號令嚴明，人莫敢犯。攻城對敵，矢石落，其左右人皆失色，而世宗略不動容。應機決策出人意表。又勤於為治，百司簿籍過目 無所忘。發奸 擿伏 聰察 如神。閑暇 則召儒者 讀前史，商確大義。性不好 絲竹 珍玩之物。常言:「太祖養成王峻 王殷之惡，致君臣之分不終。」故 羣臣有過則面責之，服則赦之，有功則厚賞之。文武參用 各盡其能。人無不畏其明，而懷其惠。故 能破敵廣地，所向無前。然 用法大嚴，羣臣職事 小有不擧，徃徃寘之極刑。雖 素有才幹聲名 無所開宥，尋亦悔之。末年 寖寬。登遐之日 遠邇哀慕焉。

○甲午，宣遺詔，命梁王宗訓 卽皇帝位，生七年矣。

○周世宗仍歲征伐，宋太祖累立大功，加以法令嚴明，士卒畏服。恭帝幼冲，中外物情 皆附于太祖，密有推戴之意。

恭帝 在位半年，禪于宋。

庚申

正月，鎭定驛告:「河東劉鈞 結遼兵入寇。」周主命宋太祖北征。至陳橋驛，諸將擁逼南歸。自仁和門入，宋太祖歸公署。宰相范質等詣崇元殿，召文武百僚。至晡，　班定。周恭帝自內降制，曰:「天生蒸民 樹之司牧。二帝 惟公而禪位，三王乘時而革命，其極一也。予末小子遭家不造，人心已去，天命有歸。咨! 爾歸德軍節度使 殿前都點檢 趙某稟上聖之姿，有神武之略。佐我高祖，格於皇天，逮事世宗，功存納麓。東征西怨，厥績懋焉。天地鬼神　　享於有德，謳歌獄訟，　歸于至仁。應天順人，法堯禪舜，如釋重負。予其作賓。嗚呼! 欽哉! 祗畏天命!」宣徽使引宋太祖，就龍墀，聽命，訖。宰相掖宋太祖，升殿。由東序 服御服，登座，群臣朝賀。詔: 改周顯德七年 為建隆元年，國號 大宋。正月 五日也。

통감절요 4

편 저 자 | 강지(江贄)
번 역 자 | 김 정 화
발 행 처 | 충북대학교 출판부
발 행 인 | 윤 여 표
주 소 | 362-763 충북 청주시 서원구 충대로1
전 화 | 043-261-2952, 3014 FAX | 043-274-1256
이 메 일 | presscbu@chungbuk.ac.kr
등록번호 | 제1983-2001-7호
초판1쇄 | 2015.02.02.
초판2쇄 | 2015.06.01.
인 쇄 처 | 다해 (02-2266-9247)

*이 번역서는 2012학년도 충북대학교 출판부 연구비 지원사업에 의하여 발행되었음.

판매가 24,000원

ISBN 978-89-7295-227-5
ISBN 978-89-7295-222-0 94910 (세트)